量子组织

数智时代的管理革命

彭剑锋　马晓苗　著

中国人民大学出版社

·北　京·

图书在版编目（CIP）数据

量子组织：数智时代的管理革命 / 彭剑锋，马晓苗
著. -- 北京：中国人民大学出版社，2023.3
ISBN 978-7-300-31213-2

Ⅰ.①量… Ⅱ.①彭… ②马… Ⅲ.①企业管理－管
理模式－研究 Ⅳ.①F272

中国版本图书馆 CIP 数据核字（2022）第 205482 号

量子组织——数智时代的管理革命

彭剑锋　马晓苗　著

Liangzi Zuzhi——Shuzhi Shidai de Guanli Geming

出版发行	中国人民大学出版社	
社　　址	北京中关村大街 31 号	**邮政编码**　100080
电　　话	010 - 62511242（总编室）	010 - 62511770（质管部）
	010 - 82501766（邮购部）	010 - 62514148（门市部）
	010 - 62515195（发行公司）	010 - 62515275（盗版举报）
网　　址	http://www.crup.com.cn	
经　　销	新华书店	
印　　刷	涿州市星河印刷有限公司	
规　　格	155 mm×230 mm　16 开本	**版　　次**　2023 年 3 月第 1 版
印　　张	26.25 插页 2	**印　　次**　2023 年 3 月第 1 次印刷
字　　数	316 000	**定　　价**　128.00 元

量子管理：一场认知与思维的革命

怪异的量子力学

被誉为量子力学之父的尼尔斯·波尔（Niels Bohr）曾经说，如果看了量子学说而不为之震撼，就说明你一定不了解量子力学。量子力学中著名的双缝干涉实验，让我们看到事物不再是单纯的波或者粒子，而是由波和粒子共同构成的统一体。波和粒子这对在传统观念中彼此冲突、势不两立的概念，被完美地统一于所有的物质对象上。更令我们感到惊奇的是，一个物质对象所表现出的波和粒子的特性，并不取决于它自己，而是取决于我们如何对它进行观察——正是我们的观察手段和认知方式，决定了事物最终的呈现状态。量子理论所揭示的世界的这一主客一体性，又迫使我们不得不去思考："我们"在事物形成和发展的过程中到底扮演着什么角色？世界上到底存不存在完全客观、能脱离我们主观世界而独立存在的事物？

与此同时，著名的"薛定谔的猫"又告诉我们，事物的存在方式是"半死半活""既死又活"的叠加态和不确定态；每个物体都同时处于多个位置，每件事情也都具有无穷多种发展的可能性；事物的真实状态就是一团处于任意位置、以任意速度运行的云雾状波函数——只不过在经典世界里，受制于观察和认知方式，我们很难感知事物本身的这种叠加性或不确定性。海森堡提出的"不确定性原理"进一步说明，在经典世界里可以同时测定的物理量，如位置和速度、能量和时间等，在量子世界里却无法同时确定——对于一个量子粒子来说，它的位置越确定，它的速度就越无法确定；反过来也一样，它的速度越确定，它的位置就越不可能确定。

在量子世界里，没有孤立的个体，所有事物都与其他事物紧密连接、息息相关。正如高能物理学家弗里乔夫·卡普拉（Fritjof Capra）在《转折点》一书中表达的观点，次原子粒子不是"事物"，而是事物之间的相互关联性，而这些"事物"又是其他事物之间的相互关联性；透视事物本身时，大自然没有让我们看到任何独立的积木，而是一张复杂的关系网。然而，正当我们认为关系是构成事物的基础，关系给了我们一把完美的理解世界的钥匙时，量子纠缠的事实进一步揭示，事物之间的关联性和整体性是一种超越时空的、不受光速限制的，甚至不能区分整体和部分的关联性和整体性。之所以说是一种"不能区分整体和部分的关联性和整体性"，是因为一旦还有"整体"和"部分"的概念，就意味着"整体"和"部分"之间存在区别，存在距离，而要在相互区别的事物之间建立联系，需要借助信息传递，会受到时空和光速的限制，因此还是在经典科学和传统认知的范围内认识、理解事物。

正当我们惊叹于量子世界的神奇时，却发现量子带来的远远不止惊叹和震撼，它的出现更是对我们信仰已久的牛顿思维和牛顿世界观的彻底颠覆——虽然我们差点忘记，牛顿思维成熟于工业革命时代，距今已经有几百年的历史。在牛顿思维中，物质由实体构成，组成物质的基本单位是相互独立、边界明确的一个个"硬质小球"；我们可以用先分解再合成的方式认识世界，一个系统的整体功能就等于它的各个部分的功能的简单加总；这个世界同时又是可控制、可预测的，只要对事物的细节把握得足够充分，建立的量化模型足够准确，我们就能精确地模拟和预测事物的发展；作为观察和认知的主体，我们与观测对象之间存在着明确的界限，因此我们可以一个独立的旁观者身份对事物进行完全客观和中立的评价。在本质上，牛顿思维是一种分析性、还原性、因果决定性、线性的思维方式。

与牛顿思维相反，在量子思维看来，事物的真实状态是一团以各种速度、朝着各种方向叠加运行的云雾状波函数，只有经过测量，它才会以一定概率坍缩到我们所熟悉的经典状态；没有外在于我们的绝对客观的事物，正是我们的观察手段和认知方式决定了事物的呈现状态；世界在深层次上紧密关联，和合一体，我们对事物的任何观察和认知都会导致它对自己真实性状态的偏离；事物之间的关联已经远远超越建立关系和信息连接的范畴，它是一种绝对的整体性。在本质上，量子思维是一种整体性、辩证性、概率因果性、非线性的思维方式。

不确定性的环境背景与我们面临的管理困境

爱因斯坦曾说，如果量子力学的说法正确，这个世界将为之抓狂。作为对爱因斯坦的回应，理论物理学家丹尼尔·格林伯格（Daniel Greenberg）说，是的，爱因斯坦说得没错，因为我们的世界的确非常疯狂。毫无疑问，丹尼尔所认为的"疯狂"，正是当下世界的真实写照：市场瞬息万变，产业边界日渐模糊，颠覆式技术与商业模式创新层出不穷，VUCA①成了我们这个时代环境和组织情境的关键词。我们已经进入一个新旧动能转换、多种模式交替、数字化与智能化加速应用的量子时代。

---

①　VUCA 是指易变性（volatility），不确定性（uncertainty），复杂性（complexity），模糊性（ambiguity）。

　　具体到组织管理领域，伴随着新科技、新模式、新制造、新零售、新能源、新金融、新产业、新生态的兴起，各类企业面临着前所未有的市场机会和发展机遇，但是与此同时，越来越多的企业和组织面临着成长轨道无迹可寻、成长空间无界可触、成长模式无标杆可追随等一系列问题。我们已经进入了全新的数字化与智能文明时代，信息越来越对称，企业与消费者、行业之间的连接也愈发紧密，但是这些非但没有给我们带来安全感，反而让我们越发感到力不从心，迷茫感和挫败感如影随形。与此同时，随着数字技术的应用、转型升级进程的加快以及产业生态的发展，一些大趋势逐渐显现：宏观环境层面，社会与市场越来越表现出深度关联、跨界融合、开放协同、利他共生的关系；企业经营层面，网络化、去中心化、去中介、赋能、突变、竞合、客户运营、数据运营、智能化转型等概念成为企业发展的关键词，而战略生态化、组织平台化、人才合伙化、领导赋能化、运营数字化、要素社会化这"新六化"成为未来企业经营管理的新思维、新趋势。

　　无论是新旧功能转换给企业带来的新压力和新困境，还是时代发展赋予企业的新趋势和新机会，它们都要求企业家重新塑造自己的认知框架和思维体系。然而现实情况却是，虽然企业的生存发展环境已经发生了根本性的转变，但我们的思维理念和管理范式依旧停留在100多年前的工业文明时代，所遵循的依然是牛顿物理分析性、还原性、因果决定性、线性的思维方式。牛顿思维在应对物理世界有形有象的物质实体时具有先天优势，但是当它遭遇互联网世界越来越多的具有无形性、复杂性、不确定性的事物现象时，就会立刻显现出局限性和不适应性。在这个数字化与智能文明时代，企业要想实现真正意义上的创新和转型，不仅要在技术和生产力方面取得重要突破，更要在认知和思维方式方面进行一场大的变革，要在新

思维的引领下，对企业的战略、组织、文化、运营、人才等进行系统
性和整体性的重新塑造。 推动这场创新和变革的不仅是企业中的领
导者和管理者，企业中的所有人、所有的利益相关者以及企业生态系
统中的所有主体都是这场变革的参与者和负责人。

量子管理带来的新契机

量子力学是基于经典力学和相对论形成的对世界的进一步认
知。 这个认知模型不但具有更强的信息处理能力，而且与事件因果
律的拟合程度更高，对未来趋势的判断更加精准。 在现实中，量子
力学不仅广泛地应用于各种先进的技术装备和前沿科技领域，也渗
透到我们生活的各个方面。 事实上，只要是用到原子的事物，如原
子钟、激光、电子显微镜、核磁共振的医学图像、半导体芯片等，都
利用了量子力学的效应和原理。 量子力学所蕴含的思维理念和方法
逻辑，如强调整体而非部分、强调关联而非独立、强调综合而非分
析、强调辩证而非还原等，不仅适用于分析处理具有高度抽象性、虚
拟性且带有明显信息表征的事物对象，而且与现代企业所倡导的系
统化、网络化、人性化、自组织等观点紧密契合。 虽然我们还在不
断探索适应现代企业管理的新理论和新范式，但是毫无疑问，量子理
论及其所蕴含的量子思维已经为我们提供了一个极富启发性和引领
性的发展方向。

当我们还在思考量子理论和量子思维在企业管理中的可用性和
适用性时，很多企业其实已经走在实践的道路上。 海尔掌门人、管
理思想家张瑞敏是国内首先倡导量子思维和量子管理的企业家。 海
尔推行的平台化改革、人单合一的管理模式，以及小微创业、自组织
自驱动、员工创客化等理念机制也都与量子管理模式紧密契合。 作
为一家研发生产超材料尖端装备的新锐公司，光启更是将量子力学

中的很多理论和原理（如波粒二象性、不确定性原理、能级跃迁原理等）打造为自己的"基本法"与核心管理原则，直接用于企业经营，并且取得了巨大的成功。此外，华为的"灰度管理"和"熵减哲学"，阿里巴巴的"平台生态圈"和"自组织建设"，美团整合 B 端供给侧服务的"产业中台模式"，字节跳动"网络化"的产品创新思维，拼多多"以人为先"的新电商模式，亚马逊构建的"战略飞轮"，微软基于"同理心"所实现的对企业的全面刷新，网飞"第二曲线"的增长模式等世界一流企业的管理理念和组织机制都可以用量子思维和量子管理来充分解释。尽管上述绝大多数企业并没有明确提出它们的经营实践受到量子理论的启发，但是整体关联、矛盾整合、自组织涌现、意义导向等量子思维的基本理念无时无刻不贯穿它们的经营活动和管理实践中。

以上企业的成功实践进一步揭示出，量子理论不仅能够以一种令人满意的方式解释我们的日常经验世界，其前沿性、革命性的思维理念更为组织的发展以及管理学的进步提供了一个深层次转变的契机。正如上海自主创新工程研究院理事、量子管理的著名倡导者何伟老师所说，量子力学依据完全不同于经典力学的模型和假设而建立，所得出的结论也会与经典力学产生很大的差异，但正是这些差异给了管理学进一步发展的机会，使得量子思维用于管理学具有巨大的优势。在这样一个急剧变化的量子时代，面临工业革命以来最大的一场历史性变革，我们只有在思维方式和管理模式上进行一次彻底的转变，即从传统的牛顿思维转化为现代的量子思维，才能从根本上适应时代发展的要求以及不确定性环境带来的挑战。

写作思路和内容结构安排

本书写作的基本思路是从量子理论的源头出发，基于对量子理论核心观点的凝聚提炼，将其进一步融合引申到企业的战略管理、组织建设、领导力培养、人才机制创新、组织变革等各个方面，从而为企业提供一套能应对当下管理困境和现实挑战的量子管理思想。 除了理论阐述，本书还会结合华为、阿里巴巴、美团、字节跳动、亚马逊、微软、网飞等世界一流公司的具体案例做进一步的验证和阐释，并用这些案例来说明如何在真实的商业情景中运用量子思维，开展实践层面的量子管理和应用。 本书的具体内容按如下章节展开。

第 1 章，牛顿组织的衰落，量子组织的崛起

量子物理学家和科学思想家戴维·玻姆（David Bohm）曾说："世上的一切问题，皆源自思维。"如果传统的组织管理模式建立在牛顿思维的基础上，则量子思维与知识经济时代的组织管理模式紧密契合。 量子思维不仅意味着我们思维方式的全面变革（如从还原论到整体论，从严格决定论到概率因果论，从主客分离到主客一体，从非此即彼到兼容并包等），也为我们进行组织建设、战略选择、领导力提升、人才机制创新、管理变革等提供了深刻的启发和指导。

第 2 章，量子组织模式："波粒整合"与平台化管理

量子理论中最基础和最核心的概念就是波粒二象性。 与物质的粒子属性相对应，强调个体主义的牛顿组织就是粒子型组织，这种组织以西方尤其是美国公司为典型代表。 与粒子型的牛顿组织形成鲜明对比，波型组织强调关系和人际网络，它的这一特征与倡导集体主义、忠诚与和谐的日本式组织紧密契合。 量子组织是对波型组织和粒子型组织的全面兼容和超越，具备整体性与关系性、波粒二象性、自组织涌现性、矛盾整合性等一系列量子特征。 当下大力发展的平台型组织就是量子组织的典型代表，很多互联网公司都在搭建的中台模式是量子组织的一种全息呈现。

第 3 章，量子组织运行：生命的自组织

生命是量子的，是一个耗散结构，同时也是一个通过自组织不断抵抗熵增、自发建立秩序的过程。 生命是量子和自组织的交叠和综合，量子组织也同样遵循耗散结构和自组织的运行规律，是一个生生不息、持续进化的生命体。 系统开放、远离平衡、存在涨落、要素间非线性的相互作用不仅是一个系统形成自组织的条件，也是量子组织的核心特征和运行机制。 生命通过自组织创造了自然界中的无数奇迹，量子组织也在自组织规律的引导下蓬勃发展、持续演化。

第 4 章，量子战略：不确定性中的确定性

一个量子系统既是确定的又是不确定的，是确定性和不确定性的辩证统一。 与量子一样，如果将战略看作一种具有长期意义的确定性价值，战略的本质就是在不确定性中寻找确定性，就是建立一种长期主义的价值判断；而战略从"消失"到"回归"的过程也就是我们对商业世界的认知由浅入深，从表面的不确定性深入理解底层的确定性的过程。 基于量子理论的核心观点，量子战略具体表现为"多态叠加，多种假设""群体智慧，战略涌现""底层构建，执行者也是制定人""能量聚合，平台优势"等几个方面。 对量子战略的思考，让我们进一步理解了长期主义的深层次内涵——长期主义不仅是一种思维，更是一种帮助我们发现并实现确定性价值的途径和方法。

第 5 章，量子领导力：追随与赋能

基于"量子测量"的观点，领导者与员工随时都处于相互影响、相互测量的交互作用过程中。 领导力不是领导者一个人的事情，它越来越表现为领导者与追随者的相互关系；在更深的层次上，领导力表现为基于领导者与员工的相互影响和相互激发所实现的二者的价

值共创和成长。领导力是"关系",更是"创新"和"创造"。围绕领导力的"关系"和"创新""创造"属性,量子领导力的关键词可以概括为愿景引领、无我利他、灰度妥协、赋能无为、创新激励、直觉顿悟六个方面。作为近年来备受关注的一个概念,仆人式领导在本质上就是量子领导,二者的理念观点不谋而合、一脉相承。

第6章,量子人才:参与式管理与群体智慧

参与式管理直接体现了"薛定谔的猫"所表达的主客一体思想以及员工在组织活动中所发挥的主导作用。只有让员工具备"量子自我"的修养,将量子理论与企业人才发展的各个方面相结合,同时提炼出一套系统的量子人才机制,才能充分发挥参与式管理的真正优势。如果"集思广益,群体智慧"是参与式管理的空间维度表现,则参与式管理的时间维度表现为"当下即未来"。在根本意义上,现实就蕴含在我们当下的行为中,是我们每时每刻认知和行动的自然呈现。专注当下不仅能让我们收获心流体验,实现自我革新,还能让我们从中体悟到佛家"回归初心""闻思空性"的深刻内涵。

第7章,量子文化:自我叠加与意义纠缠

使命、愿景、价值观与"自我"和"意义"的概念密切相关。对"自我"和"意义"的探寻看似无法回答的哲学问题,但能在量子理论的"多世界解释"和"波函数内涵"中找到答案。在多世界理论的观点中,"自我"是"他人"的叠加,这一叠加状态不仅揭示了"自我"的无限包容性和扩展性,也让"意义"的含义呼之欲出——与包容万物的"更大的自我"连接,将自我整合进宇宙万物共同构建的波函数整体中。也只有在量子理论所揭示的世界的整体性层面,我们才能真正把握自我、生命、意义、心性、灵商这些抽象概念的确切内涵;也只有深入意义和心灵的层面,我们才能理解世界最深层次的运行规律,同时实现自我、组织和社会在根本意义上的革新和

重构。

第 8 章，量子沟通：基于信息并超越信息

在量子理论的观念中，"关系"或"关联"有两个层次的内涵：第一个层次是指事物之间相互影响、相互作用的信息层面的连接；第二个层次是指量子纠缠意义上的、事物之间超越光速和时空限制的彼此感应和互动。围绕关系构建的这两个层次，量子沟通也可以分为基于信息的沟通和超越信息的沟通两个方面。基于信息的组织沟通主要有平等双向、整体开放、无时无处不在三个特征；从关系场景对沟通的反向影响看，构建和转化场景、关注媒介价值、拓展关系网络、塑造开放结局则是组织沟通的核心策略。在超越信息的沟通方面，共情力和同理心的培养成为实现有效沟通的要点，而同理心倾听、深入场景对话、纠缠性说服、创造信息增量、培养方案力是重要的量子沟通方法。

第 9 章，量子产品创新：关系聚合与意义涌现

"涌现"是复杂理论中的一个核心概念，它不仅代表事物演化的高级阶段，也为我们理解量子理论中的波、粒子概念，把握产品的发展演化逻辑提供了一个全新角度：从关系、信息和波的角度理解产品，产品就是企业各种资源、能力、约束条件交互作用的结果，是上述要素紧密互动、充分融合后的一个关系聚合体；而在波函数的层次上，产品就是一个意义的载体，肩负着让用户在日常生活中体悟生命价值的使命。总体来看，简单规则、正向反馈、层次超越、重新定义不仅是一个系统实现"涌现"的核心要素，也为产品的塑造和创新提供了重要思路和方向。

第 10 章，量子变革：平衡中的跃迁

"量子跃迁"强调量子系统变化的不连续性或间断平衡性，组织

的创新和变革其实也遵循同样的量子跃迁规律。在现实中，经济和社会的发展对创新和变革的需求日益迫切，然而，无论是个人还是组织都面临越来越严重的"内卷"和路径依赖，难以自拔。组织发展的一个重要目标，就是通过打造自己的"第二曲线"，寻找和发现一个能跳出原有运营逻辑的全新模式，以突破"内卷"，实现颠覆式创新。颠覆式创新的本质，就是从发展的低能级跃迁到高能级，就是要在一个由新的限制性条件构成的"价值网"中，持续地回答"如何满足用户需求""如何实现用户价值增长"等持久性、永恒性的核心命题。

转变迫在眉睫

在充满变化和不确定性的新时代环境下，牛顿思维所倡导的基于严格区分所产生的组织角色，基于数理分析所确立的组织规律，基于预测、控制、反馈所建立的流程式管理，不仅已经无法适应不确定性环境中企业的创新和变革需求，不符合人性化的人力资本发展趋势，而且与互联网连接一切、贯通一切的本质特征相背离。换句话说，牛顿思维可能适合工业文明时代，但是一定不适合知识文明时代。正如享誉世界的量子物理学家玻姆所说，世界上普遍存在的一种分析模式是，把整体分割为部分，无论是对社会事物，还是在个人生活中，人们都已习惯了这种思维。然而，这种思维越来越不奏效了，并将导致宏观上的思维混乱。这种思维混乱将带来大量的问题，严重妨碍我们对世界的深刻认识，不仅不利于我们解决问题，还会导致无休止的冲突和混乱。

从根本上说，任何个人、组织和社会团体都是活跃的量子，而造就这个量子的核心力量，就是驱动我们决策和行为的思维方式和世界观。与牛顿思维以及基于牛顿思维所产生的传统管理范式相对，基于量子理论和量子思维所构建的组织管理范式不仅有利于我们应对现实中遇到的各种挑战，从根本上理解并解释商业世界中的种种问题和现象，而且会成为塑造未来的先导，引领我们进行全球性的文化和产业变革。 我们在传统观念中被牛顿物理分析性、还原性、因果决定性的思维方式禁锢得太久。 牛顿思维就像我们的呼吸一样自然，对这种思维进行转化，就像是与我们的天性做斗争。 在这个互联互通的数智时代，面对复杂多变的现实环境，只有进行一场彻底的思维和管理方式变革，即从传统的牛顿思维转换为量子思维，从牛顿管理转变为量子管理，从牛顿组织转变为量子组织，才可能突破现有的发展瓶颈，在真正意义上实现个人、组织以及人类社会整体的进步与跃迁。

第10章
量子变革：平衡中的跃迁
359

后记
量子时代，共建量子组织
394

第 1 章

牛顿组织的衰落，量子组织的崛起

从经典物理到量子力学

经典科学以牛顿物理学为代表，可追溯到 16 世纪哥白尼提出的"日心说"，以 17 世纪末牛顿出版《自然哲学之数学原理》为创立标志，在 19 世纪麦克斯韦提出电动力学理论时达到巅峰。以牛顿为代表的科学家不仅建立了一套全新的科学体系，也确立了一种机械论式的世界观和思维方式，即牛顿（式）世界观或牛顿（式）思维。在牛顿思维的观念中，宇宙就是一台构造严密的机器，它由相互独立的部件组成，精确无误地运转；事物的发展演化也遵循同样的机械规律，以相同的机械化方式相互影响——一切皆可预知，只要给定初始条件，我们就可以用客观、量化和数学的方法推算出未来会发生的一切。

然而，19 世纪末，这个精确运行、完全确定的世界却被研究"三体问题"的数学家亨利·庞加莱（Jules Poincaré）敲出了一道裂缝。"三体问题"是指研究三个任意质量、任意初始位置和任意速度的天体，在相互之间万有引力作用下的运动规律问题。它看似简单，只涉及三个天体，且支配天体运动的就是简单的万有引力，然而要预测这三个天体的运动却几乎不可能。整个三体系统其实就是一个混沌系统，只要任何天体的初始状态发生一丁点的变化，这个系统后来的运动状况就会出现巨大的偏差。对初始条件极端敏感就是混沌现象最本质的特征，这也就是著名的"蝴蝶效应"。庞加莱的发现同时揭示出，即使一个系统遵循确定性的运动规律，它的演化发展也会出现类似随机的不确定性。而且混沌现象无论是在自然界还是在人类社会中都普遍存在，天气变化、流体运动、经济活动、生物进化等都符合混沌系统的发展演化规律，甚至可以说，混沌已经统治了我们周围的一切现象。

混沌和三体问题还未得到解决，20 世纪初，物理学的天空又飘来了"两朵乌云"，第一朵乌云是迈克尔逊-莫雷实验的结果和以太学说的矛盾，第二朵乌云就是推倒经典物理大厦的黑体辐射问题。这后一朵乌云直接引发量子力学的诞生。由于黑体辐射的光谱完全由温度决定，不同颜色的光意味着它包含的能量不同，也就是说，给定一个温度就能够非常精确地判断黑体辐射光的颜色及其分布曲线。物理学家又发现，对于能量较低的可见光和红外线，经典理论可以描述它们的辐射光谱，但对于能量较高的紫外线以及更高频率的光，经典理论就无能为力了。直到 1900 年，量子力学的创始人马克斯·普朗克（Max Planck）提出"能量量子化"的概念，也就是将辐射体所发出的电磁能看作不连续的、一份一份离散传播的，黑体辐射的问题才得到圆满的解决。伴随着能量量子化的发现，科学家们越来越清晰地认识到，不仅是能量，很多物理量，如角动量、电荷、自旋等也都是以某个最小单位的整数倍离散性地出现。这种离散的"份"的概念就被称为量子。

如果量子的发现推翻了我们对世界连续变化的认识，则随着量子力学的进一步发展以及接下来所发现的一系列新现象、新规律——从波粒二象性到不确定性原理，从"薛定谔的猫"所代表的量子叠加到"幽灵般超距作用"所形容的量子纠缠等，在揭示物理世界更为基本的运行规律的同时，量子的发现彻底颠覆了牛顿物理所倡导的传统的世界观和方法论，并为我们进行突破式的创新和变革提供了重要启示。

波粒二象性

光到底是波还是粒子？这一问题在科学界争论了几百年，直到爱因斯坦提出光的波粒二象性，这一争论才算告一段落。科学家们还发现，不仅是光，所有的微观粒子都具有波粒二象性。也就是说，微观粒子显示出波动性，并不是因为它没有粒子性，而是因为它此时的粒子性不够明显；微观粒子显示出粒子性，也不是因为它没有波动性，而是因为它此时的波动性不够明显。它具体呈现为波还是粒子还取决于我们采用怎样的观测方式。随着研究的进一步深入，量子物理学实验发现，不仅是微观粒子，任何宏观物体都具有波粒二象性，只不过因为其质量巨大，它的波动性表现得极不显著，因此很难观察和测量。

波函数

波和粒子是物质经由我们的观察和测量所呈现出的经典结果。比如，光在光电效应、康普顿效应中呈现为粒子，在干涉、衍射实验中又表现为波。物质的真实状态其实既不是波也不是粒子，而是既在这里又在那里，同时朝任意方向、以任意速度叠加运行的波函数，表现得就像"一团模糊的云"。当然，这里的"一团模糊的云"只是一个比喻，它是指如果将粒子所处的位置都描述出来，粒子的位置轨迹就呈现为一团云雾，而且波函数的平方给出了这个粒子出现在某处的概率。波函数看似无比抽象，但它是事物最根本、最真实的存在状态。我们所说的波和粒子，甚至波粒二象性，其实都是物质波函数的真实状态在观测活动的参与和干扰下所呈现的经典结果，它们都是对物质真实状态的折中性、权宜性描述。

不确定性原理

我们在观测一个粒子之前，它的位置和速度永远处于多个位置和多重速度的叠加态中，呈现为波函数所描述的"一团模糊的云"；一旦我们进行观测，这个粒子就会立刻由波函数的叠加态坍缩到波和粒子所代表的经典态。在观察和测量的过程中，当我们越想知道一个粒子的位置时，就越不能确定它的速度；当我们越想确定它的速度时，就越不能确定它的位置。也就是说，这个粒子的位置和速度永远不能同时确定，这就是量子力学的主要创始人沃纳·海森堡（Werner Heisenberg）提出的不确定性原理。此外，类似于位置和速度这样不能同时确定的成对变量还有很多，比如能量与时间、角动量和偏振角度等。

量子叠加

在光的双缝干涉实验中，如果我们不（试图）观察光子，它就是一团以波函数形式存在的"概率云"，处于既穿过左缝又穿过右缝的叠加态。然而，只要我们想确切地知道光子具体从哪条缝隙穿过，它就会发生坍缩，并随机地穿过左缝或者右缝。也就是说，在我们对一个量子系统进行观测之前，或者它在发生坍缩之前，它的真实状态就是波函数所描述的多种状态的叠加态——著名的"薛定谔的猫"将这一状态形象地表述为"一只猫既是活的又是死的"。只有当我们对这个量子系统进行观测，导致它的波函数发生坍缩时，它才会变成一个可以被我们观察和测量的经典态——此时的猫由"既死又活"变成了"或者是活""或者是死"。

量子纠缠

量子纠缠描述了两个粒子之间超越时空、超越光速的一种连接关系，具体指两个相互作用后的粒子，由于各自拥有的属性已经综合成为它们的整体性质，所以当我们任意改变其中一个粒子的状态（如通过观察和测量），另一个粒子的状态也会瞬时改变，无论二者的距离多么遥远。用量子语言来说，两个粒子产生纠缠的本质就在于它们共享了一个波函数，纠缠就是它们的共有状态在时空中的延伸和拓展。在更为确切的意义上，处于纠缠态的两个粒子其实已经不可分割，它们共同形成了一个你中有我、我中有你的整体。因此，在量子纠缠现象中，我们的观测活动并不是改变了一个粒子的状态，这个粒子再将改变后的结果传递给另一个粒子，让它也做出相应的改变；真实的情况是，我们的观测已经同时作用于两个粒子构成的整体系统，造成了它们的整体性坍缩和状态的改变。

量子测量

在经典测量中，被测量的事物往往被看作独立于我们（测量主体）的客观存在，与我们存在明显的界限；测量活动的本质就是客观、如实地记录被测量事物的运动状态。然而在量子理论中，一个未被测量的粒子是一团以叠加态存在的波函数，只有当我们对它进行测量，它才会由叠加的量子态转化为我们能观测到的经典态。正如当猫没有被我们观察时，它就处于"既死又活"的叠加态，一旦被观察，猫就会随机地坍缩到"要么死""要么活"的经典态——正是我们的观察决定了猫的死活（经典态呈现）——我们与猫的状态紧密相连，不可分割。与经典测量形成鲜明对比，在量子理论看来，我们所观测和认知到的事物（现象），都不可能独立于我们而单独存在，只要进行观察，我们就会与事物形成一个主客交融、相互纠缠的整体，我们自身也是观测结果的一部分。

量子跃迁

普朗克提出能量量子化的概念之后，当时的物理学界都觉得不可思议，因为物质通过分立式的跳跃非连续地改变它们的能量，完全违背了经典理论关于能量连续变化的判断。甚至普朗克本人都一度怀疑自己的判断，以至于在能量量子化提出之后的十余年里，他还一直试图利用经典的连续性概念来解释辐射能量的不连续性。爱因斯坦最早认识到普朗克量子假说的革命性意义，他不仅发展了普朗克的能量子概念，更大胆地提出了光量子的假说，将量子的不连续性进一步发展。与此同时，虽然被誉为“量子力学之父”的尼尔斯·波尔（Niels Bohr）一开始也不能接受量子不连续变化的事实，但他后来不仅理解接受了，还进一步提出原子中电子的轨道也是量子的。也就是说，电子不会经过任何中间地带，只能从一个轨道突然跳跃到另一个轨道，这就是量子跃迁。简单来说，量子跃迁就是单位量子能量的不连续变化，它也可以用来指代物质的状态发生跳跃式变化。

从牛顿思维到量子思维

以牛顿物理为代表的经典科学倡导以客观、精确、量化的数学模式揭示自然规律，它也代表一种分析性、还原性、因果决定性的思维方式，即牛顿思维。这一思维方式关于世界的基本假设是：构成事物的基本单位是具有固定属性的实物粒子，它们既独立于环境，也独立于人们的观察，具有确定性、独立性、可分离性等特征；世界是一台由无数部件组成的庞大机器，它遵循确定性、绝对性的运行规律，客观、量化、数学的方法足以对它进行分析预测；每个事物以及它的组成部分都相互独立，它们可以被充分地分割，我们也可以按照自己的意愿将事物划分为一个个单元和要素，任何一个系统的整体都等于它的各个部分的总和；事物的运行规律绝对客观，我们只是世界的一个被动的旁观者，可以在不参与、不影响事物运行活动的前提下对其进行理性、客观和准确的观察和认知。

量子力学的发现开启了一个全新的科学时代，其中出现的新概念、新观点和新思想完全颠覆了几个世纪以来被科学界认为是最真实和最可靠的想法，开创了一个全新的认知思维体系。量子思维和量子世界观的建立为世界带来了一系列新的观念，如强调整体而非部分，强调关联而非独立，强调二者兼顾而非非此即彼，强调问题而非答案，强调隐含潜力而非当下表现，强调谦卑而非傲慢，强调统一而非分离，强调复杂而非简单……这些思想观念不仅在分析应对具有无形性、复杂性、不确定性的问题时具有先天优势，同时也向我们许诺了一个理解自身参照范式的革命，是最有力量替代旧思维体系的一个崭新模式。① 概括来看，从牛顿思维到量子思维主要发生了以下几个方面的重要转变。

从还原论到整体论

牛顿思维认为，事物是客观独立的，它们因为作用力和反作用力连接在一起，但又完全可以用拆零和还原的方法对它们进行分析处理；复杂事物就是简单事物的积累和叠加。但在量子思维看来，世界不包含任何一种独立和固定的事物，整个世界以及其中的事物从根本上看是一个深层次联通、不断变化发展的关系网络；整体产

---

① 彭剑锋，马晓苗，甘罗娜 . 量子领导力构建：机理与路径 . 中国人力资源开发，2019（12）：144－156.

生并决定了部分，部分也包含着整体，整体不等于部分之和，任何想要通过分析和拆零的方式对事物进行理解的想法都是主观臆测，都会丧失对事物本质的把握。

从严格决定论到概率因果论

牛顿思维遵循严格决定论，认为只要知道事物的初始状态，就可以借由因果法则对它的未来进行准确预测。然而，量子理论所描述的事物状态只是一些潜在的可能性，并且始终是多种可能状态的叠加态，具有多种发展的可能性。当对事物进行测量（干预）时，它会以一定的概率坍缩到一个具体的位置上——人们对任何事物的测量和认知都具有不可避免的随机性，同时会受到不确定性原理的限制。就像著名的理论物理学家卡洛·罗韦利（Carlo Rovelli）所说，我们无法推测电子明天会在哪儿，在两次出现之间，电子没有准确的位置，就好像散布在一朵电子云里；只有与其他东西相互作用时，它才会以一种可以计算的概率在某个地方出现，如果没有受到打扰，电子就没有一个栖身之所。

从物质实在到关系实在

在牛顿思维看来，构成世界的基础就是一个个可以分解、具有实体特征的"硬质小球"，事物的相互作用（关系）只能依附于物质实体而存在。与牛顿思维形成鲜明对比的是，量子思维将关系、能量（场）和信息看作构成事物的基础形态，认为物质实体只是信息、能量和关系的短暂凝聚，它们不仅与周边的关系信息网络紧密地结合在一起，还处于随时变化、持续生成的动态发展中。与量子思维关系实在或者关系第一性的观点相一致，组织管理大师玛格丽特·惠特利（Margaret Wheatley）也认为："在我们生活的现实世界里，关系是最根本的因素。没有独立于关系之外的事物存在。我们与现实世界相互作用的过程，就是创造世界的过程——这些过程以关系为纽带，'事物'也因为彼此间的联系才暂时地显现出来。"[①]

从主客分离到主客一体

在牛顿思维的观点中，事物具有独立于任何测量主体和测量方式的客观属性，经典测量和分析方法的主要任务就是尽可能地鉴别并排除测量主体给测量对象带来的干扰，探索发现事物本身的属性特征。与牛顿思维的观点相反，量子思维认为，根本没有一个绝对客观的实体或者外部事件，事物的任何状态表现都不可能在未被干扰的情况下测量和认知；我们与现实世界交互作用的过程就是创造世界的过程，现实世界（我们观察和认知到的世界）正是在与我们的交互作用过程中呈现出它现在的面貌以及它未来发展的各种可能性。量子世界的这种主客一体性被量子力学的奠基人波尔形象地描述为："在现实存在的伟大舞台上，我们既是观众，又是演员。"

从非此即彼到兼容并包

不同于牛顿思维非黑即白、非此即彼的二元对立观念，量子思维将一切事物都看作矛盾的统一体，认为对任何事物和现象的描述都要考虑既互斥又互补两个方面，只有在矛盾双方的对立统一关系中才能对事物进行全面把握。以光的波粒二象性为例，光在一种实验条件下表现得像波，在另一种条件下又表现得像粒子，为了全面认识光的特性，对波和粒子的认知都是必需的。只有兼顾波和粒子这两方面的矛盾属性，才能进一步整合超越矛盾，认识发现光的波粒二象性及其更为本质的波函数状态。

---

① ［美］玛格丽特·惠特利. 领导力与新科学（经典版）. 简学，译. 杭州：浙江人民出版社，2016：89.

从一切既成到持续生成

牛顿思维将世界描述为一个已经完成、待认识的物质对象，我们认识世界的过程就是客观如实地认识和反映它真实面貌的过程。量子思维在阐释主客一体观念的同时，进一步揭示出任何事物都不是本质先定和一切既成的，它们始终存在于与周边事物共同构建的关系网络中，一直处于持续生成的过程状态中——世界是复数的，在我们选择之前，它的发展存在着多种可能性，直到我们选择了，其他可能性才开始消失；我们当下的选择会衍生出世界下一层次的多种可能性，这些可能性为我们的下一次选择提供了基础……也就是说，正是我们当下的选择决定了事物当前的呈现状态，这一状态又会以前提和条件的方式潜伏在事物发展的新的可能性中，影响并决定它的未来走向。无论是事物的发展还是我们对事物的认知，都是在我们的参与和介入下，基于我们与事物持续进行的相互作用所形成的一个无限生成、永恒展开的过程。

从显现的确定性到潜在的可能性

牛顿思维将世界看作由实体物质构成的显性和客观的粒子，一切都可观测、可测量，只要我们的测量方法足够精确，就能充分把握物质世界的确定性规律。然而在量子思维看来，任何粒子的显现、任何事物的产生，都具有条件性和相对性，任何现象都是事物的多种可能性经由与其他事物的相互作用所呈现出来的显性结果。相较于由粒子、物质、实体构成的显性秩序，由关系、能量、信息所构成的隐性秩序不仅更为基本，还蕴含着无穷的潜力和发展的多种可能性。在根本意义上，正是我们的观测和参与使得事物从潜在的叠加态呈现为一个显现的确定态，这个显现的确定态又蕴含着这个事物下一个层次的叠加态和潜在性——任何事物都是潜在与显现、叠加与单一、偶然与必然、不确定性和确定性的辩证统一。

⚛ 牛顿思维与量子思维下的组织管理范式

牛顿思维下的组织管理范式

在工业时代，人类劳动和工作的对象主要是钢铁、机器、矿产、土地这些具有有形性、简单性、确定性特征的宏观物质实体，牛顿思维及其对应的工业化生产方式正好适用于对这些宏观物质实体的应用和处理，牛顿思维顺理成章地在这一时期发挥了重要作用，创造了巨大的社会财富。伴随着经典物理和工业化生产取得的巨大成功，牛顿思维逐渐泛化为一种统治西方世界的方法论和组织管理范式，对企业的发展产生了深远影响。牛顿管理的典型代表就是 19 世纪末由管理学家弗雷德里克·泰勒（Frederick Taylor）提出的"科学管理"，它所倡导的管理思维和经营理念主要体现在以下九个方面。

（1）强调个体独立，互动协作的价值被严重低估甚至忽略。在牛顿组织中，每个人都是一座"孤岛"，都是组织机器中的一个"零件"。员工依据清晰的指令和职责分工完成工作，与他人互动协作的机会很少，更不需要对他人和组织负责。

（2）强调秩序和规则，严格边界和标准。牛顿组织以科层式管理和流水线为代表，组织内外泾渭分明，层级部门间边界清晰，功能职责明确；工作流程被严格地划分为若干个相互独立的环节，上下工序之间遵循标准的节拍和节奏。

（3）强调所有的工作都有迹可循，有标准，可衡量。管理工作基于过去的经验和范式展开，强调可积累、可复制，管理活动本身被定义为周密的计划和严格的执行；规范严格的管理规则，标准严密的工作程序被看作提升效率、实现目标的核心和关键。

（4）追求稳态和结构，将不确定性看作反常状态。将稳定性和结构化看作组织建设的核心目标，金字塔型组织就是稳态和结构的典范；管理活动具有明确的目的性和方向性，将与目标有所偏离的一切活动都看作反常状态和需要极力规避的风险；要求所有工作都稳定可控、容易预测，同时将变革看作组织在危急时期不得不做出的被动选择。

（5）组织纪律至上，个人绝对服从组织。强调组织利益大于一切，员工只能依据上级的决策和命令行事，一切行动必须服从上级指挥；领导者的核心任务就是通过明确职责定位、严格纪律规范和清晰的流程标准将个人和部门组合起来，时刻保持组织的稳定与可控。

（6）倡导二元对立认知，寻找解决问题的唯一路径和最优方案。强调唯一正确和最优答案，不允许有模糊答案和含混地带的存在；采用非此即彼、非黑即白的二元对立思维分析思考问题；将矛盾等同于错误，将不确定性等同于过失，认为它们是需要全力消除和避免的对象。

（7）强调权威和管控，崇尚权力与等级。将领导力归结为领导者的个人品质和个人能力，将权力视为产生领导效应的原动力，高度集权、崇尚权威；将严格的秩序理念和等级制度看作组织运行的有效保障，员工依据上级的指令行动，没有任何自主权和灵活性，严苛的考核和强制性的淘汰成为管控员工的主要手段。

（8）员工被当作实现目标的工具，人性化管理要素被淡忘和忽略。将员工看作实现组织目标的工具和手段，认为他们不但缺乏主动性和创造力，而且只有强制性的命令和控制才能促使其行动；物质性的奖赏或惩罚成为激励员工的主要手段，平等、尊重、信任、创造、意义、价值等这些人性化的管理要素被淡忘和忽略。

（9）以自利为基础，长期主义理念被否定。将周围世界的一切都看作可以控制和利用的对象，所有行动都以自利为基础，强调理性的计算以及效率的最大化；追求即时回馈，对组织的基本面和未来发展鲜有关注，长期主义的理念价值被否定。

量子思维下的组织管理范式

随着人类社会进入信息文明时代，知识出现大爆炸，人工智能替代人工……当今世界越来越呈现出未来学家凯文·凯利（Kevin Kelly）所描述的一种"液态"：硬件变成软件，有形的变成无形的……所有的东西都变成另外的东西，所有的东西都是一种流动的状态，且在不断地改变。具体到组织管理领域，一方面，不确定性、自组织、创新驱动、人性化管理等越来越成为组织发展的新命题；另一方面，具备无形性、复杂性、流动性的信息、价值以及人的精神表现等越来越成为世界的主体以及需要管理应对的对象，它们看不见、摸不着，物质性极弱、抽象性极强，同时又具有明显的不确定性、变化性、复杂性和不可预测性。

虽然牛顿思维在应对处理有形有象的物质实体、分析解决简单的管理问题时具有先天优势，但当它遭遇一系列由信息和价值构成的新事物和新现象、面对组织中一系列复杂的管理问题时，就立刻表现出难以突破的局限性。与牛顿思维形成鲜明对比，量子思维的整体性、关联性、兼容并包等理念不仅与知识经济时代的组织发展方向紧密契合，也为我们提供了组织发展的全新思路，在应对处理复杂的组织管理问题时具有巨大优势。正如上海自主创新工程研究院理事、量子管理倡导者何伟老师所说："量子思维的底层假设相对于经典力学的惯性假设，更加符合人的本质特征；基于量子思维假设的一些推理性预测和逻辑模型，可以更有效地用于对人的管理。"[1]

---

[1]　何伟. 大川说量子 HR：自然学科中的量子思维为什么会对管理有影响（上）. 量子思维与组织的数字化转型（微信公众号），2021 - 04 - 27.

概括看来，量子组织所倡导的核心观点和理念体现在以下几个方面。

（1）组织是生命共同体，而不是利益共同体。量子思维强调万物紧密相连、密切相关，我们都在一个共同的关系网络中，你中有我，我中有你；每个人都是世界的创造者，都要为他人和世界的发展进步负责。量子组织注重的不仅是单一个体，更是个体之间交互作用的关联关系，员工、客户、利益相关者都被看作组织建设的参与者、建设者和创造者；各方主体之间不再是单纯的竞争和利益关系，而是平等互助的参与和协作关系。立足于与员工、客户、利益相关者之间的深度关联和紧密协作，量子组织的建设目标就是打造一个共担、共享、共赢、共创的生命共同体。

（2）尊重个体价值，鼓励员工参与，强调群体智慧。量子组织认为每个个体都是一个量子、一个能量球，每个个体的能量都蕴含在与他人的关联互动中；个体在相互碰撞中产生聚合效应，不同的能量因此产生超乎想象的组合变化，衍生出各种各样的创新和创意。与牛顿组织强调企业家个人智慧、个人驱动形成明显对比，量子组织尊重每个微小个体的话语权和参与权，通过调动员工积极性，鼓励他们开展更加紧密的互动与合作，以促进聚变效应产生、集体智慧涌现。

（3）机制大于管理，激活就是价值。在强调规则、秩序和结构的牛顿组织中，员工往往被看作一个追求安逸、逃避责任、缺乏进取心的"经济人"，只能在一个固定的岗位上，按照明确的规则指令被动工作。量子组织则将员工看作有充分主动性和创造力、自我驱动、追求超越的"自我实现人"，通过培养员工的创业者心态和企业家精神，鼓励他们发散思维，自由创新，尽情发挥潜能与创意。量子组织强调机制大于管理，将管理的核心定义为激活人的价值、释放个体能量；"权威"的内涵不再是企业所有者或者塔尖上的最高领导，而是指通过组织内各个"量子"的自由碰撞、能量激发所形成的一种众望所归的发展势能。

（4）突出精神的力量，自我管理，使命驱动。传统的牛顿组织崇尚权威，决策自上而下，管理者和员工之间是控制与被控制、命令与被命令的关系，同时强调物质的力量大于一切。量子组织倡导放弃权威，打破官兵界限，将员工的自我管理、使命驱动看作组织发展的核心。量子组织虽然不排除物质激励对人的积极影响，但更强调精神和意义的价值作用，认为精神力量不仅是激发员工潜能、加快员工成长的动力源泉，更是一种建立组织一致性、化解不确定性的有效力量。

（5）兼容并包，将矛盾整合作为组织进步的桥梁。与牛顿组织强调"非黑即白""唯一正确"的观念相反，量子组织认为并不存在解决问题的"唯一答案"，不同的甚至相反的观点都有其适用的场景，多方观点的存在意味着更多的选择以及更多的问题解决思路。在积极保持愿景和效率、竞争和协同、探索和利用、个人需要和组织目标等诸多矛盾要素协调平衡的基础上，量子组织会积极探索能有效整合组织矛盾的创新思路和变革力量，将矛盾以及矛盾问题的解决看作组织进步的路标和桥梁。

（6）利他商业模式与共生文化构建。量子组织的观点理念与东方智慧非常接近，它们都强调万物紧密相连，每个人都是世界的创造者，己欲立而立人，己欲达而达人——无论是个人还是组织，成就自己的前提是成就他人，成就客户，成就员工；组织与员工、与客户之间是共创双赢的竞合关系而不是单纯的竞争与零和博弈。牛顿组织所强调的竞争文化、由利己主义主导的商业模式在当今世界已经难以维系；量子组织与人为善、利他共生的观点理念更符合现代社会的整体发展趋势。

（7）拥抱不确定性，促进自组织和创新涌现。牛顿组织的严格管控模式在尝试控制不确定性的同时也摧毁了员工的潜力以及组织发展的种种可能性。然而在量子组织看来，只有积极拥抱不确定性，才能保持自身灵活应变的动态性和敏捷性，才能在充满变化的环境中实现持续发展。量子组织将自身看作一个动态演化的生命体，通过促进组织内外各资源要素的充分协同与互动，实现自组织、自驱动、自适应；在进一步扩大互动范围、加深互动程度的基础上，释放组织潜力，激发创新活力。

（8）持续创新变革，构建动态有序的聚变式成长组织。与牛顿组织有序可控的管理模式形成鲜明对比，量子组织以实现更大的价值创造力和聚变式成长为目标，在不断创新、转型和变革中寻求新的结构，探索新的方向，其核心竞争力来源于动态有序，而不是静态叠加。这里的"动态有序"不是指对组织秩序的彻底抛弃，而是一种建设性的破坏，在打破僵化秩序的基础上，依靠网络化和自组织来实现更高层次的有序；是从有序发展到混序，再发展到有序的一个循环往复的螺旋上升过程；也是通过持续地创新和创造，不断打破原有平衡并建立新平衡的动态机制。这个进程中组织的发展轨迹不是一条平滑的曲线，而是一条跳跃性、聚变性、间断平衡性的量子跃迁式曲线。

（9）将管理活动看作一个不断生成、无限展开的过程。与牛顿组织倡导缜密计划与严格控制完全不同，量子组织将自身看作一个不断生长的生命体，将自身的发展看作一个持续展开的过程，认为未来的路是走出来的，而不能依靠预测和计划——在瞬息万变的现代世界中，预测远没有行动重要，正是现在的行动造就了环境和未来。量子组织将持续的行动和不断的探索看作竞争力的来源，认为只有从组织发展的实际出发，对当下问题进行持续改进和迭代，才能洞察未来趋势，发现前进方向。

⫸ 光启：基于量子理论的《颠覆式创新操作系统》

2010 年 7 月，毕业于美国杜克大学的刘若鹏博士与他的团队创立了深圳光启高等理工研究院。在各方面的大力支持下，短短 2 年，这个由 5 人组成的研发团队就发展成为拥有近 300 人的顶尖研究机构。2014 年，"光启科学"（简称光启）在中国香港联交所主板借壳上市，被看作全球化颠覆性空间技术的创新者。2017 年 2 月，光启完成非公开股票的发行，并在 2017 年 12 月完成了向超材料尖端装备企业深圳光启尖端技术有限责任公司（简称光启技术）的资产注入。经过 3 年的建设，光启的主营业务从传统的汽车零部件制造转型为超材料尖端装备的研制和生产。2019 年，光启技术超材料业务盈利 1.04 亿元，2020 年公司产能扩张 11 倍。目前，光启已经发展为一家全球化的创新集团，一个世界超材料领域的引领者。

2015 年，华夏基石管理咨询公司（简称华夏基石）受邀起草光启的"基本法"，也就是后来的光启《颠覆式创新操作系统》。在与光启新生代企业家进行沟通时，华夏基石的专家发现，这些企业家的很多思维和理念都建立在量子理论的基础上，并且这些理念是传统的组织理论和产品创新理论所无法解释的。华夏基石最终意识到，对于一个将"改变世界的创新"作为自己使命追求的企业，要做到颠覆式创新，首先要做到思维和认知层面的颠覆性转变。基于这一思考，华夏基石在撰写《颠覆式创新操作系统 1.0》时，所采用的理念观点和语言概念都直接或间接地来源于量子力学。在很大程度上，正是因为将量子理论的基本原理作为事业发展的理论基础和思维起点，并以此来指导经营选择、企业建设和员工行为，光启才形成了它独特的核心竞争优势，最终实现颠覆式创新的量子效应。

光启的追求与信仰

"改变世界的创新"是光启的追求与信仰。光启认为，智力活动和创新活动是推动人类进化的根本源泉，是人类适应环境、改造环境和创造环境的根本原因，也是人类从一个巅峰走向另一个巅峰的核心推动力。光启对自身的定位就是成为一个颠覆式创新的生态系统，一家推动革命性突破的创新组织，一个设计未来、实现未来、分享未来的创新团体。

围绕"改变世界的创新"这一核心追求，光启将自己的奋斗精神及行动准则归纳为三个方面：（1）正面思维，自我激励。关注问题的积极方面而非消极方面，以主动、乐观、进取的态度去思考和行动；时刻激励自己以敬畏之心对待工作，以企业家心态成为伟大的创业者。（2）拥抱挑战，追求极致。主动积极地克服困难、解决困难，具备实现更高目标的主观意愿和奋斗精神；发挥所有的才华与能力，基于给定的时间条件与资源约束，不留余地地将事情做到极致。（3）勇于担责，乐于分享。对岗位尽职尽责，主动承担具有挑战性的工作；乐于把自己的经验分享给其他成员，乐于把自己的智慧和能力贡献给所从事的工作和事业，在与其他员工共同成长的过程中实现组织的持续进化和整体能力提升。

产品与市场共生的波粒二象性

波粒二象性是指一切物质都具有波动性和粒子性两种极端矛盾的形态，它还可以理解为一种软硬兼具的双重性：粒子具有物质和实体的硬件属性，波具有关系、信息和精神的软件属性。在更广泛的意义上，粒子性反映了事物所具有的相对独立性，波动性则代表了事物之间的关联关系。

光启提出，产品的颠覆式创新具备典型的波粒二象性：如果将产品看作成型性、边界性和独立性的粒子，产品背后的市场和用户需求就是具有扩散性、关联性和依赖性的波。颠覆式创新既是产品创新也是商业创新，既是科技创新也是商业模式创新——产品和市场相互迭代，成对出现，具备明显的波粒二象性特征。基于"产品—市场二象性"的观点，要实现颠覆式创新，就不能将产品的完善与客户或市场的开发割裂开来，研发人员与市场人员必须组成颠覆式创新的生命共同体。这样不仅能够加快迭代、降低风险，更重要的是，能够找到未来发展的正确方向。正如刘若鹏在一次访谈中表达的观点："不是由市场驱动的技术创新，而是产品和市场组成一个轨道，这个轨道才能产生价值。如果只有技术，没有轨道，这个技术的价值就是零。比如你做超材料技术，但没有将它推向市场，即便技术是世界第一，也没有价值。"

不确定性与确定性的辩证统一

不确定性原理的核心观点是，如果我们对一个物体进行测量，不可能同时知道它的确切位置和速度——它的位置越确定，速度就越不确定；它的速度越确定，位置就越不确定。但是，如果我们不对这个物体进行测量和干预，它的运行状态就是确定的、可预测的，遵循波函数线性发展的规律和逻辑。

光启认为，对于颠覆式创新而言，"确定的"是一个企业的核心技术或核心能力，"不确定的"则是与核心能力相匹配的产品和市场。由于任何一个核心技术或核心能力都可以衍生出多种可能性以及与此相关的具体产品和对应市场，因此光启将自己的责任定位为尽可能多地挖掘可能存在的"产品—市场"共生轨道，并确定这些共生轨道的能级。比如，超材料既可以做成"产品 1 对应市场 1"，又可以做成"产品 2 对应市场 2"……也就是说，基于确定的核心能力，可以有非常多的产品和市场构成的共生轨道，不确定性是指这些轨道是不确定的。颠覆式创新虽然具有不确定性，但是在构建"产品—市场"共生轨道方面存在确定性的规律和逻辑，因此"产品—市场"是不确定性与确定性的辩证统一。

能级最低原理与 MVP

对于微观粒子来说，它们只能在特定、分立的轨道上运动，这些不同的轨道就代表不同的能量层级。量子系统的能级最低原理进一步揭示出，低能级的粒子越稳定，高能级的粒子越不稳定，只有当低能级轨道被占满后，粒子才能进入更高的能级轨道。

能级最低原理应用在光启的颠覆式创新方面，是指当有很多可选择的"产品—市场"轨道时，应该首先聚焦于产品的应用推广、技术实现以及商业结构的综合阻力最低且商业成功概率最大的市场领域。低能级产品的主要类型有：（1）消灾解难型——目标客户想要完成某项工作，但是缺乏资金或技术，在现有的市场上又找不到简单便宜的产品或解决方案；（2）从零到一型——客户会将颠覆式产品与没有产品可用来做对比，此时即使颠覆式产品不够完美，他们也会购买；（3）牛刀杀鸡型——颠覆式创新技术可能比较复杂，但是创新者可以把复杂的技术引入简单易用的颠覆式产品，这种简便性能让人们不用花很多钱也不用接受任何培训就能轻松使用新产品；（4）动机爆款型——发挥技术的明显优势制造出全新的价值网，在满足消费者基本需求的同时，创造出能进一步满足他们潜在需求的高端产品。

低能级产品相当于我们现在经常说的最小可行性产品（minimum viable product，MVP）。也就是说，用尽可能少的成本，花费最小的代价，建立一个可用的产品原型，通过这个最简单的原型来测试产品是否符合市场预期，然后通过持续、快速的迭代来修正产品，适应市场需求。"最少的成本""最小的代价"就是对这个产品最低能级的描述，而"对产品进行持续的改善迭代"就是对产品进行能量输入，促使它向更高的能级发展跃迁。

量子跃迁与颠覆式创新

量子跃迁是指从一个量子状态到另一个量子状态的不连续性、跳跃式的变化。不同的量子状态所包含的能量也不相同，因此跃迁过程还会伴随能量的吸收或者释放，这通常会以吸收光子或发射光子的方式实现。

光启应用量子跃迁进行颠覆式创新的表现，就是在低能级市场轨道已经取得优势的情况下，通过构建下一个能级轨道来摆脱创新者的窘境并保持可持续发展。也就是说，当某种产品或解决方案基本满足了相对应的市场需求，并处于领先地位时，原来的颠覆式创新业务就会自然退化为传统业务。此时，若在此轨道中继续就此产品做技术更新，就属于持续性创新，该产品的扩张和更迭只能保住市场，而不能获得更大的增长空间，更无法获得这个市场以外的其他市场。所以，为了实现企业的可持续发展，扩大或超越市场空间并取得成功，就必须继续依据能级最低原理实施能级跃迁，在构建核心能力的基础上进入现有轨道以外新的能级轨道，创造新的价值链，以此来化解已有"产品—市场"共生轨道萎缩、坍塌、瓦解的潜在危机。

组织生命体与小熵管理

如果以往的创新往往是个人行为，是稀缺、偶然、随机发生和难以预期的，今天的创新就越来越表现为一个系统行为——大家分工协作，强强联手，各自做最擅长的事情，通过充分的连接和互动来实现创新。越是前沿的创新和技术，越不可能是一个人、一个团队、一个组织努力的结果，它甚至无法在一个区域、一个国家内完成。越是创新，就越要求人与人、团队与团队、组织与组织之间进行深入的协作与互动，只有通过各方主体的紧密连接与充分互动，创新的数量、质量及成功率才能得到提升，创新模式本身才可能发生革命性的变化。在更加广泛的意义上，保持与外界的紧密关联和互动，就是将企业看作一个不断演化的生命体，通过与环境进行持续的物质、能量和信息的交换，维持企业的低熵状态，持续激发组织活力。这一过程被光启称为小熵管理。

在光启看来，"熵"是企业内部浪费掉的一切能源和资源，它来自信息不对称，沟通不及时、不到位，来自非水螅模式等诸多因素。光启的目标，就是要构建基于移动互联网平台的小熵管理，让资源浪费降到最低程度。正如光启在《颠覆式创新操作系统》中所称：

> 基于互联网技术的以大数据支撑的小熵管理模式，是应对不确定状态下企业管理的有效选择。能否最大限度地克服大企业病、始终保持创新的活力、提高员工的效率进而提高组织的绩效，是决定企业成败的关键。我们实施与有机组织相适应的小熵管理模式，力争使企业熵处于一种能够容忍的状态，目的在于努力将光启打造成为内耗低、协同畅、效率高、执行力强和创新意愿足的可持续发展组织。

📖 参考资料

[1] 北京华夏基石管理咨询公司光启企业文化建设项目组. 光启颠覆式创新操作系统（1.0），2015.

[2] 林中行. 十年磨一剑，四万字深度解读深圳光启（上）. 东方财富网，2020-07-10.

[3] 林中行. 十年磨一剑，四万字深度解读深圳光启（下）. 东方财富网，2020-07-10.

[4] 专访光启科学CEO刘若鹏：彻底重组马丁飞行包. 腾讯网，2015-04-21.

第 2 章

量子组织模式："波粒整合"
与平台化管理

❧ 神秘的波粒二象性

量子理论中一个最令人困惑的问题就是波粒二象性，它是指所有的物质粒子不仅可以部分地以粒子的术语来描述，也可以部分地用波的术语来描述。也就是说，任何一个物质粒子既具有波动性又具有粒子性。托马斯·杨（Thomas Young）的双缝干涉实验就是用来说明光的波粒二象性的最典型的实验（见图 2-1）。

一个光源照射到一台双缝装置上，当缝的宽度足够小，且我们不试图观测光子时，即使我们每次只发射一个光子，它的表现也会像一个波——波会同时通过两条缝隙，然后自己与自己发生干涉，在屏幕上形成明暗相间的干涉条纹。然而，一旦我们想弄清楚这个光子是从哪条缝隙穿过来的（如在狭缝后放置探测器），光子就会表现得像一个粒子——从两条缝隙中的任意一条穿过，在屏幕上形成一个小亮点，之前的干涉条纹也随之消失。

波粒二象性中的"波""粒"概念就类似于传奇画家莫里茨·埃

将探测器远远地放在狭缝后方，每次只发射一个光子，最后的结果会有干涉图样的特征，就像光子表现为波，同时通过两条狭缝一样

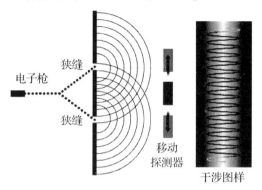

将各个探测器紧贴在每条狭缝后面，发现每次只有一个计数器响，此时光子表现为单个粒子

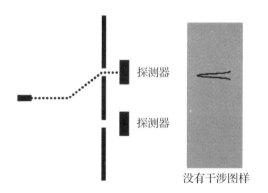

图 2 - 1　光子的双缝干涉实验

资料来源：新科学家. 科学速读：量子物理新话. 北京：人民邮电出版社，2019：24.

舍尔（Maurits Escher）在他的名画《两只飞鸟》中所描述的白鸟和灰鸟（见图 2 - 2）——白鸟和灰鸟看似有所区别，实则是一个整体；它们相互描述、相互规定，没有白鸟就没有灰鸟，没有灰鸟也就没有白鸟。然而，如果我们将思维或视角集中于画面的一个方向，只能得出"要么是白鸟""要么是灰鸟"的二选一结论。

图 2 - 2　埃舍尔作品：两只飞鸟

在这里，将视角集中于画面的一个方向，就相当于采用了双缝观测或者安装探测器这两种观测方式中的一种。如果把双缝观测视为从左到右观察画面（此时我们看到了白鸟），安装探测器就相当于从右到左观察画面（此时我们看到了灰鸟）。我们最后得出白鸟或者灰鸟的判断，就分别对应于"光子同时穿过两条缝隙"（对应光的波动性）和"光子随机穿过一条缝隙"（对应光的粒子性）的实验结论。与此同时，我们知道，这幅画描述的既不是白鸟也不是灰鸟，或者说它描述的既是白鸟也是灰鸟，是白鸟和灰鸟的叠加态，是"灰白鸟二象性"，也就是双缝干涉实验所呈现出的光的波粒二象性。

"$P^2+V^2\leqslant1$"是量子理论中的量子态普适公式，其中的 P 和 V 分别代表物质的粒子性和波动性，或者说定域性和非定域性。从广义上说，粒子性和定域性描述了一个事物的离散性、独立性和边界性特征——我们只研究眼前这个事物以及它与相邻事物的相互作用关系，就能将这个事物了解清楚，而不需要知道与它相距遥远的其他事物的信息；波动性和非定域性则描述了一个事物与其他事物之间关联性、统一性和整体性的特征——我们要研究眼前这个事物，就一定要研究与它相互关联的其他事物，即使其他事物与它相距遥远。因为无论距离远近，事物之间的关联关系都不能忽略，这些关系中包含着当前事物的必要信息。根据公式，一个物理量如果处于定域或非定域的纯态中，普适公式的计算结果就会等于 1，但由于微观粒子的物理状态始终不确定，纯态状态始终不存在，所以这个公式的计算结果会始终小于 1。还可以看出，P 和 V 呈负相关关系，也就是说，当代表定域性和粒子性的 P 值越大时，代表非定域性和波动性的 V 值就越小，反之亦然。

随着研究的深入，越来越多的实验证明，波粒二象性并不是微观粒子的独有特征，所有物质包括宏观物体都具有波粒二象性，只是由于宏观物体的质量较大，它们的波动性表现得并不明显。在一般意义上，波粒二象性还可以理解为一种软硬兼具的双重性：粒子的一面代表硬件、物质和实体——它们就像很多硬质小球，咯咯地碰撞，然后弹开；波的一面则相当于软件、关系、信息和精神——只不过与我们所熟悉的任何种类的波都不同，它不是任何实体或物质构成的波，而是知识或信息的波，是一种用概率描述的波。在更广泛的意义上，粒子性反映了事物所具有的相对独立性，波动性则反映了事物之间、事物与环境之间的相互作用关系。量子管理学奠基人丹娜·左哈尔（Danah Zohar）立足于波和粒子的扩展意义，将它们与左脑思维和右脑思维、串行思维和并行思维、智商和情商、东方文化和西方文化等概念关联对应起来，进一步拓展深化了波和粒子的内涵和外延（见表 2-1）。

表 2 - 1　波与粒子的比较

粒子	物质	左脑思维	串行思维	理性思维	逻辑的规则的	智商	西方文化	硬件
波	关系信息	右脑思维	并行思维	感性思维	直觉的发散的	情商	东方文化	软件
波函数	量子	全脑思维、超思维、量子思维				灵商	融合文化	系统

　　一般来说，大脑的思维活动可以分为两种：左脑思维和右脑思维。左脑思维倾向于将复杂的问题抽象为逻辑、符号和概念，并按照逐步逐级、线性、受制于规则的顺序路线对它们进行"串行"处理。因此，左脑思维通常也被称为串行思维、理性思维、逻辑思维，其特点就是理性化、讲逻辑、有规则、成体系、人为定义与划分、目标导向等。与左脑思维形成鲜明对比，右脑思维根植于我们的情感和亲身体验，倾向于用心和身体进行感悟领会，同时将问题转化为图案和图形，按照联想、非线性、自由连接的方式对问题进行"并行"处理。因此，右脑思维通常也被称为并行思维、感性思维、联想思维，其特点就是感性化、重直觉、少规则、习惯化、分散并行、自然生成等。

　　串行思维和并行思维、理性思维和感性思维一方面是左脑和右脑的主要思维模式，另一方面分别赋予我们智商和情商。智商就是智力商数，反映的是我们的认知、逻辑和计算能力，通常是逻辑性的、理性的、受规则约束的；智商高的人往往善于处理目标明确、边界清晰的任务型、标准型工作。情商就是情绪商数或者情绪智力，反映的是我们识别他人情绪、处理人际关系的能力，通常是关联的、感性的、发散的。哈佛大学心理学教授，被称为"情商之父"的丹尼尔·戈尔曼（Daniel Goleman）曾经给情商下了一个非常通俗的定义：自主动机和坚持、反思的能力，控制冲动的能力，对情绪的觉察力，同情心以及交朋友的能力。这个定义充分说明，情商是我们与他人正常交往、实现沟通的基础，情商越高的人越善于处理没有特定的目标和界限、涉及复杂情感和人际关系的感受型和实践型工作。

不难发现，粒子所具有的独立性、边界性和个体性特征，正好可以用来表征左脑思维、串行思维、理性思维和智商。粒子性的思维方式强调人、事、物之间清晰的边界划分，赋予事物独立、个性的特征，这一点与西方文化所强调的个人主义、个体权益以及私有竞争的理念密切相关。波所具有的关系性、模糊性和整体性特征，正好可以用来表征右脑思维、并行思维、感性思维和情商。波动性的思维方式强调人、事、物之间紧密的关联关系，将事物看作它与周边事物共同构成的关系网络的一部分，这一点与东方文化所强调的集体主义、人际关系以及共有协作的理念一脉相承。

任何单一的思维方式和智能模式都各有侧重和局限。比如，左脑思维逻辑性很强，做事有条理有计划，但往往缺乏创新和灵感；右脑思维在直觉感悟、形象识别、空间判断、理解复杂关系以及情绪表达方面都远远超过左脑，但它往往非理性、情绪化，容易脱离现实，缺乏思维的条理性和可操作性。只有将左脑和右脑、串行和并行、理性和感性、智商和情商有机地结合起来，才能全面系统地发挥思维能力，充分理解事物本质。事实上，以上这些看似矛盾的思维方式在本质上是一个整体，它们相互影响，不可分割。

"斯坦福棉花糖实验"就是一个经典的例子。实验过程非常简单：实验者给孩子们每人 1 块棉花糖，并借口说要出去 10 分钟，同时会告诉孩子如果他们暂时忍住不吃，等实验者回来，每个人能再得到 2 块棉花糖。这个实验表面是要测试孩子的情商，因为根据戈尔曼教授的定义，控制冲动的能力是情商的一部分，如果一个孩子愿意等待，他的情商水平就不会太低。与此同时，这个实验还揭露了这样一个事实：一个孩子在决定等待之前，会大概地盘算和估计一下，10分钟2块棉花糖的交易是否划算？这个交易的可信度如何？与其他的东西相比（如与其他的小朋友一起出去玩耍），多出来的2块棉花糖是否值得等待？这个思考和揣度的过程恰恰反映了这个孩子的智商和理性判断能力。这个例子充分说明，情商和智商不仅不是相互矛盾对立的关系，它们在根本意义上相辅相成，彼此促进。2004年所做的一项科学测试更加明确了这个结论：一群科学家对102个志愿者展开智商、情商和人格的测验后发现，智商与情商不仅不是无关的，更不是负相关的，而是正相关的，也就是说，智商越高的人情商往往也越高。

虽然左脑思维和右脑思维、串行思维和并行思维、理性思维和感性思维等都是我们熟知的概念，但实际上，除了以上这些具有相对性和矛盾性的思维方式和智能模式，还存在一种整合并超越于它们的全新思维，即左哈尔教授所说的"第三种思维"。第三种思维兼具了左脑与右脑、串行与并行、理性与感性的优势，是一种全新的思维，也被称为全脑思维和超思维，它同时也是融合了粒子和波、物质与信息、硬件与软件、西方和东方文化的量子思维。

第三种思维建立在打破一切固有观念和知识藩篱的基础上，通过重新定义我们的思维和认知体系，回归事物本源去发现和思考问题，同时赋予我们超越智商和情商的灵商，即心灵智商（SQ）。灵商是20世纪90年代末期出现的一个新概念，它的提出者是量子管理学的奠基者左哈尔教授。她将灵商概括为"一种对事物本质的灵感、顿悟和直觉思维能力"，同时系统阐述了灵商与智商、情商之间的关系，并将灵商看作一种超越智商和情商的全新智能以及人类自我的"第三个层次"。在左哈尔教授看来，灵商不仅重塑了我们对世界最底层的假设和认知，重新定义了我们所面临的问题和处境，还是一个人内在驱动力、内在能量和内在创造力的不竭源泉；灵商深深地扎根于我们所追求的意义、使命、愿景和价值观中，回答了关于生命的最核心、最本质的问题，是量子自我的极致表达，它在本质上就是量子思维。

◈ 粒子型组织和波型组织

粒子型组织

牛顿组织就是典型的粒子型组织。这类组织将"经济人"假设作为人性基础，同时完全认可马斯洛 X 理论的基本观点：人性天生厌恶并尽可能地逃避工作，追求安全安逸；胸无大志，缺乏进取心，不愿意承担责任；缺乏解决组织问题的能力，只有少数人拥有创造力；等等。建立在"经济人"或"实利人"假设基础上的粒子型组织将人看作整个组织机器中的一个小零件，认为只要采用严格的管控方式，满足个人私利，他们就能像工具一样被驱使和利用。粒子型组织以西方和美国公司为代表，具备典型的个人主义特征：组织整体被切分为若干个功能模块，每个模块都有清晰的界限、明确的职责定位和鲜明的功能；工作流程也被精确地计算、分析和切割，官僚结构、专业分工以及流水线生产是这种组织的标准配置；决策方式是典型的领导决策，基层员工只能机械被动地服从上级命令，没有丝毫商量的余地；控制方式是依据明文规定的流程、制度、规章，集中管理，照章办事；雇佣和考核方式以人事合约为主，提倡短期雇佣，强调快速考核与晋升。

粒子型的牛顿组织具有结构严谨、分工明确、规范稳定、集中管控、便于监督等优点，当组织外部环境相对稳定、内部任务相对简单、没有太多跨职能协作工作时，这种组织管理模式非常有效。然而，随着知识经济时代的到来以及外部环境日益复杂和不确定，强调个体、独立、分割治理的粒子型组织越来越难以适应新的环境要求，还面临组织僵化、协同性缺失、创新乏力等一系列难以克服的问题。如果粒子型的牛顿组织是与工业时代的专业化分工和流水线生产相互匹配的组织模式，在越来越强调开放和协作的知识经济时代，创造发展出一种能匹配新的时代背景和环境要求的组织管理模式就变得迫在眉睫、势在必行。

被西方世界称为"商界教皇"的汤姆·彼得斯（Tom Peters）在《超越混沌》一书中指出，命令和控制的时代将一去不复返，我们已经进入了一个以好奇、发挥想象力和创造力为特征的新时代，现有的牛顿组织必将被混沌组织取代。在《解放型管理》一书中，彼得斯又强烈呼吁，在这个软性化、变化无常的世界，我们需要一个能应对不确定时代的新组织范式；只有放弃层层等级、官僚僵化的固定模式，构建一种灵活多变、自由流动、充满活力的组织，才能应对这个时代向我们发起的挑战。

　　　　在每样东西都"趋向软性化""瞬息万变""走向流行"的商业世界，也就是在迪士尼和摩根（一个是娱乐业、一个是金融服务业）取代 USX 和普莱美利（钢铁和罐头）的这个变幻无常、讲究流行、需要疯狂、做过无数次尝试的世界里，"军队"（发号施令、颐指气使）和"金字塔"（笨重、静止不动）不再管用，它们都欠缺未来存活下去的企业所需要的核心概念。组织就应该像一场嘉年华：充沛的活力、惊奇、欢乐无限……绝不能有一点点背离活力和快乐的特质；除了活力，它还具有个体与整体协调、个体经济、不断变化、人员多才多艺、顾客自己创造等特征。①

波型组织

与粒子型的牛顿组织形成鲜明对比，波型组织强调关系和人际网络，它的这一特点与倡导集体主义、忠诚和和谐的东方文化密切相关。第二次世界大战后的日本组织就是波型组织的典型代表。著名管理学家、日裔美国学者威廉·大内（William Ouchi）曾经指出，无论是 X 理论还是 Y 理论，它们建立的基础都是西方和美国社会的个人主义，因而并不适用于集体主义的日本式组织。他在分析比较日美两国管理经验的基础上，进一步提出与日本式组织相互契合的 Z 型管理方式，其基本内容体现在以下几个方面：信任以及员工之间紧密的人际关系对组织具有积极影响；关怀员工，让员工一进入公司就像进入一个家庭，员工普遍对组织有很强的认同感和归属感；鼓励员工积极参与公司的管理工作，决策方式是集体决策，寻求共识；采用集体主义之下具有"礼治"特色的含蓄性、暗示性管理方式，使用一套默认的规则和方法，而不是依靠法规律令来强制性管控组织；倡导长期雇佣制度，终身雇佣制是其典型模式，认为只有给予员工充分的职业保障，才能促使他们关心企业的利益和前途；考核方式以缓慢的评价和晋升为主，对员工进行长期全面的考察，不以一时一事为根据对员工的表现下结论。

在日本的社会关系中，"和文化"具有和谐、宽恕、容忍、接受、认可以及顺从等多重含义，它支配着日本人的物质生活和精神

---

① ［美］汤姆·彼得斯．解放型管理．鲁乐中，译．北京：北京大学出版社，2006：6 - 12.

生活，不少带有日本特色的事物被冠以"和"字，常见的有"和歌""和服""和食""和扇"等。① 作为日本文化的灵魂，"和"所强调的关系、和谐、归属和忠诚等构成了日本式组织的精神内核及其奉行的基本原则。这些原则强化了日本式组织的波型机制，使其表现为一个相互关联、紧密协同的企业共同体。围绕"和文化"的精神内核，日本式组织的终身雇佣、集体决策、员工参与管理、缓慢的评估和晋升机制等使员工自然地将公司当作自己的家，他们不仅对公司产生了很强的认同感、归属感和忠诚度，还将自己的命运与公司紧密地联系在一起，因而能够长期吃苦耐劳、任劳任怨，创造极高的生产效率。战后日本经济起飞，日本企业保持高速成长的一个重要原因是，它们赶上了以发明和应用电力、内燃机为标志的电气时代，也就是第二次工业革命。此时，制造业集中使用电力化、专业化的大型设备工具，能使用这些设备工具的专用型人力资产，如专业的经营者、工厂技术人员和熟练工人成为社会的"急需品"。由于日本式组织忠诚和谐的文化氛围、集体主义、终身雇佣等机制适合对此类专业人才的培养，所以日本式组织在这一时期顺理成章地获得了突飞猛进的发展。

然而，正如粒子型组织有优势也必有弊端，波型的日本式组织虽然在终身雇佣制的体系下完好地运行了近 30 年，创造了震惊世界的经济奇迹，其危机却在 20 世纪 80 年代末逐渐爆发。数据显示，1990 年以后，日本上市公司的平均收益率降到 5％以下，进入 21 世纪后，该比率继续下降，甚至一度接近零。虽然日本经济不景气、人口老龄化、产业结构转型不利等很多因素都会造成这一比率的下降，但波型组织模式所带来的种种弊端，如个体自主性丧失、组织

① 胡钰，汪帅东，王嘉婧. 论企业形象：如何成为受赞誉的企业. 北京：中信出版社，2019：68.

结构僵化、盲目遵从集体主义、人力资源难以流动等问题，无疑是造成这一结果的直接原因。正如左哈尔教授所说："官僚式的西方组织会因规则和程序变得石化，但网络化的东方组织在面对突发状况时也会一样脆弱。"[①] 针对日本式组织的忠诚文化和保守氛围，管理学大师彼得·德鲁克（Peter Drucker）曾指出，企业虽然对社会信仰和社会凝聚力负有不可推卸的责任，但不能以此为借口来要求人们对企业绝对忠诚，要求员工绝对忠诚的倾向是非常危险的——理想的状态不是建立日本式组织所信仰的"忠诚的和谐"，而是要在保持价值多元和自由权利的基础上，建立一种完全不同的"自由的和谐"。

> 在自由社会里，公民可能会是许多机构的成员，但是没有一个机构有权声称公民必须完全效忠于它，只有保持多元化和自由选择的权力，一个社会才会充满生机和活力。从社会的角度来看，要求管理人员对企业绝对忠诚是滥用权力的表现。企业绝对不能自称是员工的家庭、归宿、信仰或命运，也不可以干涉员工个人的私生活或公民权。将员工与企业联系在一起的只是一份可以随时取消的聘约，并不是不可更改的纽带。这种崇尚自由的价值观，一方面给予个人选择权，为人才流动创造了宽松的氛围；另一方面，卸下了企业对员工提供"铁饭碗"的包袱，企业合法地拥有了根据战略规划调整员工结构以至解聘员工的权利。[②]

⚛ 量子组织：弥合波和粒子的新模式

在量子理论的观点中，事物的真实状态既不是波也不是粒子，

[①] ［英］丹娜·左哈尔. 量子领导者. 杨壮，施诺，译. 北京：机械工业出版社，2016：128.

[②] 张远凤. 德鲁克管理学. 北京：北京燕山出版社，2017：198－199.

甚至也不是波粒二象性，而是整合了波和粒子，又完全超越它们的一个全新状态，即波函数状态。波粒二象性只是我们用传统思维和经典语言理解、解释事物真实状态时采用的一个折中性、权益性表述。要想更为准确地理解事物的本质状态，不是在波和粒子之间做一个选择，左右摇摆，而是要继续向前走一步，找到融合并超越它们的一个全新概念和现实，即波函数现实。以研究量子霍尔效应而闻名的著名物理学家罗伯特·劳克林（Robert Laughlin）曾说，在量子力学里，用位置和速度来刻画一个物体的牛顿概念是不正确的，它们必须代之以波函数概念——一种空气压强的微弱变化引起声波传播的抽象模型。

与事物的真实状态相似，真实的思维模式是一个整合并超越任何单一思维方式的全新思维方式，即第三种思维，也就是量子思维。著名理论物理学家加来道雄曾说，我们的一生就像没有离开池水的鱼一样，认为宇宙之中只包含有熟习可见的东西。我们只有跳出池水，跳出自己的世界，愿意从更高的维度来看待世界，才能化解很多看似无法解决的问题。就像一旦升到高空俯视云层，就可以轻而易举地预测风向变化。相对于牛顿思维，量子思维就是一个"跳出水面"的超思维和超视角，它立足于一个全新的维度和坐标，重新定义了我们所面临的一切问题。基于量子思维所构建的量子组织充分实现了对粒子型的牛顿组织以及波型的日本式组织的整合与超越，其组织特征和运行机制充分地体现了量子思维的理念观点。

量子组织的整体性与关系性：扁平化、网络化、去中心化、无边界

在量子世界里，关系、信息、能量（场）是构成事物的基础形态，只有与其他事物进行交互作用、建立关系连接，事物的粒子状态才能生成并显现。构成世界的一切事物都相互关联、相互定义，

任何事物只是它所在的流动变化的关系网络上的一个节点。正如组织管理大师玛格丽特·惠特利所说："我们就像世上所有的事物一样，无法定义、无法分析，而只是有若干种潜能。我们谁都不能脱离与他人的关系而独立存在，不同的环境和人将使我们的某些特性显现出来，而另一些特性则处于休眠状态。从某种意义上来说，我们在每一种关系里面都是不同的、全新的。"① 基于量子理论整体性、关系性的思维观点，任何一个组织以及组织中的所有成员都是它所在的关系网络中的一个节点，是基于组织与组织、组织与员工以及员工与员工之间相互作用所生成的一个关系的凝聚点和交汇点。这里所说的"关系"，既包含组织内部各成员、各部门、各层级之间的沟通与互动，也包含组织与用户、供应商、利益相关者以及环境之间的协作与交流，在更广泛的意义上，任何与组织相关的因素，无论是直接的还是间接的，都可以纳入组织的关系网络。

量子组织建立的基础是促进关系构建，增强信息沟通，它脱离了传统牛顿组织模块化、机械化的基本形态，呈现出扁平化、网络化、去中心化、无边界的趋势和特征。这里的"扁平化"是指压缩简化牛顿组织的多层级结构，让组织决策者近距离地接触一线、接触用户，实现信息的高效传递和流通；"网络化"是指对内打破部门与部门、层级与层级之间的界限，对外突破组织与组织之间的壁垒，让组织中的每个人、价值链上的每个组织都成为信息传递和协作网络中的一个节点，最终实现组织内外各个主体之间的资源共享、价值共生；"去中心化"并不是指一个组织没有中心，不要中心，而是指组织中的任何单元和个人都可以成为中心，都可能成为中心，组织的中心已经分布到各个单元和组织节点中，任何中心都不是固定

① ［美］玛格丽特·惠特利. 领导力与新科学（经典版）. 简学，译. 杭州：浙江人民出版社，2016：51.

和永久的，而是阶段性的，是随着任务和环境的变化而持续变化调整的；"无边界"主要强调组织边界的开放性和渗透性，就是通过边界的开放和可渗透，组织可以开展深入广泛的内外部协同，对内外部资源进行整合利用，最终实现组织的虚拟化和开源化。无论是扁平化、网络化、去中心化还是无边界，本质上都是通过个体与个体、部门与部门以及组织与组织之间的广泛沟通和协作，将各方主体都纳入一个相互融合、彼此包含的网络整体中，最终达到凯文·凯利在《失控》中所描述的一种理想状态：没有强制性的中心控制，次级单位高度自治，次级单位之间充分连接，点对点的影响通过网络形成了非线性的因果关系。

量子组织的波粒二象性：混沌中的有序

事物既具有凝结、固定、成型、具体、显现的粒子特征，也具有流动、变化、发散、关联、潜在的波动特征，是独立和关联、显现和潜在、有序和混沌的叠加状态。在复杂理论的观点中，这种状态被描述为一种介于有序和无序或者有序和混沌之间的结构性混沌或结构性无序，一种耗散结构状态。德国物理学家、协同学创始人赫尔曼·哈肯（Hermann Haken）教授曾经以"教授的书桌"打比方，对这种结构性混沌进行了生动描述：教授的书桌虽然看起杂乱无章，但他能轻而易举地找到所需的资料，一旦有人将书桌收拾整齐，教授反而找不到他需要的资料了。其中的原因是，整理后的书桌从表面看来是有序的，但这是一种静态、死板的有序，是一种僵化的平衡态；未整理的书桌虽然看起来杂乱无章，但在教授看来，这些资料之间存在一种隐秘的关联、一种深层次的秩序——正是根据这个隐藏的秩序，教授才能快速找到他所需要的资料。所以哈肯教授认为，真正的有序就像教授的书桌一样，是一种隐含在混沌中的有序，一种无序中的有序，一种远离平衡的平衡态。这种状态看似矛盾，但它是一种充满活力的真正的有序，是一种处于持续变化中、类似于生命过程的活生生的有序。只有在这种活生生的状态下，一个系统、一个组织才可能像一个真正的生命体一样，在自组织的过程中进一步实现自适应和自演化。

量子组织时刻处于混沌和有序的边缘：它既尊重个体权利，又强调广泛参与；既推崇个人创造，又主张集体共识；既重视规则约束，又倡导礼制和谐；既能做到边界清晰、标准规范，又能实现内部协调、外部共荣；既能灵活反应、敏捷变化，又能随时调节、变换模式……总而言之，量子组织可以呈现为任何一种形态，但又不会执着于某种形态，是一个随时处于混沌和有序之间的耗散结构，是对粒子型组织和波型组织的全面整合与超越。作为中国最优秀的企业家之一，华为的创始人任正非就将耗散结构看作一个健康组织的标准。他认为，一个企业只有在稳定与不稳定、平衡与不平衡之间保持平衡，才能保持活力，持续发展；企业推行的管理结构应该是一个耗散结构，应该将企业内部的能量尽快耗散掉，通过耗散获得新生。任正非曾经以“忠诚度”为例，进一步阐述自己的上述观点：忠诚度对企业来说，是一种积极的能量，如果员工都很忠诚，企业就会做得持久；然而，当这种忠诚达到一定程度，忠诚度高的员工待在企业的时间久了、地位高了，就可能怠惰懒散，不创造绩效，此时企业付出的成本就会大大增加，忠诚反而变成负能量。因此，企业必须把用金钱换来的员工对企业的热爱耗散掉，用奋斗者、流程优化来巩固，通过找到企业中那些奋斗的人，与他们分享企业的成果，而不是维持员工忠诚。这种不断打破忠诚、打破平衡的主动变革方式，就是华为激发能量和保持耗散结构的关键。

量子组织的自组织涌现性：自主决策，自我驱动

在量子理论看来，世界就是一个巨大的关系网络，每个事物都

是关系网络中的一个节点，每个节点既具备自组织运行的能力，又能与周边的节点开展持续的交互。事物之间复杂的相互作用关系使得网络上一个微小的变化和波动都会引发"蝴蝶效应"，导致整个网络发生巨大变化，产生"整体大于部分之和"的涌现（或突现）效应。这里的"涌现"不仅代表一种质变，也是一个系统产生创新的标志。

量子组织扁平化、网络化、去中心化的特征决定了它的自组织本质。量子组织中的每个个体和团队都不再是传统组织中基于明确的分工而固定在某个岗位、某个角色上的"螺丝钉"，而是拥有多种技能、多种身份的创新者和创业者——每个人都是价值的创造者，都可能成为价值创造的中心。虽然每个个体和组织单元拥有的资源和能力有限，但它们可以通过充分交流与协作，在共同构建的关系网络中实现资源共享、协同发展，它们产生的协同能量会远远超过多个个体和单元能量之和。

成立于 1984 年的海尔历经多次转型，现在的组织形式是"平台＋小微"的自组织小微生态圈：小微是海尔基本的创新创业单元，它们处于海尔平台的最前端，独立核算、自负盈亏，拥有充分的自主权；处于后端的平台不仅为小微提供基本的资源支持和专业化的职能服务，还通过吸引和聚合更多的能力和资源，进一步丰富海尔的平台生态，促进更多小微成长。现在的海尔生态圈中只有平台主、小微主和小微成员三类人，每个人都转型为创客，都是海尔共同的创业者与合伙人。无论是小微、员工还是海尔平台本身，都通过积极捕捉市场机会和提升用户体验践行自组织、自驱动和自演进，整个平台生态系统在这一过程中实现持续进化、绵延发展。

量子组织的矛盾整合性：亦此亦彼，兼容并包

波粒二象性不仅反映了物质的波、粒子二元属性及其对立统一

关系，更代表一种兼容并包、矛盾整合的思维方式和方法框架。在本质上，一切事物都是矛盾的统一体，粒子和波、物质和信息、有序和混沌、控制和失控、当下和将来等这些表面上相互矛盾的要素，实际上却相辅相成、和合一体。矛盾和变化不仅不是阻碍发展的消极因素，反而是促进发展、实现进步的必要手段——系统的进步发展正是建立在对矛盾悖论进行整合与化解的基础上。量子组织充分认识到矛盾要素之间相辅相成的辩证统一关系，认为看似相反的观点和路径（比如 A 和"A 反"）不仅意味着更多的选择和可能性，还可能产生 C，即整合化解 A 与"A 反"所形成的一种全新的观点和问题的解决方案。牛顿组织所推崇的唯一正确、唯一真理、唯一最佳方案的观点理念在量子组织中不再成立，非黑即白、非此即彼的绝对选择让位于亦此亦彼和多元选择，承认多条路径甚至矛盾路径的同时正确性，已经成为构建动态适应性量子组织、适应不确定性环境的必然要求。

在《基业长青》这本管理学著作中，管理专家吉姆·柯林斯（James Collins）和杰里·波勒斯（Jerry Porras）通过对 18 家卓越企业的研究，最终得出了一个结论：一家真正伟大的公司一定不会用非此即彼的二分法使自己变得残酷无情，而是会采用一种兼容并蓄的融合法，即同时拥抱若干种矛盾和悖论，让两种表面冲突的力量在组织内部并存——既能务实地追求利润，又能切实地践行理想；既有稳定持续的价值坚守，又能勇敢果断地行动变革；既有明确清晰的方向目标，又能灵活机动地探索实验；既坚持长期主义的理想信念，又在短期内有优异表现……伟大的小说家弗吉尼亚·伍尔夫（Virginia Woolf）曾说："伟大的灵魂都是雌雄同体的。"美国杰出作家、《了不起的盖茨比》的作者弗朗西斯·菲茨杰拉德（Francis Fitzgerald）有一句享誉世界的名言："同时保有两种截然相反的观念还能正常行事，是一流智慧的标志。"一家卓越的公司同样具有这两位作家所描述的"伟大的灵魂"和"一流智慧"——兼容并包和矛盾整合正是它们的典型特征。

著名的流媒体巨头网飞（Netflix）就是一家具有高度的矛盾整合能力，能够充分做到"鱼和熊掌可以兼得"的公司。表面看来，网飞是一家"温情脉脉"和"关怀备至"的公司：它的工作流程非常简化，甚至没有绩效考核；员工可以自由选择休假时间，具体期限也不做限制；员工出差的花费、平时的财务报销都可以自行决定，不需要审批……与此同时，规矩严格、宁缺毋滥又是网飞奉行的做事原则。"只招成年人"不仅是网飞的著名口号，更反映了它严格甚至严厉的文化准则。这句口号的意思是：公司不是员工的妈妈，不会事无巨细、方方面面地照顾员工；公司随时会给员工制造挫折感，而且不会照顾员工的感受，所以员工需要用成年人的方式对待这些挫折；公司会不断提高选人标准，提高智商密度，因此会随时撤换掉表现一般的人……虽然网飞的严苛文化让它每年的员工流失率超过 20%，这个数据即使在人员流动率高的硅谷也排名靠前。但是在网飞看来，一家想要保持发展的公司，一定会将表面上的宽松亲和与实质上的严格规范有机地结合起来，宽松与严格看似一对矛盾体，实际上它们相辅相成、并行不悖。

量子组织的参与性：员工主体，群体智慧

量子理论认为，我们处于一个"参与性"的宇宙之中，观测者也是被观测事实的一部分，任何现象都不可能在未被干扰的情况下观察、测量和认知。在很大程度上，正是我们的观察和认知决定了事物最终的呈现状态，我们在现实塑造的过程中发挥着核心和主导作用。在本质上，一个事物的真实状态是潜在、隐性和叠加的，只有当这个事物与我们所采用的认知和测量方式发生相互作用时，它的物质特征才会由潜在转化为显现，由隐性转化为显性，由不确定态转化为确定态。正如光的真实状态是波函数所描述的波和粒子的叠加态，只有当光的波函数被观察和测量，也就是与我们发生交互作用，光才会呈现出波或粒子的经典态。

一方面，量子组织将每个员工都看作组织现实的创造者，不仅拥有对自身绝对的主导权，也对组织发展和他人进步负有完全责任。正是基于对员工参与性和主导性的强调，组织管理理论家卡尔·韦克（Karl Weick）曾说，组织的现实状况是我们参与创造的，我们所生存的环境也无法脱离我们而独立存在。在量子组织中，员工自主选择关注对象，自己决定行动策略，自己对结果负责。另一方面，由于我们每个人都不可避免地戴着"有色眼镜"去观察、认知事物，我们获得的信息、所做的判断具有难以克服的局限性。在强调员工主导性和参与性的基础上，量子组织更加注重员工的独特性和独立性，鼓励员工广泛参与组织事务，从不同角度提出自己的观点见解，再将这些观点整合起来，以触发群体智慧，实现"1＋1＞2"的涌现效果。

近年来非常流行的游戏化管理的本质，就是通过在工作任务中设置清晰的目标、明确的规则以及公平的反馈，让员工成为积极的组织参与者。一个游戏设置点数（points）、徽章（badges）、排行榜（leaderboards）（以上三点也被称为"游戏三要素"）的目的，就是实时生成结果和反馈，持续给玩家正向激励，使其产生强烈的参与感，继而能持续投入，乐在其中。作为中国网络游戏和移动互联网应用行业的领军者，网龙公司（NetDragon Websoft）就采用一种游戏化的方法来激励员工：任何员工都可以针对工作流程中出现的问题提出改进建议，如果建议通过，就能获得积分，积分对应着相应的奖励；每个员工都可以随时抛出问题让大家回答，并用积分形式进行"悬赏";不同积分对应不同的星级,星级不仅代表员工不同的"地位",还与每个人的弹性福利相挂钩。游戏化管理方法激发了网龙员工的积极性,大大提高了公司运行效率。游戏化不仅仅是一种激励策略,在"参与性"的意义上,它完全可以进一步内化于组织,发展成为一种具有长期价值的管理机制和发展战略。

量子组织的意义性:愿景启发,梦想引领

组织的使命、愿景、价值观看似虚无缥缈,但它们的作用就像波函数——不仅具有超越一切的强大力量,还会对其中的事物产生巨大的影响。过去强调物质力量大于一切,但在物质财富极大丰富的现在,精神和意义的作用已经远远超越物质,成为激励员工成长、实现自我驱动的核心源泉。虽然不同的国家、民族和种族,不同的组织、团队和个体之间存在各种各样的差异和分歧,但在波函数所代表的意义、价值、梦想、愿景和心灵的层面上,全世界和全人类又是统一的。意义和价值是建立组织连续性和一致性的最好方式,也是化解不确定性的有效力量。

传统组织往往会通过控制我们的品位、需求和欲望,缔造出我们的所有需要都可以用物质来填满的假象。随着经济的发展以及物质生活的极大丰富,我们越来越发现,物质不仅不能使我们得到满足,反而会让我们像滚笼中的小白鼠一样,即使拼命狂奔也无法抵御内心深处越来越多的焦虑和不满。产生这一切的症结就在于:无论物质多么丰富,它始终无法代替意义给予我们的力量;在根本上,我们是"意义"的动物,只有"意义"才是我们最深切的需求。正如人本主义心理学先驱阿尔弗雷德·阿德勒(Alfred Adler)所说,我们是生活在意义领域之中的,人的一生不仅仅是经历事物本身,更为重要的是体验这些事物对我们的生活有怎样的意义。立足于对使命、愿景和意义的永恒追求,量子组织通过为用户和员工提供更好的服

务和体验，让他们获得更加开阔的视野、融入更大的集体、拥有更高的境界，在此过程中进一步释放自身价值以服务更多的人。量子组织不仅能带领我们不断超越自我，实现新的可能，更能引领我们参与自身、组织、整个社会的塑造活动中，满足我们内心深处最真实、最迫切的需求。

很多伟大的公司都认为自己提供的不仅是产品还是一种生活方式、一种意义：可口可乐售卖的是对乐观生活态度的追求，百事品牌代表着年轻人的无限渴望，维珍售卖的是青春和打破传统的渴望，苹果则代表一种极简智能生活的理念……在国内，贵州茅台是一家著名的出售"意义"的企业。贵州茅台不仅是一个民族品牌，被誉为"国酒"，更代表一种社交文化，充当人与人之间的社交货币和沟通媒介。一个社会的物质生活水平越高，社交关系网络越发达，人们越倾向于跳出产品本身的物质价值，从社交功能和意义属性的角度去重新看待产品。当一个产品有了很强的意义属性，它自然就具备了一种强大的吸附力，会将越来越多的人吸引到它所构建的意义圈层中。近年来，出现了一个很有前瞻性的产业分类方法，其中，农业、工业和服务业还是前三大产业，第四产业是数据智能，第五产业是意义产业。这种观点认为，意义产业在未来是最重要的，它会处于整个产业链的最顶端。

量子组织的当下性：专注过程，持续生成

在量子理论看来，没有独立于关系之外的事物，世界因为我们的参与而呈现出各种各样的可能性，我们与现实世界的交互作用过程也就是创造世界的过程。量子理论所说的"关系"不仅表现为事物在空间层面的横向连接，它同时揭示出我们的行为活动对当前现实的即时塑造作用——在我们选择之前，现实存在多样性以及各种发展的可能性，直到我们做出选择，其他的可能性才会在这一瞬间

坍缩到唯一的确定态，这个确定态随即又会延伸出其他可能性，为我们的下一次选择提供多种选项。所以，现实的走向和未来的世界并不在我们的规划和想象中，它们隐含在我们当下的行为中，只有通过我们当下的行为才能具体地展现出来。与量子理论的"当下观"相对应，量子组织将事物的发展看作一个不断生成、持续展开的生命过程——决定组织未来样子的种子早已存在，这颗种子就是组织当下的行动和实践。传统组织倡导的是缜密的计划和精确的预测，而量子组织强调对目前事物的洞悉和观察，基于对当下问题的确切把握，实事求是，具体问题具体分析，在此时此刻的每一步行动中探索发现组织可能的发展方向。

作为一名伟大的企业家，乔布斯就是量子理论"当下观"的具体践行者。他在 2005 年斯坦福大学的毕业典礼上说道："当我 17 岁的时候，我读到了一句话，'如果你把每一天都当作生命中最后一天去生活，那么，终有一天你会发现自己是正确的。'这句话给我留下了深刻的印象。从那往后的 33 年，我每天早晨都会对着镜子问自己，如果今天是我生命中的最后一天，我会不会去做今天想做的事情呢？如果答案连续多天是'No'，我就知道自己需要做出改变了。"[1] 我们中的大多数人都非常善于做计划，即使知道某件事情很重要，也常常会安慰自己来日方长，明天做、以后做都来得及。结果也很明显，这件重要的事情到最后大概率会被永远搁置。乔布斯把每天当作最后一天的理念，在很大程度上决定了他的人生选择，这也就是量子思维所倡导的"专注过程，持续生成"。也就是说，只有竭尽全力把握当下的每一个瞬间，就在此时此刻踏踏实实地做一件事情，才是每个人、每个组织应该保持的正确态度。也正是在"立足当下"的意义上，左哈尔教授认为，量子组织应该像爵士音乐

---

[1]　乔布斯斯坦福大学毕业典礼演讲稿．知乎，2021－11－18.

的即兴演奏：音乐家们会根据自己对音乐的理解、观众的反应，甚至房间里的温度，随时变换旋律，使音乐既能涌现出令人惊叹的效果，又能保持整体的调性。量子组织的主旋律由它的使命、愿景和价值观来定义，与此同时，量子组织中每个成员的角色也都非常灵活，他们会将自己与组织、环境融为一体，在不脱离主旋律、履行工作任务的当下，实时提出新的观点，创造新的可能。

量子组织的生态性：突破边界，协同共生

量子理论为我们构建了一个万物互联的整体世界，在这里，任何个体和组织都不能孤立存在，都处于一个相互纠缠的网络整体中。量子理论的"参与性""当下性"观点进一步揭示，任何关系都不可能脱离我们而单独存在，我们是所有关系的主导者和构建者——我们与事物进行交互作用的过程，也就是对事物进行塑造的过程；我们在受环境影响的同时也在创造环境。在最根本的意义上，我们就是关系，就是周边的事物，就是世界本身。我们不仅要对自己负责，还要对周围的一切负责。在量子组织看来，员工和组织不仅是利益共同体，更是事业共同体和生命共同体。利益共同体是指员工和企业相互配合，取得业绩，然后员工拿奖金，企业增业绩，双方彼此成就，好聚好散；事业共同体是指员工和组织一起开创方向，一起承担风险，一起接受挑战并共享收益；生命共同体则是指组织与员工基于共同的愿景、目标走到一起，就像一支军团，共同投资，共享收益，每个人都会全力投入，甚至将"身家性命"压在他和组织共同的事业上。

对于量子组织而言，利益共同体是基础，事业共同体是根本，生命共同体是目标。这里的"共同体"并不局限于组织与员工之间，它以企业和员工为基础，持续地朝用户、利益相关者以及更广泛的环境、社会方向扩展。量子组织将员工、用户、利益相关者甚至竞争对手看作组织建设的共同参与者、创造者，各方主体之间不是单纯的竞争和利益关系，而是平等互补的协同共生关系；组织的发展目标就是通过增强与员工、客户、利益相关者之间的紧密协作和互动，朝共担、共享、共赢、共创的生命共同体方向迈进。在当下这个万物互联的共生时代，随着组织内外部关系进一步加深和拓展，组织走向生态化、绿色化成为必然。量子组织一定会顺应甚至引领这一趋势，将自己的发展与人类境遇、社会文化、自然环境紧密结合起来，同时担负起人类进步、社会发展、环境改善的重任。

✺ 量子组织的一个典型模式：大平台＋小前端＋生态化

平台型组织

《变革的基因》一书中写道：战略容易模仿，只有组织能力才是真正的竞争壁垒。21世纪的商业正处于社会和经济的大变革中，要想在新的竞争环境中获得生存和发展，企业就需要在最底层的"操作系统"上下功夫，将组织的创新和变革作为焕发生机、获得持续发展能力的重要源泉。随着数字经济的发展，人工智能（AI）、物联网（IoT）、云计算等新一代信息技术虽然把我们带入一个全新的智能时代，但是也放大、凸显了传统科层式组织的劣势和弊端。面对新的机遇和挑战，越来越多的企业在加紧探索新的组织模式的同时，从僵化的牛顿、科层式组织调整为具备充分灵活性和适应性的网络型、平台型组织（见图2-3）。

平台型组织被誉为一种能在新的商业机会和挑战中构建灵活资源、惯例和结构组合的组织形态。数据表明，2015年5月全球市值前15位的互联网公司都在以平台型组织模式运营，目前全球规模最大的100家公司中有60家的主要收入源自平台模式。当今世界最优

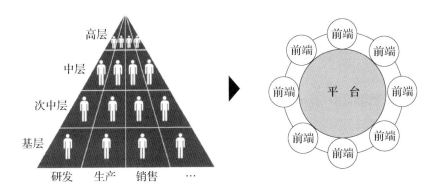

图2-3 "大平台+小前端"的组织模式

秀的企业，如苹果、谷歌、亚马逊、华为、阿里巴巴、腾讯、字节跳动、拼多多、京东等普遍采用平台型组织模式。在新的时代环境下，平台型组织成为越来越多企业的自然选择，"要么拥有平台，要么被平台拥有"已经不是企业的发展趋势，而是业已形成的现实。

　　基于对平台型组织的大量研究，波士顿咨询公司将平台型组织的典型特征概括为"大量自主的小前端""大规模的支撑平台""多元的生态体系""自下而上的创业精神"四个方面。"大平台+小前端"是平台型组织的典型结构模式。这里的"大平台"是指为了给前端提供快速的设计方法和系统性服务而诞生的系统化的操作流程和统一化的产品服务，它通常扮演基础服务商、资源调度者、数据支持者等角色；"小前端"则是指灵活多变的一线小微企业、团队以及业务人员，它们离用户最近，最能理解和洞察用户需求，直接帮助用户提升体验、实现价值。关于"大平台+小前端"，华为的做法是：前端建设高、精、专的精兵队伍，后端建设区域、机关两级平台，同时配套全球能力中心建设，提供专业能力和知识共享，为前端提供有效的支持。华为在多年前所提出的"大平台炮火支撑精兵作战""让听得到炮声的人呼唤炮火"就是对"大平台+小前端"的最好诠释——一线员工通过听炮火（洞察分析用户行为），锁定目标（把握具体的用户需求），再基于后方提供的强大火力支持和炮火群（大平台提供的系统化支持与服务），集中火力，快速反应，精准攻克目标（进行产品创新和精细化运营，以满足用户需求，提升用户体验）。

平台化＋生态化

生态化是组织平台化的必然趋势，平台化建设的核心就是与利益相关者在彼此依赖、互惠互利的基础上，为了达成共同目标而结成的一个共生共存、共创共赢的关系协作网络。当更多的主体接入平台，这个协同网络会逐渐扩展，呈现为一个去中心化、无边界、自组织、自演化的生态系统。在意大利著名生态战略家西蒙尼·西塞罗（Simone Cicero）看来，平台化就意味着高度开放，这种开放必然会使外部资源方介入，基于产业层面，便是一种前所未有的融合，最终让企业走向生态化。在根本意义上，平台化与生态化彼此统一、相互融合，平台建设的核心就是发展成为一个平台生态系统。在产业环境日益复杂和模糊的信息时代，"平台化＋生态化"已经成为组织模式发展的主导趋势和主要方向。

当今许多知名的国外大公司，如苹果、谷歌、脸书（现已改名为 Meta）、亚马逊等，所采用的组织模式无一例外都是"平台化＋生态化"。在国内，华为、阿里巴巴、小米、京东等领先企业也基本实现了"平台化＋生态化"的组织转型。以阿里巴巴为例，它在初创时期就是一家联结多方买家与卖家的平台，通过多年的努力，如今的阿里巴巴已经成功构建了一个包括电子商务、云计算、数字媒体、物流体系和金融体系的完整的产业生态系统。再看小米，早在 2013 年，小米就开始布局物联网，打造自己的生态链。如今，围绕一个人、一个家庭，小米已经基于手机业务搭建起手机配件、智能硬件、生活消费三层次产品矩阵，其未来的发展目标就是建立全球化的商业生态，带动更多的创业公司成长。

刘强东在 2017 年曾提出，面对即将到来的第四次零售革命，京东将基于"零售即服务"（Retail-as-a-Service，RaaS）的战略顶层设计，把自己打造成为一个开放、赋能、共创的生态化平台。用刘强东的话说："我们将变得更加开放，向社会提供'零售即服务'的解决方案。一方面，今天京东所拥有的资源和能力将不仅服务自身的平台，还要对外开放；另一方面，我们会连接和调动外部的资源和能力，不仅追求'为我所有'，还要'为我所用'，不断突破自身能力、规模和速度的边界。"[①] 为了实现开放并更好地应对未来挑战，京东正在进行组织能力的重构升级以及颠覆式的组织变革，其核心的组织变革方向可以概括为构建"客户导向的网络型组织""价值契约的钻石型组织""竹林共生的生态型组织"三个方面。[②] 以上三个方面也是京东"平台化＋生态化"的具体体现。

客户导向的网络型组织

刘强东将京东过去的组织形态总结为"整合"，而将现在的京东总结为"整合＋组合"的"积木形态"。"整合"以内部模块为基础，将各个环节衔接在一起，形成高效的整体解决方案；"积木"的具体含义是将原有业务环节之间的强耦合关系解绑，使其变成一块块类似乐高积木的可拆分、可配置、可组装的插件，针对用户的不同需要，灵活变化，随意组合。本质上，"积木"之间千变万化的匹配和组合就形成了一个动态调整的关系网络——一个业务环节周围的网络越密集，说明它被需要的场景越多，被组装和匹配的可能性越大，它在关系网络中的位置越重要。"整合＋组合"的"积木形态"其实也是"小前台＋大中台＋后台"的平台化架构：京东的前端/前台是围绕用户的需求所建立起来的快速响应的业务团队，团队离客户最

近，能够精准地理解需求；中台代表将京东能力标准化后形成的
"业务积木"，它们持续输出服务前台的通用能力，匹配、赋能前台；
后台则是为前台和中台提供保障服务和专业化支持的"职能积木"，
也是京东集团的公共基础设施。

价值契约的钻石型组织

京东价值契约的钻石型策略体现在组织、文化和人才三个方面，
这一策略也与积木型组织紧密衔接，一脉相承：组织层面，要求更
加透明，通过建立科学、公平、公开的管理机制，督促所有人为同
一个愿景目标而努力；文化层面，强调塑造有独特基因的企业文化、
领导力文化和团队文化，目的是将具有共同价值观的人才吸引到京
东的平台上；人才层面，通过科学的评估和系统的培训，不断培养
和支持未来业务所需要的人才，帮助人才拓展能力发展的广度和深
度。在京东前首席人力资源官（CHO）兼法律总顾问隆雨看来，钻
石型组织所倡导的就是通过组织价值和个体价值的共创，促进个体
与组织整体价值的放大与升值，建立兼顾法律契约和心理契约、共
创个体价值和组织价值的价值契约型组织——如同钻石一样具有纯
粹、透明、坚韧、持久的特征。京东希望成为像钻石一样值得人才
信赖的组织，成为一个持续进化和成长的组织。

竹林共生的生态型组织

刘强东认为，面对时代和行业趋势的挑战，仅依靠组织内部的
资源远远不够，组织之间的共生共创尤为重要，所以积木型组织的
意义不仅在于组织内部，还与更大范围的整个零售生态息息相关。
在零售生态越来越开放和协作的趋势下，京东要做的就是在积木理
论的框架下，让更多的积木搭在一起，依靠更多的连接、更多的相
依相存、更多的共赢共享应对去中心化的无界零售场景。京东要构
建的零售生态并不是依靠简单的业务拼接而形成的"积木生态"或

"森林生态"，不是强大个体之间的"同生"（build to growth）关系。京东的目的是基于内外部的广泛连接，推动资源、能力和人才的开放，让生态伙伴之间形成一种价值共创的共生关系和"竹林生态"——竹子之间盘根错节、相互交织，组织与个体、组织与组织共同发展，协同成长。京东对自己未来的定位是"CEO"，即共创（co-create）、赋能（empower）、开放（open），也就是以实现极致的用户体验为目标，与合作伙伴一起共同推动新商业文明时代的到来。

平台型组织的量子特征

平台型组织不仅是一种新型组织形态和管理模式，还兼具量子组织的整体性、波粒二象性、自组织、参与性、当下性、生态性等核心特征，构建平台型组织的底层逻辑与量子思维理念相互贯通、紧密契合。总体来看，平台型组织就是量子组织的一个典型模式，平台型组织的管理运行机制可以用量子理论和量子思维来充分诠释。

整体性、关系性

扁平化、网络化、去中心化、无边界都是平台型组织的典型特征，它们不仅保证了信息在组织中的自由流通和连接，更促使平台成为一个具有高度灵活性和适应性的关系网络。扁平化、网络化、去中心化、无边界同时也赋予平台上每个节点随时调动资源、顺利完成任务的能力——当一个节点被清除，组织的信息和任务就会流畅地分配到其他节点上，因此不会影响组织整体的功能和效率。平台节点之间顺畅的信息沟通和紧密的关系连接在赋予每个节点最大自由度的同时，也实现了平台整体的稳定有序、持续进化。正如提出"海星型组织"概念的奥瑞·布莱福曼（Ori Brafman）和罗德·贝克斯特朗（Rod Beckstrom）两位学者所说，传统的组织就像蜘蛛，智力集中在大脑，你把蜘蛛的头去掉，蜘蛛就会死亡；而去中心化的网络和平台型组织就像海星——它的智力分散在全身，你切掉它身体的任何部分，切掉和剩余的部分都能再生为另一个海星。

波粒二象性

将组织打造为一个自由联通、开放协作的关系网络是平台型组织建设的核心。扁平化、网络化、去中心化、无边界是平台型组织的典型特征，信息自由沟通、关系广泛连接正是平台型组织波动属性的具体体现。由于平台建设的根本目的是满足现实的用户需求，将用户的需求落实到一个个具体的产品和服务中——相较于信息流通、关系连接的波动特征，平台所提供的具体产品和服务具有凝结性、独立性、边界性等明显的粒子特征。综合上述两点不难看出，平台型组织具有典型的波粒二象性。"大平台＋小前端"的结构模式本身也是平台型组织波粒二象性的明确体现：大量小前端针对用户的多样化细分需求，形成一个个具有灵活性、应变性的小团体，它们就是平台上具有边界性、离散性的无数个小粒子；以赋能小前端为目的，大平台将自身打造为一个整合基础服务的背景操作系统、一个完整的数字化运营体系以及一个强大的信息数据资源池，它在为前端提供统一服务的同时，赋予平台明显的波动特质。

参与性

"大平台＋小前端"的组织结构同时决定了平台和前端之间不再是领导与被领导的上下级关系，而是基于平台各主体的职责划分和价值定位共同服务用户的协同合作关系：前端基于对用户需求的敏锐洞察，分析用户行为，把握需求方向；后台则通过迅速配置资源，提供标准化服务及智能化信息数据赋能前端，使其快速响应需求，提升用户体验。平台内部不再有层级之分，前端完成客户交互和任务交付，平台支持、帮助前端，每个个体的核心目标都是满足用户需求，创造用户价值，每个个体都是价值创造活动中的一个节点。传统组织高高在上的决策权被充分下放，众多小前端在获得参与权、自治权和决策权的同时，其能量潜力被进一步激活和触发，不仅实现了它们的自组织、自适应和自成长，更获得了充分施展才华、发挥创新创造能力的机会和平台。

兼容并包

平台的波粒二象性就是兼容并包的典型体现——正是通过大平台和小前端的融合统一，平台型组织兼具开放与敏捷、适应与创造、受控与自主、做大与做小等矛盾特质，让大象也能灵活地跳起舞来。《半面创新：创新的可计算学说》的作者周宏桥指出，越来越自主的平台前端"小"（小微企业）、"自"（小微企业的自主性）辈崛起，后端的云计算、大数据、人工智能则呈现出加速和集中的趋势，二者的结合反映在生产关系上，就是"大平台＋小前端"。[①] 在他看来，如果将小前端看作"正"（A 态），则大平台就是"反"（B 态），而平台型组织的"大平台＋小前端"就是整合并超越 A 态和 B 态的 C 态。也就是说，C 是"既 A 又 B"又"非 A 非 B"的一种状态，就是正反合中的"合"。在本质上，周宏桥所说的这个"合"正是平台型组织兼容并包、矛盾整合的具体体现。中国社会科学院的李海舰教授认为，平台型组织和生态型组织的一个典型特征就是矛盾整合：将做小做大融为一体，有界无界融为一体；用户企业融为一体，内部外部融为一体；市场企业融为一体，契约产权融为一体；分工整合融为一体，独立联合融为一体；线上线下融为一体，虚拟实体融为一体；自转他转融为一体，静态动态融为一体。[②]

自组织涌现

平台型组织的小前端具有自主经营、自我管理，根据用户需求

---

① 周宏桥．半面创新：创新的可计算学说．北京：北京大学出版社，2021：172.
② 李海舰，李文杰，李然．新时代中国企业管理创新研究：以海尔制管理模式为例．经济管理，2018（7）：5-19.

和市场状况进行自主决策的自组织特征。小前端的自组织经营模式将传统企业"老板＋员工"的组织形式变成"平台＋创客"，前者提供给员工一个工作机会，后者提供给员工一个自主经营的创业平台。在本质上，平台型组织就像一个活的生命体，它的有序运作不是依靠强制性的规则、命令和标准，而是在共享价值观和愿景目标的引领下，通过平台上各主体之间有机协作的自组织机制来实现的。在自组织运行的基础上，平台主体之间基于互动协作所产生的创新突破以及"1＋1＞2"的聚力效应正是自组织涌现的具体体现。在实践中，海尔的"人单合一"、韩都衣舍的"小组制"、小米的"极致扁平化"、华为的"铁三角"等都是这些平台型企业充分利用自组织，同时实现自我进化和创新涌现的典型例子。

意义引导

要实现平台型组织中无数个小前端的自组织运作，不可能依靠传统牛顿组织强制性的规定和命令，而是需要一种由组织的使命、愿景、价值观所构建的深层次秩序的指引。平台型组织的使命、愿景、价值观看似无形无相，但它们不仅具有强大的支配和驱动力量，还能让自组织、自运营的平台个体终端在面临困难选择时做出最正确的判断，是支撑小前端的另一个后台系统和虚拟网络。一个典型的例子就是海底捞，众所周知，海底捞的每个服务员都有免单权。海底捞的创始人张勇经常被问到的一个问题就是：每个服务员都有免单权，会不会有人滥用权力给自己的亲戚朋友们免单？面对这个问题，张勇通常都会反问提问者：如果我给了你这个权力，你会吗？张勇看似没有回答问题，但他的反问其实就隐含了答案，这个答案所揭示的其实就是使命、愿景、价值观所蕴含的巨大力量：如果员工将企业当作自己的家，与企业结成了生命共同体，作为一个家人、一个对家庭发展负有责任的成员，他就不可能做出滥用权力、损害家庭利益的事情。现实经验也告诉我们，无论是个人、团队还是组织，越是能做到自我管理、自主发展，就越会强调使命、愿景、价值观，这些虚拟要素的强大力量往往会在其身上得到彰显。

过程实践

通过与用户的直接关联和对接，平台型组织的小前端能更加深刻地感知用户需求，提升用户体验。小前端就像无数个"小触手"，敏锐地将用户数据抓取、探测出来，再借助后端平台对数据信息的关联整合与汇集提炼，迅速描摹用户画像，生成产品服务。这一感知用户需求，生成产品服务，并进一步迭代改进的过程，也是平台型组织的自学习、自进化过程。具体来看，平台型组织在与用户的交互对话中创造新秩序，产生新信息，而产生的新秩序和新信息又为平台的进一步发展提供了基础——平台在与用户的持续对话和交互过程中不断探索它未来发展的各种可能性，实现持续的自我更新和进化；正是通过与用户和环境的持续对话，平台未来的发展方向才能自然地呈现出来。总体而言，对于具有灵敏感知和快速应变能力的平台型组织而言，它们的战略决策越来越表现为建立在当下感知和行为活动基础上的自下而上的自然涌现过程，而不是自上而下的刻意规划和设计的结果。

生态化

曾鸣教授将平台型组织建设的原则概括为以下三个方面[①]：首先，设计理念必须是点到点的网状结构，而不是线性控制，一开始就不能做成一个封闭的体系；其次，不预设太多结构和关系，而是鼓励点与点之间的互动，因为只要点与点之间的连接足够紧密，点就会连成线，再进一步演化为网络结构；最后，不事先规定平台角

①　曾鸣. 企业从 0 到 0.1 最难，如何跨出这关键一步？. 搜狐网，2017 – 04 – 18.

色，让角色在分工和协作的过程中自然演化出来，同时呈现出多种发展的可能性。以上观点所揭示的网络化、互动性、自主性、演化性等平台建设原则正是一个生态系统所具有的典型特征。一方面，生态系统的建立依赖于平台协作机制的完善与支撑；另一方面，生态本身就是平台型组织模式发展与成熟的自然结果。在根本意义上，平台化就是生态化。随着共生时代的到来，组织越来越不可能自成一体、独立存在，未来的组织形态一定是"以资本、数据、知识为连接力，以共享、共治、共益为竞争力，以战略生态、平台赋能和价值共创为驱动力，由拥有共同使命和愿景的生态企业、专业企业和顾客相互依存、协同进化的价值共生体和平台生态系统"①。这解释了为什么如今很多成功企业，如亚马逊、苹果、华为、阿里巴巴、腾讯等都将打造平台生态系统看作在新时代取得竞争优势的关键。

中台：量子组织的全息体现

在国内，中台的概念最早由阿里巴巴提出。2015 年，阿里巴巴的高管在参观一家芬兰游戏公司 Supercell 时惊讶地发现，这家游戏公司的员工虽然不到 200 人，每个游戏开发团队不过六七人，但他们一年创造了 15 亿美元的利润。Supercell 的"秘诀"就是：将游戏开发过程中所需要的一些具有通用性的素材、算法和模块整理出来，再把它们作为统一工具提供给每一个游戏开发团队。正是这样一套通用工具的支持，让游戏开发团队省去了很多重复性工作，大大提升了研发效率。而类似 Supercell 所提供的这种通用技术和架构，以及建立在这种通用架构基础上的管理模式，就是我们所说的中台。受 Supercell 的启发，阿里巴巴快速确立了中台战略——现在阿里巴

---

① 曹仰锋. 第四次管理革命. 北京：中信出版社，2019：405.

巴所构建的数据中台，就是将不同部门定义、计算和存储数据的方式都标准化，再将这些数据统一放在一个平台上，以便随时跟踪对比、调用分析，相似的业务数据可以随时调取出来用于其他业务。

另一个运用中台的典型例子是字节跳动。字节跳动创立于 2012 年，在短短几年内陆续推出了今日头条、抖音、西瓜视频、TikTok 等一系列明星产品，它取得成功的一个重要原因就是采用了中台模式。在字节跳动，中台的主要职责就是基于对用户数据的收集、积累和挖掘，定义用户需求，描摹用户画像。比如，字节跳动前台的研发团队有了一个新的创意或发现了一个新的业务场景时，就可以依靠数据中台的支持和赋能，在明确用户需求和画像的基础上，完成产品的开发和迭代。举一个例子，2015 年，当时还在负责公司增长业务的张楠意识到很多用户打开今日头条后会直接点开视频，而不会查看文字内容。基于这个现象，她和团队立刻萌生了一个想法：也许可以做一个没有文本，全部提供短视频的 App。就是基于这个创意，再加上字节跳动中台所沉淀的各种算法的能力、数据分析的能力以及各种技术资源的支持，公司在很短的时间内就推出了抖音，紧接着推出了西瓜视频、火山视频等一系列短视频 App。就像 Supercell 一样，虽然抖音现在拥有数亿用户，但抖音开发团队的人数屈指可数，最初也只有几百人。在很大程度上，正是因为字节跳动的中台已经建立，具有强大的数据分析能力，在响应前台创意之前就做好了开发产品的充分准备，才能让负责抖音的一个小团队如此高效地推出一系列成功产品。

在本质上，中台就是为前台的业务运营和创新实践提供标准服务、专业能力、组件规范、能力输出的共享平台，其主要特征就是专业化、系统化、组件化、开放化。在较为抽象的层面上，中台就是把一些能广泛适用的经验、能力和资源，从具体的业务中抽离出来，变成一个模块、一种方法论、一个通用逻辑，再赋能前端，广泛地应用于整个平台。中台不仅代表一种技术能力，还是一种组织关系——通过对信息的汇总、整理和加工，中台打破了组织内部各个部门和各个环节之间的界限，更加充分灵活地调动整个组织的资源。随着中台的发展，越来越多的平台型组织都采用了中台模式，原来"大平台＋小前端"的平台型结构正向着"前台＋中台＋后台"的模式演变。伴随着中台服务全局、调动整合资源能力的充分发挥，中台的作用日益凸显。伴随这一趋势，整个平台型组织越来越呈现出中间大、两头小的橄榄形状。

基于量子的观点来看，衔接前台和后台的中台具有典型的波粒二象性，中台就是量子的"全息呈现"。从中台本身的功能性质看，它既具有接口、工具、技术等硬性的粒子性特征，又具有数据、经验、资源等软性的波动性特征；它既是技术问题，又是组织关系；它既是功能组件，又是模式方法。这种软硬兼具的二重性，就是中台波粒二象性的明确体现。周宏桥将中台看作前台和后台的"正反合"与中台的波粒二象性不谋而合：如果将前台看作"正"，看作粒子，后台就是"反"，就是波，而中台所代表的"合"，就是粒子和波的"合"，就是波粒二象性。从产品形态看，中台虽然没有生产任何具有边界、形态的产品，但它随时生产的各类共享数据库、支持性资源以及各种工具和接口就是它的产品——只不过这些产品由数据和信息构成，是具备波粒二象性的一个隐形、潜在的产品，是一个半成品。对于一个采用中台模式的企业来说，其最终产品表面看来是瞬间响应用户需求的结果，但它们在企业的中台其实早已成型，呼之欲出。也就是说，在一个产品成型之前，中台已经做好了各种各样的半成品，一旦前台发现了一个明确的需求场景或创新想法，那么潜在、发散、具备波粒二象性的半成品，就会在具体场景和想法的触发下,快速转化为具有确定边界、形态和功能的粒子性产品。

其实在一些非互联网公司甚至传统公司的生产模式中,也可以捕捉到中台的影子。早年戴尔将一台计算机拆分成中央处理器(CPU)、芯片等上千个不同的标准模块,再根据不同的市场需求和用户订单将这些模块进行增减、搭配和组合,最后推出不同品类和系列的计算机,这就是一种典型的中台思维。戴尔众 多的标准化模块就构成了它的中台。然而,相比戴尔模块化、固定化的粒子性中台,字节跳动的中台则是一个软硬兼备,将数据信息(波)和具体产品(粒子)融合在一起,具备更大灵活性、变化性、流动性的量子系统。通过提供一个能同时支撑多个业务,让业务之间的信息形成共享和交互的模式或方法,这个量子中台不仅能避免重复性工作,还能最大限度地提升组织运行和产品开发的效率。中台机制不仅解释了为什么字节跳动能在短期内推出一系列爆款产品,也回答了为什么很多平台型组织都在着力构建中台而且是大中台的组织结构模式。

⚛ 美团: 产业中台与王兴的竞争哲学

美团是中国最早的团购网站,它在 2010 年成立,2015 年与竞争对手大众点评合并,并于 2018 年 9 月在香港上市。目前的美团已经是中国最大的生活服务类电商平台,其业务囊括餐饮外卖、出行、旅游、到店、生鲜团购等多个领域。它与字节跳动、拼多多一同被视为中国新一代互联网公司中的佼佼者。

创始人王兴曾经提出了"互联网下半场"的概念,他的一个重要观点是:伴随着人口红利的消失,企业不能只服务 C 端的个人用户,而是要向 B 端的企业和商家扩展,只有深入 B 端为商业用户赋能，才能更好地服务 C 端。正是基于这一洞察，现在的美团不仅是一个集成千上万品牌与商家的市场平台，更是一个通过赋能 B 端商户，服务 C 端，对 C 端和 B 端进行深层次连接与整合的超级平台、产业中台和社会企业。正如王兴在 2017 年的一次媒体沟通会上所说："在餐饮平台完成整合之后，美团进入一个全新的阶段。美团将秉承'帮大家吃得更好、生活更好'的企业使命，承担更多社会责任，带动就业发展，建设更加开放合作、与全社会协调发展的社会企业。"与美团的成功相互印证，作为一个具有西方教育背景和学习经历的企业家，王兴在做企业的过程中也融入了很多东方思想和智慧，他学贯中西的思维理念不仅能够解释美团成功的底层逻辑，也为我们观察、理解美团提供了一个重要角度。

总体来看，无论是美团整合 B 端与 C 端的产业中台和社会企业模式，还是王兴在商业实践中所倡导的"无限的游戏"和"不争的哲学"，它们在本质上都体现出量子思维整体性、关系性、系统性的理念观点和大格局观：美团的产业中台通过赋能 B 端，让每个利益相关者都受益；而王兴"坚持做正确的事""每天行进 30 公里""通盘无妙手""胜可知而不可为"的竞争哲学向我们展现了一个没有中心、没有边界的无限游戏的真正打法。

互联网下半场：由 C 端到 B 端

王兴在 2016 年 7 月举办的美团年中战略会上，第一次提出中国互联网已经进入下半场。他指出，上半场指过去互联网依靠用户红利来经营的阶段，当互联网的普及度超过人口总数一半时，就标志着我们已经进入下半场。因为在这个转折点之后，用户红利消失，所以必须从其他的方向寻找商业机会。他同时用"上天""入地""全球化"来描述企业未来可能的发展方向。其中，"上天"和"全球化"分别指从商业模式创新转型为底层科技创新以及把业务格局放大到全世界；"入地"则是未来发展的一个重要方向，创业者不能只把业务停留在 C 端的个人用户层面，还要深入商业用户所代表的 B 端，因为只有在产业的基础上做连接，才能在整体层面上创造出更大的价值。

互联网下半场以及将服务链由 C 端延伸到 B 端的思想，在本质上都反映了美团以用户为中心，聚焦用户价值的初心和坚守。发展初期的美团事实上是一个撮合用户和商家进行交易的中间商——从第三方餐厅评价，到团购，再到外卖等，此时美团的核心业务就是寻找本地的餐厅、KTV，拿到较大的优惠，然后把这些产品放到网络上，出售给消费者，从中收取一笔佣金。经过一段时间的思考，王兴意识到，不能仅在制造商和消费者之间做一个存量价值的传递者，想要更好地为用户服务，提升用户价值，只能通过整合价值链，将服务网络从 C 端延伸到 B 端；只有提升 B 端效率，降低 B 端成本，才能让 C 端用户最终受益。

美团现在所采用的是典型的由 C 端到 B 端（Customer-to-Business，C2B）或由 C 端到 M 端（Customer-to-Manufacturer，C2M）模式：一方面，通过建立平台，集中供需双方需求，美团作为用户和商户的代表，拥有更强的整合服务能力、砍价能力以及话语权，可以在降低 B 端和更高一级 M 端采购成本的基础上，让 C 端用户进一步享受到更低的价格、更好的服务。另一方面，美团不仅可以利用在服务用户过程中收集到的数据服务 C 端和 M 端，促使它们提升效率、有效决策，还可以利用数据反向要求和倒逼 B 端和 M 端，促使它们进一步改进产品、提升质量，实现 C2B 和 C2M 式的反向定制和服务。

著名的商业思想家吴伯凡将美团的 C2B 和 C2M 模式称为"争上游"，在他看来，这种模式在本质上就是一个超越边界的价值链合作伙伴之间的协同与合作机制。在这个过程中，美团扮演的角色就是一个整合研发、设计、采购、生产、营销、销售环节的供应链主和价值链主。它不仅具有整合服务的基本功能，还能通过对数据和智能的充分应用，在重组信息流、资金流、物流并获得更高效率的交易结构的同时，让 C 端、B 端和 M 端，以及平台上的每个主体都受益。吴伯凡还指出，对 B 端服务的数字化改造，既是美团的一个新的增长点，也是美团超越现有业务规模、提升服务品质的必然路径。这种高效整合供应链的 C2B 和 C2M 模式必将成为未来的主流，现在的淘宝、拼多多、京东等大平台早已具备这种"争上游"的能力。

产业中台与"赋能"

腾讯前高管、著名天使投资人和产品人梁宁将平台分为流量模式和产业中台模式。美团在创立初期采用的就是典型的流量模式，运营思路是以流量运营为手段、以流量贩卖为生，通过构建平台并利用各种技术方案摊薄成本，不断地在平台上整合更多的消费者和商家，形成生态闭环。虽然流量是百度、阿里巴巴和腾讯（BAT）这些传统网络平台最重要的运营要素，流量模式也是传统互联网公司普遍采用的运营策略，但是王兴很早就意识到，流量模式的本质就是"中间商赚差价"，而这种不创造价值增量、只负责传递存量价值的模式不仅使用户和商家的连接强度削弱，在充满竞争的生活服务领域基于这种模式建立的平台也很难形成核心竞争力。

由于流量模式的主要目标是聚集消费者以形成流量再进行变现，为了吸引消费者，商家会采用各种办法刺激用户消费，最主要的一种方法就是降价，降价就有流量，就有成交量，而追求价格优势难以避免的一个结果就是假冒伪劣产品进入，最后受伤害的还是消费者。这种以流量为目标的恶性循环最后反而会导致流量消失，平台也会在这个过程中崩溃瓦解，不复存在。因此美团最终的选择是，不能单纯做流量变现的交易平台，而是应该基于对用户体验的深度聚焦，从长期和系统的角度构建平台，发展新的平台模式——这就是美团的产业中台。无论是 C2B、C2M 模式还是产业中台，其核心都是美团赋能 B 端，通过为 B 端商户提供配送服务、流量扶持以及数据支撑，建立整合餐饮行业供应链或价值链的超级平台。正是在美团的数字化、智能化平台上，所有的商户既保留了自己的身份和品牌，又被赋予充足的能量和活力，在专注核心能力的同时收获了长足的进步和发展。

流量模式的主要功能是传递价值，而产业中台是创造价值，赋予价值；流量模式关注的是存量，而产业中台关注的是增量；流量模式对能力和资源的整合范围有限，而产业中台整合打通了 B 端（甚至 M 端）到 C 端以及 C 端到 B 端的价值创造链条，能力和资源的应用整合范围更加广泛深入。结合量子态普适公式"$P^2 + V^2 \leqslant 1$"可以看出，在美团早期的中间商角色和流量模式中，无论是美团平台还是商家和用户都具有明显的边界性和独立性，它们自成一体，相对封闭，此时它们的粒子性、定域性（P）都较为明显，反映其灵活开放状态的波动性、非定域性（V）则较为薄弱。随着美团从流量模式转变为产业中台模式，其业务由 C 端扩展至 B 端，平台与用户、与商家之间的"围墙"被拆除，美团由一个存量价值的传递者，转变为一个为 B 端提供配套服务和数据智能支持的赋能者，一个专注于 C 端用户体验的价值创造者。它在最大限度地激发 B 端和 C 端活力的同时，放大了它们的波动性和非定域性的值。

有一个具体的例子可以说明美团如何对商家赋能：在发展酒店业务时，美团做了一套名为 Ebooking 的酒店管理系统。设立这个系统的目的，就是帮助酒店商家管理房间的库存、订单和优惠等。虽然这套系统很方便，但很多酒店的老板和员工不会操作，他们中的很多人甚至对互联网操作都不熟悉。面对这个难题，美团的做法不是简单地宣传这套系统，而是组织所有的地推团队，手把手教会这些酒店老板和员工，即使他们在短期内学不会，也可以通过视频的形式随时随地与地推人员交流，获得持续的帮助和指导。对这些商家进行赋能的结果就是，半年之后，美团平台上 90% 的酒店都转型为预订模式，酒店业务成为美团利润率最高的业务。

平台型企业不能只想着自己能从中获取什么，更要考虑自己能给平台参与者提供什么；平台型企业实际扮演的就是一个通过成就他人从而成就自己、"因其无私而成其私"的角色。作为一个整合生活服务的产业中台，美团的目标就是让平台上的每个主体、每个参与者都能在创造价值的过程中持续发展、共同受益。王兴在很多年前就曾说道："我们应该多谈一点创新，创新的最终目标是创造价值，降低行业运作成本，提高行业运作效率，提升用户体验。我们需要通过创新，用新技术、新模式与各个产业的上下游结合，帮助它们或者与它们一起降低运作成本，提升运作效率，改进整体的用户体验。只有做到这一点，我们提供的服务才是有价值的，才是真正可持续的。"

无边界与不设限

在量子理论的观念中，万物无限互联，每个粒子、每个人都是世界的中心，因此也就没有中心，只有整个宇宙无限互联的现实机制。也就是在万物互联的意义上，互联网和平台恰好将量子的状态显现出来。甚至可以说，互联网和平台就是量子状态的一种现实呈现。根据计算机网络先驱罗伯特·梅特卡夫（Robert Metcalfe）提出的"梅特卡夫定律"，一个网络的价值与该网络节点数的平方成正比（用公式表述为 $V = K \times N^2$，其中，V 代表一个网络的价值，N 代表该网络的节点数，K 代表价值系数）。也就是说，网络上的主体越多，使用者越多，价值就越大。由于平台的本质是由多个主体共同构成的交互协作网络，因此一个平台的价值正比于平台上主体的数量，如果平台无边界，平台的价值也就没有限制。

今天的美团一方面通过纵向推进"互联网＋生活服务"，实现了以大数据赋能大餐饮，另一方面通过横向扩展，将自己的服务范围延伸到了酒店、门票、娱乐、用车出行、共享经济、新零售甚至无人驾驶等诸多领域，形成了一个纵贯生活服务场景、横跨多个业务领域的巨大网络。美团持续扩张虽然在很大程度上代表了它的成功，但这也引发了很多关于其业务逻辑的质疑。因为在很多人看来，一家企业即使扩张，也要有范围和边界，但如今美团的发展貌似没有边界，无限延伸。与我们的常识性认知相反，在王兴的观念中，范围和边界其实都是伪命题，他认为只要抓住了"把消费者放在第一位"这个核心逻辑，就不应该为自己设限——无边界的确切内涵不是没有边界而是不要自我设限。结合量子理论的观点更容易看出，无边界、不设限其实正是互联网和平台发展的底层逻辑，它们在根本上都符合"梅特卡夫定律"所揭示的价值创造规律。

王兴在 2017 年接受《财经》杂志采访时就曾阐述他对范围和边界的理解。《财经》杂志记者问："美团点评开辟新业务的逻辑是什么？""美团的业务边界在哪里？还是完全没有边界？"王兴的回答是："美团的公司使命是 We help people eat better, live better，在这个使命之下，我们认为凡是最终要发生的，我们就会选取合适的角度进入，现阶段美团点评是一个扩张的状态。"在他看来，太多人关注边界，但少有人关注核心；只要核心是清晰的，就应该不断尝试各种业务——对于美团来说，这个核心就是它到底要服务什么人，要给用户提供什么样的服务。

美团的无边界还隐藏在它的"试一试"文化里。美团联合创始人王慧文介绍，其实美团内部对很多新业务的态度只是"试一试"，而不是媒体分析出来的"鸿篇巨制"。美团内部每年研究的新业务会有几十个，即使宏观经济状况不好，美团也坚持这样做，因为在他们看来，经济状况不好，就更应该主动尝试，而且这时竞争压力也小，正适合去尝试。美团尝试的新业务有"打车"，还有对标盒马鲜生的"小象生鲜"。很多业务正是因为在"试"后发现市场太小，才最终放弃。王慧文一再强调，"产业在不断变化，人生不要自我设限"。

"无限的游戏"与王兴的竞争哲学

如果用一句话概括王兴的商业理念和竞争哲学，"无限的游戏"无疑是最合适的。《有限与无限的游戏》虽然是一本哲学书，但它备受王兴推崇。这本书的核心观点是：世界上有两种游戏，一种是有限的游戏，一种是无限的游戏——有限的游戏以取胜为目的，无限的游戏以延续游戏为目的。在王兴看来，商业就是一场无限的游戏，没有终点，没有时限，游戏的首要目标不是赢，而是一直玩下去。如果说有限的游戏是在边界内玩，那么无限的游戏就是与边界玩，就是探索和改变边界本身。

著名商业研究者张潇雨非常关注王兴的竞争哲学，同时将其总结为"坚持做正确的事""每天前进30公里""通盘无妙手""胜可知而不可为"这几个方面。在他看来，王兴的竞争哲学在本质上恰恰是"不争"。"不争"就是"无限的游戏"，就是始终怀抱一颗为用户服务的心，盯着远方的目标而不是竞争对手，做好自己的事，自己与自己比——在这个过程中，一个广阔无垠的境界会自然而然地呈现出来。"坚持做正确的事""每天前进30公里""通盘无妙手""胜可知而不可为"等其实都是"不争"在不同维度的反映。无论是"不争"还是"无限的游戏"，它们在本质上都体现了王兴超越时空的量子思维和大格局观。最关键的是，他始终怀抱为用户服务的初心，将其贯彻到每时每刻的行为实践中，并将成就他人看作成就自我的必要前提条件。在王兴看来，竞争与不争、有界与无界、当下与长期、通盘与局部、有限与无限等这些我们惯常认知思维中相互矛盾的概念其实彼此统一、相辅相成。这些矛盾冲突进一步被他打通，转化为促进发展的核心力量。

（1）"坚持做正确的事"。美团之所以取得今天的成就，很大程度上是因为它找到了做生意的本质——"坚持做正确的事"。一个最典型的例子就是"千团大战"时期美团的城市布局：2011 年底，比较有竞争力的团购网站，如大众点评、糯米、嘀嗒团和满座都布局了 25～30 个城市，拉手、窝窝团、24 券等则布局了 150～300 个城市，而美团选择了一个中间位置，也就是 94 个。之所以会做出这个选择，主要是因为根据美团在 2011 年上半年的判断，团购市场一年内就会分出胜负，决定胜负的关键，就是看一个公司在哪些城市的体量大、市场占有率高。美团认为，100 名以后的城市对整体胜负不会有太大影响，而排名前 25 的市场即使投入再大也很难形成垄断，所以公司最终决定将资源集中到排名第 25～第 94 的城市，在快速决出胜负之后再将盈利补贴给头部城市，在头部城市继续竞争。

美团在团购大战时不做线下广告也是"坚持做正确的事"的典型表现。虽然当时除了美团，几乎所有的团购网站都在做线下广告，甚至陷入疯狂的广告战，但是美团认为，团购靠互联网起家，相比广告，口碑的影响更加重要，所以只要做出好产品，提供给用户超过预期的良好体验，就能获得用户认可，用户的认可就是最好的广告。美团一直强调，以用户为中心才是做互联网产品和做互联网服务的立足点。也正是因为一切以用户为中心，一直将"提升用户价值"放在第一位，美团才实现了厚积薄发，做到了在团购、电影票、酒店、外卖等领域的后发先至。

（2）"每天前进 30 公里"与"通盘无妙手"。王兴在 2012 年美团两周年内部年会的演讲中，以一个百年前南极探险的故事为例，表达了以下两个观点。第一，无论环境好坏、运气好坏，都不要怨天尤人，只要坚持目标和计划，"每天前进 30 公里"，就能通过持续的行动和改进取得成功。正如这个故事里的阿蒙森团队，他们无论在怎样的天气条件下，始终每天坚持走 30 公里，最终如愿以偿地第一个到达南极点；而与阿蒙森团队几乎同时出发的斯科特团队由于走得比较随心所欲（天气好时就走得快，天气不好时就在帐篷中休息），结果晚到了将近一个月。第二，想要做成一件事，就需要做好充分的准备。对于一家公司来说，就是要储备足够多的现金和志同道合的人才。在故事中，阿蒙森团队虽然只有 5 个人，但他们的物资准备非常充分，即使在他们犯错的情况下，这些物资也有极大的富余量。与阿蒙森团队形成鲜明对比，斯科特团队有 17 个人，但他们只带了勉强够用的物资，而且这个够用的前提是他们不会犯任何错误。最后的结果就是，斯科特团队虽然人多，但他们不仅比阿蒙森团队晚到，而且因为晚到导致他们在回去的路上遇到了恶劣天气，以至于不断有人掉队，最后整个团队无一人生还。

"通盘无妙手"也是王兴在 2016 年初接受《财经》杂志采访时提出的观点。当《财经》杂志记者问他"公司下一步有什么产品规划"时，王兴回答："我们肯定要让内容更加丰富，因为我们希望总体上能给消费者提供更多、更好、更优惠的吃喝玩乐。我相信，下棋的高境界是通盘无妙手。你只有想得非常好才行。""妙手"是围棋中的术语，形容神奇的一步落子，"善弈者通盘无妙手"就是说真正的围棋高手通常一整盘棋下完，你看不到那种神奇的落子，或者能够力挽狂澜的一步落子。围棋界的顶尖高手，有着"石佛"称号的李昌镐，最让对手头疼的地方就在于他从来不追求"妙手"，而是每手棋只追求 51% 的胜率（俗称"半目胜"），也就是说，每一盘棋他胜过对方的往往只有半子。但正是这种稳定的发挥和多一点点的胜率，让他始终立于不败之地。"扁鹊三兄弟"的故事是对"通盘无妙手"的最好解释：在扁鹊的三个兄弟中，大哥的医术虽然最好，但最没有名气。原因在于，在病人病情发作之前，甚至病人自己都没有感觉到病痛的情况下，他就能果断下手，迅速铲除病根。大哥的这种做法看似平淡无奇，但是积胜势于点滴、化危机于无形，这种治病方式就是典型的"通盘无妙手"。与大哥形成鲜明对比，扁鹊往往医病于严重时期。他利用在经脉上穿针放血、给病人敷药开方这些"大动作"和"妙手"来解除病痛，虽然获得了大家的赞赏，但扁鹊知道自己的水平恰恰是最低的。因此，"通盘无妙手"的本质就是不依赖"奇功"，不相信任何一种能够四两拨千斤的取巧事情。它提倡"心怀通盘"，更强调"结硬寨，打呆仗"，强调扎扎实实地行动，走好脚下的每一步路。

无论是"每天前进 30 公里"还是"通盘无妙手"，它们在本质上都是一种系统思维和大格局观，都在强调做计划和具体执行时，一方面，要从系统和全局的角度来看待问题，不要在乎一城一池、一时一事的得失；另一方面，要多做绵绵之事，多积尺寸之功，每一天都前进，每一步都踩实。在美团的观念中，胜利的果实从来都不是强攻出来的，而是它熟透了，自己掉下来的。"千团大战"时美团"开城市"的例子是对"每天前进 30 公里""通盘无妙手"的一个很好注解。美团在开局时将大多数资源投到二三线城市的做法让它看上去缺乏竞争力，但正是在二三线城市获得的先发优势才奠定了它争取一线城市的基础。美团这种怀抱目标，从一个大的时空格局考虑问题、制订计划的理念，被落实到一步步的行动和迭代中。美团之所以将城市数量设定为 94 个，将资源投入二三线城市，并不是因为高瞻远瞩，提前制定了"农村包围城市"的战略，而是它一边算账一边行动，在实践中持续迭代、及时纠错的结果。比如，美团在"开城市"时发现有 4 个城市布局错误，虽然当时关掉这些城市业务会浪费已经投入的成本，还会引来外界的质疑和舆论，但美团还是毅然决定这样做，当机立断重新调整了资源的投入和发展方向。

(3) "胜可知而不可为"。"胜可知而不可为""不可胜在己，可胜在敌"这两句话都出自《孙子兵法》，它们的含义是：善于打仗的人都是先修炼自己，让自己处于不被战胜的状态，然后等待可以战胜敌人的时机；不可战胜在于自己，能否战胜敌人则在于对方有无暴露可胜之机。

王兴引用这两句话想要表达的观点是：胜利的基础是苦练自己的基本功，发现对手的疏漏和可乘之机，而不要总是想着战胜和打败对手。美团进入酒店旅游行业时，并没有选择与携程正面对抗，而是抓住了被携程"遗漏"的没有签约的几十万家小酒店，快速拿下了中低端酒店的市场；当用户从 PC 端向手机端迁移时，美团依靠为用户提供更好的使用体验，让每个订单的服务成本远远低于携程，才在与携程的竞争中毫无悬念地胜出；在"千团大战"时，其他团购网站都在广告大战中奋力搏杀，美团所做的还是扎扎实实地改进产品体验，分析城市布局，优化系统平台，用各种方法鼓舞员工的士气……正是通过自己的持续修炼（不可胜在己），当竞争对手烧光了资金、团购市场泡沫破灭时，美团才利用这个机会（可胜在敌）绝地反击，取得了最终的优势。因此，美团的竞争策略从来都不是击败对手、打倒他人，而是在充分做好自己、努力服务用户的基础上，利用对手的疏漏和被对手忽略的市场机会，快速出击，一举至胜。美团之所以能发现并利用这些机会，并不是因为天赐良机或者脑洞大开，在根本上还是因为它对用户价值的持续坚守，对卓越服务的不懈追求，是它"以用户为中心"价值观的自然呈现。对于竞争，王兴的观点是："之前也考虑过竞争的问题，其实'竞''争'两字是完全不一样的。同向为竞，相向为争，竞是一个比争更好的状态，所以大家都说竞技。即使是'争'也分两种：一种是拳击式竞争，一种是足球式竞争。拳击竞争，为了获胜，就必须把对方打倒；而足球式竞争的目标是把球踢进球门，为了把球踢进去，需要过人、需要铲球、需要假动作，这些都是可以理解的，但最终目的是把球踢进门框。即便说竞争，美团点评的竞争也是偏向于足球式竞争。"

无论是"胜可知而不可为"还是"同向为竞，以竞为主"，它们在本质上都是王兴"不争哲学"的现实反映：只有专注于用户价值，专注于既定的目标，才能真正地让自己立于不败之地；如果总是紧盯竞争对手，着眼点只是击败对手，不仅容易被对手的动作带偏，还会不可避免地与他人形成正面冲突——因为你们处于同一个赛道，在狭窄的赛道上，只有敌人，只有你死我活，只能用相向的击败方式来应战。在他看来，战争不是由拼搏和牺牲组成的，而是由忍耐和煎熬组成的。王兴在这里所说的"忍耐"和"煎熬"，其实就是与"拼搏"和"牺牲"相对的一组概念——如果紧盯对手，与他处于相向的狭窄赛道上，则只能拼搏，只能牺牲；只有紧盯自己的目标，专心寻找自己该走的路，才能开辟出属于自己的赛道，免于厮杀和牺牲，在忍耐和煎熬中让自己该走的路自然呈现出来——忍耐和煎熬就是不争，就是耐心地创造胜利，就是"胜可知而不可为"所要达到的理想境界。

📖 **参考资料**

[1] 梁宁. 美团如何在千团大战中，做到后发先至？. 梁宁产品思维30讲（得到App），2018.

[2] 梁宁. 流量模式和产业中台模式. 梁宁产品思维30讲（得到App），2019.

[3] 吴伯凡. 美团的本事是什么？（上）. 吴伯凡·每周商业评论（得到App），2020.

[4] 张潇雨. 王兴｜竞争的终极境界：不争. 张潇雨·商业经典案例课（得到App），2017.

[5] 方浩. 美团到底创造了什么价值？. 接招（微信公众号），2019-08-30.

第3章

量子组织运行：生命的自组织

生命是量子的

量子力学的主要奠基者埃尔温·薛定谔（Erwin Schrödinger）曾说，生命是量子的，它是处于量子与经典交接的一叶扁舟。在《神秘的量子生命》这本量子生物学奠基之作中，著名的量子生物学家吉姆·艾尔-哈利利（Jim Al-Khalili）和约翰乔·麦克法登（Johnjoe McFadden）则进一步指出，世间万物运行的根基就是量子法则，人们所熟悉的牛顿法则和宏观现象不过是量子现象"退相干"后的产物；能长久地维持相干的量子态才是生命的基础，这也是生命与所有其他事物的本质区别。

对一些非专业人士来说，量子世界的一些性质简直就像魔法，而我们讲述的内容其实很容易理解——你可能早已听说过类似的科普解释——比如原子同时出现在两个地方、粒子像波一样扩散或者若两个分离的粒子相互纠缠，那我们对一个粒子的作用会同时影响远处的另一个粒子。正是这些量子世界违反直觉的特征让我们开始更为深入地理解生命系统。目前看来，生命似乎演化出了各种方法，利用量子世界的"戏法"来为自己的生存提供便利。[①]

量子效应不仅出现在很多生物现象中，在很多生物学家看来，在某种意义上，生物学就是基于量子的。其中的原因不仅在于生物过程会涉及构成物质的量子粒子，而且很多生物的显性机制明显地利用了量子效应。随着研究的深入，量子生物学家还发现，量子隧穿、量子纠缠、量子叠加等量子现象几乎在所有的生命活动中都扮演着关键的角色，不但活细胞中存在上述这些量子效应，植物的光合作用、细胞呼吸、酶的化学反应、鸟类的导航、DNA 的工作原理、人类嗅觉力等也都可以用量子力学进行解释。

光合作用是自然界中最重要的化学反应之一，植物就是通过光合作用来获取营养，维持生命。光合作用的难点在于：光子被叶绿素分子捕获后，额外的能量会使电子振动，形成一种叫作"激子"的东西，激子必须以极快的速度和极高的效率转移到一个叫作反应中心的地方，否则光能就会被损耗浪费。研究进一步发现，激子的能量运输效率几乎是 100％，而这个效率是经典物理学无法解释的。随着研究的深入，越来越多的科学家认为，激子的能量传递过程符合量子物理的概率性质，能量正是以量子波的叠加形式前往反应中心的，也就是说，激子同时走了所有可能的路线。关于生物具有量子效应的另一个典型例子是鸟类导航，比如我们所熟知的信鸽和欧洲的知更鸟，都可以在远距离飞行中找对路线，不迷路。信鸽和知更鸟之所以不迷路，就是因为在它们的眼睛中有一种叫作隐花色素的蛋白质光感受器，其主要功能是形成一个量子罗盘，利用量子纠缠的原理来进行导航：当光传入鸟的眼睛，击中隐花色素，就会在

---

① ［英］吉姆·艾尔-哈利利，约翰乔·麦克法登. 神秘的量子生命. 侯新智，祝锦杰，译. 杭州：浙江人民出版社，2016：Ⅲ.

鸟的眼睛中产生一对纠缠的粒子，形成一个指南针，鸟类就可以据此探测地磁场变化，感受并判断方向。

熵、耗散结构与自组织

熵是物理学中的一个重要概念，可以被简单看作对一个系统无序程度和混乱度的度量。熵可以用公式"$S(熵)=k\ln\Omega$"进行描述，其中，k 是玻尔兹曼常数；Ω 是系统宏观状态中所包含的微观状态总数。从这个公式中可以看出，一个系统的微观状态数越多，或者它的微观状态有更多的排序方式，那么这个系统的熵值就越高。根据热力学第二定律（也称为熵增定律），一个封闭系统总是会朝着熵增的方向发展；也就是说，一个封闭系统总是会从有序转变为无序，从整齐转变为混乱，并且这个过程不可逆。在图 3-1 中，左侧的粒子聚集到空间中比较固定的位置，右侧的粒子则可以在一个相对较大的范围内自由运动。正是因为右侧的粒子更加自由，它们的排序方式或者它们所包含的可能性会比左侧粒子多，所以右侧粒子的熵值就比左侧大。这种高熵的直观表现就是右侧更加混乱，更加无序。

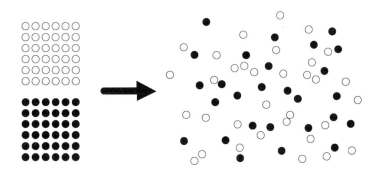

图 3-1　熵增定律

现实中的很多例子都可以用来说明一个系统的熵增过程。一个很久不打扫的房间，东西会趋向于分布到房间的各个角落——相比于整洁房屋中物品归置在固定地点所对应的物品较少的状态数，杂乱房间内物品的状态数显然更多，因此其熵值也会更大。一滴蓝色墨汁滴入一杯清水中，墨汁会自动扩散，最后形成墨汁与水融合的淡蓝色液体，水墨相融的淡蓝色液体就相当于没有进行物品归置的杂乱房间，它的熵值明显更大。根据热力学第二定律，一个封闭系统总会从有序转变为无序，而不会从无序转变为有序，所以让混乱的房间自己转变为整洁，让混合溶液自动分解为水和墨汁都不可能发生。在一个极致的意义上，由于一个封闭系统的熵值总是趋于增加，秩序总是趋于减少，所以这个封闭系统最后的结局就是所有的秩序都崩溃瓦解，整个系统呈现为毫无生趣的均质状态，一切都归于混沌和寂灭。这种状态也就是薛定谔所描述的"最大熵"。

> 一个非活的系统被独立出来，或是把它置于一个均匀的环境里，所有的运动由于周围的各种摩擦力的作用都将很快地停顿下来；电势或化学势的差别也消失了；形成化合物倾向的物质也是如此；由于热传导的作用，温度也变得均匀了。由此，整个系统最终慢慢地退化成毫无生气的、死气沉沉的一团物质。于是，这就达到了物理学家们所称的热力学平衡或"最大熵"——这是一种持久不变的状态，在其中再也不会出现可以观察到的事件。[①]

需要注意的是，当我们说到熵增以及热力学第二定律时，有一个限制性的条件，那就是"一个封闭系统"。虽然熵增和寂灭是一切

---

① ［奥］埃尔温·薛定谔. 生命是什么. 吉宗祥，译. 广州：世界图书出版广东有限公司，2016：90 - 91.

事物乃至整个宇宙的最终归宿，但是对于一个有物质、能量和信息输入和输出的开放系统来说，它完全可以在一定的时间和空间范围内减少熵增，维持有序。这种借助开放、借助与周围环境展开持续的物质能量交换以维持秩序并发展成长的系统，就被称为耗散结构（系统）。我们自身，包括所有的生命系统，都是典型的耗散结构。生命体正是通过新陈代谢来增加负熵，让自己维持在一个稳定的低熵状态下，从而延续生命，生长演化。薛定谔曾经用一个通俗的例子来解释生命现象：一个动物想要活着，就要持续吃下混乱度比较低、熵也比较低的食物，然后排泄出混乱度比较高、熵也比较高的粪便。这一过程就是动物从环境中攫取负熵，降低自身混乱度，同时维持自身秩序的过程。从环境中输入能量、攫取负熵，是维持生命的关键，这也是薛定谔的名言"生命以负熵为生"的确切含义。

在热力学与耗散结构理论的奠基人、比利时物理化学家伊利亚·普里高津（Ilya Prigogine）看来，耗散结构不仅是一个物理学概念，它同样适用于解释生物、生态、社会、经济、管理等各种复杂的系统和现象。在本质上，一切宏观过程的微观物质基础必然是一些遵循物理、化学规律的物质运动，这些物理化学过程又必然伴随着熵增，同时也会有抵抗熵增、维持系统有序的需求。所以对于一个组织或企业来说，要想维持自身的生存和发展，就要随时保持开放，通过学习吸收先进思想、改进完善业务流程、优化提高人才配置等方式，持续产生负熵，让组织始终保持在充满活力的耗散结构状态。就像未来学家、互联网预言家凯文·凯利所说："我们在世间看到的一切有趣并且健康的事物——活着的有机组织、文明、社会、智慧和进化本身——在面对熵的虚无的同一性时，都以某种方式保留持久的差异……当物质世界的其余部分滑向凝固的底层时，只有少数不寻常的事物捕捉到能量波（负熵），借此成长壮大，生机勃勃。"[1]

在本质上，一个系统保持开放、维持耗散结构的活动就是与熵展开拉锯战，抵抗熵增，持续产生负熵的过程，这也是该系统在混乱中自动生成有序结构的自组织过程。自组织的具体定义是：如果一个系统在获得空间的、时间的或功能的结构过程中，没有外界的特定干预，我们便说系统是自组织。[2] 与自组织相反，如果系统是在外界的特定干预下获得结构的，就是他组织或者是被组织的。[3] 简单来说，如果一个系统依靠外部指令而形成组织，就是他组织；如果不存在外部指令，系统还能按照相互默契的某种规则各尽其责，并且能协调自动地形成有序结构，就是自组织。

生命系统就是自组织的典型实例和最佳典范。生命正是通过与熵做斗争，通过自发建立秩序而创造了自然界中的无数奇迹。生命现象也是普里高津所说的耗散结构，自发秩序和自组织是耗散结构的固有特征。在本质上，生命本身就是一个自组织现象，自组织是生命产生的基础逻辑和底层机制。从自组织的角度出发，中国工程院院士钱旭红教授认为，生命现象就是具有自组织、自复制、自适应的不断演化能力的事物，这样的生命既包括生物实体的个人、自然生态、社会组织，也包括具有生命特征的非生物实体的资本和权力等。[4]

---

① ［美］凯文·凯利. 科技想要什么. 熊祥，译. 北京：中信出版社，2011：66.

② ［德］哈肯. 信息与自组织：复杂系统的宏观方法. 郭治安，译. 成都：四川教育出版社，2010：29.

③ 苗东升. 系统科学精要. 北京：中国人民大学出版社，2010：168.

④ 钱旭红. 改变思维. 上海：上海文艺出版社，2020：573.

✣ 量子组织的生命属性与反熵成长

组织就是一个生命体、一个耗散结构，它的生命属性不仅体现为它是由生物性的人所组成的集合，更在于它一旦成立，就具有了自组织、自复制、自适应、自演化的特征和能力，形成了它的任何组成要素都不具备的超越性的生命特质和逻辑。在直观意义上，一个组织就像一个人，不仅有自己的生命周期，还有其使命、愿景和价值观，有新陈代谢和复制能力，有遗传性的形态结构和特有的行为特征等。搜狗首席执行官（CEO）王小川曾说，从生命的视角去观察人、公司、国家乃至宗教，对他的世界观影响很大。他认为，从生命的视角出发，小则能够从个体看到与公司之间的关系，大则能够看到整个互联网圈子，圈子里的生命相互之间能够形成互为环境的帮助，这样就能找到自己的位置，甚至改变其他生命。

组织的生长伴随着持续的熵增，如果不能产生足够的负熵流，那么无序和毁灭将是它的最终结局。处于初创阶段的组织虽然规模小但往往充满活力，一旦发展到一定阶段，组织和人员常常会陷入一种懒散惰怠、封闭僵化的状态，此时企业的发展放缓、效率低下、创新力匮乏，这些都是熵增的典型体现。为了抵抗熵增，量子组织会通过持续的努力与懒散惰怠做斗争，时刻保持积极向上的拼搏力和进取精神。量子组织就像希腊神话中的西西弗斯（见图 3-2），虽然知道推向山顶的巨石会滚滚落下，但他还是会不断重复、永无止境地将巨石推向山顶，因为只有通过持续的推动，才可能让代表熵增的石头在高位停留得久一些，滚落得慢一些。推石头的过程虽然痛苦，但它是抵御熵增、抵抗混乱的唯一途径，也是生命和组织存在的意义，同时与这个时代所呼唤的以奋斗者为本的企业家精神一脉相承。

图 3 - 2　西西弗斯推石

任正非很早就意识到组织的发展始终伴随着熵增，他是第一位把熵的概念引入企业管理领域并进行系统阐述的企业家。任正非认为，自然科学与社会科学有着同样的规律，企业在取得了一定的成绩后，上至管理层，下至普通员工，都容易头脑发热、骄傲自满，由此形成封闭的熵增系统，并一步步走向灭亡。只有形成类似于生命的耗散结构系统，持续与外界进行物质能量的交换，才能保持活力，避免"熵死"。围绕抵御熵增和形成耗散结构，任正非有一个经典的比喻："人每天跑步就能把多余的能量耗散掉。在跑步的过程中，能量会变成肌肉，糖尿病和肥胖就不会有了，身材也苗条了，这就是最简单的耗散结构。"正是以抵抗熵增为主旨思想，华为一直强调，要想生存，就必须持续做功，迎难而上。华为根据自身实践所提出的华为的活力引擎（见图 3 - 3）就被看作其对抗熵增的核心方法。

一个类似于生命的耗散结构一定是开放的、远离平衡的。华为一方面通过厚积薄发、构建人力资源水泵使组织远离平衡；另一方面通过企业的开放合作吸收宇宙能量，吐故纳新，引入负熵，实现有序发展。

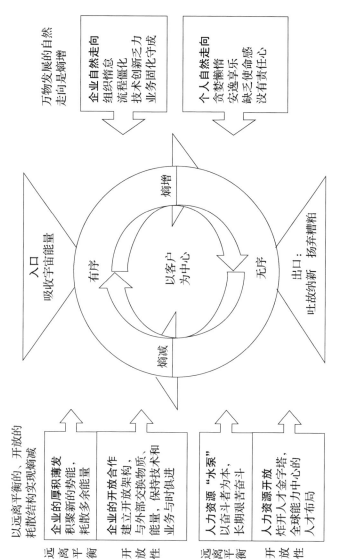

图 3 - 3 华为的活力引擎模型

资料来源：华为大学. 熵减：华为活力之源. 北京：中信出版社，2019：9.

宏观层面，华为主要通过厚积薄发与开放合作来抵御企业发展过程中出现的组织惰怠、流程僵化、技术创新乏力、业务固化守成等熵增表现。厚积薄发指的是将企业的物质财富转化为企业发展的势能，再转化为人才、技术、创新等方面的能力提升，以实现企业内生动力的生成强化和循环往复。任正非曾说，华为不是靠赌某种技术、某种方向，华为是通过大规模的战略投入，在主航道中多路径、多梯次的前进和密集型投资，来缩短探索方向的时间。在开放合作方面，华为发展的 30 多年其实也是它开放合作，从外部学习的 30 多年。从《华为基本法》的起草，到集成产品开发（IPD）、集成供应链变革（ISC），再到人力资源的管理变革等，都是华为保持开放、持续从外部吸收能量、一步步搭建管理根基的具体过程。任正非提出的"管道战略"更是对华为开放合作精神的明确阐述："我们把主航道修得宽到你不可想象，主航道里面走的是各种各样的船。只有开放合作，才可能实现这个目标。"

个体微观层面，华为主要从构建人力资源"水泵"与保持人力资源开放两方面入手来激发个体生命活力，避免员工产生贪婪懒惰、安逸享乐的熵增问题。人力资源"水泵"的核心原理就是用价值分配撬动价值创造，让那些真正奋斗的人、真正为企业做出贡献的人得到合理的回报，以此来激励人才、激发组织活力。华为将奋斗者看作企业真正的财富，"以奋斗者为本，长期坚持艰苦奋斗"更是华为长期坚守的价值观。作为激发个体生命活力的另一个抓手，保持人力资源开放就是要炸开传统限制组织发展的金字塔，形成开放的人才系统和组织架构，以容纳更多世界级人才，打开各类人才的上升通道。

然而，无论华为活力引擎的宏微观表现是什么，这台引擎的轴心始终是客户，始终是以客户为中心。任正非曾经说，华为发展到今天，靠的就是以客户为中心这一根本，华为的明天，也只能存在于客户之中——客户是华为存在的唯一理由，也是一切企业存在的唯一理由。正是由于以客户为中心在华为的活力引擎中起到轴心作用，华为始终保持着熵减和充满活力的状态，始终处于一种远离平衡的平衡和在无序中保持有序的耗散结构状态中——以客户为中心是华为保持活力的动力和源泉，也是华为始终坚守的终极平衡和有序。任正非的讲话中永远贯穿一个最基本的甚至是众所周知的道理，那就是客户是企业存在和发展的唯一理由、企业成长和壮大的唯一基础。

⊗ 量子组织的自组织运行

传统牛顿组织的管理模式属于典型的他组织。明确的边界划分、中心化的决策机制、标准化的作业流程以及囿于成规、追求稳定的运行方式等，都是牛顿组织他组织的典型特征。但这种组织方式会带来组织封闭僵化、信息流动不畅、员工自主性差、管理效率低下、难以调动员工积极性等一系列问题。与牛顿组织他组织的管理模式相反，量子组织在本质上就是一个自组织的生命系统，它的运行动力来自组织内部各要素的充分协同与互动，而不依赖于外在力量的控制和干预。系统开放、远离平衡的平衡态、存在涨落、系统要素之间存在非线性相互作用是一个系统形成自组织的必要条件[①]，以上四方面也是量子组织的核心运行机制与特征。

系统开放

系统开放是一个系统形成自组织和耗散结构的前提条件。传统的牛顿组织将维持稳定看作工作的重心，倾向于将自己与环境分隔开。即使需要对外部的需求和影响进行响应，也会将主要精力放在

---

① 张天蓉. 蝴蝶效应之谜：走近分形与混沌. 北京：清华大学出版社，2013：145.

构建自身的防御体系上，同时将环境变化视为稳定和有序的威胁。在这样的封闭状态下，牛顿组织的自满惰怠更容易滋生，熵值会迅速增大，组织自身会很快失败和衰落。

与牛顿组织相反，量子组织不仅将开放和连接看作构建世界的底层逻辑，更将其看作对抗熵增、维持生存的必要条件；认为只有对外保持开放，对内加强沟通，才能在与用户和环境的积极互动中，持续引入负熵，保持组织活力。在信息和人才都加速流动的今天，系统开放已经不是一个选择，而是一种必然。智联招聘平台 2017 年的统计数据显示，有 36% 的人从事一份工作的时间不会超过 1 年，工作 5~10 年的员工只有 10%~20%，工作 10 年以上的员工只有 4%，而且以上数据呈现出逐年上升的趋势。所以一家企业想要抵抗熵增，实现自组织，就必须保持开放，让人才和信息充分地流动起来。

华为从创立那天起就把自身定位为一个开放型组织。《华为基本法》第三条就强调：广泛吸收世界电子信息领域的最新研究成果，虚心向国内外优秀企业学习，在独立自主的基础上，开放合作地发展领先的核心技术体系，用卓越的产品自立于世界通信列强之林。其中所提到的"开放合作"，不仅体现在技术研发领域，还体现在华为的战略、组织、运营、研发、人力等多方面。比如，华为在早期就聘请了国外很多知名的咨询公司来帮助其进行管理，与一般企业聘请咨询公司的方式不同，华为没有将咨询公司看作一个外在于自己的问题发现者和答案提供者，而是让其参与到公司的实际运营和管理活动中，让顾问直接担任负责人，让自己的员工担任助手，在顾问的言传身教中提高经营管理能力。与美国政府之间的争端发生后，任正非更是多次在公开场合强调，华为的哲学就是开放，不会因为冲突发生就形成反对开放和反对美国的思维。正如他在 2019 年年底接受美国有线电视新闻网（CNN）采访时所说："美国在制度、创新机制、创新动力等方面的先进性会使这个国家继续繁荣。过去几十年，美国在技术上是最强势的先进，未来几十年美国会继续保持这种优势。向美国学习的决心不能改变，不能因为我个人受到磨难就改变。"

远离平衡的平衡态

远离平衡的平衡态是耗散结构的典型特征，也是自组织运行的核心机制。作为一个生命系统和生态系统，量子组织虽然时刻在变化和波动，但它会在这种持续的不平衡状态中保持一种更加长久和深远意义上的平衡。比如对于一个生态系统而言，虽然它在局部性和暂时性的层面上是不平衡的，但它在整体性和长久性的层面上是平衡的。在很大程度上，正是局部和暂时的不平衡，才换来了整体和长久的平衡。如果一个系统片面地追求稳定，它就会丧失进一步发展的动力和可能，整个系统会在持续的熵增中很快走向衰亡。在根本意义上，有序与无序、平衡与不平衡、稳定与不稳定，不仅不相互矛盾，反而相辅相成、息息相关，它们之间的动态匹配和融合转化为生命进化和组织发展提供了核心动力。如果局部或暂时的有序/无序、平衡/不平衡、稳定/不稳定只是一种静态和相对的状态，那么基于对有序/无序、平衡/不平衡的融合与超越所产生的一种动态的有序和平衡才是绝对意义上具有长远价值的有序和平衡。

一方面，量子组织不仅能够接受无序，接受变化和混沌，还会将无序和变化看作组织发展的前提条件，甚至会通过主动打破平衡来调动组织活力，激发组织潜力。另一方面，对无序的接纳并不意味着量子组织会在混沌无序的道路上越走越远，事实上，强大的愿景和使命感都会在它远离平衡的状态下发挥锚定效应，让它时刻保持在远离平衡的平衡态中。量子组织就像一个人，一旦知道自己是谁，需要什么，打算去哪里，他就不会为了单纯的经济目标而偏离轨道，也不会被变化的环境所左右，处于漫无目的的徘徊状态中。与此相反，使命和目标不仅会让他具备更强的信心，还会让他在面临困难和选择时更加自主能动，采用更加灵活多样的方式来应对变化，解决难题。

与任正非一样，亚马逊的创始人杰夫·贝佐斯（Jeff Bezos）也非常推崇熵减哲学。他将自己创业20多年的经验总结为"Day One"，是指让公司始终保持创业"第一天"时的热情和状态，以此来消除怠惰，抵抗熵增。1998年贝佐斯致亚马逊股东的信中有一句话："We want to fight entropy"，直译过来就是"我们要反抗熵（增）"。这里的"entropy"就是熵，而反熵（反抗熵增）这个理念正是亚马逊管理的核心。在贝佐斯看来，无论是组织还是个人，都存在着熵增的问题，如果放任自流，时刻想要舒适，组织就会自然熵增，不知不觉走向停滞，陷入衰退的"第二天"；只有时刻对熵保持警惕，同时逼迫自己进入一种消耗能量的不平衡和不舒适状态，持续追求更高的标准，持续减少不创造价值的环节，才有可能避免熵增的必然，让"第一天"的活力一直保持下去。

存在涨落

在自组织理论中，涨落是一个重要的概念，具体是指一个远离平衡的开放系统，在内外部环境因素的扰动下，所产生的对其原有平衡态的偏离。一个系统在涨落的触发作用下，经由系统要素之间的非线性相互作用所产生的一种在宏观结构和功能层面上的突变，就是涌现。涨落引发突变的过程，可以用著名的"蝴蝶效应"来描述（见图3-4）。巴西的一只蝴蝶震动翅膀，有可能几周之后在美国的得克萨斯州导致一场飓风。虽然"蝴蝶效应"只是一个比喻，但它形象地说明了微小的事件往往会带来非常大的影响以及出乎意料的变化。"蝴蝶震动翅膀"就相当于一个系统中出现的涨落，也就是系统对它原有平衡态的微小偏离，而"飓风"就相当于由扇动翅膀这一微小的涨落所引发的天气的巨大变化，也就是由涨落所引发的天气系统的突变或者涌现。

图 3 - 4　蝴蝶效应

　　牛顿思维认为，系统的重大变化往往来自中心和上层，企业中出现的小扰动、小麻烦，组织底层的小因素、小变量都不可能对企业和组织的发展产生实质性的影响，因此常常会被当作例外和偶发现象自动忽略。然而现实一再告诉我们，引发重大变化的往往不是教科书中所罗列的关键要素与核心环节，而是最容易被我们忽略的小因素和小麻烦，它们往往来源于组织的底层和边缘。正如管理学大师詹姆斯·马奇（James March）所说，人们总是很容易夸大历史事件的必然性，而且倾向于对所发生的事件做简单归因。然而实际上，任何事件的发生都是一个概率问题，它们同时也是多个偶然因素经过放大回路的持续反馈最终形成的结果。实践一再证明，企业进入一个新市场或新领域往往不是预先计划的结果，用户的一个小建议、某个团队开发的一个小游戏，常常才是打开新市场大门的钥匙。比如，腾讯推出的微信，最早就起源于张小龙的一个想法；微信红包最初是微信支付团队的几个员工出于兴趣设计的一个小应用。

正是这些小想法和小应用，让微信在不经意间超越了自己公司的王牌产品 QQ，成为这个时代最伟大的产品之一；而微信红包的出现在根本上改变了支付宝和财付通的战局，对腾讯的发展具有举足轻重的意义。

量子组织不仅会对来自组织内外部的小变量、小扰动和小麻烦保持敏感，还会有意识地将它们当作触发产品创新、引发组织变革的契机。在这些小变量的触发下，企业的创新和变革也许刚开始只呈现为一个最小可行性产品，一旦它们在市场或组织的局部性实验中表现良好，就会在一个持续的正反馈循环中，通过组织要素之间的非线性相互作用所产生的网络放大效应，达到产品创新或组织发展的临界态，最终引发突破式的创新和变革。正是这些小变量、小扰动、小麻烦为量子组织提供了新的发展方向和成长演化的分叉点，为产品和组织的创新与变革提供了新的机会和可能。也正是基于对小变量和小扰动的重视和强调，著名管理学家施炜认为，即使组织面临巨大的转型和变革，也要善于利用一些边缘性、局部性的力量，将它们作为抓手和突破口来实施创新与变革。在他看来，很多企业主体业务的结构及利益格局已固化，所以整体性变革过程复杂、路径漫长、风险巨大；与整体性变革相反，边缘性创新不仅代价小、方式灵活，不成功也无碍大局，一旦试验成功，还可以通过中心控制方式在企业内部学习推广，也可以通过自组织方式引发组织的整体变化。[1]

系统要素之间存在非线性相互作用

如果用一句话来表述线性系统与非线性系统的区别，那就是对于

---

[1]　彭剑锋，尚艳玲. 混沌与秩序 II：变革时代管理新思维. 北京：中华工商联合出版社，2017：251.

线性系统而言，整体等于部分之和，但在非线性系统中，整体大于或者小于部分之和。产生这种结果的原因是，线性系统各部分对整体的贡献相互独立，满足叠加原理；而对于非线性系统来说，系统内部要素之间存在复杂的相互作用，不同要素的联合效力不仅会打破线性和可叠加的规则效应，如果要素之间是协同合作的，那么这个系统还会呈现出整体大于部分之和（或者"1+1>2"）的涌现特征。对于一个自组织系统来说，非线性和涌现就是它的典型特征，系统内部要素之间的非线性相互作用是它实现自组织的动力来源。

量子组织本身就是一个复杂的自组织系统，组织内部各种异质性、自主性个体之间的非线性相互作用不仅提供了量子系统发展演化的动力，而且个体之间的非线性协同关系会让量子组织的整体价值远远超越个体价值之和，产生"1+1>2"的涌现效应。这种"1+1>2"、整体大于部分之和的超越性价值正是组织存在的根本意义和目的。谷歌曾进行一项名为"亚里士多德计划"的研究，目的就是通过对几十个团队的分析和对数百名高管、团队领导及团队成员的跟踪采访，寻找成功团队所需具备的素质。研究发现，促使团队成功的关键，不在于团队中的具体成员，而在于成员之间的合作和信任。只有团队成员建立了超越身份和等级的合作关系，才能让个体成员对组织和团队产生信任，拥有安全感，才能让他们在合作和信任的基础上发挥更大的主动性和创造力，最终使组织产生远超于个体效能总和的整体价值。

量子组织具有的开放性、远离平衡的平衡态、存在涨落和系统要素之间存在非线性相互作用的自组织特征与它扁平化、分布式、去中心化、网络化的组织机制紧密相关。扁平化、分布式、去中心化、网络化不仅是量子组织的典型特征，也是现代组织发展的必然趋势和方向。曾有企业去海尔参观学习，将海尔平台化变革看作组织扁平化，张瑞敏认为这个说法不对。他纠正说："海尔表面上是扁平化了，但其实是网络化，是变成一个创业平台。把企业中的十几个层级变成五六个层级的做法不是网络化，网络化是从企业开始到企业的每一个人，都要变成网络的一个节点。只有这样，才能连接更多的资源，创造更大的价值，这样才符合'梅特卡夫定律'（网络的价值等于网络节点数的平方）。"海尔平台化建设的核心，就是将小微看作网络平台上的最小单位和连接节点，通过赋予各个小微充分的权力，促进平台与小微、小微与小微之间的自由连接与合作，最终搭建起用户资源与海尔个性化生产之间的通路，实现用户、组织和员工的价值最大化，创造出远远超越个体价值（总和）的网络协同价值。

⟿ 阿里巴巴：平台生态圈与自组织涌现

作为国内互联网行业的先驱，阿里巴巴（简称阿里）从一家电商公司起家，如今已经发展为一个囊括消费、娱乐、支付等生活场景的庞大的平台体系，一个集大数据、云计算、人工智能、城市服务等为一体的数字经济时代的新型基础设施提供商。随着阿里的发展，公司的管理层越来越清晰地意识到，虽然新的组织模式在快速地迭代和演化，适应新时代的组织理念和模式架构仍然需要探索，但平台化组织模式的构建、员工潜能的开发、创新型文化的培育等一定是打造未来组织的重要方向，这些方向围绕的核心主题就是将组织从管理型的他组织转变为赋能型的自组织。

在阿里高管看来，传统的互联网公司呈现为自上而下的"树状"结构，但他们认为理想的互联网公司甚至不会以公司的形态存在，而是呈现为一种平台化、网络化、生态化的自组织形式。自组织是阿里平台化建设的一个核心理念，阿里在早于其他互联网公司的很多年前，就开始了对自组织管理方式的积极探索。具体来看，被阿里广泛推崇的"平台生态圈""无为而治""放权＋接班人制度""企业家精神的规模化崛起"等，在本质上都体现了阿里对自组织的倡导，它们也是阿里进行自组织管理的具体方案和举措。

平台生态圈与自组织

阿里早期的业务可以分为垂直和平台两个部分，其中的垂直业务包括淘宝、天猫、聚划算，以及后来独立出来的航旅、音乐等事业部，云计算、支付、物流等则属于基础性的平台业务。2012 年 7 月，阿里将旗下公司调整为淘宝、一淘、天猫、聚划算、阿里国际业务、阿里小企业业务和阿里云 7 大事业群；仅半年之后，阿里又将这 7 大事业群进一步拆分为 25 个事业部。从 7 大事业群到 25 个事业部是阿里对其业务进行的两次连续性的打散和重构，这两次连续拆分的目的是充分给予员工机会，同时为构建阿里的电商生态系统（One Ecosystem）做准备。实际上，早在 2013 年之前，阿里就已经萌生了建设商业生态的想法。比如，阿里在 2007 年 9 月召开的一次战略会上就提出要打造一个"开放、协同、繁荣的电子商务生态圈"，这次会议也被看作阿里历史上最重要的战略会；2012 年底，阿里又提出了"四化"蓝图，即市场化、平台化、生态化（物种多元化）和数据化，而 2013 年的改革实际上也是阿里向生态化迈进的标志性一步……

以电子商务为依托，通过战略选择优化、组织能力提升和用户价值创造，今天的阿里已成为一个涉及电商、物流、金融、大数据等业务体系的庞大成熟的生态圈系统；随着生态圈的建设完善，阿里的商业定位从最初的电子商务平台转变为以大数据为核心驱动力向社会提供互联网基础设施的互联网公司。商业生态圈的实质就是从事商业活动的各利益相关者通过协同合作共同建立的一个价值创造平台。生态圈本身就代表自组织，它的演化发展不需要借助任何外力，而是完全依靠内部要素之间以及它与环境之间的相互作用来进行——每个输出就是它的下一个输入，正是在这种持续循环的反馈迭代中，生态圈（系统）实现自身的持续成长和演化。阿里学术委员会主席曾鸣将打造平台生态的关键环节概括为四个方面，这四个方面充分体现出阿里生态化建设的自组织特征。

第一，生态最本质的特征是演化，而不是计划。也就是说，生态的演化不能按照一个逻辑严密、架构清晰的设计思路去搭建，而是要让它自发成长、自主演化。阿里从最早做 B2B，到 C2C，再到 B2C，做淘宝商城、支付宝、天猫、阿里云、菜鸟等，每一步都不是规划出来的，而是在成长发展的过程中，通过专注用户体验，在一个个具体问题的解决过程中自然生长和涌现出来的。阿里所遵循的一直是一个生命和生态的自主成长、自由发展的逻辑。虽然生态的演化具有很大的开放性和不确定性，但在这种不确定性中还隐含着更深层次的稳定性和确定性，这个确定性在企业中的具体体现就是它的使命、愿景和价值观。阿里一直是一家由使命、愿景和价值观驱动的公司。阿里所有重大的决定都与金钱无关，都与价值观有关。在阿里成立 20 周年的纪念日上，公司宣布，面向未来，一定会继续坚守使命，"让天下没有难做的生意"。将"成为一家活 102 年的公司"的愿景升级为"成为一家活 102 年的好公司"。同时将"六脉神剑"价值观进一步升级为"新六脉神剑"——客户第一，员工第二，股东第三；因为信任，所以简单；唯一不变的是变化；今天最好的表现是明天最低的要求；此时此刻，非我莫属；认真生活，快乐工作。虽然阿里的技术在不断更新，组织形态在不断发展，商业模式在不断调整，但是它们所围绕的这些使命、愿景、价值观永远不会改变。

第二，生态的演化不仅是物理反应，更是化学反应。生态不能像搭积木一样"拼"出来，而是靠自我的成长逐渐发展演化出来的"全新物种"。阿里从做电子商务起家到发展为今天的平台体系、商业生态圈，所遵循的是生长的逻辑、涌现的逻辑；生长和涌现就是一个典型的"化学反应"，就是一种创新和创造——化学反应所产生的化合物完全不同于构成它的物质，而是一种全新的结构和物质。支付宝就是一个典型的例子，它的产生不是阿里事先计划的结果，更不是阿里原有业务功能的简单拼接，它是为了解决淘宝交易过程中所产生的信任问题，在阿里平台上创新和生长出来的一个全新的业务形态。支付宝自诞生之日起就拥有了自己的生长规律和逻辑，像一个生命体一样，逐渐成长为今天全球交易量最大的第三方支付服务公司，一个融合了支付、社交、理财等多个业务场景的开放性平台。

第三，复杂生态往往是按简单规则而不是按复杂规律发展演化来的。曾鸣强调，生态中最初规定的简单规则对生态的发展非常重要。他举例，当年淘宝与 eBay 竞争时，eBay 的规则是防止买家与卖家联系，这样平台才能收费；而淘宝一开始就鼓励买卖双方自由沟通，为了促进沟通，还专门推出了旺旺。买家与卖家直接互动不仅有利于卖家提供更多差异化的服务，促进其多元发展，而且自由沟通本身就意味着开放，远离平衡态，代表商家与用户之间可以展开充分的非线性交互，非线性交互也是一个系统自组织运行的核心条件。正是商家与用户之间的充分互动以及在此基础上营造的自组织环境，让淘宝平台上的各类增值服务，如网店装修、淘宝模特、网络砍价、网拍团等自发地生长并持续涌现出来，由此进一步推动了整个平台生态的蓬勃发展、持续演化。

　　第四，新生态相对于传统产业经常是从边缘开始提供新的服务，而不是改进更新原有的服务。新服务相对于传统服务而言就是一个涨落，这个涨落（扰动）在网络扩散的作用下，引发系统在宏观结构功能上的突变和涌现，也就是一项服务由小业务、小变量、一个点，成长为一个平台、一个生态、一个面。反过来说，决定一个涨落能否形成涌现，一条线能否成为一个面的关键，是看它能否给用户提供新的服务，带来新的价值。这个新的价值就是曾鸣所说的由传统产业向生态发展的从 0 到 0.1 的生死关，也是判断平台建设能否成功的一个关键要素。曾鸣举例，淘宝的卖家之所以能在最开始站住脚，就是因为它们让全中国的买家，无论在哪里，都能以同样的价格买到同样的商品。而"以同样的价格买到同样的商品"这个新的核心价值就是启动淘宝平台的涨落和支点，就是淘宝从 0 到 0.1 的生死关。淘宝平台构建生态功能的核心就在于支持和赋能这些能提供独特价值，但在最初阶段往往没有能力与传统商家竞争的小卖家。在本质上，启动一个新支点、新涨落，将它发展成为一个新平台、新生态的过程，就是一个颠覆式创新的过程，一个引发巨大突破和变革的过程。

失控与无为而治

　　《失控》是未来学家凯文·凯利写于 20 世纪 90 年代的一本经典畅销书，被誉为中国互联网人的新一代"圭臬"。这本书中所说的"失控"并不是失去控制，而是指要放弃人类社会和组织传统中的集中控制，引入生物技术和进化的思想，将社会和组织打造成一个自组织的活系统。简单地说，失控就是自组织，就是让系统内部要素自发运行，不预设，不强制，让秩序和结构自发涌现出来。由于失控和自组织遵循的是自然生长法则，在自然生长的情况下，一些意外事件和随机突变随时可能发生，所以接受失控还意味着接受意外和突变，很多时候还要将失控和意外看作一个企业发展的契机，甚至需要通过有意识地制造失控、利用意外，来打破企业按照计划而缓慢演化的历程。

源码资本执行董事孙彤认为，阿里就是一家逐渐走向"失控"的公司，阿里在 2013 年成立 25 个事业部，进行电商生态系统的改革，就是一次典型的失控式管理。在她看来，"失控"一词听上去似乎是贬义的，但对达到一定级别的企业来说是一个必须经历的高阶蜕变过程。有时不经历一次彻头彻尾的打散和重构，根本无法跃迁到一个全新的形态，进化的代价也恰在于此。针对 2013 年的变革，阿里副总裁张宇曾说："我们希望组织最后变成网状结构，这样才能放心地'失控'。因为大家的目标是一致的。以前那种自上而下的管理方式以及组织模式其实受到了极大的挑战，我在适应的过程中要容忍自己很多事情不知道，这样才能让更多的人才成长起来。"无论是"失控""网状结构"，还是"打散和重构""自下而上"，它们在本质上都说明阿里正在开创一种生态局面，用生态的思维来运营，核心目标是实现阿里的自组织。

2013 年，阿里正处于高速发展阶段，年底人才盘点时，各部门新增员工人数达到 5 000，当时阿里大概有 20 000 人。集团管理层很快做出一个决定：2014 年公司不再招聘新员工，员工出二进一。这一决定的含义很简单：明年的业绩照做，但是粮草不会给，各部门自己看着办。没粮草没新兵，是不是可以考虑创新？各部门是否一定要单干？资源是否可以共享？各部门的关键绩效指标（KPI）能否"背靠背"？员工是否到了换血的时候？阿里一直强调，"打破惯性的旋涡"才是弯道超车的办法，如果做不到这一点，粮草越多，反而死得越快。无论是"自己看着办"，还是"打破惯性的旋涡""弯道超车"，目的都是让员工在资源和条件受到约束的情况下，在面临种种压力和意外的环境中，自主决策，自由行动；不仅要克服局限和压力，更要将这些局限和压力转化为创新的动力和条件，将它们看作企业发展的契机，通过开创新思路和寻找新方法来积极应对眼前的困境。因此，"自己看着办"本质上就是一种失控的方式，也是一种无为而治、自组织和涌现创新的思路。这个失控的结果是阿里在 2014 年业绩不仅没有退步，还实现了大幅增长。

放权与接班人制度

在飞速发展的过程中，阿里一直在做的"接班人计划""组织结构变革""轮岗制"等，就是要通过逐步退后和放权，让接班人以及员工们自组织起来，用网络化的方法让业务实现分布式协同和处理，减少业务决策对个人的依赖——无论是董事长、CEO，还是中层业务骨干。阿里的一个核心理念就是，权力的下放和分散不仅能减少管理者的压力，还能降低组织的总体风险，这种自组织和协同的方式是互联网企业在面对越来越复杂的环境、应对越来越多的挑战时必须选择的管理方式，也是企业生存和发展的根本之道。

在接班人制度方面，阿里每年考核总监及副总监以上级别的中高层管理者的一项重要指标就是"带自己的接班人"，而且每一级主管都必须在例行工作中完成一项"选好接班人"的工作。在培养接班人的同时，管理者还要从管理、文化、业务等各个方面手把手地带他，如果被指定的接班人达不到接班的水平，原岗位的人也无法得到升迁。在组织结构改革方面，自 2011 年起，阿里就开始将权力下放。2011 年 6 月，阿里宣布将淘宝网分拆为三个独立的公司，即淘宝网、淘宝商城和一淘，三个子公司独立后都获得了更大的权力，且每个子公司都有自己的 CEO，每个 CEO 之上都有一个董事长；2012 年 7 月，当三家子公司被调整为 7 个事业群时，原来的董事长职位被取消；到了 2013 年 1 月，阿里成立了 25 个事业部，原来那些需要董事长"照顾"的 CEO 成了业务的负责人，他们开始兼顾更多的业务，权力也相应扩大。在轮岗制度方面，阿里的管理层每年都会有调动，他们严格遵守内部轮岗制度——一个管理人员想获得更好的晋升，一方面要很好地完成接班人计划，另一方面要有轮岗经历。阿里的轮岗制不仅针对管理层，所有员工都要轮岗，实施的是全员轮岗。比如，在本岗位工作满两年的员工，可以直接向上级主管提出转岗申请，无论是员工还是管理者，只要在阿里工作满 5 年，转岗就不需要再向上级申请，只要目标岗位的事业部愿意接收，员工就可以转岗。轮岗的本质就是帮助企业突破故步自封、缺乏活力的发展瓶颈，在激活员工潜能、锻炼员工能力的基础上，为阿里的自组织运行提供支持。

2018 年 11 月底，阿里进行了一年一度的组织架构调整。在这次调整中，阿里云升级为阿里云智能，加大技术、智能互联网的投入和建设；天猫升级为大天猫，为未来 5～10 年的发展奠定组织基础和充实领导力量，全力打造阿里商业操作系统。阿里 CEO 张勇针对这次组织架构升级谈了他的思考，他认为很重要的一点就是领导者要从"做事用人"转变到"用人做事"，实现这个转变的核心思路还是自组织。用他的话说："'做事用人'是指事情已经想清楚了，领导者只需要排兵布阵，把人放到合适的位置上，按照既定策略去做；而'用人做事'就是当团队越来越大、组织越来越复杂的时候，一件事怎么做你自己也没搞清楚，你也不是这方面的专家，这时候就要找到最有可能把这个事情想清楚和做出来的人，让他来带领一个合适的组织。"他进一步强调，"做事用人"需要找到执行力非常强、能够根据清晰的策略去做事的人，这类人相对容易找到；但"用人做事"则需要找到你相信他的策略、排兵布阵能力，能把这件事做下去的人；为了做到这一点，就要"从后排把人往前拔"，要尽可能让新一代、年轻有潜力的同事去承担更大的职责。

以领导者为核心的企业家精神

阿里研究院副院长安筱鹏认为，数字时代组织创新的一大趋势就是"从管理型组织走向赋能型组织"，而打造赋能型组织的核心就是由他组织走向自组织，从经理到领导者；企业数字化转型就是在存量上通过在数据＋算法定义的世界中提高资源配置效率，消解复杂系统的不确定性，在增量上构建新的创新体系，激发每个人的创新潜能，让每个人成为领导者，成为具有企业家精神的个体。

疫情期间，阿里开发了多个业务系统，如复工平台、健康码、疫情防控等，且效率非常高。以阿里开发嘉善县疫情防控系统为例，2020 年 1 月 25 日，大年初一，上午 10:30，阿里政府关系（GR）同学接到嘉善县政府领导提出的疫情防控信息化支持需求；10:45，GR 同学与阿里云同学沟通；11:00，阿里云、钉钉、宜搭团队在线开会；12:00，完成沟通；13:50，开始搭建"疫情防控系统"工作群；16:00，疫情防控系统内部测试版上线。也就是说，从提出要求到完成防控系统开发，阿里仅用了 7 个小时。大年初三，嘉善县各级部门包括基层社区、村相关负责人和政府人员就实现了全员上线。与此同时，阿里开发的浙江复工平台、健康码、基层疫情防控系统以及浙江省疫情防控公共服务管理平台也都实现了 1 天上线，健康码实现了 4 天全省扶植、5 天全国推广。

在安筱鹏看来，阿里之所以有这么高的工作效率，除了有各种开发技术、数据中台和协作工具的支持，最重要的是各业务系统背后以领导者为核心的自组织行为的涌现——当有需求时，跨团队合作可以用一种效率极高的方式快速封装来自不同业务团队的资源，对具体任务做出响应。如疫情期间，每当出现一个新任务，阿里内部就会根据任务需要，自组织地集结相关系统开发人员组成一个作战单元。这些来自钉钉、阿里云、数字政府、宜搭以及政府事务团队的成员，在充分利用各类工具资源的基础上，通过与其他成员全方位交流和协作，相互影响、相互促进、相互激活，最终形成"乘数"效应，促进复工平台、健康码、疫情防控等各个业务系统的持续涌现。针对阿里的自组织协作，安筱鹏说，阿里没有经理，只有领导者，阿里组织的核心在于如何面对快速变化的互联网市场，如何高效地组织各类资源，如何激发每个个体的潜能，实现自我组织、自我管理、自我驱动，通过多部门协同应对各种不确定性。每一个危机、挑战、困难都是孕育伟大产品的摇篮，面对各种困难感到迷茫和困惑时，阿里同学都要回到如何服务好客户这一初心上来。

阿里一直在践行这样的理念：经理去执行，领导者去创造、去整合资源、去设定目标并创造性地开展工作，其本质就是熊彼特所倡导的企业家精神。安筱鹏认为，在工业经济时代，资本是相对稀缺的资源，但在数字经济时代，最稀缺的资源是最具创见性的思想以及最具创造性的个体。在他看来，今天数字化为每个组织和社会群体创造了打造企业家精神的最佳环境，作为数字社会的一员，每个组织、群体、个人都应该具有企业家精神，我们唯一可做的就是不断地去创造、去创新——数字化转型的过程，在本质上就是企业构建快速响应能力的过程，是构建自组织涌现机制的过程。

价值观与"奇异吸引子"

"奇异吸引子"是自组织理论中的一个重要概念。对于一个混沌系统来说，在它看似杂乱无章、毫无规律的运动状态中，其实隐含着一种固有的秩序，而这种杂乱中的有序、不确定性中的确定性就被称为"奇异吸引子"。对于一个自组织运行的企业而言，它的自组织并不意味着无组织，在它看似混沌的行为状态中，其实隐含着一个"奇异吸引子"，它就是一个组织的使命、愿景和价值观——正是使命、愿景和价值观让一个组织在高度自由的环境中坚守方向，在远离平衡的状态中保持平衡，在充满开放性和不确定性的世界中避免陷入无序和混沌。

在中国互联网公司中，阿里尤为重视使命、愿景和价值观。阿里的价值观是：客户第一，员工第二，股东第三。客户是任何一个企业的衣食父母，必须放在第一位；公司的技术、营销等都可以外包给合作企业，但销售和售后服务永远不外包，因为这是了解用户、把握市场的核心和关键。阿里从 B2B 发展到 C2C 到 B2C，再到今天的 O2O、C2M、M2M，本质上就是围绕其使命、愿景所进行的业务扩展。阿里的业务模式看似纷繁复杂、跨界广泛，但中心使命"让天下没有难做的生意"，核心愿景"成为一家活 102 年的好公司"从来没有改变。

使命、愿景和价值观就是阿里的定海神针和"奇异吸引子"，无论商业模式、组织形态、技术条件如何改变，它们都会让阿里在复杂的市场环境中保持平衡，持续收敛到一个稳定又具有活力的有序状态中。前首席运营官（COO）关明生曾将阿里价值观发挥的作用总结为以下三点：首先，价值观管辖着阿里员工的行为，有了统一的价值观，无论你是谁，身在何方，面对同样的问题，你的反应都应该是一样的，是可以预测的；其次，价值观是阿里基因的一部分，对于阿里员工来说是很自然的事情，不需要解释，而且可以世代相传；最后，价值观是游戏规则，阿里人就是根据价值观来界定行为，根据价值观制定行为标准，让行为变得可以测量和考核，而不只是停留在一句口号上。

📖 **参考资料**

[1] 曾鸣. 建立商业生态的 4 个关键诀窍. 搜狐网，2018 - 10 - 03.

[2] 杨阳. 后马云时代：阿里巴巴自组织放权＋接班人制度. 经济观察报，2013 - 01 - 21.

[3] 安筱鹏. 数字时代组织创新的五大启示. 搜狐网，2020 - 12 - 15.

第 4 章

量子战略：不确定性中的确定性

⊗ 量子迷雾及其线性演化

　　一个经典粒子具有明确的位置和动量，但对于一个量子粒子来说，它既没有固定的位置也没有固定的速度，随时随地处于各种速度和各种方向的叠加态中，表现得像一团模糊的云——这团云就是波函数。由于波函数本身定义了一个量子系统的全部运动状态，因此波函数状态也被称为量子态。图 4 - 1 是对一个经典粒子和一个量子粒子的示意性比较。

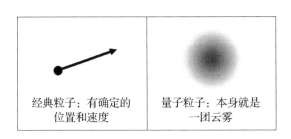

图 4 - 1　经典粒子和量子粒子的比较

　　波函数是一个量子系统原本和真实的状态，其运行演化遵循薛定谔方程所规定的线性和确定性的路径规则。也就是说，已知一个量子系统的初始波函数，就可以根据薛定谔方程计算出它在未来任意时刻的量子态，这个量子系统的运行演化是一个完全确定的、可以预测的过程。但是这里似乎出现了一个巨大的矛盾：我们通常说量子是不确定的，然而这里又出现了量子的确定性，那么量子到底是确定的，还是不确定的？

这个问题的答案其实解释了量子的另一个二象性，即确定性/不确定性二象性，量子的实际状态是确定性和不确定性的辩证统一：当一个量子没有被观察和测量时，它就以波函数的真实状态存在，同时遵循着确定的、可预测的运行演化规律；然而，量子一旦被观察和测量，它就会从确定的波函数状态随机地坍缩到一个经典的粒子状态——我们通常所说的量子的不确定性，就是指当一个波函数状态的量子被观察和测量后，测量结果所呈现出的概率性、随机性和不确定性的突变。以光的双缝干涉实验为例，当我们不观测和打扰光子时，它就会以波函数的形式同时穿过两条狭缝，此时它的运行方式就是确定的、可预测的，然而一旦我们想弄清楚光子走了哪条路线（也就是对光子进行测量），它就会坍缩为一个粒子，在两条狭缝中随机、不确定地选择一条穿过。因此在确切的意义上，不确定性只与我们的观察和测量有关，与量子无关——只有在我们观察和测量量子时，它才会出现不确定性。

科普作家贾明子将量子的波函数（状态）比喻为一个在希尔伯特空间中旋转的骰子。就像我们居住的四维时空（三维空间＋一维时间），这里的希尔伯特空间可以简单理解为量子（态）所居住的时空，只不过这个时空的维度巨大无比，难以计数。在希尔伯特空间中旋转的波函数骰子在大多数情况下拥有数不清的面数，我们对它进行观察和测量的过程，就相当于选取了一个角度去"接"或者"看"这个骰子（见图 4-2），也可以说，是将这个骰子以我们的接收角度进行"投影"，结果就是它由波函数的量子态坍缩到可以被我们观察和认知的经典态。之所以说"接"这个动作基于某一角度，是因为受制于观测手段和认知方式，每个人都只能在某种程度上，从某个方面和层次对事物进行认知，这里的"某个方面和层次"也就是我们"接"这个骰子的具体角度。与此同时，骰子的结构以及测量视角的局限性，共同决定了我们观察到的骰子先天具有玻尔所说的互补性以及海森堡所说的不确定性。贾明子以我们日常熟知的三维也就是六个面的骰子为例，用骰子的面和棱分别代表"位置"和"速度"，对量子的互补性和不确定性进行了具体说明。

图 4-2 波函数的骰子比喻

资料来源：贾明子．跨越经典－量子鸿沟：经典世界为何是"经典"的？．知乎，2020-07-23.

如果我们得到了一个确定的面的结果，那么必然地就要失去棱的确定结果——因为每个面都包含了四条棱。相应地，如果我们得到了一个确定的棱的结果，那么必然地就不可能得到一个确定的面的结果——因为每条棱都是由两个面相交而成的。于是，面和棱之间就构成了类似位置和动量之间的互补性和不确定性。因而不确定原理就显得非常自然而然，一点都不会费解了。[1]

---

① 贾明子．跨越经典－量子鸿沟：经典世界为何是"经典"的？．知乎，2020-07-23.

所以说，事物原本的量子态就是一个在希尔伯特空间中按照薛定谔方程，遵循确定性路线旋转运行的骰子，它的状态完全可以预测。正是我们的观察和测量活动打破了它的确定性状态，迫使它以某一角度进行投影，呈现出一个面，它的哪个面会被呈现出来又是不确定的、无法预测的。波函数骰子还进一步说明，所谓的不确定性以及互补性只与我们的观察和认知方式有关，是由我们观察和认知视角的局限性决定的。观察和认知视角的局限性决定了我们只能以某个角度去接住或投影骰子，只要角度存在，互补性和不确定性就会出现。如果我们拥有一个包含或者超越一切角度的上帝视角，能不局限于任何一个角度去观察、认识骰子，那么事物的全部面貌和真实状态以及它所包含的信息就是完全且确定的，此时无论是互补性还是不确定性都不再成立。

一个量子系统由观察前的确定态向观察后的不确定态的转变，还可以从信息完整性的角度理解：当一个量子系统未被观察时，它的信息就完整地包含在它自己的波函数骰子中，没有任何泄露（骰子的体积代表量子系统所包含的信息量，未对系统进行观察时，骰子的体积始终是不变和确定的），此时它的状态就是确定的，同时遵循线性、可预测的运行发展规律。然而，一旦进行观察，作为观察者的我们与被观察的量子（骰子）就都不再独立，我们和骰子共同构成一个纠缠的整体，共享彼此的信息，此时骰子的信息在与我们的共享中被瓜分和劫持。由于任何事物（骰子）所在的环境，以及环境中的各种要素在本质上都扮演一个类似于观测者和参与者的角色，环境要素与事物的相互作用过程也就是二者之间形成一个纠缠整体、环境持续瓜分事物原本信息的过程，我们最终能够观测到的，只是那些被环境要素分享、瓜分后，依然能在事物中保持独立的信息——环境与事物之间共享的信息被自然地忽略和遗失了。由于环境是巨大的，事物是渺小的，因此有关事物的绝大多数信息都会在它与环境的交互作用中持续地扩散出去，最后只剩下少量、片面、不完整的信息能够保持独立，这些少量、片面、不完整的信息就是让事物呈现出不确定性和概率性的根本原因——概率本身就可以看作对不确定和不完整信息的描述手段。与此同时，由于任何一个事物随时随地都在与周边的事物和环境进行交互，而且这种交互作用不受时空限制、没有速度约束、遍布宇宙、持续进行，所以在最根本的意义上，宇宙中所有的事物始终彼此渗透、相互包含，它们在一个更高的层次共同构成了一个包容万物、和合一体的宇宙波函数（universal wave function）。这个超越时空、包容万物的宇宙波函数虽然是一个复杂无比的存在，但它的信息是完整、守恒、不随时间变化的，它的运行演化也时刻遵循着薛定谔方程线性、决定论的规律和逻辑。

总而言之，不确定性、随机性并不是一个事物的真实状态和本质属性，它只是对事物所具有的不完整、不全面信息的具体表达。如果我们能从宇宙波函数所代表的一个全然和完整信息的角度对事物进行观察，那么事物的运行规律就是确定的、线性的、决定论式的。在根本意义上，事物的不确定性是我们参与观察和认知的必然结果，是我们局限的观察和认知视角的自然呈现。在一个更高维度的全观视角下，事物的运行又是完全确定、可以预测的。任何事物都是主客体相互交融的辩证统一体——确定性中隐含着不确定性，不确定性中更隐含着确定性。

🔬 战略的消失与回归

战略的概念产生并兴盛于工业时代，其基本思想就建立在牛顿思维所倡导的世界可预测、可规划的前提之上。传统观念中的战略是指从全局角度谋划实现全局目标，是通过系统规划去预测未来、探索机会和规避风险的手段。在牛顿思维的引导下，企业逐渐形成了一套标准的战略制定和执行范式：首先收集资料和信息，在一个较长的时间段内进行专门研究，提出战略构想和措施，然后付诸实施，并在这一过程中通过对持续收集的数据进行反馈，经过一年乃至更长的时间周期再进行战略调整。[①]

然而，在过去的一段时间里，很多企业发现制定和执行战略的效率大大下降，想要实现战略构想、取得预期的市场成果似乎越来越难。尤其是进入 VUCA 时代，随着环境和市场的变化越来越大，面对日益严峻的经营形势，很多人开始对战略本身提出了质疑。在互联网行业，很多企业宣称，它们最不相信的就是"基业长青"，最相信的是"战略就是活着"，是"一年生一年死"的生存状态。在它们看来，那些相信战略、制定战略的企业似乎都难逃挫败，那些不制定战略、边活边干的企业反而会取得超乎预期的成功。早年流行过一句话——"互联网不相信战略"就是对这一时期很多人质疑、轻视战略的明确表达。

但是近年来，商界和互联网界对待战略的态度逐渐发生了转变，战略又重回我们的视野，大家似乎又开始相信战略、谈论战略。在著名学者、商业思想家吴伯凡看来，发生这种转变的一个重要原因在于：在互联网早期，全球化进程的加快、产业格局的变化以及消费需求的扩大创造了一系列创新和创业的风口，在这样的背景下，如果一家企业能找对方向，顺势而为，就不难实现突破性成长——"站在风口，猪都能飞起来"被这一时期的无数创

---

① 许正 . 轻战略：量子时代的敏捷决策 . 北京：机械工业出版社，2019：18 - 19.

业者奉为经典。然而，随着互联网下半场的到来，随着开放红利、环境红利以及人口红利的逐渐消失，曾经遍地是机会、"猪都能飞起来"的日子已经一去不复返。在这种机会匮乏、充满不确定性的环境下，想依靠运气和经验来获得成功变得越来越不可能，战略、判断力和洞察力的价值再一次被唤醒，显示出越来越重要的作用。

战略在根本上代表着一种具有长期意义的确定性价值。从这个角度看，过去一段时间对战略的质疑，或者说"战略已经消失"的论断并不意味着这种确定性价值的消失，更不应该理解为我们不需要战略。只能说战略所代表的确定性价值被深深地掩盖起来，更难被发现，同时也说明基于牛顿思维具有规划性、设计性，沿着确定和单一路线设计、实施战略的传统范式行不通。结合量子理论会进一步发现，随着战略系统所在环境中要素的增多、与各种要素相互作用关系的增强，战略系统本身的很大一部分信息被瓜分和耗散掉了，我们所能获取的只是战略系统表面上呈现出来的为数不多的零散片面的信息，而这些零散片面的信息正是掩盖确定性价值、让战略呈现出不确定性的根本原因。反过来看，如果我们能从一个更加包容和广阔的视角出发，在充分把握组织与环境相互作用关系的基础上，获得充足完善的信息，完全有可能将隐藏在碎片化信息中的确定性价值挖掘出来，从而发现战略的确定性，实现战略回归。不确定性已经成为当下时代特征的代名词，德鲁克提出"知识经济时代"这一概念时曾说，当人类社会进入知识经济时代，世界的不确定性就会是一种常态。然而，在量子思维的观念中，任何一个概念都具有局限性，任何一个既定判断的背后一定隐含着它的反面，所以在任何时候，确定性和不确定性都彼此依赖、相辅相成——不确定性中蕴含着确定性，只有在不确定性中才能找到更为深远的确定性。

著名作家斯蒂芬·茨威格（Stefan Zweig）曾在他的著作《人类的群星闪耀时》中讲过一个故事，该故事的核心可以归纳为"在不确定性中寻找确定性"：大航海时期，一个西班牙探险家犯了重罪，在劫难逃，没有人可以庇护他，他最终发现一种逃亡方式，那就是创建伟大的事业。用茨威格的原话来描述："在这人类世界的尽头，也只剩下一种逃亡的方式，那就是逃亡到伟大的行动中去，到不朽的事业中寻求庇护。"这个探险家最终带领一支探险队穿越巴拿马地峡，来到美洲的太平洋海岸，成为看到两个大洋的第一人，永载史册——正是在重罪加身、无所依附的不确定性状态中，他找到了最大的庇护，找到了最大的确定性。所以，量子战略所体现的确定性不是采用二分法强硬地排除不确定性后看到的确定性，而是在无所依附的不确定性状态下，经过重重磨难所找到的那个伟大的事业；是通过观察和实践，在把握每个骰子的不同面之后所发现的骰子的全部面貌；是在采纳和整合组织和环境的不确定性信息后确立的持久目标和价值坚守。变的是产品，是需求，是环境，不变的是企业家精神，是以用户为中心，是对高品质产品的持续追求，是坚守使命、愿景和价值观。[①]

所以说，战略的消失并不是真正的消失，真正的战略隐藏在无数个由我们的认知局限所导致的碎片化信息及其产生的不确定性之中；战略的回归不是简单的回归，而是基于对用户需求的持续关注，通过融合、统一组织和环境各个方面的碎片化信息，让组织要素之间的深层次关联以及组织的确定性价值重新呈现出来。为了避免认知局限所带来的不确定性，探寻战略在波函数层面的整体性和确定

---

① 彭剑锋. 从原子思维时代到量子思维时代，中国企业的变与不变. 搜狐网，2020 - 07 - 23.

性价值，需要回到战略制定的广阔场景和组织多方主体的关联互动中，从空间层面的共生协同以及时间层面的持续参与角度，重新思考并构建契合不确定性时代环境的量子战略。

✦ 战略生态化及其波粒二象性

传统或经典的管理理论认为，战略就是通过系统规划来探究未来的手段，可以通过分析的方法预测未来、探索机会和规避风险。大多数企业每年都会进行战略复盘、制定滚动计划，这一过程通常遵循经典的三段论，即内外部分析—战略方案制定—选择战略保障及实施体系。SWOT分析、波特的五力模型、波士顿矩阵等是传统管理中最经典的战略分析工具。

无论是经典战略的制定过程、战略工具还是经典的战略框架，其背后都隐含着以下两个假设：第一，企业的业务边界是清晰、固定的，企业可以围绕当前业务来寻找业绩增长点；第二，企业在价值链上的活动由它的业务边界框定，它所拥有的资源稀缺匮乏、非此即彼，因此企业之间的关系就表现为基于对有限资源的争夺所展开的相互竞争。在大工业时代，企业的竞争优势是利润率的主要来源，而竞争优势的大小往往取决于企业拥有的资源。在这一背景下，以上假设在很大程度上是成立的，这一时期的很多企业正是依靠经典的战略方法以及在固定的价值环节发展核心竞争力取得了巨大的成功。一大批曾经辉煌的巨无霸企业，如柯达、诺基亚、摩托罗拉、雅虎等就是其中的典型代表。然而，在新技术应用层出不穷、产业环境日趋动荡、消费者对一体化解决方案的期望值越来越高的背景下，企业之间、行业之间，甚至产业之间的边界被彻底地打破与重塑，呈现出模糊化、柔性化和动态化的发展趋势。现代企业之间的竞争，再也不是组织与组织之间的竞争，而是供应链与供应链、产业链与产业链之间的竞争。比如，德云社表面上是一个相声团体，但它已经以相声 IP（知识产权）为原点，形成了一个规模庞大的产业链：从面膜到红酒，从服装到玩偶，从剧场、影视到餐饮、服装、地产、娱乐等，都是德云社的商业版图。再如，成立于 2007 年的小米早已不再是一家纯粹的手机公司，它的产品品类已经达到几百种，其生态链上的企业超过 300 家。小米完全颠覆了传统经营模式对赛道、行业的定义，利用产品标准管理、供应链整合、品牌赋能、渠道资源连通等方式，打造了一个涉及大量细分制造行业的产业联盟和庞大的生态圈系统。

社会与市场越来越表现为一个深度关联、跨界融合、开放协同、利他共生的生态系统，新时代企业不仅要考虑自身的价值和利益，还要兼顾企业生态圈中更多的主体，只有这样才能避免因排除很多的信息变量而使自身陷入不确定性的战略困局，在与生态圈各方主体的深度关联和协同合作中发现商业世界的真实面貌，发现需要坚守的确定性价值。企业在进行战略选择时，要跳出零和博弈的竞争思维，放大格局，上升维度，将战略看作组织与其所有的利益相关者、产业链上下游企业协同创造的产物——这就是构建量子战略、实现战略生态化的核心思想。简而言之，坚持战略生态化的组织将自己看作社会的基本单元，不再将我赢你输的竞争视为第一要义，而是将利他和共创共赢作为最核心的目标。德鲁克在晚年时称自己为社会生态学家，而不是管理学家。他从社会学切入管理学时有一个基本的假定，即企业将成为社会的基本单元——在一个商业生态系统中，成员之间互利共生，形成一个生命共同体。与德鲁克的观点类似，长江商学院原副院长、京东荣誉顾问廖建文认为，传统的基于核心竞争力的战略框架不仅使核心竞争力具有单一性，也会让核心竞争力演变为核心刚性，使企业陷入路径依赖。为了适应环境的变化，企业不仅要积累内部资源，也要管理外部关系，形成生态优势，其背后的假设不再是我赢你输的零和博弈，而是共赢，让大家成为一个共生、互生和再生的生命共同体。

表面来看，战略生态化本身就包含着充满矛盾的两个方面：既要构建内生竞争优势，又要构建外部生态优势；既要积累内部资源，又要优化外部关系；既要关注自身价值，又要协调关系网络……这些看似相互矛盾的概念其实相辅相成、和合一体，它们更充分地描述了战略生态化所具有的波粒二象性。具体来看，如果将具有个体性、边界性、独特性的竞争优势看作战略生态化的粒子性，那么具有连接性、网络性、延展性的生态优势就体现了战略生态化的波动性。生态优势与竞争优势像波和粒子一样，虽然在表面上代表不同的维度，相互垂直正交，但在本质上是一个整体，辩证统一于战略生态化的波粒二象性之中。

为了解释生态优势和竞争优势之间的关系，廖建文分别将它们作为横坐标和纵坐标，用一个直观的模型描述不同企业的优势（见图 4-3）。根据企业在图谱中的不同位置，他进一步将企业划分为熊猫、猛虎、蚁群、狼群四种类型，同时指出，竞争优势和生态优势是解释企业利润率的不同维度——竞争优势主内，直接影响企业的竞争地位；生态优势主外，通过改变集体行动间接优化行业结构，改善竞争地位，从不同的路径影响企业利润率。由于竞争优势代表企业个体所具有的粒子性特征，而生态优势考虑的是企业个体所依附的由企业用户、各个利益相关方共同构建的具有波动性的关系信息网络，所以该企业优势全景图在本质上表达的是企业优势的波粒二象性或者战略生态化的波粒二象性。

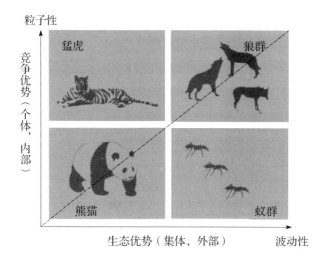

图 4 - 3　企业优势全景图

资料来源：廖建文. 经典战略框架过时了，未来企业拼的是"竞争优势＋生态优势". 搜狐网，2017 - 03 - 12.

与熊猫对环境的适应能力差、个体生存能力弱相对应，熊猫型企业粒子性的竞争优势以及波动性的生态优势都比较欠缺。这类企业没有核心资源，也没有能力构建与其他企业的合作关系，因此它们往往处于创立期或孵化期，远未发展成熟。这类企业未来的发展方向就是进一步加强它们的粒子性和波动性，向更加完善的波粒二象性阶段演化。

与猛虎独来独往、当仁不让的强粒子性和刚性特征相对应，猛虎型企业虽然在某一领域具有显著的竞争优势，能在一个既定的领域内保持领先、持续突破，但它们缺乏连接外部资源、与产业链上下游企业建立合作关系的能力，波动性和关联性的生态优势较弱。因此，猛虎型企业虽然能在一个行业结构稳定、产业发展轨迹清晰的环境中保持领先，但当行业发生巨大变动时，它们很容易被淘汰出局。举例来说，作为个人计算机（PC）时代的开创者，早年间的苹果就是一个典型的猛虎型企业，但它在 20 世纪 80 年代拒绝开放麦金托什计算机技术的结果，即将所有的 PC 兼容机厂商让给了 IBM 和微软。与苹果走封闭式道路的风格相反，同时期的 IBM 一开始就坚持开放性和兼容性，而微软不仅将操作系统以近乎免费的价格提供给 PC 制造商，还与许多应用软件厂家展开了充分的互助与协作。最后的结果就是，IBM 的兼容机越做越便宜，市场占有率全面超越了苹果，而微软在操作系统方面完全打败了苹果，成为 PC 时代的王者。

与蚁群个体弱小却具有强大的协同组织能力类似，蚁群型企业粒子性的核心竞争力比较欠缺，但它们善于构建具有波动性的协作关系网络。虽然蚁群型企业调动和利用外部资源的能力在产业融合度高、跨界合作频繁的环境中很有优势，但核心竞争力的欠缺会让它们像无个性、无特长、随波逐流的蚂蚁一样，随时面临被替代、被淘汰的风险。由于国际化产业分工，我国南方地区相当一部分企业在为一些国际知名品牌，如苹果、耐克、阿迪达斯等提供代工服务，虽然苹果、耐克这些大公司自身不从事生产，但它们对代工企业有着近乎严苛的要求，这些代工厂稍有不慎就可能被其他的工厂所替代，并且随时会遇到被动接单、低价竞争、产能过剩、转型升级困难等问题。

与狼群具有强大的竞争力和协同能力相对应，狼群型企业既具有强粒子性的竞争优势，又具有强波动性的生态优势，它们所具备的这种优势的波粒二象性是现代企业应该具备的核心特征。华为、阿里、腾讯、美团、苹果、亚马逊、网飞等这些当今世界最优秀的公司，一方面具有自己独特的竞争优势（如苹果的竞争优势是卓越的产品设计能力，华为的竞争优势是过硬的技术和产品、以客户为中心的服务）；另一方面具有强大的生态优势（华为、阿里、苹果等都是典型的平台型、生态型组织，它们具有突出的连接外部资源、协调生态圈伙伴关系、优化价值网活动的能力），狼群以及波粒二象性特征在这些企业中体现得尤为明显。随着企业进一步发展和演化，这些特征会在它们身上更加凸显。

波粒二象性中的波和粒子虽然有所区别、彼此矛盾，但又彼此关联、相互转化——实物粒子就是具有波动性的关系信息网络上的一个短暂凝聚点，随着关系和连接的变化，这个凝聚点也处于流动和变化中。从波和粒子相互转化的角度来看，一家企业粒子性的竞争优势是它背后用户需求、环境要素、各种资源约束条件交互作用的结果，是企业与各方利益相关者共同构建的波动性生态网络上的一个节点，这项粒子性的竞争优势也会受到它背后生态关系网络的影响，随着它的变化而发生变化。反过来，一家企业所在的生态网络会受到该企业竞争优势的影响，一般来说，企业的竞争优势越强，越有利于连接外部资源，与其他企业建立合作伙伴关系，优化整合企业价值网活动。

英特尔从存储器业务到微处理器业务的转型就是对竞争优势与生态优势之间关联关系的最好说明。1984 年之前，英特尔是一家存储器公司，存储器技术一直是英特尔的核心竞争优势，但是进入 20 世纪 80 年代，日本公司大幅削价竞争，使得英特尔的产品市场占有率持续走低，甚至一度跌落到 20％以下。虽然在很长的时间内英特尔难以割舍存储器这个核心业务，但在经历了一番痛苦挣扎后，当时的 CEO 安迪·格鲁夫（Andy Grove）终于决定取消存储器的核心业务地位，将战略重心转移到生产微处理器上。借助为 IBM 的 PC 提供微处理器，英特尔的微处理器业务不久便超越了之前的最高销售水平，并让英特尔在 1992 年成为全世界最大的半导体公司。虽然表面来看，市场变化、竞争对手的威胁等生态要素都是对英特尔不利的因素，但实际上，它们是成就英特尔的条件和资源——在很大程度上，没有这些制约和压力，英特尔就不可能实现从存储器向微处理器的转型，也就很有可能拥有与老牌巨头柯达、诺基亚一样的命运。正是这些制约和压力形成的生态要素，以及由它们的相互作用所生成的波动性生态网络，帮助英特尔从前一项粒子性的竞争优势中跳脱出来，快速完成向下一个更能适应环境需求的新的竞争优势的跃迁和转化。

总而言之，在量子战略所代表的发现确定性价值的意义上，战略生态化就是将寻找确定性价值的范围由原来的企业内部扩展到企业所在的价值链、产业链以及整个企业生态圈。战略生态化的本质就是确定性价值在产业链和企业生态圈上的拓展；或者说，发现战略在整个企业生态空间中的确定性就是战略生态化——战略不是消失了，而是扩散化、分布化了，只有将分布于企业生态网络中各个方面的信息和能量汇聚起来，才能找到真正的战略方向。与生态所具有的自然生发的特征相对应，战略生态化的另一个突出表现就是，战略和业务是被浇灌和培育出来的，而不是被设计和规划出来的——确定性蕴含在企业的生态系统中，只有通过产业链、企业生态体系中多方主体的协同和互动才能自发生长出来。

战略生态化不仅代表一种战略模式的转变，更代表一种新的战略认知和思维。要实现战略生态化，至少要在以下几个方面进行思维转化：首先，从基于经验、规划分析的线性思维转向基于现实、系统综合的非线性思维；走出经验的舒适区，在持续学习中汇集多方信息，挖掘隐含于整个生态圈中的确定性价值。其次，将弥补短板的内向性、存量性思维转换为发挥长板的外向性、增量性思维；在识别并锁定自身优势的基础上，将长板和核心业务看作一个循环主轴，带动企业的其他业务以及与产业链伙伴之间的正向循环，整合更多资源，创造更大价值。再次，将传统的基于零和博弈、我赢你输的竞争思维转化为利他取势、共生共存的竞合思维和生态圈思维；积极构建外部连接，定义并优化价值网活动，与生态伙伴合作，最终形成共生、共赢、共创的生命共同体。然后，从有界分离的原点思维转换为跨界融合的位势思维；在产业链和社会化网络分工的价值体系中进行战略定位，从自身这个"点"对点所在的"线面体"[①]的价值和贡献角度，反向定义自己的竞争优势。最后，从单一聚焦的短暂思维转换成动态迭代的长期思维；战略选择不再是非对称、单一聚焦的短暂性行为，而是基于对环境的持续关注，在与多方生态主体的协同互动中所产生的对称的多种选择，以及动态探索中的迭代聚焦。

量子战略的核心观点

多态叠加，多种假设

量子世界不存在单一的状态：猫是死和活的叠加，骰子是其所有面（或棱）的叠加，任何事物都是波和粒子的叠加。对于波函数这个骰子来说，可以从任意角度对它进行描述，在任意一个角度，骰子的每一种叠加态都是平等的，不存在哪个面的叠加态更加特殊。与此同时，量子系统的任何一种状态都与我们的测量方式、环境与它的交互作用（方式）紧密相关——一旦我们对猫和骰子进行观察，它们的纯粹状态便不复存在，此时我们看到的猫和骰子的状态会与我们的状态关联、纠缠起来（我们看到猫活会与猫活的状态相互关联；我们看到猫死会与猫死的状态相互关联），这些关联

[①] "点线面体"是曾鸣提出的观点。简单来说，"面"是指平台或者生态，"点"是指每个面上的单独角色，"线"是指生产者和消费者建立的业务连接，这种连接所选择的基础服务场域或平台就形成了"面"。

分支的总和就构成了猫或骰子的叠加态。

战略的形成与"薛定谔的猫"和骰子类似，它不仅不存在一个纯粹或完善的状态，而且是由它所在的环境场景决定的——不同的环境场景充当了不同的观察者和参与者，而场景状态的多样性决定了战略的多样性、叠加性及其发展的多种可能性。所以，战略既不是这样的也不是那样的，但可以说战略既是这样的又是那样的——多种战略并存，鸡蛋可以放在多个篮子中，而且要依据环境场景的变化发展出与具体场景（篮子）相匹配的战略（鸡蛋）。正是在多态叠加的意义上，管理大师亨利·明茨伯格（Henry Mintzberg）将战略比喻为花园里生长出的植物，同时提出了"伞式战略"的观点。在他看来，管理者的工作不仅是预见特定战略，还要在组织中创造出适宜各种战略生长的土壤，鼓励有发展潜力的活动，让各式各样、丰富多态的战略在组织（"伞"）的保护下拥有更多的生长机会。

任正非在一次与华为研发人员的座谈会上指出，对未来的实现形式可以有多种假设、多种技术方案。随着时间的推移，当世界逐步倾向于某种方案时，加大这方面的投入，逐步减少对其他方案的投入，不必舍弃其他方案，可以继续深入研究，失败的项目也可以培养人才。他举例说："当年我国核爆有两种方案——邓稼先方案和王淦昌方案，王淦昌方案在当时的工业条件下实现有困难，中央先批准了邓稼先方案，王淦昌不仅全力支持邓稼先，而且不气馁，继续研究，后来也成功了，为我国的重型核爆做出了贡献。氢弹之父于敏走了不同于别人的热核聚变之路，最终中国的氢弹爆炸成功了。这件事让美国惊叹：氢弹也有第二条道路？"任正非强调，在充满不确定性的时代，要走出过去战略成功的陷阱，要有气量，容得下不同意见、不同道路，做战略决策时，不能把宝押在一处，鸡蛋可以放在多个篮子中。

群体智慧，战略涌现

一个事物的真实状态是"薛定谔的猫"和波函数（骰子），一旦我们想要知道猫和骰子的状态，它们就会在我们的观察和参与下随机坍缩到一个经典态，我们最终得到的只有猫活或者猫死，或者"6"点这样的单一、确定的答案。要还原猫和骰子的真实状态，唯一的办法就是拓展视角，通过更加全面的观察和认知，让事物的真实面貌在多元信息的交互整合中自然涌现出来。

在量子逻辑下，战略的产生不再依赖于少数领导、权威专家的规划设计，广泛参与、群体智慧成为制定和执行战略的重要路径。参与性观点表现在战略的时间和行动维度上，是指要立足实践，通过持续的学习和行动，让战略在行动所开创的广泛空间和信息场域中自然生长出来。正如管理大师明茨伯格所说："战略规划是一个非常复杂的过程，不仅涉及人类意识中最复杂、最细微的内容，涉及人类的潜意识，还涉及社会发展方面的内容。战略不仅需要利用大量非量化的信息，而且不会按照预定的时间表和路线进行，在某种程度上，有效的战略必然是一种涌现的战略——阶段的学习、偶然的发现以及对超出预期的再认识，以及洞察力、创造力、综合能力这些与战略规划的程序化正好相反的东西，将在新战略的形成过程中起关键作用。"[1]

英特尔从存储器业务向微处理器业务的成功转型，是汇集集体信息、激发群体智慧、实现战略涌现的典型例子。在英特尔转型做微处理器之前，CEO 安迪·格鲁夫在很长一段时间内都没有拿定主意，虽然当时很多股东、分析师和员工都在催促格鲁夫尽快做出决

---

[1]　［加］亨利·明茨伯格，布鲁斯·阿尔斯特兰德，约瑟夫·兰佩尔. 战略历程. 魏江，译. 北京：机械工业出版社，2020：58.

定,但他的回答始终是:我也不知道,再等一等。当然,格鲁夫并没有真的等待,他给各个下属工厂经理提供了一个包括生产率、利润率等数据的计算模型,让他们参考该模型自行决定生产什么。一段时间后,越来越多的工厂开始生产微处理器,当几乎所有的工厂都转向生产微处理器时,格鲁夫宣布:我决定了,以后就生产微处理器。虽然格鲁夫的表现很容易让人觉得他无所作为,"事后诸葛亮",但也正是他的无所作为才让英特尔的群体智慧发挥作用,让重要的战略决策在集思广益的信息交互下自然涌现出来。事实证明,格鲁夫这一无所作为的做法,最终让英特尔走向了成功。

底层构建,执行者也是制定人

量子理论认为,对事物进行观察和认知的过程,就是与它形成一个纠缠性整体,共享信息的过程。我们得到的对事物的观察认知结果不可避免地带有自身的印记,且与我们的观察认知方式紧密相关。比如,对于"薛定谔的猫",是我们的观察让猫呈现出死或者活的经典状态;对于波函数(骰子),是我们的接收方式决定了骰子呈现的面和点数。在量子理论看来,我们不仅是现实的参与者,更是现实的主导者和责任人。

牛顿组织将战略规划和战略执行看作两个独立的部分,并且认为战略理应由高层制定,低层执行。然而,要得出上述结论,不仅要保证战略的设计者和制定者能够掌握企业经营的全部信息,在战略制定和实施的过程中,外部环境也要处于相对确定的状态,或者说即使环境发生变化,也不会影响战略的顺利执行。但是显而易见,在这个信息爆炸、充满变化的时代,以上两个条件中的任何一个都不可能成立。在信息获取的层面上,往往是基层员工才可能接触到市场中最真实、最全面的信息;当环境出现变化,也往往是处于市场一线的基层员工有着最直接的体验,即"春江水暖鸭先知"。量子理论的参与性观点进一步说明，一个组织的实际状态是所有人共同参与的结果，每个人都在参与创造组织的现实，都对组织的发展负有责任。

因此，战略一定不是领导者或权威人士基于自身的判断对未来所做出的计划和构想，它可以出现在组织的任何层次和任何领域，是一个集思广益、群策群力的结果。随着信息在组织内外部以及组织各层次之间的充分流通，战略越来越表现为一个自下而上的群体智慧涌现的过程，越来越可能出现在掌握产品和市场详尽信息的组织基层中——任何有学习能力并具备相应资源的人都能孕育战略，战略的执行者就是战略的制定人，执行者和制定人不能独立存在。明茨伯格曾说："在强调专业技术和创新能力的组织中，唯有执行者才能成为战略设计者，也只有这样，这类组织才能有效率地运作起来……有时候，与特定机会存在联系的个人或单位，都能创造属于自己的模式。只要有偶发事件确定了先例，一切就会悄然发生。"[①]

能量聚合，平台优势

如果说牛顿思维下的战略决策关注的是企业已有的资源与能力，致力于通过集中配置资源打造独特的核心竞争优势，以赢得竞争、超越对手，那么量子战略关注和思考的重点不是自身沉淀的资源和核心能力，而是从一个整体和系统的视角出发，思考自己如何通过资源的开发和聚集，赋能更多的生态圈合作伙伴，在与合作伙伴的协作互动中创造价值、拓展增量。在量子战略的观念中，互联网与智能文明时代就是一个关联互动的时代，一个交互大于拥有的时代。在这样的时代背景下，战略制胜的关键不在于企业自身拥有多少资源与能力，而在于企业超越自身限制，能够关联、交互、集聚多少

---

① ［加］亨利·明茨伯格. 明茨伯格论管理. 闾佳，译. 北京：机械工业出版社，2020：27，171.

资源与能力，在于企业能够吸收多大的宇宙能量与市场力量，进入怎样的能级轨道，形成或进入多大的能量场。①

平台化是企业发展的一大趋势，同时也是智能文明时代企业关联、集聚资源，实现生态化发展的具体体现。对于为数不多的大企业或追求做大的企业而言，它们往往会利用平台化来突破现有资源和能力的局限，以对称性资源配置为原则，重构内在核心能力与产业生态，超越竞争，实现超常增长。目前全球领先的互联网企业都在打造自己的平台生态系统，以平台为核心的生态战略思维已成趋势。比如，亚马逊、阿里以电商交易平台为核心，向上下游产业延伸，积极构建云服务体系；谷歌、百度以搜索平台为核心，做强互联网广告业务，发展人工智能；Meta、腾讯以社交平台为核心，推广数字产品，发展在线生活服务；苹果、小米以智能手机为核心，开拓手机应用软件市场，发展产业生态链……大多数中小型企业虽然缺乏构建平台的能力和资源，但通过打造自己的核心竞争优势，做精、做专、做小、做好，来加入某一平台生态系统，也不失为一种明智的选择。例如，温氏集团的数万个农场主，OPPO、vivo的数万家经销商或零售店，海尔平台上的数千家小微等都采用了被生态化和被平台化的自主经营模式，其目的就是通过与平台大企业结成一个紧密的协作整体，共创价值，共享发展。

先发射再瞄准，迭代创新

量子理论构建了一个整体性和参与性世界，它在强调世界在空间层面整体性、关联性的同时，更强调从时间的维度来看思维和行动、规划和执行并不是相互分立的二元对象，我们当下的行动与现实和未来相互贯通，正是当下的行动塑造并决定着现实和未来。也

---

① 彭剑锋. 超越竞争：以量子战略思维定义未来. 中外企业文化，2017（9）：40-47.

只有在行动过程中，我们才能通过与环境的互动，让感知和行动融为一体，才能在充分感受来自各个方向的信息和能量的基础上，判断这样的行动是否恰当，同时积极调整，持续迭代。所以，真正出色的企业家和战略家深知，我们越来越不可能基于过去的经验，通过分析的方法规划路径、设计方向，机会和战略只存在于当下的行动中，是当下行动的即时呈现。

曾经有一个记者采访政治家、企业家罗斯·佩罗（Ross Perot）：您成功的秘诀是什么？佩罗回答：很简单，预备，发射，瞄准。记者很不解：不瞄准，怎么发射？佩罗回答：是的，我们都是先发射，再瞄准，边走边打。在这里，佩罗并不是说在真实的射击中先发射再瞄准，而是要表达：一个企业家不可能提前料定要发生的一切，有价值的战略只能在积极的行动中产生。佩罗的这个观点正是量子战略当下观的基本内涵。在根本意义上，我们此刻的行动正在全面参与对现实世界的编排，现在的学习和行动也就是现实本身。数字化将我们带入一个高频变化和不确定的时代，变化和不确定性就意味着瞄准这个动作不可能实现。在这种状况下，从传统的先瞄准再开枪转换为先开枪再瞄准，才是应对不确定性环境的正确方法。开枪本身并不是目的，我们的目的是依据开枪所获得的反馈结果，在战略的持续迭代中不断地寻找目标、发现目标。

举一个例子，阿里最初做的是 B2B 业务，它在做 B2B 业务的过程中发现，B2B 模式虽然在前期会有很大的增长，但增长速度会逐渐放缓，所以阿里在创立 4 年后建立了淘宝并开始了 C2C 业务模式。由于当时的 C2C 业务采用的是 eBay 的核心策略，而这种模式在中国很难推行，所以淘宝很快从 C2C 变成了 B2C，淘宝商城就此诞生。在淘宝发展的过程中，支付方式成了一大痛点，为了解决交易安全问题，便利商家和客户，阿里又推出了支付宝。遵循同样的逻辑，后来又出现了天猫、阿里云、菜鸟等业务和服务，最后成就了今天的阿里——全球最大的数字经济体以及数字经济时代商业基础设施的提供商。容易看出，阿里在发展过程中很多业务并不是依靠哪个战略专家的明智决策和预先设计，它们是在具体问题的发现和解决过程中自然生长出来的，是行动和实践的结果。身处 VUCA 时代，管理者的大部分决策都不是遵循事先计划好的模式，而是在面一个个突发事件、在一个个问题的解决过程中自然涌现出来的。一个好的战略往往结合了自上而下和自下而上两方面的元素，既要把握正确的方向和逻辑，也要持续学习，保持正确的姿势滚动，以此不断校正事先的假设、判断和方案。

矛盾平衡，聚焦协调

量子理论为我们描述了一个在不确定性中蕴含确定性、兼容并包、矛盾平衡的世界：一个量子系统，既具备独特的个体（粒子）特征，又具备关联（波）的群体特征；既拥有经典视角下的不确定性。又拥有波函数层面的确定性。"薛定谔的猫"既是活的又是死的；波函数（骰子）的面既是"0"又是"1"。与量子系统兼容并包、矛盾平衡的特征相一致，量子战略在本质上也是一个关于如何在稳定与变化、未来与当下、宏观与微观、计划与执行、不确定性与确定性等一系列矛盾要素之间保持平衡的战略。在大战略研究专家约翰·加迪斯（John Gaddis）看来，战略在本质上就是目标与能力之间的一种平衡："我将'大战略'一词定义为无限远大的抱负与必然有限的能力之间的结合。无论你在目标和理想之间达成什么样的平衡，它们之间总会存在差距。只有当你在可操作的范围内，将现实与理想之点连在一起（尽管它们之间存在差距），才能称之为战略。"[①]

---

① ［美］约翰·刘易斯·加迪斯．论大战略．臧博，崔传刚，译．北京：中信出版社，2017：23-24.

《好战略，坏战略》的作者理查德·鲁梅尔特（Richard Rumelt）曾经指出，战略既不是高唱目标，也不是埋头苦干、低头拉车，关键是把眼下的每一步（具有不确定性）和具有明确意义（具有确定性）的目标关联起来。他强调："战略的实质就是发现关键问题，设计合理方案，并采取行动积极处理这些问题。一位有才能的领导者一定能找到形势中的一两个关键问题，也就是找出能够让你事半功倍的'着力点'，然后集中资源与行动将其解决。"[①] 所以，量子战略所说的目标并不是一个僵化的计划和确定的点，比如，公司明年营收增长 20%，利润率达到 30%，而是指与行动紧密相连的，要通过持续发现和解决问题，在行动的过程中去持续定义的目标。在这一意义上，鲁梅尔特所说的"关键问题"和"着力点"，其实就是目标和行动二者的结合点和平衡点，就是在打通目标和行动的基础上所实现的一种持续优化和连环推动。因此，一个好的战略不仅能敦促我们实现某个目标，还能帮助我们认清当前的挑战，并提供应对挑战的方法。

《好战略，坏战略》这本书中的很多案例都能用来说明上述观点，其中一个就是乔布斯回归苹果后的战略举措。微软在 1995 年发布 Windows 95 操作系统时，苹果的业绩急转直下，乔布斯在 1997年 9 月回归苹果时，公司距离破产只有两个月。乔布斯回归后并没有像很多人预料的那样将精力放在开发高端产品、与大公司展开合作等方面，他的主要举措是将苹果的规模与业务范围缩小，仅保留核心部分。比如，他将苹果的 15 个台式机型号减少到 1 个；将所有的手持设备的产品型号减少到 1 个；完全剥离打印机及外围设备业务；减少开发工程师的数量，降低软件开发力度，减少经销商的数

---

① ［美］理查德·鲁梅尔特 . 好战略，坏战略 . 蒋宗强，译 . 北京：中信出版社，2017：XVIII.

量；将几乎所有的制造业务转移到其他地区……他虽然没有宣布宏伟的计划和目标，更没有像救世主那样描述苹果未来的愿景，但正是通过以上这些聚焦的、协调的点滴措施，解决了公司面临的问题。乔布斯实现了对苹果整体商业逻辑的挑战，进而全面扭转了公司的颓势，取得了巨大的成功。

书中还有一个很好的案例可以用来说明什么是战略所说的目标。为了在太空探索技术上打败苏联，美国时任总统肯尼迪在 20 世纪 60 年代提出要将美国人送上月球。"登上月球"这个目标看起来过于大胆、虚妄不实，但却是一个非常好的目标。首先，肯尼迪将登月这一目标定位成舆论所向，让它受到全世界的关注；其次，肯尼迪不仅明确了目标，还列出了登月的具体路径，如实现无人探月、研发更大动力的助推火箭、研发液态火箭发动机、制造登月车等；最后，有了这个目标，工程师们就知道如何设计制造，政治家们就知道如何宣传，企业家们就知道如何提供支持。在这个例子中，"登上月球"这个战略目标充分满足了好战略的标准——它已经不单纯是一个目标，还帮助解决问题，是目标和行动的结合点；在这个战略目标中，已经分不出什么是目标，什么是行动，二者相互平衡、浑然一体。

共同认知，价值信念

量子既是确定的，又是不确定的。当我们不对量子进行干扰时，它就以确定性的波函数状态运行，一旦对它进行观察和测量，它的确定性状态就被打破，同时呈现出概率性、随机性的一面。比如，猫在我们的每次观察下，要么死，要么活，而且它的死活状态是随机的、不确定的；但是只要我们不去干扰它，不去瓜分它的信息，它就一直处于一个稳定的既死又活的波函数状态。再如，虽然当我们接或看波函数（骰子）时，它会随机呈现出 1～6 中的任意一个数字，但只要不去接或看它，波函数（骰子）就会在希尔伯特空间中持续稳定地旋转下去，同时遵循确定性的线性演化规律。

与量子类似，战略也具有确定性/不确定性二象性。一方面，由于战略不是一种预先的计划和设计，而是一种立足于当下的行动，这一行动要与持续变化的用户需求和市场环境保持同频互动，在这一互动过程中，战略就自然地呈现出探索性、试错性、迭代性和不确定性的特征。另一方面，战略体现为对企业长期价值的坚守、企业家对未来趋势的洞察，是企业与员工、用户、各方利益相关者在持续的协同互动中所形成的一种强烈信念和共同追求，在这一意义上，战略又是明晰的、稳定的、确定性的。这种确定性不仅体现在战略是对企业以及各方利益相关者共同认知和信念的反映，还体现在这种共同认知和信念反过来会对企业和现实本身发挥引领和塑造作用。

互联网的形成就是一个信念造就现实的典型例子。互联网的发展并不是来自预先的计划和设想，而是来自企业家和大众的共同意识和感知。只有当大家都坚信互联网有未来，未来的世界是互联网的世界，资源和人才才会向互联网奔涌；一旦资源和能量聚集到一定程度，互联网所特有的新的组织形式和商业模式就会形成；新的组织形式和商业模式一旦成功，更多的资源和人才又会进一步涌入。在这样一个正反馈的持续循环中，互联网最终汇聚成一股波涛汹涌、不可阻挡的洪流与大势。亚马逊成立至今，历经多次成功的战略转型，虽然每次转型的内容千差万别，但有一样始终保持不变，那就是它为用户服务的信念，一种全身心地去理解用户、解决用户难题的决心。用亚马逊自己的话说，它的战略远见是在对用户的"痴迷"中自然产生的。这里的"痴迷"不仅是一种关注用户的行动，更升华为以用户为中心的价值定位和信念追求。与亚马逊一样，"以客户为中心"也是华为始终坚持的核心价值观，华为一直强调，一切都会改变，唯一不变的是用心服务客户，为客户创造价值。无论是亚马逊还是华为，它们战略的最终指向都是以客户为中心，这一思想观念已内化为它们的信仰、使命，不仅具有强大的引领作用，而且成为它们最恒定的价值追求和战略定位。

✧ 长期主义与顶层设计

重新理解长期主义

"长期主义"（long-termism）是近年来被广泛讨论的一个热门词。简单来说，长期主义就是持续、长期地守住某个确定的目标，是一种为了长期目标或结果而做决定的实践。长期主义不仅是一种看待世界的角度、一种行为模式，更是一种通向目标的战略性认知和思维。

如果我们从局部和细节观察这个世界，就会发现 VUCA 是这个世界的主旋律。然而当我们把目光投向宇宙波函数，投向价值、意义、使命、愿景、信念时，会惊奇地发现，这些看似最虚拟和抽象的概念又是这个时代最具有稳定性、确定性和实在性的要素，也是一个企业真正需要坚持的、最具长期主义价值的基点和目标。正如"得到 App"创始人罗振宇所说："长期主义不是指我们坚持什么长期不变，而是要去判断什么长期不变值得坚持。"[①] 他进一步举例说，想把手头的事做长远的人，往往不会盯着眼下的路，而是会找一个远方的"虚点"，一个不会发生变化的概念，以此来解释自己做的事——也是在这一意义上，阿里说自己做的不是电商，而是数据；迪

---

① 罗振宇．"长期主义"是什么？．罗辑思维·启发俱乐部第 15 期（得到 App），2020.

士尼说自己做的不是动画片，而是要使人们快乐。虽然相对于电商和动画，数据和快乐更加虚拟、抽象，但它们无疑具有更确定、更长期、更恒定的价值。

　　量子理论让我们看到了世界在波函数层面上的确定性，揭示出确定性与不确定性之间的辩证关系，它同时也得出了一个非常悖缪的结论，即如果想要了解、认知事物，肯定需要对它进行观察和认知，但这个观察和认知的活动一旦展开，我们就会不可避免地与被观察事物形成一个相互纠缠的整体，这种整体性的关系决定了我们始终无法探知事物的真实信息。我们与世界、与被观测事物似乎永远在玩一个"小狗追尾巴"（小狗经常会追着自己的尾巴转圈）的游戏（见图 4-4），我们相当于小狗的眼睛，世界相当于小狗的尾巴。当我们不与世界发生互动时，世界就能充分地保持独立，以一个波函数的形式线性地、确定性地发展演化（此时的世界还没有蜕变为"尾巴"，它是独立于我们的一个系统，遵循着自己的线性演化规律）。一旦我们想要知道世界的状态，对事物进行观察和认知，我们就与它形成了"小狗追尾巴"的整体性、动态性格局——在这里，你变它也变，它变你也变，最后变得你不认识它，它也不认识你，你不认识你自己，它也不认识它自己。

图 4-4　小狗追尾巴

　　事实还不止如此，一旦进行观察，我们所获得的信息注定是缺失和扭曲的。因为观察和认知让我们与世界关联为一个整体，我们不可能脱离自身去观察世界，揪着自己的头发将自己提起来。此时，无论是我们（小狗的眼睛）还是世界（小狗的尾巴），都在我追（观察）你变、你变我追、我变你也变、你变我也变的动态格局中偏离了本来面目。在严格意义上，一旦我们进行观察，存在的只是我们与世界构成的"小狗追尾巴"，这里没有我们，没有世界，没有小狗的眼睛，也没有小狗的尾巴，有的只是与世界融为一体的我们，有的只是小狗。如果强行区分，强行观察小狗（其实是想观察小狗的尾巴），就只能获得关于这个世界（同时也是我们）、关于小狗、关于被观察事物的缺失和扭曲的信息。

　　在追求确定性、追求波函数的意义上，长期主义就是要锚定和获得长期不变的"虚点""小狗全貌"或者说"上帝视角"。虽然我们与世界之间"小狗追尾巴"的动态格局注定了我们不可能直接探测到关于世界的真实信息，但如果放弃对世界的观察和认知，我们就会失去发现"小狗全貌"的唯一通路。正确的方法是：不仅不能放弃观察和认知，反而要通过更持续、更深入的观察和认知，尽可能多地获得有关世界/事物的碎片化和扭曲化信息，然后通过对这些碎片化信息的整合与贯通，让具有确定性的"小狗全貌"和"上帝视角"自然涌现出来。得到 App 中"每天听本书"栏目的李南南曾经分享一个有趣的小知识，虽然简单，但其中蕴含着如何从碎片化的信息中获得"小狗全貌"和"上帝视角"的具体方法。

　　　　森林里面最容易引起火灾的是什么？听到这个问题我们的第一反应往往会是烟头、火柴之类的易燃物品，然而正确的答案却是"没有喝完的矿泉水水瓶"。你可能会觉得奇怪，矿泉水水瓶怎么会导致火灾呢？其实，这背后的原理很简单。你可以想象一下把瓶子放倒之后里面水的形状。是不是很像一个凸透镜？没错。在阳光的照射下，没喝完的矿泉水会像凸透镜一样，把阳光聚焦在一点，时间长了，就会把干枯的树叶烤着。火灾就这么发生了。但问题是，水反而能引发火灾，这件事本身有点违反直觉。因此，很多人不太把矿泉水水瓶当回事，随手乱扔。这是最让护林员头疼的地方。[1]

这个小案例说明即使我们对事物的局部信息很了解，但在整体上，我们还是会表现得很无知——没有喝完的矿泉水会变成凸透镜，凸透镜会聚焦阳光，阳光聚焦会引燃树叶等这些孤立、片段的信息我们虽然都知道，但只要不把它们关联贯通起来，我们就始终无法跳出碎片化、片面化的信息本身，从而发现引发火灾的根本原因。而这个根本原因就是我们应该把握的具有真实性和确定性的东西，也就是长期主义需要坚持的"虚点""小狗全貌"和"上帝视角"。

我们与世界之间的"小狗追尾巴"游戏同时也决定了长期主义所要追求和锚定的长期不变的点其实并不在远方，而是时刻蕴含在我们当下的认知和行为过程中，是我们每时每刻认知和行为的自然呈现。长期主义不在别处，就在我们脚下。我们并不是在等待发现一件大事，而是将当下的一件件小事整合贯通起来，发现正在涌现和生成的那件大事。这也解释了为什么《好战略，坏战略》的作者理查德·鲁梅尔特一直在强调，真正的战略不是设定目标而是解决问题，一个没有行动和问题解决的目标是不存在的；对于一个好战略而言，它的目标会与行动和合一体，难以区分。

梁宁在《在长期主义里寻求安放》[2] 的演讲中提出了与长期主义

---

① 李南南.《无知》解读. 每天听本书（得到 App），2020.
② 梁宁. 我拒绝"凑合着"的消耗. 搜狐网，2018 - 10 - 19.

相对的一个概念——临时感，而临时感的同义词就是：先凑合着……，等到……我再……，明天……也来得及等。在梁宁看来，临时感的本质就是与当下的事物和环境不融合，就是一种强烈的分别心。比如，当一个有临时感的人住进一间租来的房子时，他会说：这间房子是租来的，我为什么要费心收拾它？工作时，他又会想：这家公司又不是我的，我为什么要拼命干活？基于这种想法和心态，他会事事将就，时时凑合，无法对任何事情专注投入。临时感表面看起来是在节省能量，但一个凑合的人因为难以与环境和目标融合起来，会一直处于自我隔绝的状态中，这种隔绝最终会让他丧失任何进步和发展的可能。用梁宁的话说："长期生活在临时感中，你就无法从环境中获取任何营养。看似你没有对空间投入、没有对公司投入、没有对身边的人投入，其实这一切你并没有节省，你在消耗你自己，你也没有从中得到能够使你身体和灵魂成长的养分。"

与临时感完全相反，长期主义的关键词恰恰是不凑合、当下、就在此时此刻。一个长期主义者很少会有分别心，他们不相信一步到位，不相信有什么东西可以通过畅想和期待获得，而是会将全部心力完全交付于此时此刻他们所在的公司、团队、岗位、家庭。通过专注于当下的每一个行为，通过对工作和生活的充分参与，与周边环境的完全融合，收获解决问题的能力、看待问题的视角、情感的充实、心灵的感悟，获得让生命和灵魂成长的养分。如果临时感对待世界的姿态是蜻蜓点水、走马观花，总是想用机巧的不确定性来应对世界的不确定性，那么长期主义就是明明知道世界是变化的、不确定的，却能用脚踏实地、专注当下的积极心态来构建内在秩序，以内心的确定性来应对世界的不确定性，在伟大的行动和不朽的事业中寻求心灵的安放。

长期主义的三个核心要素

长期主义也是近年来管理学界流行的一个热门概念，在很大程度上是因为在过去能享受到全球化红利、人口红利和环境红利的时期，大多数企业总体偏向机会主义，它们的经营思路、经营行为常常表现得过于短期化——一味地追求利润，一味地追求做大做强，很少考虑企业的长期价值以及可持续发展的问题。然而近年来，随着各种红利的消失，越来越多的企业发现，一味地追求活着，一味地追求眼前利益，非但没有让它们活下去、活得更好，反而让它们活得越来越艰难。然而，与追求短期利益的企业形成鲜明对比，现实中很多看起来很务虚、一直坚守高远目标和价值信仰的企业活了下来，活得很好，很多企业还在越来越不确定的环境中取得了突飞猛进的发展——作为中国互联网公司的杰出代表，阿里一向以重视价值观而著称；开创了一个时代的苹果更是将"改变世界"作为自己的核心使命。以上现实不仅引发了越来越多对于企业短期利益和长期发展之间关系的关注和探讨，也让越来越多的企业家意识到长期主义对企业发展的重要意义。中国经济与中国企业正进入从追求规模效应到追求质量效应，从注重短期绩效到注重长期绩效，从野蛮成长到文明成长，从短期投机逐利到长期价值成长的内在转型升级与系统变革期。摒弃投机主义与短视主义，确立宏大而长远的目标，心无旁骛，为之奋斗，以足够的耐心和定力做好心中认定的大事或事业，成为大多数优秀企业家的共识与追求。

在理解并支持长期主义理念的同时，许多企业家认为长期主义难以真正落地。不少企业家感到非常困惑的是：在经济下行和疫情反复的环境下，现金流短缺、物流不畅、供应链中断、核心客户流失等是很多企业的现实境遇。应该如何做到既活在当下，聚焦解决眼前的难题，又能目光长远，坚定追求长期目标？如何做到在应对企业生存危机的同时，有序理性地为未来发展做长期的打算和准备？如何以内在的确定性应对环境的不确定性，这个内在确定性的"虚点"是什么？

很显然，面对以上这些悖论，传统的牛顿思维很难做出系统且有针对性的回答，只有换一种思维，也就是用量子思维或者说在用量子思维重新认识和解读长期主义的基础上，再去回答"如何"和"怎么做"的问题，才可能为当下迷茫的企业提供一条切实可行的思路。基于前面从量子思维角度对长期主义的解读，我们将长期主义的核心要素总结为虚点定位、贯通价值、当下聚焦三个方面。这三个方面为企业践行长期主义提供了具体参照，同时也可看作企业实现持续增长和长远发展的三个核心命题。

首先，我们与世界形成的"小狗追尾巴"的格局决定了要发现世界的真实面貌、追求确定性的价值，就必须跳出我们自身的角色定位和认知局限，从一个超越性和整体性的视角发现那个长期不变的"虚点"或"小狗全貌"。这里的"虚点"或"小狗全貌"在企业中的具体表现就是使命、愿景、价值观。使命、愿景、价值观等概念虽然看上去很虚，但却是对"企业为什么存在""企业希望如何存在""企业以什么方式存在"这些根本问题的持久回答和终极承诺，它们不仅体现了一个企业家的根本立场和信仰，也是企业的永恒目标和追求。历史和现实一再证明，一家企业能否活下去，能否活得好，往往取决于它是否具有高远的信念追求和超越自身的长久的意义坚持——意义和信念看起来很虚，却是企业真正需要坚持的、最具长期主义价值的核心和根本。

其次，长期主义还表现为找到一个能将更多碎片化、片面化的信息观点整合在一起的全新逻辑，并且这个全新的、具有整合性和超越性的逻辑更接近事物的本质。反过来说，要判断一个认知是否接近事物本质，或者说判断它的真实程度如何，可以将它能否贯通整合不同的信息观点作为核心标准。在企业实践中，长期主义所代表的贯通逻辑就是以满足用户的需求为目标，通过与合作伙伴的紧密互动和协作实现所有合作主体的价值创造和提升。简单来说，价值的创造和提升就是整合贯通企业与用户、与所有合作伙伴的核心逻辑。在这个万物互联的共生时代，价值共创的贯通逻辑和定位体现为一种生态化的战略和思维——让企业生态圈中的每个主体在相互连接、协同合作的基础上，互惠共生，共创共享。价值共创的贯通逻辑和生态化思维也是企业的使命、愿景在企业生态空间层面的扩展——越是高远和具有超越性的目标和追求，越能兼顾更多人的利益，越能连接和融合更多的人；只有共同获益、共创共享的理念逻辑才能超越时空的界限，长久存在，历久弥新。

再次，长期主义不仅表现为具有高远和长期的目标追求，与合作伙伴共创共享价值，还表现为聚焦当下实践，基于与环境的充分互动和融合，在具体问题的发现和解决过程中，收获持续的价值增长和能力提升。在本质上，长期与短期、理想与现实、未来与当下、发展与利润之间并不矛盾，它们本身就是一个系统整体——短期行动需要长期价值做定位，长期价值恰恰是短期行动的积累和涌现——没有短期就没有长期，没有长期就没有短期；长期与短期辩证统一，脱离了其中一方谈另一方没有意义。所以，一家致力于长期主义的企业一定既能仰望星空又能脚踏实地，既关注短期生存又重视长期发展，既能自我实现又会赋能他人；它不仅能在长期与短期、理想与现实、未来与当下之间找到一个动态的平衡点，更能在当下的奋斗与高远的理想之间建立一个相互作用的正反馈循环，通过促进二者的持续互动和迭代，实现企业及其所在生态圈的长远进步和发展。

通过对全球 50 家世界级领先企业的研究，我们发现这些伟大企业都是长期主义者，它们具有以下十个共同特征①，这些特征是对长期主义的三个核心命题即虚点定位、贯通价值、当下聚焦的衍生和发展。作为世界级的领先企业，华为的成功在很大程度上是它坚持长期主义理念、深入践行长期主义的自然结果，在对长期主义价值的坚持和贯彻方面，华为无疑是这些优秀企业中的杰出代表。

比起"如何活下去"，全球领先的企业更加重视"如何活得长、活得好"，摒弃投机主义、短视主义，将宏大高远的目标追求看作企业存在的根本意义和价值。在虚点定位方面，这些领先企业的具体特征主要体现为：（1）具有远大的目标追求与务实的行动方案，企业家从做生意到做事业，追求可持续盈利能力，追求可持续发展，坚持自己坚信的，坚信自己相信的（比如，华为实践：走出小富即安的舒适区，突破现有的资源和能力限制，制定足够高远且激动人心的目标，并且让高远的目标变成大家的共识，让大家相信）。（2）强调变革创新的文化，主动走出舒适区，不断自我批判、自我超越，勇于变革创新，即使经受挫折与失败，面临大痛大苦大难大悲也不放弃梦想与追求（华为实践：在危机中培养凝聚力与战斗力，倡导自我批判，持续变革，组织激活，反惰怠）。

全球领先的企业始终坚持"以客户为中心"，在培养自身能力、提升自我价值的基础上，有效连接外部资源，积极构建外部协作，倡导与各方利益相关者形成互惠互利、共生共赢的生态合作伙伴关系。在贯通价值方面，这些领先企业的具体特征主要体现为：（1）强调客户第一的文化价值取向，为客户创造长期价值，致力于赢得客户忠诚，追求品牌长期价值增长（华为实践：始终坚持围绕客户做有价值的事情，构建以客户为中心的组织与流程）。（2）具有足够的战略定力

①　彭剑锋.赢在顶层设计.搜狐网，2020－09－01.

和耐心，踏实耕耘的长期主义行为，扎根市场与客户，深耕客户关系，与供应商建立战略合作伙伴关系（华为实践：抵御与战略不相关的投机机会的诱惑，坚持战略聚焦和压强原则，长期专注于自己的主航道）。（3）构建利他共生的产业生态，承担相应的社会责任（华为实践：致力于构建一个开放和谐的生态圈，让广大合作伙伴实现资源共享、能力互通，打造越来越多创新的、更具竞争力的行业解决方案，最终为客户创造价值）。

在确立长远目标的基础上，全球领先的企业都会努力践行自己的目标理念，脚踏实地，持续奋斗，在战略、组织、文化、产品、技术、人才等各方面积极投入，精细布局。在当下聚焦方面，这些领先企业的具体特征主要体现为：（1）对于未来长期发展舍得投入，注重软实力与内在管理能力的打造；软硬兼修（华为实践：对人才、技术、管理等舍得投、连续投、长期投；人力资本投资优于财务资本投资，与全球 30 多家外脑公司合作，引进全球最优管理工具与方法）。（2）创造阳光利润，享受坦荡生活，愿意付出规则成本（华为实践：对法律和规则有敬畏之心，愿意付出守法成本，依法纳税，打造力出一孔的企业内部监管体系）。（3）长期艰苦奋斗的文化，持续激活的人才机制，人才与企业共同成长，注重人才的长期培养与职业发展（华为实践：以奋斗者为本，竞争淘汰，远离平衡，坚持任职资格与多通道能力协同发展，基于小熵理论进行人才激活）。（4）长期绩效导向与核心人才中长期激励设计（华为实践：实施战略绩效管理与核心人才中长期激励方案以及利润分享与获取分享制）。（5）产品主义，注重技术创新，产品领先，品质制胜（华为实践：研发投入百分之十以上，技术与产品领先，为客户提供极致的产品与服务）。

顶层设计

顶层设计虽然是一个工程学术语，但已经被广泛地应用于军事、管理、教育等各个领域。顶层设计并不是要求按照一个逻辑严密、架构清晰的计划去搭建一个系统和流程，事无巨细地去控制和干预，而是指运用系统论的方法，对某项任务或者某个项目的各方面、各层次、各要素进行统筹规划，追根溯源，在最本质、最核心的层次上寻求问题的解决办法。从根本上说，顶层设计就是一种战略理念，是对未来的系统性思考，是对长期主义的具体应用；长期主义要想转化为企业的具体行为，需要有顶层设计的指导。在很大程度上，顶层设计就是企业家与企业洞见未来、面向未来的核心价值观体系，是有关事业理论与经营命题的基本假设和有关未来成长的创新思维，是体现企业家内在使命追求与长期主义价值主张的正确表达，是企业家精神与高层领导意志、智慧、共识及领导力的集中体现，是企业战略的战略，是打通战略—组织—人的关联关系，将能力建立在组织上的共同行动纲领。

顶层设计的核心命题是：企业的使命、愿景与核心价值观；对企业事业领域的界定，对成长方式的系统性思考以及创新思维；企业战略成功的关键驱动要素与资源配置原则；企业的组织与人才机制设计等。对于现在的大多数企业来说，顶层设计能帮助它们突破成长瓶颈，发现持续发展的路径。作为企业家和企业的高层，进行顶层设计至少需要思考六个方面的问题：（1）人生为一件大事而来，我们聚在一起是为了做什么大事？我们的事业是什么？企业的使命、愿景、价值观以及它的事业领域是什么？（2）无论外部环境如何变化，我们都要坚守的价值立场是什么？即企业的核心价值观及经营原则是什么？（3）如何发展成为我们想要的样子？我们的成长道路是什么样的，如何成长，靠什么成长？商业逻辑与核心能力是什么？（4）我们依靠什么样的组织和队伍去实现我们的愿景？如何实现企业的组织能力建设与人才队伍建设？（5）如何通过责、权、利、能、廉机制设计激发人才队伍？（6）如何使员工处于有组织的状态，使得个人能力变成组织能力、一时的能力变成持久的能力，也就是说，如何实现组织治理、模式构建与组织赋能？

以上是企业家进行顶层设计展开系统性思考的一个经典框架，具体的思考框架可以从经营管理架构切入，特别是当一家企业面临成长瓶颈时：（1）增长点：企业业务选择，即增长的机会在哪里，未来的增长点在哪里？（2）战略规划：赢得竞争、实现增长的业务定位、核心竞争力和竞争策略是什么？（3）战略解码：增长的责任如何分解和传递？（4）能力营盘：如何打造公司治理/高层组织的领导力、研发体系、供应链体系、财务管理体系等能力营盘？（5）服务增长、激发奋斗：如何实现价值创造、权力分配、机会分配与收入分配？（6）以人为主体：人是所有活动的主体，如何发挥人的主动性和创造力，由此促进企业落实战略从而实现增长目标？

作为长期主义的践行者，华为的成功在于顶层设计的成功，在于它在每个发展阶段都能对过去、现在、未来进行系统性思考。被誉为企业管理实践"圭臬"的《华为基本法》不仅是研究华为的纲领性文件，还从根本上揭示了华为对长期主义的坚持以及华为的顶层设计和主导思想。《华为基本法》遵循企业进行系统化思考并实施顶层设计的经典框架和经营管理脉络，其主要的设计思想以及对华为的影响体现在以下十个方面。[1]

（1）确立世界级领先企业的远大追求。华为的追求是：在电子信息领域实现顾客的梦想，并依靠点点滴滴、锲而不舍的艰苦追求，使我们成为世界级领先企业。

（2）战略上高度聚焦。为了使华为成为世界一流的设备供应商，

---

① 彭剑锋．赢在顶层设计．搜狐网，2020－09－01．

我们将永不进入信息服务业（第一条）。我们中短期经营方向集中在通信产品的技术与质量上，重点突破、系统领先，摆脱在低层次市场上角逐的被动局面……不进行其他有诱惑力的项目，避免分散有限的力量及资金（第二十一条）。我们坚持压强原则，在成功的关键因素和选定的战略生长点上，以超过主要竞争对手的强度配置资源（第二十三条）。

（3）长期价值投入。我们强调人力资本不断增值的目标，优先财务资本增值的目标（第九条）。我们的经营模式是，抓住机遇，靠研究开发的高投入获得产品技术和性能价格比的领先优势（第二十二条）。我们保证按销售额的 10% 拨付研发经费，有必要且可能时还将加大拨付的比例（第二十六条）。资源是会枯竭的，唯有文化才会生生不息（第六条）。

（4）企业成长和发展的四种牵引力。机会、人才、技术和产品是公司成长的主要牵引力，机会牵引人才，人才牵引技术，产品牵引更多更大机会（第十三条）。

（5）公司的价值创造与分配。我们认为劳动、知识、企业家和资本创造了公司的全部价值（第十六条）。利用股权的安排，形成公司的中坚力量和保持对公司的有效控制；知识资本化与适应技术和社会变化的有活力的产权制度，是我们不断探索的方向；我们实行员工持股制度，一方面，普惠认同华为的模范员工……另一方面，将不断地使最有责任心和才能的人进入公司的中坚层（第十七条）。华为的价值分配形式是：机会、职权、工资、奖金、安全退休金、医疗保障、股权、红利以及其他人事待遇（第十八条）。按劳分配的依据是：能力、责任、贡献和工作态度，按劳分配要充分拉开差距（第十九条）。

（6）研究与开发。顾客价值观的演变趋势引导着我们的产品方向（第二十六条）。持续不断地进行容差设计试验和改进工艺降低产品成本，加快技术开发成果的商品化进程（第二十八条）。

（7）市场营销。品牌、营销网络、服务和市场份额是支撑市场地位的关键要素（第二十九条）。战略市场的争夺和具有巨大潜力的市场和开发，是市场营销的重点（第三十条）。营销体系的架构是按对象建立销售系统，按产品建立行销系统。形成矩阵覆盖的营销网络（第三十一条）。要求前方营销队伍必须得到及时强大的综合支持（第三十三条）。

（8）生产方式。我们的生产战略是在超大规模销售的基础上建立敏捷生产体系；不断提高质量、降低成本、缩短交货期和增加制造柔性，使公司的制造水平和管理水平达到世界级大公司的基准（第三十四条）。

（9）组织政策。强化责任……简化流程……提高协作的效率……信息的交流……培养领袖（第三十九条）。具有战略意义的关键业务和新事业增长点，应当在组织上有一个明确的负责单元（第四十条）。管理者的基本职责是使公司富有前途、工作富有成效、员工富有成就（第四十二条）。公司基本组织结构将是一个二元结构：按战略性事业划分的事业部和按地区划分的地区公司（第四十四条）。当按职能专业化原则划分的部门与按对象专业化原则划分的部门交叉运作时，就在组织上形成了矩阵结构（第四十八条）。公司的高层管理组织的基本结构为三部分：公司执行委员会、高层管理委员会与公司职能部门；公司高层管理委员会有：战略规划委员会、人力资源委员会、财经管理委员会（第五十一条）。我们遵循民主决策、权威管理的原则；高层重大决策需经高层管理委员会充分讨论；决策的原则是从贤不从众；真理往往掌握在少数人手里；一经形成决议，就要实现权威管理；放开高层民主；强化基层执行（第五十三条）。

（10）基本人力资源政策。通过无依赖的市场压力传递，使内部机制永远处于激活状态（第一条）。共同的价值观是我们对员工做出公平评价的准则（第五十七条）。认真负责和管理有效的员工是华为最大的财富；尊重知识、尊重个性、集体奋斗和不迁就有功的员工，是我们事业可持续成长的内在要求（第二条）。我们不搞终身雇佣制，但这并不等于不能终身在华为工作，我们主张自由雇佣制，但不脱离中国实际（第六十条）。我们通过建立内部劳动力市场，在人力资源管理中引入竞争和选择机制；人才配置使人适合于职务，使职务适合于人（第六十一条）。人力资源管理不只是人力资源管理部门的工作，而且是全体管理者的职责（第六十二条）。金无足赤，人无完人；优点突出的人往往缺点也很明显（第六十五条）。我们对中高级主管实行职务轮换政策，没有周边工作经验的人，不能担任部门主管（第七十二条）。

《华为基本法》于 1995 年起草，1996 年正式定位为"管理大纲"，1998 年 3 月审议通过，历时数年。虽然《华为基本法》的内容历经多次升华，但是它的管理思想始终如一，从未改变。2005 年，华为跻身世界通信企业前三强，实现了《华为基本法》提出的成为世界级企业的愿景目标。华为紧接着提出了新愿景，即丰富人们的沟通和生活，使命是聚焦客户关注的挑战和压力，提供有竞争力的通信解决方案。2008 年之后，华为开始面临很多新的问题，所以在2010 年对核心价值观做了一次系统性的总结提炼，将以客户为中心，以奋斗者为本，长期坚持艰苦奋斗作为新的价值观。为了让价值观落地，华为又提出了三大管理纲要（人力、业务、财务），同时匹配具有可操作性的工具方法，目的就是实现高效决策、高效运营，切实实践企业以客户为中心。

2015 年，高速发展的华为面临的核心问题是人，它需要重点考虑的问题是如何促使人不断奋斗，将优秀的人才吸引进来。在此背景下，华为在 2018 年推出了《人力资源管理纲要 2.0》（简称《纲要2.0》），《纲要 2.0》也可看作华为以人为核心的新的基本法。这个纲要的提出不仅有利于解决人力资源的问题，还揭示了华为新的使命，那就是把数字世界带入每个人、每个家庭、每个组织，构建万物互联的智能世界。华为的这一新使命进一步体现了它以客户为中心、通过赋能行业数字化转型以构建创新共赢产业生态圈的长期主义定位。华为认为，它目前的最大挑战，也是所面临的核心问题，就是如何实现从一棵大树到一片森林的发展，建立共同价值守护与共同平台支撑下的分布式经营模式，在此基础上走向生态共建，促进商业伙伴之间互惠互利、合作共赢。

《纲要 2.0》充分肯定了人力资源管理是华为过往成功的核心要素，同时进一步明确了华为业务模块基本结构的顶层设计，即"一个中心，两个基本点"——坚持以客户为中心，产品发展的路标是客户需求导向，企业管理的目标是流程化组织建设。华为将人力资源管理作为公司治理的核心抓手，重点强调如何通过具体的组织治理，实现全力创造价值，正确评价价值，合理分配价值；如何激发精神与物质动力，管理好干部、人才和组织；如何通过核心价值观导向奋斗，激发愿景，建立信任，协作共进。精神文明建设、物质文明建设、干部队伍建设、人才队伍建设、组织管理建设共同构成了华为人力资源管理的理念与实践体系。

总体来看，华为的发展经历了从一无所有到三分天下，从积极跟随到行业领先的不同阶段，在每个阶段，华为都以长期价值主义为指引，对组织模式、管理模式、管控模式做了系统性思考及顶层设计。《华为基本法》和《纲要 2.0》不仅是研究华为的纲领性文件，也最能体现出华为对长期主义的坚持及其顶层设计的思想。正是基于对过去经验的系统性总结，如以客户为中心，以需求为导向定义产品目标等，华为提出了人力资源管理是商业的根本，并进一步升华它的核心价值观底座，打造出价值创造的循环体系。以客户为中心、正确评价价值、合理分配价值这些华为赖以成功的关键要素，在新的价值观理念下得到更加深入的发展。华为的实践经验告诉我们，企业取得成功的关键，在于企业家能够从长期发展的角度出发，做好战略系统性思考和顶层设计，并借助外部力量形成群体智慧，达成共识，最终打造企业面向未来的高层领导力，把能力建立在组织上。

⫸ 亚马逊：增长的飞轮

亚马逊于 1995 年 7 月创立，2017 年它的市值达到 5 000 亿美元，成为全球最大的网络零售商、世界第二大互联网公司。2018 年，亚马逊的总市值超过万亿美元，成为继苹果之后第二家市值突破万亿美元的公司。2020 年开始的新冠疫情给各个国家带来了不同程度的经济冲击和灾难，但电商巨头亚马逊的全球销售额持续猛增，据权威机构估计，2020 年亚马逊平台售出的商品价值 4 750 亿美元，比 2019 年增长 40.1%。

早在杰夫·贝佐斯创立亚马逊初期，他就立志将亚马逊做成一家传教士类的公司，一家痴迷用户、发自内心地做好产品、让消费者的生活变得更加美好的公司。纵观亚马逊的发展史，从最早的车库卖书，到今天的机器人库房、无人机配送、大数据驱动运营，从单一的网上图书销售商到横跨电商、云计算、物流、媒体、零售等行业的商业帝国，亚马逊看似在不断改变，但它"痴迷用户、为用户服务"的核心理念一直未变。作为一家最具战略头脑的公司，"将战略建立在不变的事物上"是杰夫·贝佐斯的商业哲学，这里的"不变"是指在深切洞察用户需求的基础上所发现的用户深层次需求的确定性和恒常性。总体来看，无论是亚马逊"痴迷用户"的核心理念还是贝佐斯"关注不变"的商业哲学，它们在本质上都与本书所倡导的量子思维紧密契合。长线思维、立足当下、矛盾整合、试错迭代等亚马逊的一系列战略思想一方面是"痴迷用户"的自然延伸和拓展，另一方面与量子战略的观点相互映照、彼此贯通。

电商巨头的成长逻辑：飞轮效应

飞轮效应是管理大师吉姆·柯林斯在《从优秀到卓越》一书中提出的概念。在这本书中，柯林斯用"飞轮"做比喻来说明任何一家企业想要从优秀发展到卓越都不可能一蹴而就；并不存在某次行动、某项宏伟计划、某个重量级的创新，或者类似的奇迹时刻能让企业获得成功——从优秀到卓越的过程更像是推动一个沉重的巨轮转动的过程，刚开始转动会非常缓慢，但如果坚持不懈，让速度到达一个突破点，这个轮子就会越转越快。

飞轮效应也是贝佐斯一直推崇并坚持的商业理念，亚马逊的飞轮涉及三大核心业务：Prime 会员服务、第三方卖家平台 Marketplace 以及亚马逊云服务 AWS。其中，Prime 会员服务也就是亚马逊的付费会员制，作为 Prime 会员，在享受许多免费增值服务的同时，还可以享受只面向会员开放的特殊服务，如更快的配送速度、商品免邮、大促好货、会员专享折扣等。在亚马逊平台上，除了自营的各种商品，其他的卖家也可以随时进驻——最新数据显示，亚马逊全球市场中第三方卖家超过 600 万个，它们每年贡献的销售额超过亚马逊总销售额的 60%。就像国内的阿里云一样，亚马逊云服务 AWS 的主要功能是给大大小小的企业提供企业级的云服务，无论是创业公司还是大型企业，都可以把整套 IT 系统建立在亚马逊的云服务体系上。

表面来看，亚马逊的这三大核心业务各自独立、毫无关联，Prime 会员服务不赚钱（比如，仅会员免邮送货这一项服务就要花费巨大成本，如果会员买的东西多，亚马逊甚至还可能赔钱），Marketplace 会给亚马逊增加竞争对手，AWS 也会耗费巨大的运营成本。然而，这三项业务一旦关联起来，就会在相互促进的正反馈循环中形成一个持续转动的飞轮，源源不断地创造价值。超值的 Prime 会员服务和多元的第三方卖家的加入，会吸引和留住更多的会员；AWS 云和 FBA 物流等基础设施会吸引更多的商家入驻亚马逊平台；商家多了，就能提供更多的产品，Prime 会员更超值，会员也就越多；会员越多，对供应商的压价权就越大，商品越便宜，会员就会更多；会员越多、销售的商品越多，就越有可能去建设云服务和物流，让基础服务变得更有竞争力……会员服务、第三方卖家平台和云服务这三大模块构成了彼此衔接、紧密咬合的齿轮，一旦给一个初始的动力，它们就形成一个永不停歇的飞轮，持续加速，震荡放大……在亚马逊飞轮具有强大动能和效力的意义上，著名商业研究者张潇雨认为，亚马逊并不是网上超市，它的终极目标是成为一个无所不包的网上商业活动平台——亚马逊飞轮转到最后，就成了一个向所有网上活动收税的"万税帝国"和"超级接口化"公司。我们现在看到的电商、平台、人工智能、音箱、Kindle 等，都只是亚马逊的手段，而不是它的目的。

痴迷用户和"拜客户教"

Prime、Marketplace 以及 AWS 构成了亚马逊飞轮，在这个飞轮的中央，对整个飞轮进行定位、对三大业务的发展起核心和枢纽作用的，是亚马逊的核心价值观——用户至上或者以用户为中心，用亚马逊自己的话说就是痴迷用户。虽然以用户为中心被很多人看作陈词滥调、老生常谈，但是在亚马逊，这一理念不仅不是一句空洞的口号，还贯穿经营管理的各个方面，并且发挥到极致，以至于大家都将亚马逊形容为"拜客户教"。

在亚马逊，每个新入职的员工都会在第一时间收到一条叫作"亚马逊领导力原则"的短信。在这条短信最显要的位置，写着亚马逊第一准则：痴迷用户（customer obsession）——我们关心竞争对手，但会更多专注如何赢得和维护用户对公司的信任。亚马逊的核心理念是：公司的优先级不是短期的利润，而是长期的用户价值。贝佐斯将亚马逊的理想确定为地球上最以用户为中心的公司，他在各种场合也多次强调，"我希望当人们回首亚马逊的历史时会评论说，亚马逊在整个商界树起了以用户为中心的大旗"。

Marketplace 在创立之初颇受争议，因为让第三方卖家进驻平台，毫无疑问会抢走亚马逊自己的生意。但是贝佐斯坚持认为，只有引入第三方卖家，才能让用户获得利益，才能在真正意义上做到对用户好。他曾说："如果有一个商品，它的价格低或者品质好，那么我希望用户在亚马逊上能轻易地买到，而不是要去其他地方费力地寻找。虽然这样看起来会影响我们的利润，但维护用户的利益就是维护我们自己的利益。"还有一个例子也非常典型，2004 年前后，亚马逊的上游商家也是当时美国最大的玩具连锁店——玩具反斗城，拒绝为线上消费者提供更多的服务选择，因此亚马逊专门引入了与玩具反斗城有竞争关系的卖家来销售类似的玩具。虽然亚马逊知道这一行为违反了它与玩具反斗城签订的专营协议，最终赔偿了 5 000 多万美元，但它还是坚持这样做。

确定性的需求与长期主义

痴迷表面上是一种情绪状态，但其实是一种调动整个身心、充分洞察他人心理和需求的感受和认知能力。用量子语言来表达，痴迷就是与认知对象建立一种在波函数层面的纠缠关系，以实现与认知对象的心灵贯通和彼此感应。所以，前面所说的痴迷用户和"拜客户教"不是简单地认识和了解用户，而是通过对用户的持续关注和认真体察，在与用户建立深层次情感连接和心灵共鸣的基础上，发现用户内心最深层次的需求，是建立在深度共情力和同理心基础上的对用户需求的深入理解和领悟。

如果我们查看亚马逊自成立以来的一系列战略选择和转型，会发现它早在 20 多年前就开始做内容电商、社交电商和智能推荐；在十几年前就开始做智能硬件；在 2006 年就启动了今天各大互联网公司都热衷的云业务、云服务，据 2020 年第二季度公布的数据，亚马逊占据全球 33% 的云服务市场，是当之无愧的市场领头羊。亚马逊的这一系列战略选择和布局，让它看起来不仅高瞻远瞩，甚至还拥有一种类似于"开天眼"的能力。如果不用近乎于玄学的"神奇的预言能力"来解释亚马逊的远见，又是什么能让它在早于市场反应的几十年前，就开始布局一个个属于未来的战略和业务？

这个问题的答案其实隐含在亚马逊对用户的痴迷中。正是这种痴迷，让在我们看来是随时变化的用户需求，在亚马逊看来却是确定的、不变的；正是与用户之间形成了"心连心"的纠缠性和整体性关系，亚马逊才能在充分洞察和理解用户的基础上，准确判断出用户内心最底层、最根本的需求。这种最底层、最根本的需求（主要体现在感受、情感和心灵层面以及对价值、意义的判断和追求层面）对于所有人来说是相通的，同时具有最确定和最永恒的价值。亚马逊一直强调，零售业追求的最终目标就是多、快、好、省，对于任何时代的任何用户来说，多、快、好、省都具有一种近乎永恒的价值。用贝佐斯的话说："用户总是希望用更快的速度买到价格更低廉的商品，总是要社交，总是要学习，这些东西无论是在过去、现在还是在未来都是不会变的。"因此，亚马逊展现出对未来的敏锐洞察和远见卓识并不是因为它有什么神奇的预言能力，而是根植于它全心全意地为用户服务。在深度关注用户的过程中呈现出来的一种强大的判断力和决策能力，是它痴迷用户的自然表达和涌现结果。与亚马逊的确定性认知相反，我们之所以觉得用户的需求是不确定的，在很大程度上是因为我们对用户需求理解得不够深入、不够透彻——越是碎片化、片面化的信息越具有明显的不确定性。

正是基于对用户确定性需求的把握，贝佐斯进一步将确定性看作制定战略的基础，将把战略建立在不变的事物上、坚持长线思维作为亚马逊的商业哲学。虽然长线思维、长期主义的概念不难理解，并且近年来广泛流行，但是对于亚马逊来说，长期主义绝不是流行语，而是它宁愿放弃自己的短期利润甚至是不盈利也要坚守的核心理念。亚马逊虽然于 1997 年上市，但它的股价直到 2011—2012 年才开始真正起飞，这看似突然的爆发并不是因为它在这几年找到了赚钱的秘诀，而是因为之前的默默付出和努力在 2011 年之后才被人们发现和理解。2000 年，由于互联网泡沫破裂，亚马逊的股价一度下跌 80%，贝佐斯却坚持认为亚马逊正在变得越来越好。他在那一年的致股东信里说："虽然我们的股价跌了 80%，但从业务数据可以看出，亚马逊的业务前所未有得健康……我们现在需要的是埋头做好自己的事，让公司变得越来越'重'。"

贝佐斯有一句名言："人们经常问，在接下来的 10 年里会有什么样的变化。但是我只问，未来的 10 年，什么是不变的？第二个问题比第一个问题更重要，因为你需要将战略建立在不变的事物上。"亚马逊之所以能突破重重迷雾，透过充满不确定性的商业世界表象看到隐藏在背后的确定性，发现变化中的不变，是因为它对用户的痴迷；也正是因为对用户的痴迷，让它在看到未来的同时，像一个预言家一样去布局那些属于未来的业务，成功实现一次又一次战略突破和转型。贝佐斯每年都会给股东写一封信，同时附上 1997 年亚马逊第一封致股东信的文稿。贝佐斯想通过这个方式不断告诉人们：你看，20 年来我们一直在强调的、一直在做的事情，与 1997 年相比没有什么不同。

立足当下与矛盾整合

吴伯凡将创新比作不可能河上的一座桥。他曾说："当你碰到一条几乎不可能跨过的河，你需要做的就是想尽一切办法过去。很多创新看上去几乎不可能，然而一旦在不可能河上搭起桥，找到办法化解一个看上去不可能调和的矛盾，创新也就产生了。"与吴伯凡的观点类似，罗振宇也认为，创新的本质就是找到万事万物内含的矛盾，把这个矛盾消灭掉，再发现另一层次的矛盾。苹果在开发初代 iPhone 时想尽可能地扩大手机屏幕，但是很显然，苹果遇到了一个看上去不可能调和的矛盾，那就是手机的屏幕和键盘在争夺有限的空间——如果扩大键盘，就要缩小手机屏幕；如果扩大屏幕，键盘就会很小。苹果最后的解决方案就是利用触屏技术实现屏幕和键盘的二合一，在看似不可能的河上搭起一座桥，完美地化解了这个矛盾。

遵循同样的搭桥思路，亚马逊的转型策略就是基于对用户需求的深入洞察，在对具体问题的解决和对具体矛盾的化解过程中自然产生的。比如，亚马逊之所以要从一家网上书店转型成为一个商业平台，很大程度上是因为贝佐斯的创业初心是建立一家万有商店，实现这一目标的前提是有很多的资金，但是众所周知，亚马逊在创立初期是不赚钱的。面对"万有"和"资金匮乏"这个突出的矛盾，贝佐斯想到的解决办法就是让亚马逊从一个管道化的商品流通渠道转变为一个商业平台——众多的小商店在平台上开店，既实现了

"万有"，也不用自建仓储和物流。与此类似，亚马逊的云服务也是为了解决一个具体的矛盾而产生的。为了精准把握平台上众多商家的信息数据，亚马逊搭建了一个拥有大量 IT 设施的计算平台，这些 IT 设施在高峰期会满负荷运行，但在非高峰期，很大一部分就会处于闲置状态。出于降低成本的考虑，同时让用户能用到这种计算能力，亚马逊把云服务开发出来，将它作为一个通用的、整合性的服务界面提供给用户。亚马逊的战略转型和创新并不是一个事先规划、自上而下的设计过程，而是紧紧围绕用户需求，基于具体问题解决的自下而上的自然涌现结果。战略只是亚马逊在服务用户、解决具体矛盾过程中一个暂时的落脚点和停靠点。在解决问题、整合矛盾的意义上，战略的发展和创新会随着对用户理解的深入而持续涌现，永远没有结束的时刻和终点。

吴伯凡曾说，亚马逊专注当下化解矛盾的战略创新思路，会让它看上去像一个只知道低头拉车不知道抬头看路的公司，一个只有眼前的苟且而没有诗和远方的公司。但是事实证明，亚马逊不仅能活在当下，更拥有超乎想象的预见能力，不仅能实现眼前的苟且，更能拥抱诗和远方。亚马逊之所以能做到这一点，本质上归功于它对用户价值的长期坚守，它的每一个战略都是围绕提升用户体验，在用户需求的持续解锁中展开和实现的。之所以称为解锁，是因为在亚马逊看来，用户的需求不是一个静态、确定不变的点，而是一个多态叠加、动态展开的光谱——用户的需求不仅是多样、多面的，从用户的一个浅层次需求出发，往往还会发现它背后隐藏的更深层次的需求；一个问题的解决往往还会引发出更多的问题。亚马逊最重要的能力，就是总能从用户表面的需求和问题出发，将它放大展开为一个需求和问题的光谱，在持续发现和解锁问题的过程中，寻找创新思路，促进战略涌现。

痴迷用户表现在空间维度上，就是亚马逊深入用户内心，对用户需求的持续解锁；表现在时间维度上，就是亚马逊对未来的前瞻性判断和把握。亚马逊虽然是在洞察用户内心、探索用户需求的空间维度上下功夫，但其实也是在打通通往未来的道路，是在实现时间维度上的移动和穿越。表面上，洞察用户需求的行为不能带来任何收益，像是一直原地踏步，没有任何进展，但是实际上，这样做不仅在一直向前走，而且是以一种最快的方式前进——用户的内心其实已经告诉公司未来 3 年、5 年、7 年、10 年，甚至是 15 年、20 年要做的事。虽然用户不会直接告知答案，但在公司专注和痴迷用户时，用户与公司的内心已经打通，在二者所构成的这个纠缠性的整体中，可以看到用户的真实需求所引领的正确方向，能发现一个通向未来的超光速轨道，将未来尽收眼底，公司可以做出对未来的精准预测和判断。在很大程度上，对用户内心洞察的程度有多深，产品和战略就能走多远。

试错迭代与进化成长

亚马逊对用户需求的解锁过程，就是它持续发现和定义用户需求、触发创新思路、让战略自然涌现的过程。然而解锁用户需求、发现创新思路的过程并不可能一蹴而就，在这个过程中，不仅会遇到无数个问题，还会遭受很多挫折和失败。在 20 多年的发展历程中，亚马逊有多次重大失败，由此造成的直接经济损失就有数十亿美元。但是在贝佐斯看来，正是这些挫折和失败为亚马逊提供了难得的学习机会，他不仅鼓励员工大胆创新和试错，还将创新和试错塑造成一种文化并发挥到极致。Marketplace 的诞生就是一个典型例子。正如前面所说，由于 Marketplace 会影响自营业务，所以它在推出前就遭到员工、管理人员以及投资者的反对。这个业务的诞生过程也不像我们想象的那么一帆风顺，可以用命运多舛来形容：这个业务一开始称为亚马逊拍卖，它的模式类似于当时的 eBay，主要销售各种二手商品，但是很不成功。贝佐斯不灰心，把它改成一个叫作 zShop 的项目，此时它虽然具备 Marketplace 的雏形，但运营结果不尽如人意。经历了多次修改完善和多次失败，亚马逊最终推出了 Marketplace。

如果说 Marketplace 是由亚马逊拍卖、zShop 纵向的试错和迭代演化而来，那么正是通过一个个问题和矛盾的解决，在持续的实验迭代和创新试错的过程中，亚马逊实现了从渠道到平台，从电商零售到硬件制造，从线上到线下，从 2C 到 2B 的横向扩展，让 Prime、Marketplace 和 AWS 等业务像森林里的不同物种一样，持续涌现，叠加成长。贝佐斯在 2015 年的致股东信里这样说："我觉得亚马逊有一个很特别的地方，就是关于失败。我相信亚马逊是这个世界上最适合失败的地方。你知道，失败和创新是一对不可分开的双胞胎。想要创新，就必须做各种实验。换句话说，如果你确定一个东西能成功，那就不叫实验了。我见到的大多数大企业都说自己热爱创新，但它们都不想承受失败的结果……商业的特别之处就在于，有时候实验的回报是上不封顶的。如果你取得了一个大的成功，那些失败的尝试就都值得了。这就是为什么敢于尝试特别重要……我们的 Prime、Marketplace 和 AWS 业务就是这样产生的。它们让亚马逊变成一家大公司，对此我们感到非常幸运。"

亚马逊的战略创新遵循的是一个发展演化的生物逻辑和生态逻辑：它没有目标，没有蓝图，却能在自我演化的过程中随机应变、添枝接叶。亚马逊的任何一项业务或战略都像是一个初级物种，它会在市场的挑剔和筛选中持续迭代、自发成长。这种迭代不仅表现为纵向完善和深化，还呈现为横向开拓和延伸——一旦出现新的需求和矛盾，它就会产生某种程度的变异和跃迁，成长为与原来完全不同的物种。正是在这种持续的变异和跃迁过程中，亚马逊成功创建了它的战略生态系统——这个生态系统一开始物种原始，样态单一，但通过对用户需求的深入洞察，通过一系列具体问题的解决，各种战略和业务逐渐成长并丰富起来。与管理大师明茨伯格提出的"伞式战略"的观点相一致，亚马逊遵循的也是伞式战略的思维理念。亚马逊的发展目标就是要让自己像广阔的亚马孙森林一样——各类物种叠加生长、相互激发，最终实现整个生态系统的蓬勃发展、持续演进。

📖 参考资料

［1］吴伯凡. 亚马逊的战略到底是什么？. 吴伯凡·每周商业评论（得到 App），2020.

［2］吴伯凡. 亚马逊的"踌躇哲学"与"DAY ONE 哲学". 吴伯凡·每周商业评论（得到 App），2020.

［3］张潇雨. 亚马逊的制胜秘诀. 张潇雨·商业经典案例课（得到 App），2017.

第5章

量子领导力：追随与赋能

❧ 测量即纠缠

量子理论认为，相互作用的两个粒子必然会相互纠缠，纠缠现象的本质就是处于纠缠态的两个粒子都丧失独立性，融合为一个难以区分的波函数整体。作为量子力学中的一个核心概念，量子测量或观察的实质就是观测者与观测对象之间的相互作用过程，这一相互作用的结果是观测者与观测对象融合为一个整体性的波函数。在测量或观察这个行为中，观测者本身相当于一个物理实体，其所扮演的角色相当于一台观测仪器。无论是仪器还是观测者，都遵循同样的信息传递方式和量子力学规律。

在经典物理的观念中，观测对象被看作一个独立于观测者的外在事物，作为观测者的我们相对于观测对象来说就是一个旁观者和局外人，只要方法得当，就可以对任何事物进行客观评价，并由此发现事物的真实状态和本来面貌。与经典物理的观点形成鲜明对比，在量子理论看来，根本不存在外在于我们的独立的事物个体，正是我们采用的观测手段和认知方式决定了事物的呈现状态，作为观测者和认知者的我们，本身就是观测结果的一部分。

以"薛定谔的猫"为例，当我们未对猫进行观察时，猫就是独立于我们而存在的事物对象，它的真实状态就是"死＋活"的叠加态或者说波函数状态；一旦进行观察，就会让猫和我们共同形成一个相互纠缠的波函数整体或者说复合系统，此时我们与猫的状态都不再独立（见图5-1）。对于人和猫构成的复合系统，猫死还是猫活这个问题本身就没有意义。因为在纠缠与复合系统的状态下，没有猫，也没有我们，有的只是我们和猫构成的一个人、猫难辨的整体系统。如果还要强行追问猫死还是猫活，那只能说，相对于猫死（的状态），我们会看到猫死；相对于猫活（的状态），我们会看到猫活。或者说，相对于我们看到猫死，猫就是死的；相对于我们看到猫活，猫就是活的——猫的状态已经与我们的状态密不可分，猫的状态只能相对于我们的状态而存在，我们的状态也只能相对于猫的状态而存在。

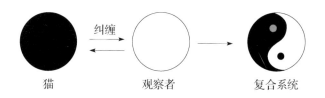

纠缠

猫　　　　　观察者　　　　　复合系统

图5-1　测量即纠缠

观察者和猫构成的复合系统还有一个显著的特征：复合系统虽然产生于观察者和猫之间的相互作用，但它不能还原为以上两者，而是完全不同于观察者和猫的一个全新事物。也就是说，这个复合系统一方面将观察者和猫整合在一起，另一方面又具备观察者和猫完全不具备的特征属性，是基于人、猫互动所产生的一个具有完全超越性和质变效应的另一个层次的事物。正如波函数虽然产生于对波和粒子的整合，但是它绝对不能表达为"波＋粒子"，而是完全超越波和粒子（经典态）的一个全新状态。

由于自然界中的任何事物随时都在与环境进行直接或间接的相互作用，这一相互作用的结果就是事物之间形成由近及远的持续性纠缠，而纠缠的最终结果就是整个世界成为一个系统整体，形成一个包容万物、整体关联的宇宙波函数。

在经典孤立系统中，我们总是可以通过适当地划分边界，合理地减少环境的干扰，让这个系统近似地处于不受外界任何干扰的孤立状态，然后我们就可以研究系统中的规律。但是这个概念在量子力学中却崩塌了。因为纠缠所引起的粒子间的关联一旦形成就会永远保持下去，这种关联不但不受时间和空间的限制，而且不受能量传递和信号传递的限制，因而是普遍的，是遍布整个环境的。所以说，系统与环境总是无时无刻处于纠缠之中，并且相互之间互相无法分割。①

领导力：领导者与追随者之间的关系

早期的领导力理论，如领导力特质学派和领导力行为学派，都将领导力看作领导者一个人的事。其中，特质学派关注领导者的特质，认为领导者身上的某些人格特征，是决定领导力的核心原因；行为学派则从领导者的行为特征出发，研究哪些行为有助于提升领导力。然而，随着研究和实践的发展，越来越多的观点赞同领导力不是领导者一个人的事，而应该是领导者与追随者之间的相互关系。也正是从领导者与员工的关系角度出发，清华大学的宁向东教授认为，领导力就是追随力，就是员工业绩；衡量领导力强弱的一个重

① 贾明子. 量子现象的消亡史. 知乎，2018 - 03 - 08.

要标准，就是看一个领导者能把多少人转化为追随者，就是看他能让多少人跟他一起走。只有把领导力转化为追随力，转化为领导者与员工之间的相互关系，才能在大家的共同努力下，实现更好的组织业绩。

在量子理论的视角下，领导力的关系特质更加明显：组织中的领导者与员工随时都处于相互影响、相互测量的交互作用中，共同构成了一个纠缠整体。对于"薛定谔的猫"，不能单纯地从猫本身来界定猫死还是猫活；对于量子领导力，不能脱离领导者与员工中的任何一方而谈论另一方，领导者与员工息息相关、紧密相连。量子理论下的领导力不再是一种单纯状态，它随时都以一种多态叠加的形式存在，同时与员工的各个状态相互关联——员工的（某个）状态相对于领导者的（某个）状态而存在，领导者的（某个）状态也相对于员工的（某个）状态而存在。只有从领导者与员工，或领导者与追随者相互作用的关系角度，才能对量子领导力进行充分的理解和认知。

北京大学的领导力研究专家刘澜认为，对领导力最大的误解，就是将它与职位画等号。他曾经给领导力下过一个定义：动员群众解决难题。动员群众和解决难题就是领导力的两个关键词。容易看出，定义中的动员群众充分反映了领导力的关系特质——不是领导者自己解决难题，而是动员大家一起解决，只有在领导者与群众相互影响、相互促进的关系中才能建立领导力。在构建关系的角度上，领导学研究权威专家詹姆斯·伯恩斯（James Burns）认为，实现单方面目标的只是权力，实现双方目标的才是领导力，目标的单向性和双向性是权力和领导力最主要的区别。容易看出，伯恩斯所说的双向性正是关系或关系构建的核心特质。

领导力实战专家沈小滨从一个拓展的关系视角提出自己对领导

力的理解。他在《转型领导力》一书中提到，领导者首先是领导自己，处理好自己和自己的关系，在完善自身的基础上，还需要进一步将影响和领导的范围拓展至下属、同事、上级领导以及外部合作伙伴；领导者与自己、下属、同事、上级领导以及外部合作伙伴这五方面的关系就构成了领导力的关系体系，这就是 5L 领导力（见图 5－2）。5L 领导力所说的关系是从领导者自身出发逐渐向外拓展的过程，与儒家经典《大学》中"正心、修身、治国、平天下"的思想理念一脉相承：意念真诚、心思端正，才能提高自身修养，进一步管理家庭，最后治理国家，使天下太平。想要成为一个合格的领导者，首先要管理好自己，只有先处理好自己与自己的关系，才能进一步处理好与下属、同事、上级领导以及外部合作伙伴的关系，最后形成一种机制、氛围和生态，让更多的利益相关者在这种协同共生的关系体系中自然统一起来，共同实现高效和全面的发展。

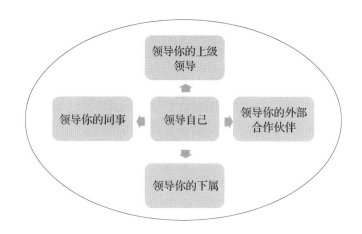

图 5－2　5L 领导力

资料来源：沈小滨. 转型领导力：从技术到管理，从管理到领导，从领导到战略. 北京：电子工业出版社，2020：120.

赋能最早是积极心理学中的一个概念，字面意思是通过言行、态度、环境的改变给予他人正能量。由赋能概念衍生出的赋能领导力，就是要求领导者转变角色，由原来权威型指挥者、命令者、监督者和控制者转变为向组织成员提供支持和帮助的传授者、激励者、引领者和启发者，通过赋予员工更多的自主性权利，最大限度地激发员工潜能，实现组织的创新和发展。赋能型领导力近年来受到越来越多的关注，一个重要的原因在于，在环境相对稳定的工业时代，高层管理者很容易掌握组织和环境的信息并据此做出较为准确的判断，基于完备信息所构建的自上而下的指挥控制体系能保证组织的高效运行。然而，在错综复杂、瞬息万变的环境中，即使是天才领导者也不可能获得组织和环境的完备信息。一个组织想要获得生存优势，就必须将工作的自主权还给员工，为他们赋能，利用群体智慧制定决策，促进发展。回到赋能概念本身，我们会发现赋能中的"赋"字很容易理解，它是一个动词，主要强调赋予、给予。相比于"赋"，"能"这个概念模糊、抽象得多——如果将"能"理解为一种能量和权力，那么会面临接下来的一系列问题，比如，这种能量和权力的具体内涵和来源是什么？它们在现实中的作用如何体现？我们如何准确把握？以上这些问题都能在斯坦利·麦克里斯特尔（Stanley McChrystal）出版的《赋能》一书中找到答案。麦克里斯特尔认为，实现赋能的关键，就是要将组织中每个执行任务的团队打造成一个去中心化的网络，这个网络所具备的弹性、韧性和灵活性可以让它随时随地根据目标变换形态、解决问题。在书中，麦克里斯特尔以海豹突击队为例，具体说明了应该如何构建去中心化的网络，实现为员工和团队赋能。[①]

"海豹突击队"是世界上最神秘、最具震慑力的特种作战部队之一。提起它，我们的第一反应往往是其家喻户晓的"魔鬼训练法"，

---

① ［美］斯坦利·麦克里斯特尔，等. 赋能：打造应对不确定性的敏捷团队. 北京：中信出版社，2017：111-124.

比如长达 6 个月的超高强度的体能训练，在湿沙中穿着靴子没完没了地长跑，5 天只能睡 4 个小时的"地狱周"等。然而，这些高强度训练并不是要让战士们都成为超级英雄，真实目的是要通过这种残酷和极端的方式来淘汰那些以自我为中心、没有集体责任感的人，由此让团队成员更好地融合为一个整体。根据一位资深教官的说法，魔鬼训练的淘汰率虽然很高，但其实只有 10% 的退出者是因为体能跟不上，更多的人是因为坚持不下来。他们坚持不下来的主要原因恰恰是难以与他人建立信任和默契，也就是说没有集体责任感。为了让队员之间建立高度的信任和默契，他们在受训的第一天被分成 5～8 人一组的小团队，所有任务都是以团队为单位来执行，甚至在训练之外，比如吃饭，队员都必须与同伴一起。正是基于这样的长期训练以及在训练过程中培养的高度信任和默契，队员们在执行任务时表现得就像是一个人。在一个小团队中，没有绝对的指挥官，面对不同的战场和情境，谁对局势和战况最有把握，谁就会自动升级为临时指挥官，其他人会主动配合，共同形成一个灵活应变的集体协作网络。

麦克里斯特尔在书中介绍了很多关于团队赋能和领导赋能的案例，它们都强调，赋能的核心就是促进组织与团队成员共享信息、共建关系、共立信任。赋能在本质上就是一种信息、关系和信任的共享机制。与物质实体不同，信息、关系和信任越分享、越利用，价值就越高，所释放的能量也就越大。正如茂诺管理咨询董事长汤君健所说，实现团队赋能、打造团队凝聚力最重要的一个办法就是做到共享信息，越是在非常时期、危机时期，信息共享越重要。他认为，信息共享可以让大家意识到组织是透明的、充满信任的，调动大家一起行动。突发情况和危机本身能激发大家群策群力，一起想办法渡过难关——在危机时刻，信息不透明才是恐慌的最大来源。

所以在根本上，"能"就是信息，就是关系，就是基于信息和关系建立的人与人之间的信任和默契。赋能与赋能型领导力的核心内涵就是前面所提到的，领导力是领导者与追随者之间的关系，是领导者与自己、同事、下属、上级领导以及外部合作伙伴的多维关系体系。麦克里斯特尔在他的另一本畅销书《领导者：神话与现实》中提道：在一种为其成员赋予意义的特定背景下，领导力就是领导者与追随者关系的复杂系统，是一个包含领导者、背景和追随者的动态系统。这个定义的本质，就是让我们把焦点从领导者自身，转移到领导者所在的关系体系、复杂系统以及生态系统上。无论是关系体系、复杂系统还是生态系统，它们都强调领导力是一个基于领导者与员工、其他合作伙伴、环境之间的紧密关联和互动所形成的动态的关系信息网络。

❀ 复合系统与创新型领导力

量子理论"测量即纠缠"的观点同时说明，领导者与员工之间不仅存在相互影响和相互追随的关系，在更深层的意义上，领导者与员工之间形成一个不能区分彼此的纠缠性整体，一个类似于观察者和猫所构成的复合系统。这个复合系统基于领导者与员工之间的相互作用而产生，是一个完全超越这二者的全新层次和状态，是领导者与员工之间的一种化合反应，也是领导者和员工的共同提升和改变。因此，不能仅考虑领导者与员工之间的彼此影响和交互关系，还要从完全超越它们自身、为组织带来创新性和创造性价值的角度重新看待领导力——领导力不仅是领导者与员工之间的相互关系，更是建立在这个相互关系之上的领导者与员工的共同成长以及组织价值的创造性增进；领导力不是领导者个人的事，也不是员工个人的事，甚至不是领导和员工的事，而是领导者和员工一起，解决真问题，担当大责任，追求高目标，最终实现领导者、员工以及组织整体的成长和创新的过程。

关于领导力类型有一个经典的划分，即美国政治社会学家詹姆斯·伯恩斯所提出的交易型领导和变革型领导。交易型领导是指建立在上下级之间某种交易基础上的领导力，其本质就是领导者与下属之间所建立的一种交换关系，一旦不满足交换的条件，二者之间的关系立即结束。正是因为这种交易型关系比较简单和肤浅，所以这种领导力实现起来虽然容易，但不能给关系双方带来实质性的提升和改变。与交易型领导相对，变革型领导是指领导者通过领导魅力、领导感召力、智力激发以及个性化关怀等方式，让员工意识到承担责任和完成任务的重要性，由此来激发员工成长，调动他们的积极性和创造力。在领导力的相关研究中，有一种领导力类型是创新型领导，变革型领导就是创新型领导的一种。从变革型领导的内涵及其创新属性可以看出，变革型领导的本质在于创新和创造，在于领导力的另一个关键词——解决难题。因为只有解决难题，才能实现真正意义上的创新和创造。正如刘澜所说，相比于交易型领导，变革型领导真正做到了动员大家一起解决难题，变革型关系的建立虽然比较困难，但它往往更加持久，而且会给双方带来共同的改变。相对于交易型领导，变革型领导才是真正的领导力。

在交易型关系中，双方实现的只是一种交换。比如上级给你发工资，你好好工作；或者上级给你晋升的机会，你好好工作。尽管双方的目标都实现了，但是交易完成之后，上级和下级并没有发生有意义的改变。而在变革型关系中，双方都发生了变革。最终不但实现了一个共同的目标，而且在这个过程中，双方都发生了有意义的改变，都上升到了一个更高的境界。请吃饭就像是交易型关系，你用请客交换大家对你的好感。而登珠穆朗玛峰就像是变革型关系，这是一个潜在的动机、更高的需求，被你发掘出来。让大家跟你一起去吃饭，你买单，比较容易一呼百应，但一呼百应往往不是领导力。让大家跟你一起去登珠峰，虽然不太容易一呼百应，但追随你的那些人以及你自己，通过登珠峰这个过程相互激发和提升，最终都发生有意义的改变，上升到更高的境界。[①]

基于量子领导力的创新性和创造性内涵，赋能蕴含的信息共享机制可以做进一步的扩展，共享信息、构建关系网络不是赋能的最终目的，通过信息的共享和关系的交互，为个人、组织和社会创造出更大的价值才是构建赋能型领导力的关键。被誉为领导学之父的沃伦·本尼斯（Warren Bennis）曾说，新经济的真谛在于其力量源自创意而非职位；组织的核心是思想、创新、想象力和创造力等智力资本。事实上，企业今天的核心价值已经不在于其拥有多少资本，具有多大规模，而在于它拥有多少世界级的科学家、工程师，在于它能吸引、激发并留住多少具有创新力和创造力的人才。随着知识型员工越来越成为企业员工的主体，每个知识型员工都是一个潜在的管理者和领导者，无论是领导者还是知识型员工，他们都具备持续创新的企业家精神，能为团队、组织和社会创造更大的价值。爱迪生、乔布斯、马斯克、任正非、张瑞敏等一大批优秀的企业家和创业者都是典型的量子型领导者、创新变革型领导者以及赋能型领导者。

量子领导力的关键词

愿景引领

所有事物都是宇宙波函数的一部分，虽然波函数很抽象，但它

---

① 刘澜. 领导力必修课：动员团队解决难题. 北京：北京联合出版公司，2019：134 - 135.

是一切事物的本质状态，同时具有包容一切、统领一切、超越一切的强大力量。与波函数的作用机制相类似，意义、价值、使命、愿景、信念不仅赋予我们超越自身的强大力量，更让我们凝聚为一个整体，并将服务他人、奉献社会、创造人类整体价值作为坚持和努力的方向。波函数描述了世界的本质状态，同时也为什么是意义，实现意义的标准是什么，如何追求和创造意义等这些最基本的问题提供了确切答案。意义建立在突破自我边界、追求自我超越的基础上，通过持续帮助他人、服务社会向人类的整体价值和宇宙波函数回归，同时让超越小我、具有博爱精神和集体意识的人类整体价值引领我们成长。真正的意义不会让你变得越来越封闭，越来越僵化，越来越固执于自身的观点和角色；相反，它会让你越来越开放，越来越包容，越来越能脱离自己的身份和立场，在更广阔的视野中理解世界，关爱他人，将创造社会价值、实现人类进步看作自己的目标和使命。

　　量子领导力也是愿景领导力，其本质都是通过塑造高远的目标，用愿景和意义的力量来引领个人发展，促进组织成长。愿景的英文单词是 vision，简单来说，它就是一幅描绘美好未来的图景。量子领导者善于展望未来，见人所未见，甚至在一项事业正式开展前，他就能"看到"那幅美好的未来蓝图。这幅蓝图并不是领导者自己看到的，而是他透过所有组织成员、利益相关者以及社会大众的眼睛看到的。只有让所有员工与合作伙伴都看到，同时发自内心地相信和实践，才能算作真正的愿景。在共同愿景的意义上，量子领导力不是来自领导者对自身的塑造，而是基于领导者与员工、用户、各方利益相关者的紧密协作和互动所产生的一种跃迁式的涌现。量子领导者虽然尊重效率和利润，但是更相信意义、价值、使命、愿景、信念等要素的基础性作用。对他而言，短期目标虽然会带来显而易见的利益，但会遮蔽思维、限制认知，只有从全局出发，着眼于组织的长期价值与社会的整体发展和福祉，才能穿越未知的丛林，取得真正意义上的成功。

组织理论和领导理论大师沃伦·本尼斯一直推崇愿景式领导，在他看来，优秀的领导者首先要利用愿景来限制自己的注意力，因为只有这样才能真正获得事业的推动力。现实的例子也一再证明，越优秀的领导者，越会用清晰的愿景、使命和价值观来激励团队，成就下属，影响组织内外部的每个人。杰夫·贝佐斯一直强调，亚马逊喜欢做5～7年才有回报的事。要在愿景上固执己见，在细节上灵活变通。

无我利他

在量子理论的观点中，"自我"本身也是一个叠加态。真实的自我并不是单纯和独立的存在状态，它是我们周围的人、事、物以及我们之前经历的共同组合和交集；我们的亲人、好友、同事，甚至是素未谋面的陌生人，我们居住的地方、生活的环境、经历的一切，都直接或间接地参与自我构建，构成了我们的一部分。也就是说，我们所处的关系网络内化后便构成了自我，他人、环境、一切事物都有内化于自我的潜力和可能性。在本质上，包容即对他人、他物的完全理解和接纳，是对真实自我、自我叠加态的恢复和回归；包容的极致就是实现自我与他人、万事万物的完全融合与统一，这也就是天人合一、物我一体的无我状态。在根本意义上，无我就是利他，就是共赢共生，就是同理心和共情力。一个量子领导者就是一个无我主义者，他会充分认识到自己是一个多重身份、多种角色的叠加体，不仅能主动接受各种变化，理解包容不同观点，遇到难题和挑战时，更能随时转变角色，在与组织成员的充分协作和互动中，找到应对问题的确切办法。

德鲁克曾说，领导者是通过做正确的事而成为领导者的，然而一旦领导者个人坐稳了位置，他的欲望就开始潜滋暗长，他就会为了证明自己决定的正确性而不再做正确的事；但正是做正确的事而不是做正确的人，才是判断一个人是不是好领导的标准。德鲁克在这里所说的"做正确的人"其实就是一种"有我"的状态，也就是佛家所说的"我执"。领导者一旦陷入"有我"和"我执"，就会固执于以往的成功角色和光环，不仅会为了让自己看起来正确而回避和拒绝改变，还会在组织上下营造出一种阿谀奉承、趋炎附势的工作氛围，难免让组织陷入危机重重甚至万劫不复的境地。与"有我"和"我执"相反，量子领导者会将管理的重心放在如何做正确的事上，会在持续的自我否定和突破中，从问题的本来面目出发，以一种主动和能动的方式，创造性地分析、解决问题，实现组织目标。

灰度妥协

波和粒子是我们在干预事物本身的波函数状态后，事物在经典世界中所呈现出来的矛盾现象。真实的世界是波函数状态，是波和粒子的相互叠加，缺少了波和粒子中的任何一方，都不能形成对事物的完整认知。正如并不存在单纯的波或者单纯的粒子，在现实世界中，绝对的黑和绝对的白也不可能存在。一切事物都不是黑和白的简单拼接，而是一种兼容黑白、超越黑白的灰度态。现代组织本身就是一个充满矛盾的开放系统，组织中各种矛盾并存、相互转化，想要正确处理各种矛盾，就需要放下是非黑白的对错分别，在冲突中求和谐，在对立中建自洽。灰度的本质就在于对矛盾要素的整合与包容，对相反观点的理解和接纳，它不仅是包容、无我的具体体现，同时也集成了"叩其两端而执其中"的中庸智慧，承载着中国管理的思想精髓和实践特质。

量子领导者在很大程度上是一个矛盾的兼容体，各种矛盾要素在他的身上同时存在，并行不悖。他能在复杂动态的环境中平衡各种矛盾，随时调整行动。量子领导者不强调任何一种固定的领导方式，任何领导方式，无论是威权型还是参与型、交易型还是变革型，他都能灵活掌握，变通运用。任正非就十分推崇灰度哲学，认为开放、妥协、灰度是华为文化的精髓和领导者的风范。他曾说："黑的、白的观点虽然容易鼓动人心，但却不是我们需要的，我们需要的恰恰是灰色的观点，就是在黑白之间寻求平衡。"在《灰度领导力，管理者的必备素质》这一篇重要的讲话中，他进一步提出："清晰的方向来自灰度，坚定不移的正确方向来自灰度。灰度领导力包括宽容与妥协，宽容是领导者的成功之道，妥协是实现双赢和多赢的必经之路。各级领导者只有真正领悟了妥协的艺术，学会了宽容，才能在领导企业、团队时真正达到灰度的境界。"

第五级领导是管理大师吉姆·柯林斯提出来的一个重要概念，而矛盾整合与灰度妥协正是第五级领导的主要特征。柯林斯通过大量的研究发现，最卓越的领导者都有一个让他感到意外的矛盾特征，那就是谦卑与执着，羞涩与无畏。在这里，谦卑与羞涩意味着对他人以及不同观点的理解和接纳；执着与无畏则是指即使是在复杂和动荡的环境中，卓越的领导者也能保持初心，以坚定的决心和果敢的行动努力实现目标。

在柯林斯看来，谦卑与执着、羞涩与无畏看似相互矛盾，但它们在本质上密不可分，相互依存。一个人越是谦虚，越能对不同的观点保持开放包容，越能在多种信息的支持下形成对事物的透彻认知，进而做出明智判断，产生果敢行动；一个人越是具备坚定的信念，越能将想法付诸实践，越可能通过行动丰富自身阅历，理解他人感受，进而变得更加谦虚和包容。在很大程度上，只有以开放和包容为前提，才能做到真正的坚定；只有在谦虚和接纳的条件下，才能具备执着的信念。谦卑和羞涩不仅不是懦弱，反而与执着和无畏构成一个统一整体——谦卑即执着，羞涩即无畏，这也是老子在《道德经》中所说的"天下之至柔，驰骋天下之至坚"的真实内涵。

赋能无为

世界上的一切事物都可以用关系的叠加或关系的总和来描述。关系不仅是构成事物的底层要素，而且内化为事物的潜能，为其发展演化提供了基础动力。量子领导者不仅充分地认识到事物之间存在紧密的相互作用关系，更将关系和连接本身看作一种能量和信息系统，并将它反作用于员工，这就是赋能的确切内涵。赋能的简单解释是赋予能量，这个能量的主体就是组织赋予员工的一些隐性的关系、信息、权利、意义和资源。赋能的目的是让员工在广阔的关系体系和意义系统中，通过自主管理、自主创造，在具体问题的解决过程中实现自我拓展和组织成长。如果传统领导者扮演的是指挥官、司令官、控制者的角色，通过设定强制性的目标推动下属执行，那么量子领导者更像教练、导师和园丁，通过赋予员工自主决策、自由行动的权利，充分调动员工的积极性，让他们在自觉自愿的行为中积极主动地分析、解决问题，促进目标自然实现。

吴伯凡曾将优秀的领导者比喻为电脑和手机的操作系统：相比于显性的应用软件，操作系统虽然无形无相，但却是应用软件背后的全局性、系统性的支持平台；脱离了操作系统，任何一个应用软件都不能正常运行。在他看来，一个领导者最忌讳的就是放弃操作系统的身份，让自己成为各种各样的应用软件，像一只闲不住的手管理各种具体事务，用个人的偏好去控制组织的发展方向和资源分配。与传统领导者看得见的手、闲不住的手形成鲜明对比，量子领导者在本质上是一个赋能型领导者、一个操作系统、一只看不见的手；量子领导力就是一种赋能型领导力、一种无为型领导力。这里的"无为"不是指领导者不作为，更不是指什么都不做，而是指这种领导者会隐身在员工背后，通过为员工提供平台和资源，为员工赋能，让他们在响应用户需求、解决具体问题的过程中，自动自发、自然而然地成长，促进组织发展。这样的领导者看似无为却无所不为，看似无形无相却拥有创造一切的伟大力量。

创新激励

量子纠缠不仅建立了事物之间的一般性关联，更产生了一种融合并超越原有事物状态的全新层次和创新系统。观察者对猫进行观察不是简单地建立二者之间的一种信息层面的连接，相反，观察者会与猫产生作用，生成一种完全融合并超越人、猫经典态的人猫复合系统。基于领导者与员工之间的充分协作和互动所产生的量子领导力，在本质上就是一种创新型领导力和变革型领导力。相比于传统领导者，量子领导者更专注于价值的创新创造，他将每个员工都视为价值的创造者，通过建立健全容错机制和激励体系，鼓励员工大胆尝试，勇于挑战，同时激励他们超越个人利益，去追求人生更高层次的使命和意义。

全球领先的战略咨询公司贝恩曾做过一个 2 000 人参与的调查，目的就是寻找一个顶尖领导者需要具备的素质。贝恩最终得出结论：顶尖领导者的核心优势就是为组织创造价值，以增强公司的竞争优势，实现卓越的表现；顶尖领导者会充分利用自身的能力为员工带来巨大的资源，为关键人员提供必要的自由，并寻找方法创造性地打破既有的行为方式。因为在他们看来，领导者只有做一些不一样的事才能实现改变，越是不断地创新方法，就越能更快地成为一个创新型领导者、一个激励型领导者。乔布斯多年的商业伙伴、苹果前高级副总裁杰伊・艾略特（Jay Elliot）在他所著的《与乔布斯一起领导苹果》一书中，详细记录了乔布斯的领导风范、经营理念和管理智慧。他认为，"海盗精神"就是对乔布斯领导内核的最好概括，而海盗的本质就是叛逆、创新、敢于冒险、崇尚自由、追求与众不同。"海盗"是乔布斯在塑造团队文化时想到的，他还特别强调是海盗不是海军。因为乔布斯看出，当时的苹果官僚作风盛行，出现越来越明显的"海军做派"，要打破这种风气，最需要的就是海盗离经叛道的创造力。为了提升苹果的创造力，乔布斯进一步推行扁平化管理，组建小团队，鼓励团队与团队之间开展积极的互动与合作，邀请各行各业的顶尖人才来做演讲，定期安排其他公司的 CEO 与苹果高管进行交流。所以"海盗精神"并不是乔布斯突发奇想的一个标语口号，而是一整套提升苹果创造力、战斗力的管理机制和管理哲学。为了更像"海盗"，苹果 Newton 研发初期的领军人物，也是 MacGUI 创造者之一的史蒂夫·卡普斯（Steve Capps）甚至专门找设计师缝制了一面海盗的骷髅旗，这个故事已经被苹果写入企业文化。

直觉顿悟

直觉并不是一种迷信和玄幻的说法，在量子纠缠的意义上，直觉意味着通过与自我（过去的知识经验）、他人、事物和环境的相互融合与贯通，在充分获取能量和信息、与各种信息紧密连接互动的基础上，瞬间做出既符合实际又具有前瞻性的判断和结论。直觉产生于我们与事物进行充分互动的过程中，建立在无意识地权衡各方面信息的基础上，是我们背后巨大的关系信息网络给我们支持、为我们赋能的结果。

在日常生活中，我们虽然能获得来自各个方面的数据和信息，但是我们的动机、过往的经历、他人的建议、分析和调查结果等随时都在影响我们的判断，会让我们不自觉地戴上有色眼镜，从而忽略和错过绝大多数的信息。只有广泛地吸收综合信息，才能对各种有形和无形的、显现的和潜在的、逻辑的和情感的信息进行关联和整合，才有可能形成直觉和顿悟。这种直觉和顿悟不仅重要，而且成为这个时代最为稀缺的一种能力。正如著名经济学家何帆所说，在这个信息爆炸、知识泛滥的时代，我们需要锻炼的是在杂芜的信息中找到线索，一刹那把握事物核心的能力。这就是一种直觉，也是一种顿悟，更是一种层层升级、艺无止境的修炼。

所以，直觉和顿悟不是游思妄念、异想天开的结果，从根本上说，是一种融汇信息和建立连接的能力，这种能力只有对事物进行深入洞察、在具体的行动和实践中才能产生。归根结底，量子领导者一定是拥有较强直觉和顿悟能力的人。与主流管理学观点（至少是学术理论界）不同，管理学大师明茨伯格在研究中一直推崇直觉。他认为，重要的管理过程无比复杂，管理者面对的往往是含糊的信息，所以一个优秀管理者的思维方式与其说是有序、前后相继、依赖智力的，倒不如说是互相关联、整体化、依赖直觉的。一个典型的强调直觉和顿悟能力的企业家就是乔布斯，在他看来，直觉和顿悟比抽象思考和智力更为重要。早年禅修的经历，不仅让乔布斯深切地感受到西方世界的疯狂以及理性思维的局限，更让他深信，直觉就是内心的召唤，就是打破理性局限的神圣礼物。"如果你坐下来静静观察，你会发现自己的心灵有多焦躁。如果你想平静下来，那么情况只会更糟，但是时间久了之后总会平静下来，心里就会有空间让你聆听更加微妙的东西——这时候你的直觉就开始发展，你看事情会更加透彻，也更能感受现实的环境。你的心灵逐渐平静下来，你的视界会极大地延伸。你能看到之前看不到的东西。"[①] 乔布斯看似无法模仿的天才直觉，绝对不是他的凭空臆想

---

① ［美］沃尔特·艾萨克森. 史蒂夫·乔布斯传. 管延圻，魏群，等译. 北京：中信出版社，2014：43.

和妄念，在本质上正源于他心无旁骛的高度专注、质朴简单的生活方式、身体力行的实践体验、极简风格的美学态度……乔布斯的成功与其说是天赋的加持，不如说是苦修的结晶，正是在这一层意义上，他一直强调，培养直觉是一种修行，需要持续地学习和精进。

量子领导的一个典型模式：仆人式领导

仆人式领导（servant-leadership）也称为服务式领导。它的提出者美国管理学家罗伯特·格林里夫（Robert Greenleaf）认为，仆人式领导者首先要有愿意服侍他人的心，服务是第一位的，他的职责就是让别人最迫切的需要得到优先满足。只有当一个领导者愿意像仆人一样服务下属，满足下属心理层面的需要，比如爱、自尊以及自我实现，与他们建立关爱、尊重、信任、接纳的关系时，才能在真正意义上获得领导者的威信及影响力，并激发员工发挥最大的潜力。格林里夫将领导者的精神实质归纳为对人的栽培，在他看来，对仆人式领导者最好的检验就是看被服务和被栽培的人是否获得有尊严的成长——他们是否变得更健康、更聪明、更自由、更有自主性。清华大学的宁向东教授形象地将仆人式领导者比喻成优秀的父母：他们任劳任怨，全心全意地为孩子服务，并不追求从孩子身上得到什么回报；他们并不会对孩子百依百顺，他们真心希望见到的是孩子有尊严地成长。

仆人式领导的概念在当今的管理学界受到广泛关注，但仆人式领导的思想不是现代社会的产物，它的产生既有西方独特的宗教根基，也有古代东方深奥的哲学渊源。比如，中国古圣先贤老子在

《道德经》中说："江海所以能为百谷王者，以其善下之，故能为百谷王。是以欲上民，必以言下之；欲先民，必以身后之。是以圣人处上而民不重，处前而民不害。是以天下乐推而不厌。以其不争，故天下莫能与之争。"古印度的思想家考底利耶提出，英明的君王以臣民之乐为乐。诺贝尔文学奖获得者赫尔曼·黑塞（Hermann Hesse）在《东方之旅》一书中讲述的一个小故事，为我们理解仆人式领导提供了深刻注解。

> 有一群人前往东方进行一次探险，团队中的每个人都很有主见，并愿意充当领导的角色。服务他们的是一位叫李奥的仆人，他负责为所有人提供生活服务。他的乐观主义和他的歌声总是陪伴着他们，鼓舞着他们。有李奥的陪伴，这一次探险旅行似乎成了一次美妙的观光旅游，一切都出乎意料地顺利。但是有一天，李奥突然消失不见了。这群人立刻陷入一片混乱之中，所有人都试图说服别人听从自己的建议，但是没有一个人能够获得别人的信任。最后，整个探险活动被迫停止。人们忽然发现：原来失去了仆人李奥，他们就失去了领导。①

格林里夫认为，与传统的威权式领导强调绝对权威、自我服务、权力驱动相反，仆人式领导将爱、服务和牺牲看作领导力建立的基础，同时将倾听、说服、感同身受、疗伤、省察、抽象化/概念化、管家意识、预见力等概括为仆人式领导的典型特征。②（1）倾听。仆人式领导者努力寻求团队的意愿，并帮助这些意愿清晰化，强调对每个人内在声音的聆听，尽力体会每个人身、心、灵的流露。（2）说服。仆人式领导者努力寻求让他人信服，在群体中

---

① 张家鹏. 团队的专业创造力，究竟从何而来? 网易，2022-07-07.
② 王坤. 仆人式领导理论：把服务他人放在优先位置. 中小学管理，2013（5）：26-28.

建立共识，而不是胁迫他人服从，也不用职务上的权威在组织内推动决策。（3）感同身受。仆人式领导者力求理解他人并体会他人的心意，认为每个人都需要他人接纳自己并认知自己心灵的独特性。（4）疗伤。仆人式领导者擅长为自己和他人疗伤，认为很多人都藏着一颗破碎的心灵，受过这样或那样的伤害，自己需要帮助周围的人成为身、心、灵健康的人。（5）省察。仆人式领导者高屋建瓴，善于从统一的角度来看待问题和形势，并帮助人们建立崇高的道德与价值观。（6）抽象化/概念化。仆人式领导者具备强大的愿景和信念，能够超越日常的现实生活和短期目标，从抽象的角度透视问题，把握实质。（7）管家意识。仆人式领导者受托为更大的社会利益管理企业，像管家一样，把服务他人的需要作为首要承诺。（8）预见力。预见力是仆人式领导者与生俱来的特征，能够让他汲取过去的经验教训，了解当前现实，明确决策可能带来的结果。（9）致力于员工成长。仆人式领导者积极帮助组织中的每个人成长，不仅对员工的职业成长负责，还关注其个人发展、心灵成长。（10）建设社区。通过为社区做奉献，带动大家共建社区。

仆人式领导改变了我们对领导力的传统认知，开创了全新的领导范式，同时还蕴含着丰富的量子思想。在本质上，仆人式领导就是量子领导、赋能型领导、创新型领导、变革型领导。仆人式领导是量子领导的一个典型模式，二者的思想观点和内涵特征具有明显的一致性（见表 5 - 1）。

表 5 - 1　仆人式领导与量子领导的对应关系

量子领导	仆人式领导	核心观点
愿景引领	抽象化/概念化	专注梦想，从长远角度看待问题
	预见力	善于总结经验，预见决策的未来影响
	建设社区	致力于建立具有亲密人际关系的社群

续表

量子领导	仆人式领导	核心观点
无我利他	倾听	主动、真诚地倾听员工的声音
	说服	依靠说服而不是职位权力来推动决策
	感同身受	理解他人，接受和认可他人的独特性
	疗伤	有能力治疗自己以及他人的创伤
赋能无为	管家意识	致力于组织愿景的实现，给员工支撑，为他们服务
创新激励	致力于员工成长	心怀员工成长的承诺，肩负促进员工成长的重大责任
直觉顿悟	省察	有深刻的自我知觉，对自己的信念、价值观等有清晰的认识

愿景引领

仆人式领导者不仅是为他的下属和追随者服务，更是为组织的使命和愿景服务。确切地说，仆人式领导者其实是通过服务下属来为组织的使命和愿景服务。他们会时刻受到自身使命的驱动，通过奉献与服务获得内心的满足，感受生命的意义。正如左哈尔所说，所有伟大的领导者做事都不仅仅是为了自己，服务型领导者的行动更富有超我的价值，如善良、公正、真理，为了民众福祉，解救或启蒙他人；如果说普通的领导者是为他们的同事、族群、公司或国家服务，那么服务型领导者就是为他们最崇高或最神圣的理想和信念服务。《第五项修炼》的作者，管理学大师彼得·圣吉（Peter Senge）也认为，每个人生下来就有一个使命，生活的目标就是去发现它，而仆人式领导者的最终目标、终极追求，就是去发现符合其使命的个性品质和资源，价值智慧和力量，并用这种方式去服务生命。

无我利他

心理学家诺埃尔·伯奇（Noel Burch）构建的能力意识阶梯模型可以作为领导力进阶的四个步骤，从不知道自己不知道，到知道自己不知道，再到知道自己知道，最后到不知道自己知道。在绝大多数情况下，领导行为的失败就在于领导者过分关注自我，与关注自我相对的是不知道自己知道，这是一个无我的状态，也是领导力成熟的标志。仆人式领导在本质上就是一种无私和无我的哲学，"仆人"这个概念本身就代表无我和利他。仆人式领导者没有自我，也可以说具有多个自我，或者说他们正是通过倾听、疗伤、劝导、感同身受将自己转化成为无数个"他人"，无数个"他人的自我"。仆人式领导者虽然是领导者，但他们走出自我认知的藩篱，在充分肯定他人感受、认同他人需要和利益的基础上，深躬自省、自以为非，以不知道自己知道的心态和身份来从事领导活动。

灰度妥协

灰度妥协的特征虽然没有在仆人式领导中明显地体现出来，但是仆人式领导这一概念本身就充分表达了它的矛盾整合性。在管理大师吉姆·柯林斯看来，第五级领导是仆人式领导，他们在本质上就是一个矛盾综合体：他们既雄心勃勃，但又并非关注自身，而是将注意力集中在能带来胜利的员工身上，将他们看作一项更大的事业的一部分；他们虽然拥有权力，却态度谦逊，绝不迷恋权力，将权力看作为大众谋取福利的工具；他们虽然身为"仆人"，却不会对下属百依百顺，依然拥有强大的自我意识和判断力，对标准和原则毫不妥协。仆人式领导者之所以可以做到兼容矛盾，保持灰度，在根本上源于他们有一个"远方"的坚持，将心中的愿景看作终极目标，因此才能不执着于自己的身份角色，满怀谦卑，在员工成长的过程中为他们提供切实的帮助和情感上的支持。

赋能无为

仆人式领导所倡导的是一种全新的领导模式，这种模式以服务员工为第一要务，更多的是用指导、培养、授权、支持、帮助、倾听等方式来对待员工。仆人式领导认为领导者首先是一个服务者，领导和管理的本质并不是依靠权力颐指气使，也不是控制和指挥员工，而是放低姿态，弱化自己的管理角色，目的是给员工支撑，为他们赋能，让他们成为组织的主导者和建设者。仆人式领导者总是扮演一种老子在《道德经》中所描述的"无"和"水"的角色，拥有一种"无为"和"水性"的领导力："有生于无""上善若水，水利万物而不争""江海之所以能为百谷王者，以其善下之"……"无"虽然看不见，但它是世界的本体，是万事万物产生的根基；"水"滋养万物、包容万物，但它又是最默默无闻的存在——"无"和"水"看似无形，看似柔弱，却拥有孕育万物、赋能万物的至善力量。

创新激励

仆人式领导者天生具备的开放、包容的特征使他们更具整体意识，不会坚持已有的认知和固定的观念；当周围的环境发生变化或出现革新的趋势时，他们能把握趋势动向，利用直觉判断进行创新和变革。这解释了为什么左哈尔用"以爱为名"来形容仆人式领导者——独角兽并不存在，但出于"爱"它被创造出来。这里的"爱"就是基于对他人和世界深层次的感知和连接所产生的一种强大的创造性力量。她在《量子领导者》一书中说，仆人式领导者的行为和创造力并不是从人的爱恨情仇与渴望善举的愿望出发，而是出于深层的奉献精神；他们所采取的策略往往天马行空，而且很高明，不仅能考虑到人本性中的好坏善恶，还能为己所用，进一步推动自己的事业发展。

直觉顿悟

直觉和顿悟是指通过连接外物、融入他人所实现的一种领悟事物之间的紧密关系、瞬间把握事物本质的能力。仆人式领导者具有无我利他、赋能无为的核心特质，他们所达到的忘我的无私与广博的爱的境界，正是他们与世界紧密连接、深度融合的具体体现。也正因如此，仆人式领导者善于跳出琐碎的日常和繁杂的细节，从长远和抽象的角度分析、思考问题，不仅拥有敏锐的洞察力和强大的直觉判断能力，还能以此为基础进一步预见未来的发展方向。这种强大的直觉和顿悟能力被英国著名哲学家以赛亚·伯林（Isaiah Berlin）描述为"一种深邃的历史感"。在他看来，伟大的政治领导人都具有这样的共同点：他们经验丰富，能够从共情视角去理解他人，且对时代形势十分敏感。这几项技能为他们建构起一种厚重的现实感，一种非常普通的、凭借经验的、近乎审美的个人能力。①

仆人式领导于 20 世纪 70 年代提出，它在今天受到广泛关注，很大程度上是因为它适合我们这个时代、适合现在的新生代员工以及越来越多的"超级个体"。就像中国人民大学的李育辉教授所说，新生代员工和超级个体拥有颠覆组织创新的能力，他们需要的不再是传统的交易型领导、威权式领导或者是魅力型领导，而是仆人式领导。在李育辉教授看来，仆人式领导姿态谦卑，总是会"后退一步"，而且更关爱员工，让员工始终处在一个比较独立自主并且愉悦的工作状态中；仆人式领导者就是一名连接者，连接组织内外部的工作网络，为下属清除障碍并为其成功创造有利的外部环境，是利他导向、赋能导向的，总是将员工当作合作伙伴来看待。

---

① ［美］克里斯琴·马兹比尔格，［丹］米凯尔·拉斯马森. 意会时刻：用人文科学解决棘手的商业难题. 石幼佳，译. 成都：四川人民出版社，2018：179 - 180.

⫸　华为：灰度哲学与灰度管理

灰是一种颜色，是黑与白的和合，它同时也象征着一种混沌、模糊、多元和不确定性的状态。混沌、不确定性等灰度表现不仅是我们这个时代的典型特征，也是现实中很多企业实际面临的局面。面对互联网浪潮的巨大冲击，我们赖以成功的思维模式不再成立，各种矛盾、复杂的因素并行交织、深度关联——企业既具备成功的经验，又易陷入路径依赖的怪圈；既有转型升级的动力，又遭遇各种能力的短板；既有资源技术的积累，又面临创新变革的挑战。在充满不确定性的灰度状态中，一种代表机会和希望的力量在酝酿：正是因为灰既不是黑也不是白，所以灰本身就代表一种没有定型的活跃状态。这种状态充满生机，隐含着各种各样的可能性，从混沌走向清晰，从隐含走向显现。在这一层意义上，灰度不仅不需要避免，反而表现为一种持续的生命力，它不仅有助于我们理解企业发展的底层规律，还能让我们超越具体的经营场景，在灰度状态中实现突破和成长。

灰度是任正非最重要的哲学理念，也是他管理华为的思想工具和理论出发点。任正非的管理理论涉及面非常广泛，灰度、耗散结构、混沌、自组织、熵等概念虽然来自哲学和物理学领域，但并不妨碍任正非对它们的理解，反而成为其思想和智慧的源泉，被充分地贯彻到华为经营的各个方面。灰度、耗散结构、混沌、自组织、熵等概念不仅蕴含着丰富的非还原论、非机械论、非决定论思想，还与量子理论的核心理念密切相关。虽然任正非可能对量子理论本身并不熟悉，但是他的灰度管理哲学以及华为的灰度管理方法能用量子理论进行充分解释，量子理论和量子思维完全可以为华为的管理思想和实践理念提供理论背书和方法依据。

任正非的灰度价值观

创新战略顾问王民盛在他的著作《华为崛起》一书中，以"任正非世界观的破与立"为主题，分析了任正非思想的演变过程。他认为，任正非中青年时期在军队度过，军事体系自上而下的指挥系统、基于明确目标的任务设置、严格的控制机制等在本质上反映的是以还原论、机械论、决定论和静态均衡为特征的牛顿/机械世界观，所以早期任正非的管理思想主要来自这种牛顿式的军事管理体系。然而，由于牛顿世界观并不重视信息与机械的相互作用，而通信行业的核心技术就是信息传输，所以任正非早期的思维观念很快与现实发生了冲突——2000年华为人心涣散，被港湾公司挖墙脚，公司甚至濒临倒闭。所以在王民盛看来，任正非要带领华为走出困境，唯一的解决之道就是回归问题的原点，重塑自己的世界观。任正非找到的办法就是由牛顿世界观走向耗散结构和自组织系统，其特征是非还原论、非机械论、非决定论和动态演化均衡。这些理论构成了任正非管理哲学的起点，由这些理论衍生而来的灰度管理以及开放、妥协、耗散等理念观点不仅构成了任正非管理哲学的核心，也成为他带领华为实现重生的关键。

任正非就是一个有"灰度"的人。华为研究专家吴春波曾说，基于他20多年的近距离观察，他发现任正非身上具有各种复杂和矛盾的要素：既脾气暴躁，又静水潜流；既铁骨铮铮，又柔情似水；既疾恶如仇，又宽容妥协；既有霹雳手段，又有菩萨心肠；既有理工男的做派，又有文艺青年的气质……总之，任正非是一个棱角分明的人，一个难以描述的人，一个真实的人。"南风窗"高级记者何子维在《是什么塑造了任正非》一文中曾写道，任正非比人们想象的更加深刻。在吴春波和何子维看来，任正非自身的灰度特征潜移默化地反映到他的哲学理念和思想观点中：他推崇灰度哲学，信奉"合二为一"，而不是黑白势不两立的"一分为二"；他强调开放与妥协，反对斗争哲学，崇尚合作精神与建设性。更为重要的是，任正非并不是只用自身的灰度性格来管理华为，而是将灰度上升为一种世界观、思维方式以及经营哲学，用一套系统的灰度管理方法对华为的实践进行指导。

开放、妥协与灰度

任正非把灰度看作考核干部领导力和经营管理能力的重要内容，同时将它作为选拔干部的重要标准。在《灰度领导力，管理者的必备素质》一文中，任正非系统论述了他对灰度的理解以及灰度领导力的基本内涵，其中的核心思想在华为内部被反复宣讲："一个领导者重要的素质是方向、节奏。他的水平就是合适的灰度。坚定不移的正确方向来自灰度、妥协与宽容。一个清晰方向，是在混沌中产生的，是从灰色中脱颖而出的。方向是随时间与空间而变的，常常又会变得不清晰。并不是非白即黑、非此即彼。合理地掌握合适的灰度，可以使各种影响发展的要素在一段时间和谐，这种和谐的过程叫妥协，这种和谐的结果叫灰度。"

（1）清晰的方向来自灰度。虽然当前企业的生存环境不再处于简单、纯粹、利于辨识的黑白状态，而是呈现混沌、多元和不确定性的灰色特征，但这种混沌、模糊的状态中蕴含着多种可能性以及未来的发展方向。在这个意义上，灰不仅不是黑和白的简单融合，反而是对黑和白的全面突破和超越。正如任正非所说："一个清晰的方向，并不是非黑即白、非此即彼，而是从混沌中产生的。即使再好的企业，在周围大环境的影响下，方向也会变得模糊和不确定，只有随着时间和空间不断改变方向，合理地掌握合适的灰度，才能从灰色中脱颖而出。"

在充满灰度和混沌的 VUCA 时代，面对的灰度领域、灰度地带和灰度问题越多，企业越需要冷静下来，回归发展的原点，努力回答我是谁，为谁创造价值，要坚守怎样的价值观这些最根本的问题；越需要回到企业发展的基本面，经营人才、经营客户，苦练基本功。在这个选择多元、价值迷茫、奋斗热情持续衰减的时代，企业家更需要具有强烈的道德感召力，用坚定的目标追求、远大的理想抱负、普适的价值观和积极健康的心态，为组织持续输入正能量；越需要凝聚人心，达成共识，带领大家在混沌之中找到方向、探索出路。在任正非和华为的领导层看来，灰度和妥协正是辩证法指导的结果；有灰度、不执着，才能视野开阔，看清未来的方向；灰度和妥协不是软弱，恰恰是更大的坚定。

(2) 宽容是领导者的成功之道。任正非认为，任何工作无非同物打交道和同人打交道两个方面。不宽容虽然不会影响同物打交道，但一旦同人打交道，宽容的重要性就会立即凸显出来。宽容的本质在于容忍人与人之间的差异，就是要将不同性格、不同特长、不同偏好的人凝聚在一起。在他看来，宽容虽然与退让有相似点，但宽容所体现出来的退让是有目的、有计划的，主动权掌握在自己手中，无奈和迫不得已都不是宽容；宽容能减少对抗，让大家能坚定不移地朝正确的方向前进。特别是在互联网环境下，企业的边界日益模糊，企业展开跨地域、跨文化的合作越来越频繁，与企业命运直接关联的员工和消费者在文化、价值观和需求等方面越来越多元化。面对新的形势和挑战，企业家只有努力提升开放、包容、协同的意识和领导能力，才能更好地融入市场，整合资源，发现新的机会。

曾有人将称职的领袖人物或领导者的胸怀比喻为垃圾处理场，意思是领导者要善于倾听，不能掩耳盗铃，要能对听到的信息进行有效的收集、分类、加工。在这个过程中，往往没有绝对的黑和白，各种信息和观点不仅相互渗透、相互转化，而且相互促进、彼此激发，最后涌现出超越黑和白的灰色或灰度。所以，灰度理论所倡导的宽容不是不分黑白和没有原则的"和稀泥"，而是既能了解黑、白所代表的事物的两个极端，又能超越极端，做到"叩其两端而执其中"。也就是说，宽容在坚持原则和方向的基础上，不仅能将矛盾的信息观念融为一体，还能根据情况的变化适时调整，找到最适宜解决问题的确切路线和"黄金中道"。在华为，任正非一直要求管理者对下属宽容，他认为领导干部只有放下是非黑白，才能海纳百川、心存高远。他所提倡的"砍掉高层的手脚"，就是让高层管理者领会宽容，把握灰度，并以此洞察人性，理性地处理工作中所要面对的各种矛盾关系。在处理犯错误的干部时，任正非一直采用灰度和宽容的方式——在明处高高地举起拳头，在私下轻轻地放下安抚，既不一棍子打死，也不放任纵容，对事旗帜鲜明，对人宽容妥协。

（3）没有妥协就没有灰度。在很多人眼中，妥协就意味着软弱、让步和不坚定，似乎只有毫不妥协方能彰显英雄本色。然而，这种理解本身所隐含的是人与人之间只存在控制与被控制、征服与被征服的对立关系。在这种非此即彼的二元思维下，妥协也就失去了它应有的意义。作为灰度体系中的一个核心概念，妥协不仅是一个纯粹的褒义词，更代表一种理想状态、一个我们都要努力达成的目标。妥协的英文单词是 compromise，它由表示共同的词根 com- 和表示承诺的单词 promise 共同组成，所以 compromise 的本意就是共同承诺；在中文中，妥的意思是稳妥，协则表示相互协作，妥协的意思就是稳妥地相互协作。妥协就像是由各种音乐共同组成的和声，这种和声不仅能将参差交错的音乐整合起来，让它们产生和谐统一的效果，还能形成一种超越原有音乐的全新层次，赋予原有音乐全新的意义。

　　任正非不仅完全认可妥协的意义，还对妥协有着极为深刻的理解。在他看来，妥协是双方或多方在某种条件下达成的共识，是大家为了实现某个具体目标所做出的共同努力和承诺，是为了实现共同目标所采取的迂回方式和协作手段——这个承诺的过程和结果就是和谐，也就是妥协和灰度。他曾在一篇文章中对"妥协"做了这样的诠释：妥协是对坚定不移的正确方向的坚持，坚持正确的方向与妥协并不矛盾——方向是坚定不移的，但道路并不是一条直线，也许是不断左右摇摆的曲线，在某些时候，可能还是一个圈，但是离得远一些来看，它仍指着前方。妥协并不意味着放弃和一味地让步，它是一种适当的交换——为了实现主要目标，可以在次要目标上做出适当的让步，以退为进，通过适当的交换来确保目标的实现。妥协也是非常务实、通权达变的丛林智慧——凡是人性丛林里的智者，都懂得在恰当的时机接受他人的妥协，或向他人作出妥协，目的是让双方或多方在某种条件下达成共识。妥协更是一种美德，是一种让步的艺术，掌握这种高超的艺术是管理者的必备素质——只有妥协，才能实现双赢和多赢，否则必然两败俱伤，因为妥协能够消除冲突，而拒绝妥协是对抗的前奏。因此，如果我们的各级干部真正领悟了妥协的艺术，学会宽容，保持开放的心态，就会真正达到灰度的境界，就能够在正确的道路上走得更远，走得更扎实。

　　(4) 坚决反对完美主义。任正非一直强调管理变革的重要性，认为管理的改革永无止境，除非公司到了破产的那一天，否则一定要坚持变革毫不动摇。与此同时，他又提出在推行各种政策时，只要大的环节想明白就可以，然后在推行过程中慢慢优化；管理变革要坚持从实用的目的出发，倡导遵循"七反对"的原则，即坚决反对完美主义，坚决反对烦琐哲学，坚决反对盲目的创新，坚决反对没有全局效益提升的局部优化，坚决反对没有全局观的干部主导变革，坚决反对没有业务实践经验的人参加变革，坚决反对没有充分论证的流程进入实用。

华为"先僵化，后优化，再固化"的管理创新原则就是一个逐渐优化，反对完美主义的典型例子。"先僵化"是指不盲目变化，找到一个学习的标杆，照着做，不质疑；"后优化"是指在学习外部经验的基础上，让外部经验在一些部门先落地，然后再结合自身的问题进行创新和优化，做进一步的改良；"再固化"则是指把优化过的流程和管理行为制度化、程序化、规范化、标准化，然后全员推广。"先僵化，后优化，再固化"的过程持续进行就构成一个延续不断的创新循环，华为就是在这个渐进演化的创新循环中，持续完善，稳步前进，让目标在踏踏实实的工作中完成。华为的"七反对"原则，在本质上是从实用的目的出发，坚持适用原则，从管理进步中要效益，践行灰度思想的具体体现。正如任正非所说："中华文化之所以延续到今天，与其兼收并蓄的包容性有关。我们要有灰度的概念，在变革中不要走极端，任何极端的变革都会对原有的积累产生破坏，适得其反。在未来变革过程中，我们强调目的才是最重要的。变革的目的就是要多产粮食提升一线作战能力和增加土壤肥力，凡是不能为这两个目的服务的，都要逐步简化。这样才可能在以客户为中心的奋斗目标下，持续保持竞争的优势。"

（5）因地制宜、实事求是。灰度表现在行动维度上，就是要专注当下，因地制宜，实事求是。灰度不会凭空产生，开放、包容、妥协更不是空洞的口号，它们只存在于行动中，依靠脚踏实地的努力和实践得来。灰度就是坚守一个目标，尝试各种方法，即使遇到问题和挑战也毫不迟疑，不达目的绝不罢休；灰度就是务实，通权达变，在坚持原则的基础上，眼睛朝下，一步步将目标"走"出来。正是基于对脚踏实地和实事求是的强调，桥水基金创始人瑞·达利欧（Ray Dalio）在他的畅销书《原则》中，将第一条生活的原则定义为"拥抱现实、应对现实"——时间就像一条河流，载着我们顺流而下，遇到现实，需要决策，但我们无法停留，也无法回避，只能以最好的方式应对。

任正非早年间曾说，华为是从一家小公司脱胎而来，还有小公司的习气，在思维与操作上不能完全职业化；华为是从杂乱的行政管制中走过的，流程化治理的内涵还不够丰富，基于流程化工作对象的治理体系还不是很完善。面对这些管理优化的阻力，他认为最有效率的方式就是向西方学习，因为西方的职业化是从100多年的市场变革中总结出来的，这样做也最有效率。但任正非同时强调，向西方学习，一定不能照搬照抄，照搬西方的管理一定会水土不服，也不是实事求是。他倡导的实事求是就是将公司发展几十年来的成功经验和管理哲学总结出来，再用西方的方法加以规范，使之标准化、基线化，以利于传播与掌握——面对未来的风险，只能利用规则的确定来应对结果的不确定，只有这样，才不是一个僵化的西方样板，在未来面对风险时才能随心所欲不逾矩，才能在发展中获得自由。

华为管理的四个关键字

在《下一个倒下的会不会是华为》这本书中，华为研究专家田涛和吴春波将华为的管理总结为四个关键字，即人、事、中、变。具体而言，这里的"人"是指以客户为中心，以奋斗者为本的价值观；"事"是指开放创新的业务模式，合作竞争的市场观念；"中"是指灰度、开放、妥协的中庸思想；而"变"则是指自我批判、能量耗散的变革理念。人、事、中、变一方面是华为经营战略的集中体现，反映了灰度哲学的核心内涵；另一方面构成了华为灰度管理的四个维度，形成一个完整的灰度管理实践体系。

（1）人：以客户为中心，以奋斗者为本的价值观。其中，"以客户为中心"是华为存在的理由——企业活下去需要利润，而利润只能来自客户；"以奋斗者为本"是华为创造客户价值的基础——只有给那些有能力的奋斗者最大的激励，企业才能更好地服务客户。华为著名的"项目铁三角"就是为了贯彻以客户为中心而设立的跨职能部门的核心管理团队，由客户经理、解决方案专家和产品交付专家共同组成。这个三位一体的小团队与用户的连接最为直接，是华为的一线决策者，其宗旨是以最快的速度响应市场的"炮火"，为用户提供最快最优的服务。华为非常强调"奋斗者"这三个字，以奋斗者为本就是要求组织和个人不甘于平庸，在聚焦客户价值的基础上，以员工为本建立驱动奋斗的机制。华为认为，以奋斗者为本的"本"，就在于不能让"雷锋"吃亏，要给予奋斗者高于非奋斗者的待遇，这既是让更多员工成为奋斗者的必要条件，也是对他们过往努力的认可。

"以客户为中心，以奋斗者为本"，一个是外部导向，一个是内部导向；一个是目标层面的核心价值主张，一个是途径层面的具体方法；二者相互支持、相互配合，共同构成了灰度的黑、白两面。任正非曾指出，以客户为中心，以奋斗者为本就是两个矛盾的对立体，它们构成了企业的平衡。在著名管理专家王育琨看来，以客户为中心，以奋斗者为本正是任正非对灰度的体认，是他灰度哲学的阴阳两面。王育琨说："任正非在混沌、无常、灰度中摸索了 70 多年，慢慢体悟出'无中生有'的道理。做企业必须对混沌、无常和灰度有一种体认，同时必须有一种可以划破混沌太空的闪电。这个闪电就是你独一无二的绝活，如此你就必须以客户为中心，以奋斗者为本，长期艰苦奋斗，坚持自我批判。这是任正非哲学的阴阳两面，缺一不可。"

（2）事：开放创新的业务模式，合作竞争的市场观念。在华为快速发展的过程中，创新起到了核心作用。《华为基本法》规定，华为每年都要拿出不少于销售收入的 10% 投入研发。2019 年，华为研发支出达到 1 317 亿元，占其销售收入的 13.9%，远远高于百度、阿里、腾讯的总和，占中国顶尖公司研发总费用的 60% 以上。2021年 3 月，华为发布的 2020 版《华为创新和知识产权白皮书》显示，从 2005 年开始，华为在欧美申请的专利呈直线上升趋势，华为的创新成果更是在多年前就赶超国际领先水平。

华为虽然在创新领域取得了很高的成就，其自主创新也是很多企业追求的目标，但任正非始终强调，华为这 30 多年来一直是一个开放的群体，华为所做的不是自主创新，而是开放式创新和包容式发展。具体而言，开放式创新是指利用全球专家资源实现共同创新，实现资源与能力的共享；包容式发展则是指创新的成果要让全人类、全行业共同享有，共同使用。与开放式创新相配合的就是华为合作竞争的市场观念。2000 年左右，随着国际化的基本成功，华为面临的一个重要问题就是如何应对跨文化管理的冲突，华为最终选择的策略就是合作竞争。一个典型的例子是在 2003 年，当思科以侵犯专利为由将华为告上法庭时，华为最初打算与对手展开一场针锋相对的较量，但一个偶然的机会，受到英国"光荣革命"*的启发，华为高层意识到以妥协替代暴力，由竞争转为合作才是立足世界的思想逻辑，也就是说，在业务拓展和国际化进程中，只有从全局考虑，给竞争双方都留些余地，才是真正的竞争之道。所以在 2004 年，华为与思科达成和解，二者由最初的攻防战转化为合作竞争。"友商"这个概念是华为在思考合作竞争的过程中产生的，"友商"是指既有

---

　　* 1688 年的英国"光荣革命"依靠理性的谈判与妥协，避免了暴力和战争，最终各利益阶层达成和解。

竞争也有合作，强调同行企业在合作竞争的过程中要积极创造建设性的行业生态和协作关系。容易看出，开放与创新、合作与竞争是充满辩证性和灰度的两组概念，华为用实践证明，开放创新和合作竞争本身就代表了宽容、妥协的灰度智慧。正如任正非所说："只有妥协，才能实现双赢和多赢，否则必然两败俱伤，因为妥协能够消除冲突，而拒绝妥协是对抗的前奏……竞争是竞争，合作是合作，同行之间本来就是竞合的博弈状态……华为要成为灯塔，但这个过程不是要让爱立信、诺基亚这种灯塔倒下，而是让大家一起成为灯塔。"

（3）中：灰度、开放、妥协的中庸思想。无论是以客户为中心、以奋斗者为本还是开放创新、合作竞争，都说明华为走的是东西方文化相融的中庸之路。华为倡导的灰度、开放、宽容、妥协在本质上与中庸思想一脉相承，彼此贯通。很多人都把中庸理解为折中主义、没有原则，但中庸的真实含义是基于对事物的整体性和辩证性把握，在纷繁复杂的矛盾中发现规律，找到解决问题的最佳路径的思想和方法。中庸不仅不是平庸，反而代表一种极致、分毫不差的完美状态。正是在这一意义上，北宋理学家程颐给中庸下的定义是："不偏之谓中，不易之谓庸。中者天下之正道，庸者天下之定理。"孔子也曾说："白刃可蹈也，中庸不可能也。"意思是利刃是可以踩上去的，但真正的中庸太圆满、太完美，连他自己都做不到。

灰度和中庸不仅构成任正非认知、洞察世界的坐标，它们自身也是一个开放和包容的体系，是对开放和妥协的最好诠释——开放是妥协和灰度的前提，妥协则是打破极端思维和完美主义的利器，是灰度和中庸管理的手段。一方面，灰度、开放、宽容、妥协常常作为关键词出现在任正非的很多文章和讲话中；另一方面，任正非的这些观点和思想为我们理解灰度、理解华为提供了重要参照。

　　任何事物都有对立统一的两面，管理上的灰色是我们的生命之树。我们要深刻理解开放、妥协、灰度。

　　只有宽容才会团结大多数人与你统一认知方向，只有妥协才会使坚定不移的正确方向上减少对抗，只有如此才能达到你的正确目的。

（4）变：自我批判、能量耗散的变革理念。"熵"是热力学中的一个概念，却被任正非用于华为的经营管理，是他管理思想的凝练和升华。简单来说，"熵"是对一个系统无序和混乱程度的描述，对于任何一个孤立系统来说，它的熵值或者说混乱程度一定会持续增加，最后导致系统整体败落和衰亡。任正非深刻地意识到，企业积累资源、创造财富的过程也是它持续熵增的过程，企业的僵化怠惰就是熵增的明显表现。为了抵抗熵增，企业必须随时保持开放，通过激发员工的进取心和创造力，让企业成为一个充满活力的耗散结构。在本质上，保持灰度就是保持一种低熵状态，就是保持一种耗散结构——在这种状态中，各种要素交流互动、对冲碰撞，具有孕育生命的强大力量。

　　华为非常强调自我批判，并将它看作华为文化的精髓。自我批判的实质，就是通过接收外来的一切有利于组织进步的信息和能量，时刻引入负熵，让自己像一个蓬勃发展的生命体，一直处于耗散和灰度的状态中。任正非曾在一篇文章中指出，华为20多年的经验证明，是自我批判让华为走到了今天，华为还能向前走多远，取决于我们继续坚持自我批判有多久。没有自我批判，华为就不会认真听取客户的需求，就不会密切关注并学习同行的优点，就不会深刻自我反省。因此就会故步自封，不能虚心吸收外来的先进东西，不能保持内敛务实的作风，不能剔除组织中的无效成分，不能建立一个优质的管理体系。只有长期坚持自我批判的人，才有广阔的胸怀；只有长期坚持自我批判的公司，才有光明的未来。

耗散结构理论认为，一个系统的发展演化并不是外在力量强制推动的结果，而是在内部要素的非线性相互作用下，系统自动自发地由一种有序态转变为另一种有序态。耗散结构理论强调的这种自组织的发展思路与任正非的灰度变革理念不谋而合：华为在管理变革中反对完美主义，反对走极端，坚持走"保守派"和"改良主义"的路线，就是在强调不需要外界力量的推动，不刻意制定一个赶超别人的目标，而是通过不断丰富完善自己，努力将工作做好，让目标自然达成。无论是"改良主义"的创新原则，还是"先僵化，后优化，再固化"的变革路线，它们在本质上都是要保持一种创新和变革的灰度状态——这种灰度体现在空间维度上，就是要在创新中维持稳定，在稳定中谋求创新，在稳定和创新之间保持平衡；表现在时间维度上，就是要保持创新变革的节奏和频率，让企业随时处于一种动态的、有序的、充满活力的状态。

📖 **参考资料**

[1] 田涛，吴春波．下一个倒下的会不会是华为？．北京：中信出版社，2017.

[2] 吴春波．华为没有秘密．北京：中信出版社，2014.

[3] 管理百年．《下一个倒下的会不会是华为》解读．每天听本书（得到 App），2017.

[4] 任正非．华为的管理哲学其实只有两个字——"灰度"！．搜狐网，2019-03-18.

[5] 任正非．灰度领导力，管理者的必备素质．腾讯网，2020-05-20.

第6章

量子人才：参与式管理与群体智慧

✧ "薛定谔的猫"与参与性的世界

作为量子力学中的一个经典问题，"薛定谔的猫"是奥地利著名物理学家、量子力学的奠基者之一埃尔温·薛定谔设计的一个思想实验，用来说明观察主体对观测结果的影响（见图6-1）。

假如有一只猫被关在一个铁盒子里，无法逃脱。除了这只猫以外，盒子里还有少许放射性物质、一台盖革计数器和一瓶致命的氰化物毒素。如果放射性物质的某个原子发生了衰变，那么盖革计数器会探测到它的衰变并激活开关，推动一把锤子敲碎瓶子释放毒素，导致猫死亡。放射性原子的衰变完全无法预测。盒子里的放射性物质可能下一秒就会衰变，也可能一年都不会衰变。因此，既然谁也看不到盒子里的情况，那么半小时以后，谁也说不清里面的放射性元素到底有没有发生衰变。根据量子态叠加理论，这些原子同时处于衰变和未衰变的状态。但是，这也意味着盒子里的猫既是死的，又是活的——除非有观察者打开盒子，确定最终的结果。①

图 6 - 1　薛定谔的猫

资料来源：量子学派．公式之美．北京：北京大学出版社，2020：164.

　　猫既死又活的状态听起来匪夷所思，但它是量子叠加原理的一个直接推论。未打开盒子时，里面的放射性物质处于一种概率云的状态。这团概率云也就是放射性物质的真实状态，即衰变和没有衰变的叠加态或波函数状态。与放射性物质一样，未对猫进行观察时，猫的状态也是一团模糊的概率云，它也同时处于死和活的叠加态或波函数状态中。只有进行观察，才能确定放射性物质是否衰变，也就是在观察和确定放射性物质是否衰败的同一时刻，猫才会从既死又活的叠加态转化为或死或活的确定态。也就是说，是我们打开盒子的观察活动，或者我们想要知道结果的好奇心决定了猫的死活，只有在我们的参与和介入下，猫才会呈现出死或者活的经典态。这就像我们去拍卖市场买东西：在最终价格敲定前，拍卖物的价格是不确定的，它处于多种价格的叠加态中；只有在敲定价格的瞬间，拍卖物才有了一个确定的价格——是我们的购买行为让这个物品的价格由叠加态坍缩到一个确定态。

---

　　①　［英］亚当·哈特·戴维斯．薛定谔的猫：改变物理学的 50 个实验．北京：北京联合出版集团，2020：144.

　　"薛定谔的猫"说明，事物所呈现出的经典态都是我们参与塑造的结果。在我们未参与时，光子既是波又是粒子，猫既是死的又是活的；只有我们参与了，量子世界才会呈现为我们观察和认知到的经典世界——此时猫才呈现为活猫或者死猫，光子才呈现为波或者粒子。也就是说，我们观察和认知到的经典世界/现实世界不能脱离我们而单独存在，我们自身即为现实不可分割的一部分，不仅是现实的观察者和参与者，更是它的主导者和构建者，每个人对现实的形成都负有责任。正是基于对我们与现实之间主客一体性关系的强调，耗散结构理论的创始人普里高津说："所谓的现实，无非是通过我们的积极介入而展现出来的东西。"

　　由于事物的真实状态就是一团显示为概率云的波函数，对事物任何方式的观察和认知都不可避免地会对它形成干扰，而且只要进行观察，我们自身也会成为观察对象的一部分，这就注定我们不能跳出我们与观察对象共同构成的整体。最后的结果就是，无论我们采用什么方式对事物进行观察，所得到的信息都会与事物的本来状态产生偏差，产生观察者效应——波和粒子、猫死和猫活都是在特定观察手段的介入下所得到的经典结果，它们都不是光子和猫的本来状态。正如传奇物理学家约翰·惠勒（John Wheeler）所说，宇宙和世界都是人类不断介入的产物。通过观察，我们不但创造了现在，也创造了过去。量子理论中"测量即纠缠"的观点进一步说明，我们对事物的观察认知的过程，也是与它发生相互作用、融合为一个整体的过程。不同的人之所以会形成不同的观察视角和认知模式，本质上就在于每个人都与其过往的经历、活动的环境形成一个纠缠的整体，紧密关联，无法区分。在根本上，我们就是自身经历和周边环境的总和，我们就是经历和环境本身。一方面，经历和环境的不同决定了我们不可能拥有与他人相同的观察认知模式和现实观，每个人对现实的诠释不会完全相同，但各种观点又彼此平等、相互补充；另一方面，由于我们的认知模式和现实观取决于与周边事物的充分互动和纠缠，如果一个人并未（或很少）参与到我们的经历和环境中，那么我们眼中的现实对于他而言就毫无意义，他也很难发自内心地理解并认同我们的观点。

在很大程度上，每个人都是"盲人"：认知和思维的局限决定了我们只能得到关于世界的碎片化和扭曲化信息，只能摸到大象的鼻子、耳朵、尾巴。我们与自身环境和经历的纠缠关系，进一步决定了我们在摸到大象的尾巴的同时很难摸到大象的耳朵，因为每个人基于自身的判断所获得的对现实的认知不仅多种多样，还彼此隔绝、相互分立。在这种两难的情况下，要想获得事物的真实信息，还原世界的真实面貌，只能在主动拓展思维视角、收集事物多角度多层面信息的基础上，通过促进多重信息之间的连接交互和整合贯通，让大象的全貌在柱子、扇子、绳子和墙壁等多重观点的关联互动中自然涌现出来。

❀ 参与式管理与群体智慧

参与式管理

在管理学领域，参与式管理（participative management）直接体现了"薛定谔的猫"所蕴含的主客一体性以及主体对现实塑造的主导性观点。在参与式管理的理念中，不仅是领导者，组织中的每个员工都参与塑造了组织的现实，每个人都对组织的发展负有责任。参与式管理的核心思想就是要打破管理者与普通员工之间的身份壁垒，在组织中营造一种上下平等和充分协作的关系氛围，通过促进员工对组织活动的广泛参与，包括参与决策、参与管理、参与监督、参与受益等，让他们为自我的成长和组织的发展担负责任。平等、开放、互动、协作构成了参与式管理的关键词。

现代管理理论之父切斯特·巴纳德（Chester Barnard）在《组织与管理》一书中开宗明义地强调了人的参与对组织效率的积极作用，他指出："组织内所有促进协作的行为都涉及一个问题，即个人是否愿意、乐意并有兴趣参与进来。"但是，在传统的牛顿组织中，员工在本质上扮演的就是工具人、依附者的角色，并没有真正的参与权，或者说他们参与组织的深度和广度都远远不够。参与式管理从根本上打破了牛顿组织中员工经济人和工具人的假设，重新定义了组织管理中的主客体以及他们之间的相互关系。在这里，员工不再是被命令和被控制的对象，而是与管理者拥有平等地位的主体，一个有责任心、自主性强、富有创造力的社会人和自我实现人；管理者不再是传统观念中的绝对主体，他们与员工相互配合、彼此协作，为实现组织的高标准目标共同努力；管理工作不再是管理者的专权统治，它打破了管理者与普通员工的身份壁垒，让管理者和员工在平等协作的过程中同时发挥主导作用，共同为组织的发展负责。参与式管理体现了量子理论主客一体的核心观念，在知识经济时代具有更加重要的意义，可以看作针对知识型员工的核心管理方式。

量子理论认为，受制于观察和认知的局限，我们所获得的信息总是片面的甚至是扭曲的，任何观察和测量都会存在偏差。只有采取众人参与的做法，我们才能少犯错误，才能在广泛的沟通协作中获得对事物的全面认知。在参与式管理中，每个员工都是与管理者平等的观察者和测量者，他们的广泛参与和主动决策不仅有利于了解、掌握一线信息，灵活把握市场动态，还能有效避免管理者基于过往经验和直觉判断所产生的一切尽在掌控中的自负和错觉，从而进一步防止管理者的决策失误以及可能引发的企业风险。实践也一再证明，在加速变化的环境中，往往只有一线员工才能掌握市场的最新动态和用户的真实需求，只有通过员工的广泛参与和积极响应才能多角度、全方位地认识、了解问题，同时集思广益，博采众长，产生更有价值的创意和想法。按照"测量即纠缠"的量子逻辑，如果员工没有亲自参与计划与决策，他们就很难感受到目标和计划的重要意义，也就不会对目标和计划真正感兴趣。只有让员工亲自参与组织的管理活动，让他们深刻体会到自己就是组织中的一员，他们才可能在明确上级意图、充分感受信任的基础上，将自身利益与组织利益结合起来，全力以赴实现目标。

需要强调的是，参与式管理虽然强调员工广泛参与、自主决策，但并不意味着每个人都能不受拘束地发表意见、制定决策。在鼓励员工积极参与，充分给予他们发言权的同时，还要让他们肩负起事务处理、目标达成以及绩效改善的具体职责。正如代表关联性的波动与代表个体性的粒子之间是一种平衡和协调的关系，具备波动性的广泛参与、协同合作与具备粒子性的自我管理、自主决策之间也需要彼此协调、相互平衡。所以参与式管理既不能单纯地强调自主、权力和人本，也不能完全倾向于目标、责任和效率，只有兼顾自主与目标、权力和责任、人本和效率，并时刻保持它们之间的动态平衡，才能真正发挥作用。正是在这一层意义上，德鲁克曾指出，员工必须为自己的工作设定目标，并根据目标来进行自我管理，同时他还要负责整个操作流程的持续改善，在确定企业的目标、做出企业的决策等方面分担责任；管理者不仅要用具体的职责目标来规范约束自己，还要从更高的认知维度出发，系统考虑企业的生存和发展问题，为实现组织的目标进行积极的创造性劳动，建立更加完善和谐的群体关系。从矛盾平衡的角度，早期的美国政治学家、管理学家玛丽·福列特（Mary Follett）在其著作《动态的行政管理》一书中，将参与式管理定义为"管理者与雇员之间的和谐"。她同时强调，"我们应当记住，我们永远不能把人与机械截然分开……对工商领域中人际关系的研究与对生产技术的研究密不可分。"[①]

"1＋1＞2"的群体智慧

在量子理论的观念中，我们对事物的观察和认知永远都做不到客观，因为在观察和认知的过程中，我们与被观察事物融为一个整体。正是我们与事物之间的主客一体关系，决定了我们观察、认知到的事物不仅是碎片化的，还是扭曲的，甚至是谬误化的——真实的猫是非死非活的叠加态，但在我们的观察下，只能表现为猫死或者猫活；真实的光子非波也非粒子，但在我们的介入下，它只能呈现为要么是波要么是粒子的经典态——真实的事物与我们观察到的事物正如既死又活的猫与猫死或者猫活之间的差别，迥然相异，截然不同。

然而，我们又不能因为只能获取事物的碎片化和扭曲化信息而放弃对事物的观察和认知，因为它们是获取事物信息的唯一方式和手段——只有知晓了猫既是死的又是活的，才能突破死和活的经典态，发现一个超越生死的既死又活的叠加态；只有知道了光子既能表现为波又能表现为粒子，才能突破传统思维，发现光的波粒二象性及其波函数本质。被尊称为禅宗六祖的慧能大师将佛法比喻为"指月之手，渡河之筏"，意思是佛法不是真理本身，但它是通往真理的路径。这里的"月"以及"河"的彼岸就分别代表着真理和觉悟，"手"和"筏"则代表通往真理的路径。虽然在对事物进行认知和测量时，我们的认知方式和测量手段会在很大程度上扭曲事实，

　　[①]　罗珉. 德鲁克与他的论敌们：马斯洛、戴明、彼得斯. 北京：北京燕山出版社，2016：220.

造成假象，但是它们的作用正如"指月之手"与"渡河之筏"——脱离了"手"和"筏"的指引，我们就很难"看到月"，不能"渡过河"；想要"看到月"，顺利"渡过河"，就只能借助"手"和"筏"所发挥的媒介性作用。

群体智慧是参与式管理的另一个核心命题。在参与式管理中，企业的决策机制发生了革命性的变化——由过去少数领导者的专断决策，转化为组织成员共同参与，群策群力，最终形成"1＋1＞2"的群体智慧。群体智慧也称集体智慧，是一种共享的或者群体的智能，也是集结众人的意见进而转化为决策的一种过程，常常以多种形式协商一致的决策模式出现。参与式管理中的群体智慧存在于组织和社会的共同体之中，它既不属于任何专家和个体，也不是个体知识和经验的简单累加，而是在多个个体充分互动和协作的基础上所产生的既能包容不同观点，又完全超越它们的全新创意与主张，是一个具有质变效应的涌现现象（见图6－2）。

图6－2　群体智慧

大多数人都有这样的经历：当遇到难题和困境时，通常都会认为自己走进一个死胡同，无法找到出口。然而，一旦把问题拿出来，与朋友交流讨论，一个"近乎完美"的答案就会突然出现，以至于会发出这样的感慨："怎么会有这么天才的想法，我之前怎么没想到！""这么复杂的问题，这么简单的方法就给解决了？""答案怎么可能如此显而易见！"在组织中，类似的场景也很常见，一个涉及创新或变革的项目遇到了很多阻碍，甚至大家都觉得它是一个无解的问题。然而，当大家都参与这个项目的讨论，围绕着解决问题这一个目标从不同角度提出自己的想法，相互争论，彼此启发时，一个超乎所有人想象的理想方案可能就会立即涌现。与大家之前所能想到的方案相比，这个方案既完善，又有更强的现实性和可操作性。这就是参与的力量，就是在群体参与的基础上，借助各方信息的相互碰撞和交流，所产生的势不可挡的创造力和群体智慧。

猜糖果游戏是科学家们频繁做的一个简单实验——在透明的玻璃罐中放满糖果，让一群人来猜测玻璃罐中的糖果数，最后对每个人的答案、答案的平均数与实际数进行比较。这个游戏虽然简单，但它充分体现了参与式管理的思想精髓以及群体智慧形成的核心机制。以 2007 年在哥伦比亚商学院的一次实验为例，实验邀请了 73个学生参加，糖果的实际数目是 1 116 颗，而最终学生们猜到的糖果平均数是 1 115 颗。虽然每个人给出的答案各不相同，甚至千差万别，如有人猜 200 颗，还有人猜 1 500，离真实的糖果数都相差甚远，但是一旦将这 73 个人的答案平均起来，结果却与实际数字相差无几。这个实验说明，将个体力量汇集起来所产生的群体智慧远远超过了个人智慧——每个人都基于各自掌握的信息自主判断、自主决策，哪怕只是用平均这样简单粗暴的方法将他们各自的结论聚合起来，也比个人形成的判断准确得多。

猜糖果游戏综合不同结论得到的最终答案，相当于一个跳出所有偏见的全面视角——单独看，每个人的结论都是片面的、带有偏见的，但经过意见汇集和交互，就会产生一个超越所有人观点的全新结论，产生"1+1＞2"的群体智慧。如果将每个人都看作水里的鱼，那么群体智慧就相当于一个跳出水面的思维视角；如果每个成员都相当于一个脑细胞，那么组织的群体智慧就是大脑整体功能的体现。群体智慧不是一个量变的结果，而是一个系统产生质变和涌现的标志。作为复杂系统理论的一个核心概念，涌现是指基于系统个体之间的非线性相互作用，在系统整体层面所产生的一种整体大于部分之和（即"1＋1＞2"）的突变效应。在确切的意义上，涌现不仅会得出"1＋1＞2"或"1＋1＞N"的结论，许多时候它更体现为"1＋1＝苹果"——相比于"2"和"N"，"苹果"是完全不同的、具有质变性质的另一个层次的事物或现象。

复杂系统理论将一个系统的多样性、个体之间的独立性以及等量沟通看作产生涌现的三个前提条件。这里的"多样性"是指一个系统的构成要素是多元的、异质性的；"独立性"是指系统中的每个要素都具备自主性和平等性，不存在谁比谁重要、谁比谁地位更高；"等量沟通"的本质在于扁平化沟通，也就是要保持信息的公开透明，让信息在系统中自由、充分地流动。容易发现，猜糖果实验明显具备涌现产生的三个条件：首先，每个学生的能力、动机和兴趣等都存在显著差异，因此由他们组成的群体一定是多元的、异质性的。其次，猜糖果实验还有一个重要的前提条件，那就是参与实验的学生在给出自己的答案之前不允许相互沟通，目的就是要让学生保持独立——交流沟通之所以会影响独立性，是因为在交流过程中极易出现意见领袖，他们会带偏个人判断，使判断总体趋同。曾经有人尝试取消独立性，允许参加实验的人在给出答案之前相互讨论，结果就是准确率大大降低，群体智慧立刻消失。最后，猜糖果实验的任务和场景非常简单，每个学生对问题和目标都有清晰的了解，每个人都沉浸在相同信息的海洋里，因此等量沟通的条件也充分满足。

目标和关键成果（objectives and key results，OKR）是近年来

风靡全球的管理方法，具体是指明确公司和团队的目标以及每个目标要达成的可衡量的关键结果。OKR 的核心思想可以概括为以下几点[①]：首先，决策层对下属充分授权，领导的主要职责就是限定方向，比如绝大多数 OKR 都由责任人自己创建；其次，OKR 以可实现的目标为导向，根据结果和贡献激励员工，相比于传统的管理方式，它更强调公开透明，更接近扁平化管理；最后，强调远大目标的重要性，坚持长期主义，给予团队和员工充分的试错空间。在本质上，OKR 就是参与式管理，也是管理大师德鲁克所提出的目标管理（MBO）。

简单来说，目标管理就是以目标的设置和分解以及目标实施及完成情况的检查、奖惩为手段，通过员工的自我管理来实现企业经营的一种管理方法。它一方面强调完成目标，实现工作成果；另一方面重视人的作用，强调员工自主参与目标的制定、实施、控制、检查和评价。德鲁克曾指出，目标管理不是让领导来确定指标，员工来执行，而是要让员工拥有工作自主权，自行设定工作目标，实现自我管理；判断是否用好目标管理的关键，就是看它能否让员工发挥特长、承担责任，并实现团队合作和集体协作。容易看出，目标管理所强调的工作自主、自我管理、承担责任等要素正是 OKR 和参与式管理的核心理念——实现高目标追求和关键结果的过程，也就是充分发挥员工的主动性和创造力，群策群力，促进群体智慧涌现的过程。参与式管理中群体智慧涌现的三个条件，即多样性、独立性、等量沟通也与 OKR 的核心思想相统一——授权和信任保证了组织中团队和个体的多样性和独立性，而开放的氛围、充分的试错空间则为等量沟通提供了基础条件。

---

① Terry. OKR 的本质：OKR 是众多目标管理思维框架的一种. Worktile，2019 - 12 - 09.

OKR 管理最早由英特尔提出，后被引入谷歌，并一直沿用至今。作为积极布道者，谷歌对如何做好 OKR 具有丰富经验，它的具体做法也充分体现了参与式管理的核心理念。在谷歌，每个员工在每个季度都会给自己设定一个或者几个需要完成的目标，同时设定若干可以量化的关键结果用来规定目标进度。每个人的 OKR 都是公开的，会显示在个人的网页上，其他人都能看到。在每个季度结束时，每个人会根据目标完成情况给自己打分（满分是 1，未完成是 0）。由于谷歌鼓励员工设定高目标，所以一般情况下都不会达到满分，考虑到目标的延展性，每个人还可以对一些目标做修改和变动，但在每个季度进行工作总结时，这些改动要得到充分的解释和说明。虽然谷歌将 OKR 作为绩效管理的主流工具，但在考核方面没有将 OKR 中的目标完成情况作为绩效标准，而是通过上司、下属、同级和周围人的打分完成 360 度考核。这样做的目的，就是要避免员工为了通过考核而降低目标，鼓励员工通过设定高目标来实现自我突破。很明显，谷歌让员工自己设定目标，更好地进行自我管理的目的在于赋予他们多样性和独立性；而公开所有人的目标和计划保证了信息流动的充分性和透明性，使等量沟通得以实现。总体来看，谷歌的 OKR 管理是一种自下而上的，鼓励员工充分参与、自主管理、自我实现的目标管理和参与式管理方法，最终目的是在促进员工自我成长的同时实现组织的群体智慧涌现。

⚛ 员工的量子特征与新合伙制

知识型员工的量子特征

量子管理学的创始人左哈尔认为，人类是物理世界的一部分，我们的身体以及我们的心智都遵守相同的量子法则，每个人在本质上都是一个量子系统。她进一步结合量子理论基本观点，将量子自我/个体的特征总结为整体性/关联性、兼容包并、自组织、自由、自我负责、爱发问、重视心灵七个方面。① 知识经济时代，知识型员工不仅在企业的价值创造环节中占据核心地位，发挥主导作用，还日益成为组织人员构成的主体，同时呈现出量子自我的典型特征。

（1）知识型员工是整体性、关联性的。知识型员工没有权威意识，认为员工与领导之间只存在分工和角色的不同，不存在地位的高低；对于沟通、理解和信任有着越来越高的要求，并会根据自己对组织的贡献来定义自身价值；对自我实现的渴望以及对广泛协作的要求促使他们不断突破自我，充分表现出量子自我参与性、整体性和关联性的特征。

（2）知识型员工是兼容并包的。知识型员工不仅具有独特的个性、自我表达和自我实现的动机，还具有强烈的职业参与感，将创造组织的整体性价值看作自我提升、自我实现的有效途径。总体来看，知识型员工既具有独特、自我、粒子态的个体性部分，又具有分享、关联、波动态的群体性部分，是个体性和群体性的统一，具有典型的波粒二象性。

（3）知识型员工是自组织的。知识型员工关注自我成长，讲求效率，注重实干，强烈希望得到他人的认可；他们的工作动力并不是来自上级命令和组织规范，而是在使命、愿景、价值观的引领下，自我管理、自我约束、自我激励，在满足用户需求、提升用户体验的过程中，创造组织价值，实现自我发展。

（4）知识型员工是自由的。知识型员工具有较强的专业能力、

---

① ［英］丹娜·左哈尔. 量子领导者. 杨壮，施诺，译. 北京：机械工业出版社，2016：135-138.

良好的教育背景和丰富的行业经验，将知识的创造、分享和应用看作工作的目标和定位；他们普遍具有较大的流动性，渴望自由的工作氛围以及充分授权的管理模式；自主灵活的工作环境，弹性工作制，自由选择工作时间、工作地点、工作进度，是调动其积极性，点燃其工作热情的有效手段。

（5）知识型员工是自我负责的。知识型员工将自己看作世界的参与者和创造者，对组织的运行和发展负有绝对责任；倾向于从自我创造的角度去思考问题，不会将环境的局限看作阻碍发展的原因；认为每一份工作都是为自己而做，将服务组织、服务他人看作提升自我的必要手段，同时主动承担责任，并对结果负责。

（6）知识型员工是爱发问的。知识型员工相信问题可以创造答案，通过提问来引发思考、引领行动；拥有更加广阔的视野，是一群勇于向固有思维和陈旧经验提出质疑和发起挑战的人，勇于质疑、追根究底的"元思维"让他们具备充足的创造力和革新力。

（7）知识型员工是重视心灵的。知识型员工重视物质需求，但更加强调高层次的精神需求；他们受意义驱动，更加关注工作带来的成长机会、价值意义和自我实现。在尊崇平等、开放共赢的互联网时代，知识型员工对意义的追求、对心灵成长的渴望比以往任何时代都要强烈。

新合伙制

"新合伙制"是中国人民大学的周禹教授提出的一个概念，它是将公司制及合伙制两种制度的先进性进行结合，从而产生的一种新的组织形态。周禹教授认为，新合伙制一方面将充分解放的具有创造性和生产力的人力资本结合起来，推动产生一个自由人联盟；另一方面，由于人力资本要联动其他要素才能创造价值，所以新合伙制还要与产业链和生态链上的其他主体进行价值共同体建设。总体来看，新合伙制具有自由人的自由联盟和均衡的价值共同体两方面含义；共创、共担、共享是它的显著特征，战略生态化、组织有机化、人才合伙化以及价值共享化则是构成它的四个维度。[①]

其实，合伙制并不是一个新概念，它比公司制还早，可以看作商业组织的原生态。在我国的晋商时期，东家和掌柜之间就是建立在平等、尊重、信任基础上的合伙人关系。当时交通、通信不便，东家的监督成本很高，所以只能将经营、财务、用人等权力悉数交给掌柜，掌柜虽知东家"天高皇帝远"，但能以职业经理人的准则严格要求自己。充分信任、充分授权，加上顶身股制（即股权激励）形成了晋商东家与掌柜之间的合伙制。我们这里提到的新合伙制，其实是在当今这个人力资本价值主导时代，传统合伙制理念与现代管理的最优实践相结合所呈现出来的对原生合伙制概念的回归、整合与创新。这种回归和创新在赋予合伙制新的内涵机制的同时，充分体现出新合伙制参与式管理的本质，体现出参与式管理所强调的组织与员工之间彼此平等、合作共享的核心机制和特征。

虽然参与式管理以及（新）合伙制都不是新概念，但是它们今天被提出来并被重新解读和强调，是出于以下几方面的原因[②]：首先，在知识经济和人力资本驱动的时代，知识型员工越来越成为价值创造的主体，在企业的价值创造环节中处于越来越核心的地位。相较于传统的产业工人，知识型员工有更强烈的自我表达、自我成就和自我实现的动机，参与企业的价值创造并分享价值剩余，是知识型员工实现自我价值的有效途径。其次，知识型员工不仅有参与和分享的意愿，还有参与和分享的权利。随着人力资本成为企业价

---

① 周禹 . 从"分"到"共"，新合伙制操作的四个维度 . 搜狐网，2017 - 05 - 03.
② 彭剑锋 . 做不到这四条，就别轻易尝试"合伙制" . 搜狐网，2017 - 05 - 03.

值创造的主导要素，货币资本与人力资本之间不再是简单的雇佣与被雇佣关系，而是相互雇佣的关系；人力资本不仅具有对剩余价值的索取权，更具有企业经营决策话语权。再次，知识型员工不仅有参与和分享的权利，还有经营决策和创造组织价值的能力。互联网为员工的参与和分享提供了技术条件，新形势下的组织变革为员工的参与和分享提供了组织条件——组织和员工已经不再是驱动和被驱动的关系，而是产生以员工自我驱动为核心的自组织机制。最后，在企业普遍进行转型升级谋求持续发展的趋势下，要真正回归客户价值，就需要员工主动参与、自我驱动，发挥群体力量。过去企业发展是"火车跑全靠车头带"，依靠企业家个人牵引，而现在企业发展要求成为"动车组"，只有让每个员工、每个团队成为具有自组织、自驱动、自演化能力的量子个体和量子团队，才能让企业适应这个不确定性日益增加且迅速变化的时代。

从合伙制到新合伙制的转变，从根本上说就是组织与人的相互关系的改变。诞生于工业文明时期的管理理论，是基于严格的分工和森严的权力等级来假设组织和人之间的关系。所以在很长一段时间里，人被当作一个工具，一种等同于土地和设备的投入性资源，他们依附于组织而存在。随着时代的变化，组织和人之间不再是简单的雇佣和被雇佣关系，员工也不再是科层制结构下固化的角色。人不再是手段，人本身就是目的。当人的内在属性发生变化，组织和人之间就建立了一种在平等基础上的合伙人关系，组织活动的目的是要实现人与组织的同步成长和发展。以上的趋势性变化，一方面说明这是一个要真正重视、强调和践行参与和共享的时代，另一方面说明，随着时代的发展，员工参与组织活动、分享组织成果的频率、强度都会逐渐增加，员工与组织越来越成为一个互惠互利、共创共享的有机整体。

关于参与和分享，关于新合伙制，其实现实中的很多优秀企业都在用行动对它们进行诠释。比如，华为虽然没有上市，但它从1995年就开始尝试虚拟股权激励，向员工推行内部股票，在此期间还通过改进分配方式，包括股票期权、在职分红、超额分红等，建立了以人力资本为核心的共创共享机制。任正非很早就意识到，如果无法从市场上获得精准的第一手信息，决策就会失去科学性和有效性，所以他提出"让听得到炮声的人呼唤炮火""让听得见炮声的人来决策"。为了直接对接用户需求，实现充分的自主决策和参与式管理，华为还打造了由客户经理、解决方案专家、产品交付专家组成的"项目铁三角"作战团队，他们在公司授予的权限和预算范围内拥有经营管理、奖金分配、资源调度、重大问题决策等重要权力，由此保证员工力量的充分发挥和组织目标的有效实现。

最早提出"公司＋农户"模式的温氏集团通过实行"集约化平台经营＋分布式生产"模式与农户建立了典型的参与合作关系。在温氏，资产是共同投资的，产权清晰，责权分明；农户只是参与到温氏的事业群体，通过共享的经营平台获得比单干更大的效益。集约化经营和分布式生产让温氏这个传统企业实现了轻资产，其生产模式的核心就是齐创共享，就是对农民的契约承诺机制。海尔的"平台＋小微"组织模式是它贯彻新合伙制思想的具体体现。2014年开始，海尔就在内部积极推行小微创业，同时将自己从一个产品制造企业重新定位为一个创客孵化平台。作为海尔平台的最前端，小微是拥有分配权、决策权和用人权的自主经营体；作为后方支持者，海尔平台不仅为小微团队提供品牌背书、资金、技术、人员、业务、供应链、销售渠道、外部资源的支持，还通过控股、持大股或参股的形式对小微进行投资，与小微之间建立起典型的合伙人关系。中国第一家上市的供应链企业怡亚通，正是通过构建全球供应链生态圈,将几十万家门店基于互联网连接在一起,形成"N个平台+N个合伙人公司"的供应链商业合伙人模式,以最大限度地激活组织活力,助力供应链打造 B2B 共享经济新赛道。OPPO 和 vivo 近年来的增长势头迅猛,但它们的 25 万家门店都不是自己投资的,而是通过相互参与,建立合伙制,将这 25 万家门店统一在一个信息平台上,在实现轻资产、强运营、平台化的同时,解决了责任心和独立核算的问题,把合伙人延伸到价值链上。

通过对上述案例的分析我们会发现,采用新合伙制的企业往往也需要"平台化+自主经营"组织模式的支持。在很大程度上,没有自主经营就不可能形成参与式管理;没有平台作为支持,合伙制最终会变成个体户的"集中营"。在本质上,新合伙制不仅是一种参与式、分享式的价值理念和激励计划,更是一个涉及战略规划、组织结构、业务形态、商业模式、工作方式甚至产业联动的全方位的配套系统。新合伙制的四个维度,即战略生态化、组织有机化、人才合伙化以及价值共享化的提出,使合伙关系超越了一般意义上的货币资本和人力资本的合伙关系,将战略、组织、人才、价值都放在新合伙制中去理解,构建了企业管理的新逻辑。新合伙制既继承了过去合伙制的传统智慧,又在合伙制与公司制的关联耦合中,重新构建组织与人之间的关系机制、制度体系、规则体系和治理体系,最终让战略、组织、人才和价值创造方式都发生了颠覆式变化。

❁ 量子人才机制

为了充分发挥参与式管理和新合伙制的优势,将量子理论观点应用到人力资源管理以及人才发展的各个方面,还需要一整套机制和策略的配合。具体可以从以下九个方面展开。

（1）承认个体力量与话语权，鼓励员工参与。量子人才机制要求管理者对下属抱有充分的信心和信任，尊重个体的力量，鼓励员工参与，通过促进管理者与员工之间的积极互动和广泛合作，让员工的能力得到充分发挥。在参与式管理的理念中，管理者和员工的身份角色逐渐模糊并可以随时转换——领导权属于所有的组织成员，属于所有的价值创造主体。很多企业提出去中心化、"人人都是CEO"、"让听得到炮声的人来决策"，都是在强调要尊重个体的力量，让员工主动参与企业经营决策。有效的管理并不是知晓问题的所有答案，而是通过赋能激励员工，让他们主动发现并处理相关的问题。正是基于对员工话语权和参与权的强调，任正非说过一句非常经典的话："我们后方配备的先进设备、优质资源，应该在前线一发现目标和机会时就能及时发挥作用，提供有效的支持，而不是拥有资源的人来指挥战争、拥兵自重。谁来呼唤炮火，应该让听得到炮声的人来决策。"

（2）尊重人才的独特性与独创性，发挥优势，突出长板。尊重人才的独特性和独创性，就是要承认人力资本在组织价值中的主导作用，充分发挥员工的长板优势。相对于过去的货币资本优先、股东价值最大化，现在强调的是人力资本优先、员工和用户的价值最大化。组织的人才选拔和评价机制不再将每个人都看作一个整齐划一的标准件，把组织作为模具去套用人才，而是善于发现员工个性化的优点，通过在组织中培养一种宽容妥协和允许犯错的氛围，建立灵活的试错机制，鼓励员工大胆尝试，勇于创新。任正非将华为的一些"歪才""怪才"比喻为歪瓜裂枣，认为他们就是不愿意受到条条框框的束缚，不随大流，能充分展现个性才华的人。他曾说："以前一说歪瓜裂枣，就把'裂'写成'劣'。你们搞错了，枣是裂的最甜，他们虽然不被大家看好，但我们从战略眼光上看好这些人。"

（3）倡导员工自我管理，自我驱动，承担责任。参与式管理不仅凸显了员工与组织之间的一体性关系，更进一步强调了员工对组织发展的主导作用——员工的参与决定了组织的现实状态，他们不再是被动的聆听者和接受者，而是处于组织的中心位置，为组织的成长发展负责。在知识经济时代，每个员工都将成为一个知识工作者，他们不仅热衷于发挥自己的主观能动性和创造力，还能在没有外部监督和控制的情况下，自我管理，自主行动，主动承担责任。德鲁克曾指出，在知识社会，每个知识工作者就是一个自觉的自我管理者，对于他们而言，不能也不需要采用过去自上而下的人事管理方式，任务导向的契约式管理更适合他们。在德鲁克看来，参与式管理要求管理人员必须学会自我控制，员工必须成为承担责任的主体，每个自我管理的组织单元都要成为自治单位，每个现代企业都要成为功能健全的自治机构；要实实在在地赋予员工责任，让他们对群体事务的处理、工作目标的设定以及自身绩效的持续改善负责。

（4）广泛连接，人才赋能，充分释放个体能量。在本质上，每个员工都是一个量子，具有不可估量的潜能和各种发展的可能性。在知识经济时代，想要真正实现创新驱动和人力资本驱动，就要鼓励员工自由成长，灵活发挥，充分释放个体能量。与此同时，由于每个个体都处于一个广泛连接的"量子之海"中，这种连接不仅使个体构成一个统一整体，还是个体成长发展的能量来源，所以量子人才机制并不是单纯地强调个体，更倡导将量子个体投入集体中，通过为员工提供资源支持，为员工赋能，最大限度地激发他们的创意和潜能。你甚至可以这么理解：未来不是公司雇用了员工，而是员工使用了公司的公共服务。所以，强调个体的力量，并不是让每个人都成为一个孤岛，恰恰相反，是在促进人与人之间高效沟通和充分连接的基础上实现人的价值的充分发挥。个体是群体中的个体，群体建立在个体的基础上——个体的创造性离不开连接、沟通、交互；群体的价值实现和智慧涌现只能建立在激活个体、充分发挥个体能动性和创造力的基础上。

（5）使命、愿景驱动，强价值观约束。量子人才机制强调使命、愿景、价值观对员工的引导和激励作用，认为人才激励不仅是一个物质层面的问题，更是一个精神、情感和心灵层面的问题。任何人和组织都是由其使命、愿景和价值观来定义的，他们需要面对的终极问题是：我是谁？要去向哪里？要如何去？使命、愿景、价值观也构成了个人和组织最底层的能量系统，激活它们也就激活了个体和组织的内在潜力和发展动能。所以，优秀的组织会引导员工树立远大目标，磨炼个人品质，在此基础上鼓励员工持续奋斗，不断突破，在持续的自我超越和自我实现中定义人生价值，实现人生意义。任正非在一次内部讲话中曾说，华为在发展的前 30 年，希望改善大家的生活，强调物质多一些；但是当员工的生活有了较大改善时，接下来就要更多强调精神。他还特意引用了华为员工在论坛上的一句话来阐述这个观点："光是物质激励，就是雇佣军。雇佣军作战有时候比正规军厉害得多。但是，如果没有使命感、责任感，没有精神驱使，这样的能力就是短暂的。正是由于正规军有使命感和责任感驱动，他们才能长期作战。"

（6）强文化领导力，轻人才管控力。量子人才机制主张放弃权威，领导就是服务；领导不再是一个指挥和命令中心，而是一个服务和支持中心；对员工的约束和激励不再来自规则和制度，而是要依靠使命、愿景和价值观的引导，以及员工的自动自发。强文化管理就是要做到使命、愿景驱动，高层对未来发展要形成共识，整个组织要思想统一，让员工能够感受到工作的价值与意义；不能仅仅通过制度、规则控制人，而要靠文化、行为约束人，靠使命、愿景引导人；要从传统的管控人才转换到人才自主经营，人力资源管理的核心要从控制转换为引导。随着自主经营体、小微模式以及项目制管理的兴起，员工在组织中越来越呈现为一个主导者，而不是一个岗位上的"螺丝钉"，他们正在从"要我干"转向"我要干""我们一起干""要像老板一样干"。在这一趋势下，企业越来越呈现为一个给员工支持、给员工赋能的平台和生态，而构建平台和生态的目的就是让每个人都能在被充分赋能的基础上，自动自发地自我投资、自我管理、自我负责，让自身的价值得到最大释放，真正成为平台和生态的主角。

（7）高绩效承诺与高信任组织氛围。为了激活每个人的积极性和创造力，组织要不断提出挑战性的绩效目标，依据绩效责任承诺实现双向责任制，建立高度信任的人才机制。一切以经济效益为主要目标的企业往往很难成功，有高目标驱动的组织往往能心想事成。高远的目标不仅反映了组织更高的期望，充分诠释了员工在组织中应该发挥的作用，还让员工在努力过程中持续突破，自我实现。作为最重要的组织资源，高度信任文化的建立不仅能减少成员交流中的摩擦，让合作更加顺畅，更能降低不信任所带来的管理协调成本，是提升员工工作表现和组织效能的有力手段。在神经经济学家保罗·扎克（Paul Zak）看来，认可优秀业绩、催生挑战性压力、给员工自主权、广泛分享信息、有意建立关系等就是培养信任文化的管理行为。谷歌之前就有一个著名的规则，即员工可以将20%的上班时间花在与薪酬无关的创新项目上，谷歌也正是因为这个规则以及对员工的充分信任成了全世界最有创造力的公司。

（8）客户价值优先，成就他人就是成就自己。量子人才机制也是一个价值创造理论，一种利他的商业模式和组织文化。因为只有先实现客户价值，才能实现员工价值和企业价值；只有真正为客户创造出价值，企业才能从中分享价值。无论是回归客户价值还是构建利他文化，都要求企业从自我本位转换到他人本位，将服务他人、帮助他人看作自我存在和发展的前提。"他人"并不是一个固定的概念，而是随时都处于拓展和深化的过程中。对企业而言，他人不仅是指客户，还包括员工、各方利益相关者甚至整个社会，所以利他不是服务客户，而是为员工、客户、利益相关者以及整个社会创造价值。对于个人，只要做了任何有利于客户、其他员工、社会以及自我成长的事，组织都应给予关注、认可和激励。与此同时，作为价值创新的主体，只有将人才看作客户，为人才提供客户化的体验以及人力资源产品服务，强调人才客户化与产品化服务，才能在满足员工深层次需求的基础上，进一步促进他们的个人成长以及组织价值的提升。

（9）关注和满足深层次的价值体验与灵性成长。亚伯拉罕·马斯洛（Abraham Maslow）的"需求五层次论"被大众所熟知，但他后来在第五层"自我实现"需求的基础增加了"自我超越"（self-transcendence），最终将需求理论扩展为六个层次，同时提出，富有创新精神的人不仅追求自我实现，更具有创新突破、自我超越的需求。对应"自我超越"，左哈尔进一步提出了"灵商"或"灵感智商"的概念，并将其定义为一种对事物本质的灵感认知，一种顿悟能力，一种真正的创造力。在她看来，一个组织想要实现创新和人力资本驱动，就要重点关注人的灵性成长、灵商开发。在知识经济和服务经济时代，用户需要的不再是满足他们低层次需求的单一化、碎片化产品/服务，而是能满足他们深层次精神、情感和心理需求的一体化价值和体验。企业的人力资源管理及其提供的人力资源产品和服务也不能仅满足员工低层次和某方面的需求，而是要以满足和激发员工的深层次需求为出发点，鼓励他们超越个人利益，通过投身为他人、为社会服务的宏大事业中，实现自我超越以及深层次的价值体验和灵性成长。

参与式管理的时间维度：当下即未来

"所谓的现实，无非是通过我们的积极介入而展现出来的东西"，这句话不仅是耗散结构理论奠基人普里高津的名言，充分体现了量子理论主客一体的观念，还揭示出作为主体的我们，在现实的形成过程中所发挥的参与性和主导性作用。这里的"现实"不仅是一个空间维度的概念，还是一个时间维度的概念，可以从行为过程角度进行理解。在我们的传统观念和牛顿思维中，未来是被我们规划和设计出来的，现在和未来之间虽然存在联系，但二者边界清晰、界定明确。然而在量子理论的观点中，现实的形成是基于我们当下行动所展开的一个持续过程，现在和未来全息相关，蕴含着未来的所有信息和发展的各种可能性——未来就是当下的呈现，未来就是现实本身。如果空间维度的参与性具体表现为我们的测量手段和认知方式决定了世界的呈现状态，则时间维度的参与性为我们揭示出一个过程性和当下性的世界——现在是未来的种子，蕴含着未来的一切可能性，只有踏出当下这一步，未来才能在你的脚下延展生发出来。汤姆·彼得斯在《解放型管理》一书中提到的一个"道士的故事"，就是对量子理论当下观和过程观的充分说明。

　　有两个旅人，其中一个是道士，他们都要去昆明。他们一同走到车站，发现卖票处排了长龙，混乱无序。排了近一个小时，终于轮到他，却得知想买的硬卧票已经没有了，他边骂边抱怨，最后只买了一张站票。当他挤出拥挤的人群，却发现那位道士早已不见踪影。这位旅人焦躁不安，憋着一肚子火坐进烟雾缭绕的候车室。火车来了，他费了很大的劲儿才挤上去，当发现所有的位置上都有人时，他大声地发泄不满，旅客们都避之唯恐不及。一路上，他总觉得周围的人都居心不良，因此什么东西都不吃。他瞧不起任何人，对所有人都爱答不理，就这样足足站了十几个小时，终于到达昆明。抵达目的地后，他发现这座城市比想象中差太远，因此又开始讨厌昆明，对整个中国的印象也更差了。

　　三个星期后，他碰到了在车站遇到的那位道士。在大吐苦水、说了自己的遭遇后，他问道士到昆明的感受。道士答道："不晓得，我还在去昆明的路上呢。知道没有硬卧票后，我掉头转往汽车站。还没到汽车站，碰到一位正在吃面的火车司机，于是就一起到他家乡参加节庆活动。在那里遇到一些要坐汽车北上的人，于是我们一起四处旅行，旅程十分愉快。接着，又和一家人坐船回家。发现南下的火车票很难买后，我就在乡间四处云游。你应该看得出来，我在去往昆明的路上玩得还挺尽兴的，在离开这个国家之前，也许还会到那里一趟。"①

这个小故事充分说明，在充满不确定性的环境中，商业过程本身就是一个变幻莫测的旅途，各种不确定性因素虽然会让人们偏离既定的轨道，让一切变得难以预料，但它们在赋予企业成长动力的同时，也为企业的发展带来新的契机。这位旅人看似信念坚定，一心要到达他的目的地昆明，但他忘记了自己的最终目的是旅行，旅行的真正目的并不在于目的地本身，而在于一路上的经历与体验。

---

① ［美］汤姆·彼得斯. 解放型管理. 鲁乐中，译. 北京：北京大学出版社，2006：216-217.

与这位旅人相反，道士看似漫无目的、四处云游，但他始终没有偏离旅行的真正目的——充实的经历、快乐的体验；而且他在旅途中遇到的任何人、事、物都被他看作实现快乐的机会，都被他"转化""借用"以成就他的美好体验。

《全球智库报告 2020》中曾经讨论过一个问题：印度是否会成为下一个世界工厂？这份报告对该问题的解答思路，也是对量子理论当下观的一个充分说明。

在我们的直观印象中，印度人口众多、劳动力庞大而且年龄偏低，它就像早年间的中国，甚至还有很多超越我们的优势。然而经过严谨的数据分析，《全球智库报告 2020》却认为，印度不可能成为下一个世界工厂。原因在于：从 2008 年到 2018 年，中国的全球市场份额虽然增加，但在某些制造业部门，份额却在下降，而且下降的额度达到了 1 400 亿美元，这也就相当于为其他制造业国家"腾出空间"。然而就是在这样的条件下，印度却没能把握住这个机会，反而是越南、孟加拉国这些国家填充了大部分我们腾出来的市场空间。数据进一步显示，印度的劳动力虽然富足，但它的劳动密集型制造业的总体出口额还在下降——从 1995 年占印度总出口的 1/3 到 2018 年只占总出口的 1/5。还有一组对比数据也很能说明问题：中国的适龄劳动力占世界的 19.7%，劳动密集型产品的出口占 22.8%；印度的适龄劳动力占 18.3%，但劳动密集型产品出口却只占 3.5%。所以，劳动密集型制造业是印度的一个结构性短板，因此它不会取代中国，成为下一个全球供应链中心。[①]

① 罗振宇. 这一年，我想通的问题. 罗辑思维·启发俱乐部第 22 期（得到 App），2020.

在《罗辑思维·启发俱乐部》的一期节目中，罗振宇借用对上述问题的分析思路，提出了"现状即未来"的观点。用他的话来说："你说这个条件也具备那个条件也具备，但是事实说明，过去 10 年，小的机会都没有抓住，凭什么说印度就能抓住机会呢？……未来是从现状中长出来的东西。现在没有的东西，未来也不可能有。"显然，罗振宇所说的"现状即未来"的观点也正是量子理论当下观和过程观的具体体现；"现状即未来"与量子理论所要表达的"所谓的现实，无非是通过我们的积极介入而展现出来的东西"在本质上一脉相承、别无二致。

"现状即未来""当下即未来"的观点也让我们很自然地想到一本畅销书《当下的力量》。这本书的作者是著名的心灵导师埃克哈特·托利（Eckhart Tolle），他将"当下"定义为生命的源头、宇宙的真相。在他看来，这种真相虽然不能用语言和逻辑加以定义，但它就是事物的本质。企业转型战略专家许正不仅深刻认同埃克哈特·托利的观点，而且在《轻战略：量子时代的敏捷决策》中将"当下"与量子理论相联系，并将它看作贯穿过去、现在、未来的时间维度和无所不包的空间维度的波函数，认为"当下"还兼具佛家所说的"空"和"初心"的本质。

> "当下"是多种状态共存的综合体，它既不是这样，也不是那样，而是同时出现。那时观测者的意识没有参与进来，因此它没有出现选择和确定性，这一叠加态的微妙状态就是"当下"……初心就是"空"，就是"当下"，这个"空"的当下在空间上是没有边际的，在时间上也没有限制。所以空于当下，无论在空间上、时间上、精神上、物质上，都没有一个具体的约束和范围，它是极其广大的、无所不包的……如果能进入这个空于当下，那么自然包含了一切可能性，它没有任何面向，但是包含

了一切面向的可能性，它没有任何确定的状态，但却是一切可能状态的叠加，它就在我们的心中。①

在量子理论的观点中，波函数代表整合一切又超越一切的宇宙的本体状态和最终实相，也是事物的根本存在状态。虽然"当下"表面上是一个时间维度的概念，但在波函数的视角下，它是一个融合了时间与空间、超越了时空的存在状态。与许正的观点相一致，我们也认为，专注当下在根本上所要表达的就是佛家所说的"证悟空性"和"回归初心"。专注当下就意味着不执着于事物的任何表面形式和信息形态（因为任何信息都是基于特定视角产生的关系模式，所以是片面的、有局限的），摆脱一切固有思维和过往经验的束缚，在一种开放、包容、平静、专注的状态下，通过对当下事物的切身体察和深入实践，让自己时刻充满觉知、通达本质。通过专注当下，回归初心，我们能达到一种灵性、智慧和灵感涌现的状态："当我们不再强迫自己一定要将某个具体的想法浮现出来，而是就留在这个广大、不确定，但是不去追求的状态中，可能有那么一刻，有一个确定的想法会非常明确地浮现出来。有人可能会喜出望外地意识到，'啊，找到了。'而你此刻也知道，'对了，就是这个！'"② 在很大程度上，这种空性和灵感类似于积极心理学的奠基者之一、著名心理学家米哈里·契克森米哈伊（Mihaly Csikszentmihalyi）所描述的"心流体验"（flow experience）：在这种状态下，我们不仅会感受到深深的满足，而且无视时间的流逝，我们会因为手中的工作而彻底忘记自己，这个时刻，我们就能收获巅峰表现并获得自我革新的力量。

---

① 许正．轻战略：量子时代的敏捷决策．北京：机械工业出版社，2019：52 - 55．
② 许正．轻战略：量子时代的敏捷决策．北京：机械工业出版社，2019：56．

⬛ 海尔：人单合一，人人创客

在 2005 年的海尔全球经理人大会上，张瑞敏首次提出了"人单合一"管理模式。人单合一中的"人"是指员工，即有主动创造能力的市场主体；"单"是指用户，即有竞争力的市场目标。人单合一就是要把员工和用户结合在一起，让员工在创造用户价值的同时实现自身价值。历经多年的发展和迭代，人单合一不仅在实践中取得了巨大的成功，更被誉为一种符合企业发展、引领时代潮流的管理模式。

总体来看，人单合一就是一个典型的量子系统，人单合一的底层逻辑和方法论支撑正是量子思维和量子管理。2017 年，张瑞敏在接受著名媒体人秦朔的专访时就曾经谈到，左哈尔提出的量子管理最契合海尔发展的思路。左哈尔也在多个场合反复强调，量子管理模式虽然未得到欧美国家和企业的共鸣，但她意外地在中国找到了海尔——海尔的组织变革，特别是人单合一正是典型的量子管理。具体而言，基于量子思维构建的海尔平台是网络化、员工主导、自组织、整体涌现的，而人单合一的本质就是在具有波粒二象性的员工主体的引领下，以人单纠缠和网络平台为内核牵引和组织保证，最终实现海尔平台的自组织耗散，将海尔打造成为一个共创共享的商业生态圈。

量子自我与员工的波粒二象性

张瑞敏认为，组织中的每个员工都具有波粒二象性，这里的粒子性可以理解为员工所具有的个体性和独立性，波动性则体现了员工与他人、环境进行交互作用的整体性和关联性。他还借用左哈尔量子自我的理论对这一观点进行了说明："员工的波粒二象性就是指每个员工都是独立的自我，同时又是为他的自我。我们认为自己足够真实，但其实某个时刻会模糊自己的界定和界限……量子自我是具有创造力的，一方面对个人的过去进行总结并更新，另一方面，每个时刻都在创造新的自我，关键是在动态的环境中如何看待自我。"

量子理论中的波粒二象性和"薛定谔的猫"告诉我们，我们观察到的事物并不是事物的真实状态，只是在我们观察手段的参与下，事物真实状态坍缩后所呈现的具体结果；我们观察到什么，还取决于我们采用怎样的观察方式，在不同的观察和测量手段的干预下，事物的呈现状态也不相同。张瑞敏将每个员工都看作一个量子，都是具有波粒二象性的"薛定谔的猫"，具有各种发展的潜力和可能性。在他看来，员工的积极性和创造力以及他们的创客潜质都无法直接看到，只有通过观察和干预，给予他们充分的支持和激励，才能让他们发挥潜能，释放创新和创业的激情。张瑞敏进一步指出，一个组织对员工的约束越多、管理越严苛、流程越精细，员工的角色就越固定，他就越具有粒子性和定域性特征，此时员工的活跃度和创造性都比较低；要提高员工的波动性和非定域性，就要减少对他们的约束和管控，用充分授权、支持赋能的方式来激发员工的积极性和创造力。

价值整合与人单纠缠

人单合一的发展演化过程，也是人单逐渐靠近，最终实现员工价值和用户价值合一的具体过程。人单合一在本质上就是一个整合并创造价值的系统整体。在人单合一的初级阶段，人和单被界定为员工和订单/用户；随着人单合一的发展，人和单的概念逐渐转变为员工价值和用户价值——人、单概念在人的价值中得到了整合统一，二者可以看作人的价值在不同方面的表现。张瑞敏曾多次指出，人单合一中的"人"是企业中的人，可以是员工，也可以是团队、小微组织等，"单"是用户的需求和价值；"人"是供给侧，"单"是需求侧；人单合一的目的就在于消除供需双方的错位，实现二者的协调统一。

人单合一将"人"的概念放在核心位置，强调企业即人，管理即借力，管理的本质即充分尊重人的需求，在实现人的价值最大化。"企业即人"中的"人"既是员工又是用户，员工和用户都是"人"的聚焦，都是价值实现的主体；"人的价值最大化"则是指员工实现价值的根本途径就在于满足用户需求，提升用户价值，在实现用户价值的同时也会实现员工价值，员工与用户是一个相互纠缠的统一整体。张瑞敏认为，人单合一就是量子纠缠，员工永远与用户连在一起，对于用户的需求员工要马上反应，就像有心灵感应一样。在他看来，人单合一与传统管理模式最大的不同就在于，传统管理模式的目标是利润最大化，而人单合一的目标是创造终身用户；传统管理模式只看到了员工粒子性的一面，却忽略了他们的波动性和关联性，但在人单合一的观念里，每个员工都具有波动性和关联性，他们都是价值创造网络上的一个节点——他们的价值并不取决于个人能力，而是取决于与他人连接的程度，连接的程度越大，价值就越大。本质上，人单合一就是在促进员工与用户充分连接、紧密互动的基础上，实现员工和用户价值的共同提升。

COSMOPlat 是海尔推出的全球首家引入用户全流程参与体验的工业互联网平台，它的核心模式就是大规模定制，目的是通过持续的用户交互，将硬件体验变为场景体验，将用户由被动的购买者变为主动的参与者、创造者。COSMOPlat 的本质，就是在建设智能化和紧密互联的工业制造工艺的基础上，让用户不仅可以参与产品的前端创意、设计，还可以参与后端的制造、营销乃至定价和评价，通过促进员工与用户的零距离交流和互动，让他们形成一个相互感应的纠缠整体。作为海尔最成功的产品之一，雷神笔记本就是基于用户与员工的量子纠缠，在 25 天内与用户交互 33 841 次，快速实现了产品的创新和迭代。人单合一的竞单上岗、按单聚散、用户付薪的激励机制也是量子纠缠的典型体现，这里的"单"不是订单，而是项目的目标。一个项目的目标明确之后，不管是谁，只要有能力，都可以竞单上岗；在执行项目的过程中，由于目标会不断改变，所以人和团队也会不断解散再聚合，这就是按单聚散；传统的评价激励模式是上级评价、企业付薪，但在用户付薪的机制下，员工薪酬完全取决于为用户创造多少价值。

"平台＋小微"，人人都是 CEO

人单合一决定了企业生存的根本在于形成与用户和市场的紧密连接，为了实现这一目标，需要将组织打造成一个灵活多元的协作网络，用交互替代控制，用分布替代中心，用平台替代层级。以人的价值实现为核心，海尔将传统的金字塔型组织拆成由几千个小微构成的网络化平台。每个小微都是一个创业团队，同时也是平台网络上的一个节点，它们独立经营，自负盈亏，直接面向用户创造价值。围绕价值创造的核心目标，小微之间形成了相互依赖的共生关系，整个平台在小微的互动和关联中形成一个按单聚散、动态优化的协作网络。

平台化后的海尔没有中间层（去中间层）——员工与用户直接关联，平台上只有平台主、小微主、创客三类人，有效去除了传统组织中引发信息失真、效率延迟的环节。没有中心（去中心化）——每个员工都是自主创业者，只要能为用户创造价值，就是组织的中心。没有管理（去管理化）——小微自己设定目标，实现员工自管理、自驱动、自演化。没有边界（去边界化）——对内，部门界线被打破，研发、制造、销售等职能全流程并联；对外，企业和用户直接关联，与合作伙伴共担共享、共创共赢。在张瑞敏看来，海尔的平台化与人单合一的本质就是网络化，每个小微和每个个体都成了协作关系网络上的一个节点，以此来整合资源，创造价值。他还认为，海尔的网络化就是对互联网和宇宙无限互联机制的模拟，这正是人单合一符合宇宙万物的量子态，契合量子系统整体性、关联性特征的本质原因。

人单合一以及"平台＋小微"的组织模式充分确立了员工的自主人和自我实现人的身份，彻底颠覆了传统组织将员工看作经济人和社会人的经典假设。人单合一模式下，海尔将传统意义上 CEO 的三项权力，即用人权、决策权、分配权充分让渡给小微和员工，鼓励它们以一种集中的方式，相互协调他们出于自愿而实施的活动，管理者的任务就是为小微和员工提供资源，提供支持。创客和小微拥有极大的自主权，他们在自创业、自驱动、自组织的良性循环中，由执行者变成创业者，由被雇佣者变成合伙人。在根本意义上，人单合一给员工提供的不是工作岗位，而是创业机会；在人单合一模式下，整个海尔不再是一个生成产品的传统企业，而是一个孵化创客，一个制造 CEO 的平台——每个员工都是创业者，每个小微都是自主经营体，他们在自创业、自驱动、自组织的"三自"机制下，自主经营、自负盈亏、按单聚散。

按单聚散，耗散结构

耗散结构理论指出，一个远离平衡的开放系统，在一定条件的触发下，基于内部要素的非线性相互作用，有可能经过突变形成一种新的有序结构，即耗散结构（状态）。简单来说，耗散结构就是一个远离平衡的开放结构，是一个处于持续的不平衡、不均衡状态中的平衡和有序结构，是一种远离平衡的平衡，一种无序中的有序。

　　在海尔的平台上，没有上下级的约束和流程的限制，去中心化、去管理化、去边界化的组织机制让所有的小微和创客都能自由流动、随机组合。小微和创客竞单上岗，按单聚散，单至人聚，单尽人散。也就是说，海尔平台上的每个小微都不是固定不变的，一项任务结束后，它们会围绕"单"的要求，组成一个新的小微；即使有的小微会因为业绩不好临时解散，也不会妨碍小微中的创客加入其他小微，组成新的创业团队。用户的需求，即"单"规定的目标成为驱动平台上小微和创客的初始动力。人、单流动和小微的聚散让海尔始终远离沉寂僵化的平衡态，为平台的发展带来持续不断的负熵流，同时成为海尔实现更高层次平衡和有序的前提条件。小微和创客像是海尔平台上一个个会呼吸、会生长的细胞，它们都以"单"为中心，在与用户、其他小微和创客的关联互动中吸收、释放能量，创造价值。海尔平台在创客和小微的非线性互动中自主成长、自然演化，发展为一个典型的生命体和耗散结构正如组织管理大师玛格丽特·惠特利所说："人单合一变革，不停地按单聚散，符合耗散结构的要求。制造一定程度的无序正是生成和引入负熵、产生下一个新秩序的前提，不适合的被自动淘汰，新的秩序自然涌现出来。"

　　海尔几千个小微、数万名创客相互连接、彼此关联，整个海尔平台在这一过程中实现了持续的扩展与成长。正是在海尔平台所具有的成长性和扩展性意义上，张瑞敏一直强调："海尔的平台是无边界的，一切为我所用，世界就是海尔的人力资源部和开发部，一切外部资源都可以是海尔的资源，所有人才和项目都可以到海尔平台上来。"小微和创客一旦紧密关联起来，海尔平台就像蜂群和鸟群一样，突变涌现出个体蜜蜂和小鸟不具备的群体智慧和集体力量；这种智慧和力量在聚集涌现的同时，又会反过来作用于平台上的小微和个体，不仅赋予它们更强的自组织、自修复和自适应能力，更促使它们实现更快速和更稳健的成长。

共创共享，生态发展

在量子理论看来，每个人都是其所在关系网络上的一个价值节点，个体的价值取决于其连接（他人）或被连接的程度——连接的范围越广、程度越深，个体和网络整体被激发出的能量和价值越大。人单合一模式的核心永远都是"人"，但这个"人"的身份不是固定和局限的，可以是员工、用户，也可以是海尔平台上的任何一个利益相关者。张瑞敏将平台建设的基础定位为由"人"构成的知识共同体，将海尔平台建设的基本目标定位为通过组织赋能，让有自主性、创新性的人重新塑造企业边界，使它变成一个具有持续循环能力的生态系统。

2019 年底，海尔正式开启第六个战略阶段——生态品牌战略。这一阶段的海尔精神是"诚信生态、共赢进化"，海尔的作风是"人单合一，链群合约"。这里的"链群"和"链群合约"都是海尔首创的概念：链群是指由小微构成的价值共创的动态网络；链群合约则是小微之间的契约机制，目的是约定不同利益主体的权责关系。张瑞敏认为，在传统企业的竞争中，企业各资源方构建的是一种竞争依赖关系——家企业拥有的资源越稀缺，拥有的独特资源越多，其竞争优势也就越大。与传统竞争着眼于对稀缺资源的争夺不同，海尔生态化建设的核心就是通过构建非线性、网络化的平台型组织和运营体系，将所有的利益相关方都纳入海尔创新创业的生态群落中，在激发链群能量、促进各生态方交互协作的基础上，实现整体生态圈的共生协作和共创共赢。人单合一与海尔平台建设的最终目标就是通过自我裂变，演化出多种多样的小微群落，通过小微成长壮大后的进一步裂变和拆分，形成小小微或促使其发展为平台，最终将海尔打造为一个类似于亚马孙的原始森林——不用过多干预，但各类物种都能生生不息、延绵不绝。

正是在共创共赢的生态思维的引领下，张瑞敏认为，人单合一不仅是一种管理模式和发展理念，更代表一种可以全球化和国际化的普世价值。在2016年的一次演讲中，谈到国际化时，他第一次用"人单合一"取代了"海尔"。这就意味着，人单合一已经突破了地缘政治和管理意识形态的局限，进入全球化和国际化的语境，将市场与人的关系作为唯一的管理尺度。张瑞敏说："坚定对人单合一模式国际化的自信，以人是目的的价值观取代强势兼并……说理论只要彻底就能说服人，所谓的彻底就是抓住事物根本，而人的根本就是人本身，就是人是目的，就是一切把人放在第一位。"在跨文化并购的过程中，海尔提出了一个"沙拉酱兼并"的概念——不同国家的企业文化就相当于沙拉中的蔬菜，它们可以保持各自的形态，但沙拉酱是统一的，它可以将不同的蔬菜整合在一起——这个沙拉酱就是人单合一。也就是说，在国际并购的过程中不需要改变对方企业，只需要让它们接受人单合一这一沙拉酱即可。张瑞敏强调，"人是目的"就是一切事物的根本，把握住了"人"也就是把握住了根本，也就具备了国际化的自信。通过输出这个价值观，输出人单合一，就能开启未来企业全球化的第三条道路。

📖 参考资料

[1] 彭剑锋，云鹏．海尔能否重生：人与组织关系的颠覆与重构．杭州：浙江大学出版社，2015.

[2] 郝亚洲．海尔转型笔记．北京：中国人民大学出版社，2018.

[3] 曹仰锋．海尔转型：人人都是 CEO．北京：中信出版社，2017.

[4] 张瑞敏．在数字化时代人是主体，而不是数字化是主体．央广网，2021-02-05.

⇛ 拼多多：以人为先应对变化和竞争

作为电商界的一匹黑马，拼多多于 2015 年上线，2018 年 7 月在美国上市，从上线到上市，拼多多只用了不到 3 年的时间，截至 2022 年 7 月 5 日，它的市值已超过 800 亿美元。在获取用户数这方面，拼多多只用了 4 年就走完了京东 10 年、淘宝 16 年所走的路。拼多多 2020 年第一季度财报显示，2020 年 3 月 31 日的前 12 个月，拼多多的年度活跃买家数达 6.28 亿，单季度净增 4 290 万，与 2019 年同期相比，活跃买家数增加了 1.85 亿，并继续保持高速增长势头。

虽然拼多多取得今天的成绩取决于多个因素，比如它恰好赶上了三至六线城市人群上网，早期的互联网公司已经为它做好了"用户教育"，微信为它提供了庞大的流量池、基础技术设施（小程序）、成熟的支付手段等。但从根本上说，拼多多创造的电商新逻辑——将传统电商的流量逻辑转换为以人为先/以人为中心的逻辑，才是它成功的核心要素。就像拼多多创始人黄峥所说："一切都是围绕人的逻辑出发，按照人去匹配商品，让合适的人在合适的场景买到合适的东西并且买得开心，打造永不落幕的购物嘉年华，就是拼多多的密码。"

拼多多以人为先的电商新逻辑，不仅揭示了它游戏化、社交化运营的本质，还让它的 B2C、C2M 的商业模式从概念走向现实，而它早期构建的由低端供应链与低消费人群共同撑起的价值/关系网络在它迅速崛起的过程中也发挥了重要作用。总体来看，拼多多以人为先的电商逻辑、用户参与的游戏化思维、社交电商的方向定位、C2M 的运营模式及其价值网的颠覆性方法都紧密契合量子思维。它的成功经验反过来为量子理论在实践中的进一步应用提供了例证和借鉴。

以人为先的电商逻辑

拼多多创始人黄峥说，传统电商遵循的是典型的流量逻辑，也就是将电商理解为"流量×转化率＝总成交额（GMV）"，但这个逻辑在今天已经不成立了。在他看来，拼多多之所以能迅速崛起，正是因为它没有采用旧有思维下的流量逻辑，而是采用了以人为先的思维——先想别人需要什么。虽然很多人都将拼多多的成功归结为便宜、游戏化和社交电商，但黄峥认为这些都是对拼多多商业模式的极大误解。他将拼多多的核心竞争力归结为让购物具有游戏的快感，也就是通过人和人的连接来汇聚同质需求，把长周期的零散需求变成短周期的批量需求。对于未来的发展，拼多多没有将全品类扩张、品牌升级作为自己的布局重点，因为这些仍然属于传统电商的流量逻辑，而是继续将人、将匹配作为运营的重点，也就是把人、商品和场景匹配在一起，"让合适的人在合适的场景买到合适的东西"。

拼多多以人为先的思维理念在它的用户界面（设计）上得到了充分的体现。在淘宝和京东，我们的购物习惯通常是先搜索，然后按照销量和评价来选购；但是在拼多多，我们往往是从限时秒杀、品牌清仓、天天领现金、现金签到、砍价免费拿这些区域直接购买。在拼多多的界面上，即使用户不输入关键词，也能很快发现自己需要的东西。之所以可以做到这一点，是因为拼多多随时随地都在根据我们的使用习惯和浏览痕迹来描绘用户画像，合成用户需求，并以此为基础向用户推荐产品。相对于传统电商的人找货或搜索找货模式，拼多多是典型的货找人。数据显示，在拼多多购物的人群中，将近 1/4 购买了他们从未用过和见过的商品，这个数据就是拼多多货找人模式最具体和最直接的体现。

如果说传统电商的目标是"从更多的钱包里掏钱"，则拼多多的目标是"从一个钱包里掏更多的钱"——前者是靠广度，后者是靠深度；前者是典型的流量思维，后者则是以人为先的思维，是超级用户思维。这种差异的背后隐含的是拼多多对用户的重视，是拼多多与传统电商对用户理解程度的不同。一个有趣的对比数据可以说明这一点：如果我们在淘宝上搜索"咖啡"，那么淘宝的推荐都是咖啡这个品类的产品；但如果我们在拼多多上搜索"咖啡"，除了给你推荐咖啡外，还会给你推荐果味酸奶。如果我们在淘宝上搜索"蛋糕"，它最多给你推荐面包或点心；但如果我们在拼多多上搜索"蛋糕"，除了蛋糕，还会给你推荐酸辣粉、暴瘦巧克力。以上例子都说明淘宝的搜索采用的是简单的关键词匹配，而拼多多却是在理解用户、帮助用户上下功夫，在对用户数据深入分析和理解的基础上进行智能化关联与推荐。

用户参与下的游戏化思维

"电商游戏化"是拼多多成功的另一个核心要素，而游戏化的核心逻辑还是以人为先，吸引更多的用户参与。在创立拼多多之前，黄峥做的就是游戏项目，拼多多实际上就孵化自黄峥的游戏公司"寻梦"。对于一家游戏公司而言，它最擅长的就是通过设计不同的玩法让用户加入游戏，增加用户的关注度。拼多多创立的初衷也是吸引更多的用户进入平台，通过改善用户体验提升其参与性和活跃度。低门槛、高回报既是游戏设计的重要规则，也是拼多多商业模式的核心原则。

拼多多的首页有多个入口，与游戏相关的入口就占了一半：限时秒杀、多多果园、9块9特卖、现金签到、多多赚大钱、砍价免费拿、多多爱消除、天天领现金……以现金签到为例，它的低门槛主要体现为玩法简单——用户只要点击按钮就可以完成游戏；它的高回报在于首次签到就能领取5元红包，这对于拼多多早期的目标用户，也就是低消费群体来说无疑具有一定的吸引力。再如，在多多果园，用户只要登录就可以选择一棵果树，通过领水滴浇水让树苗慢慢长大，大树养成即可免费获取相应的包邮水果。为了增加用户黏性，拼多多还推出了很多类似领水滴、领话费的活动，用户可以通过多做活动的方式领取奖励，从而帮助果树快速成长。多多果园打破了网络游戏与真实世界的界限，在提升用户游戏体验的同时，也推动了他们的实际消费行为。比如，如果用户拿到免费水果后感觉不错，往往就会选择下单购买。数据显示，2018 年下半年，多多果园每天送出的水果已经超过 50 万千克。比照多多果园，拼多多还陆续推出了多多鱼塘、金猪、惊喜工厂等养成类游戏，它们也都遵循游戏产品的设计和开发思路。黄峥在接受采访时曾说，拼多多未来的发展方向就是将实惠与乐趣相结合，他还形象地将这一目标比喻为"迪士尼＋Costco"。拼多多的标语就是一句大白话：多实惠多乐趣。黄峥解释说，多实惠的意思很简单，就是给用户提供丰富的商品，每件商品都有很高的性价比；在多实惠的前提下，拼多多还在购物的过程中融入更多的快乐元素，因为随着大家生活水平的提高，不光追求效率，还追求开心和美好。

与拼多多形成强烈对比，虽然现在很多电商公司也开始将各种游戏性、娱乐性要素以及各类节目和表演加入自己的平台，但这样做的效果似乎并不显著。追根究底，是因为这些要素并没有让用户深度地参与进来，没有做到以人为先。在这些场景下，用户在很大程度上只是一个游戏的旁观者和浏览者。反观拼多多，它的游戏不仅实现了用户的深度参与和互动，使用户体验到了开心和美好，还让用户在这个过程中自动完成购物——游戏和购物在用户的深度参与下被充分地整合与统一起来。如果说阿里是通过资本运作的方式直接进入娱乐行业，那么拼多多是在专注于电商业务的同时，让自己具有游戏和娱乐的功能，开创了一个全新的电商模式，即游戏化电商。依靠游戏化电商或者说电商游戏化，拼多多发现了电商领域的一片蓝海，彻底颠覆了传统的电商模式，它与eBay、亚马逊一样，成为游戏化电商的代名词。黄峥曾说，今天的世界处于一种常规的反常中：虚拟世界与物理世界之间的边界前所未有地模糊，我们看到一个新的世界正在走来。他在接受《财经》杂志采访时谈道：相对于多数平台，拼多多有着更为深刻的对性价比的理解，那就是始终在消费者的期待之外。在他看来，拼多多的核心不是便宜，而是提供娱乐化购物的体验。因为用户的物质需要和精神需要本就不可分割、互为一体。拼多多的目标就是将物质和精神融为一体，打造出一个超越网络世界和现实世界的新空间。这个新空间也就是拼多多所选择的游戏化电商的生态位和立足点。

社交电商与网络效应

传统电商的核心资源是流量，流量模式也是阿里、腾讯、京东这些传统电商巨头选择的核心商业模式。在这种模式中，平台通过兴趣制造、广告投放、热点制造等方法获取用户流量，流量进入平台后，再将产品卖给用户，实现流量变现。然而，随着流量模式竞争者日渐增多，获客成本逐渐走高，新进者想要继续利用这个模式获利变得越来越困难。正是基于对这一点的充分认知，黄峥曾说，玩流量经济，你永远玩不过阿里，所以拼多多只有另辟蹊径，做社交电商。在他看来，互联网的本质就是连接，就是让人与人、需求与需求之间的连接在瞬间积聚，带来连接效率的爆发式增长。构建社交关系、瞬间聚集海量需求，成为拼多多社交电商的核心逻辑。正是基于对"构建社交关系"的强调，黄峥在拼多多上市当年的第一封致股东信中提道："拼多多是围绕着人的电商，是新时代的新电商，它不是把活生生的人当成流量，做流量批发生意，而是通过人和人的连接来汇聚同质需求，把长周期的零散需求变成短周期的批量需求。"

拼多多出现之前其实也有社交电商，只不过之前的社交电商采用的是"一对多"的发散性营销模式，这种模式中往往有一个关键意见领袖（key opinion leader，KOL），其任务就是向众多粉丝和用户推荐货品。与"一对多"的中心化模式形成鲜明对比，拼多多的拼团模式是完全去中心化的：每个人都是拼团的发起者，也都是产品的宣传者、推广者和购买者。一个典型的拼团模式是这样运作的：卖家发布了一款商品后，你可以直接买，但如果你想以更低的价格来买，就需要邀请几个朋友一起团购。为使商品价格更加低廉，你还可以把该商品分享到微信群、朋友圈，或者直接分享给有相同需求的朋友。这样1个邀请3个，3个邀请9个，形成裂变，就可以在短时间内聚集起无数小团，小团和小团最后又会聚集成一个巨大的"消费集团"。继最初的拼团模式之后，拼多多又推出了很多社交新玩法，包括邀请微信好友为自己想要的商品砍价、帮好友开红包拿现金、组建砍价微信群等。

在拼小圈功能推出之前，拼多多的社交功能主要集中于拼团和砍价免费拿两个模块。这两个模块的共同点就是砍价，用低价刺激的方式让用户利用自己的社交关系实现分享和拉新。砍价模式虽然具有转化效率高、传播速度快的优点，但它对于很多用户来说是一种打扰，会造成用户人际关系的透支。为了提升用户体验，给消费者"减负"，拼多多又做了以下两方面的尝试：拼团和拼小圈。在拼团模式中，用户可以直接与陌生人组团拼单，而不必通过微信、QQ等邀请熟人。这种既不消耗用户的社交和时间资源，又能让用户享受价格优惠的模式，代表拼多多已经实现由砍价式社交向交互式社交的转变。拼小圈是拼多多在2020年初推出的社交模块，它的功能类似微信的朋友圈。通过拼小圈，用户不仅可以了解好友购买的商品、他们对产品的评价，还可以进行点赞、评价和跟买等一系列操作。拼多多开发拼小圈功能的初衷就是，让消费者在分享自己购物经验的同时，实现对产品的去伪存真，降低决策成本，提升购物体验。

与拼多多社交电商模式紧密关联的，就是它基于用户的社交关系形成的网络效应。网络效应也是拼多多在过去几年取得成功的一个核心要素。淘宝和京东虽然也形成了强势的网络效应，但它们的网络效应并没有在消费者端，也就是未在用户对用户的价值方面充分体现出来。拼多多则借助微信绑定（基于微信 10 亿社交流量触达最广泛的用户群）、错位竞争（以低价激发消费者的购买欲望，拉动低消费人群的多元化需求）、赋能商家（与优质商家对接，帮助商家进行产业链整合，促进其后端供应链改善）等，使消费者端的网络效应也就是用户对用户的价值得到充分释放。相较淘宝和京东，拼多多的推荐算法更为精准。精准本身意味着更了解用户，变现的效率更高，意味着能吸引更多的能力和资源，进一步实现它们之间的正反馈循环。这也解释了为什么随着电商行业的发展，精准越来越成为电商的核心优势以及各大电商平台相互比拼的重点。整体来看，无论是在精准还是网络效应方面，与传统的电商平台相比，拼多多都具有明显优势。"精准"和网络效应也是曾鸣在《智能商业》这本书中提出的关键词。在他看来，谁在精准和网络效应这两方面做得好，谁就会在未来智能商业的竞争中胜出，谁的未来就更值得期待。

从 B2C 到 C2B，再到 C2M

拼多多让大量消费者通过拼团的方式产生购买行为，让购买行为发生在线上社交场景里。这种社交电商模式描绘了一条"用户到制造商"，或者说"消费者到厂家"（C2M）之路。C2M 是一种新型的电子商务互联网商业模式，它充分体现了定制化生产的特性，使制造商直接面对用户，满足用户的个性化需求。与消费者到企业（C2B）相比，C2M 所体现的产品个性化和端到端销售更为深入和彻底：个性化方面，C2B 的用户大多通过网络平台发起订购活动，定制的产品往往只能满足一个特定群体的喜好，所以 C2B 在本质上是一种微调后的批量化生产；C2M 则是让用户与制造商直接对接，用户通过互联网平台提交个性化的产品需求，最终的产品严格依照用户需求生产。端到端销售方面，虽然 C2B 可以做到将销售环节压缩到只有用户、电商平台、制造商三方共同参与，但 C2M 建立了用户与制造商的直接连接。

拼多多曾有一款价格为 52 元的浴缸被人津津乐道，它的生产销售模式就是典型的 C2M。这种浴缸是一种简易、充气式的塑料浴缸，目标用户是住在临时居所或小房子里的农民工或小镇青年，它同时也可以作为婴儿的"游泳池"。这个产品似乎没什么特别，但能做到价格便宜、质量可靠，同时满足边缘性的市场需求，这是传统的生产销售模式无法实现的。拼多多的具体做法是：在收集大量用户数据、利用人工智能（AI）技术分析用户喜好和习惯的基础上，迭代出一个产品需求预测模型，然后将用户与制造商直接对接，探讨产品实现的可能性，去掉中间商环节，降低成本，以最低的价格和最可靠的质量将产品推广开来。比如，这个浴缸刚开始只有一小部分商家售卖，价格较高，需求量也不大，但拼多多根据复购率、推荐率等可以判断该产品是否有潜力，它能带来多大的销量。拼多多通过数据分析发现，一旦浴缸的价格下降，比如降到 52 元，那么它的预期销售量可能增加几十倍。以分析和预测的结果为基础，拼多多将其作为一个潜在的订单与制造商协调，最终让产品如此便宜并成为爆款。

拼多多把自己的购物体验定义为"迪士尼 + Costco"，这里的"迪士尼"是指产品游戏化，"Costco"是指让用户以更低的价格买到更优质的产品。拼多多之所以发展得如此迅速，很大程度上就在于它通过 C2M 模式让越来越多的人成为它的用户。拼多多做的不是一部分人的生意，而是所有人在所有场景下的生意——一方面利用大数据分析和人工智能，把握并预测用户的深层次需求；另一方面通过将用户与制造商直接对接，降低成本，提升效率，让供应链上的所有主体都受益。正如黄峥所说："复制用户界面和团购选项很容易，但是用户的喜好很复杂，拼多多的业务核心就是通过大量的智能化数据分析，了解市场的真正需求，给用户推荐更有针对性的产品。"

典型的 M2C 模式是制造商生产什么，中游就卖什么，终端就消费什么，拼多多则利用 C2M 模式实现了用户与商家、用户与制造商之间的双向互动、直接对接。拼多多不仅将分析、挖掘、提炼后的用户数据转化为数据智能赋能商家，还发现了被商家和更上游的制造商忽略的市场需求，通过促成用户与商家有效对接，实现各方主体共创共赢。如果说传统的电商平台扮演的只是中间商和价值传递者的角色，那么借助数据智能，拼多多不仅帮助商家分析用户需求，更高效地卖产品，还告诉更上游的制造商应该生产什么、以怎样的价格售卖和如何组织生产，帮助制造商做到它们之前即使想做也无法做到，甚至是没有想过要去做的事情。在这些制造商的生产尚未开始时，拼多多的市场调查、客户需求分析、产品立项以及营销活动就已经充分展开，在整个 C2M 模式中，拼多多其实就是一个产品开发者、生产组织者和协调者，一个真正意义上的供应链与产业链的关系整合者和价值创造者。

价值网与低端颠覆

美团创始人王兴曾说，在中国，拥有本科及以上学历的人占全国人口不到 4%，而互联网行业的观点、风口、趋势就在这 4% 的人中流行和传播。以 2017 年的数据为例，中国缴纳个人所得税的人数只有 1.53 亿，全国居民人均可支配收入是 25 974 元/年，至少超过 7 亿人没有信用卡……这些数据直接呈现出来的一个现实就是：低消费人群仍然占我国总消费群体的绝大多数，我国还存在大量对廉价产品的需求，只不过它们常常隐藏在三四线城市或低收入群体中，因此非常容易被忽略。这些数据同时也解释了为什么在黄峥看来，在当下的环境中，电商最大的特征是普惠、以人为先以及更加开放。普惠、以人为先的前提是广大老百姓有巨大的需求并且需要满足，所以拼多多要做市场下沉，而不是早期互联网所强调的触达更高端的用户。也是在这一层意义上，拼多多提出了"五环外人群""大部分人的消费升级、小部分人的消费降级""消费不均衡"等概念。黄峥也强调说："今天的问题不是先进的人不够先进，而是消费不均衡。所以，消费升级不是让上海人过上巴黎人的生活，而是让安庆人能用得上厨房纸。不同地区的人在消费方面有各自不同的升级。"

著名产品人梁宁认为，拼多多在起步阶段将自己的目标客户定义为低消费人群，针对低消费人群生产地摊货，其实满足的是人的本质需求。在她看来，地摊货虽然没有品牌，但用户要的就是这个产品本身——在本质上，物美价廉是人最底层的需要，而且这种需要对于任何人、在任何时候都不会改变。所以梁宁说："拼多多恰恰释放了大众对地摊货的需求，解决了'低端供应链与低消费人群如何安放'的难题。正是这些无处安放的低端供应链和低消费人群、大家无法满足的对价廉物美产品的需求，定义了'谁需要拼多多'，构建了拼多多背后的隐形价值网，最终成为成就拼多多的主导力量。"

拼多多成立之初，我国的电子商务领域已经有了淘宝和京东两家巨头，拼多多之所以能在这个看似密不透风的竞争环境中脱颖而出，本质上在于它以下沉市场和低消费人群为突破口，通过错位竞争，避开与巨头们的正面交锋，构建了一个价值网。虽然错位竞争是拼多多的一个重要策略，但如果简单地将拼多多的模式和战略归纳为低端和下沉，则是对拼多多的最大误解。实际上，避开正面战场，退居到竞争的二线，只是拼多多的一种阶段性策略，它从来没有把自己锁定在所谓的低端市场上，它只是从这个在他人看来比较边缘的市场切入，然后逐渐渗透到主流市场。用黄峥的话说："没有理由说高端品牌不能入驻拼多多平台，用户也有不同层次的消费需求，无论需求如何，以一种愉悦的方式消费的需求是不会改变的。"一旦"五环外市场"开启，对价廉物美的产品的需求撑起拼多多的价值网时，这个价值网本身也就具备了颠覆传统的强大力量。在很大程度上，拼多多的 C2B、C2M 模式就是这个价值网发展成熟的自然结果：拼多多的 C2B 和 C2M 诞生于由低端供应链和低消费人群的交互作用所形成的价值网。这个价值网一旦形成，就会产生远远超越传统价值链和商业模式的全新逻辑——在 C2B 和 C2M 模式中，用户不仅能买到价廉物美的个性化产品，享有充分的话语权和选择权，而且传统的供应链、供需关系会在这个新模式中被重新定义和塑造，用户在整个价值链中发挥越来越明显的主导作用。

著名经济学家何帆曾谈过拼多多打假的问题，这也是拼多多价值网拥有巨大力量的一个精彩说明。拼多多在迅速壮大的过程中，受到了来自各方的质疑，其中最明显的就是很多人都认为平台产品质量差、卖假货。虽然多年来拼多多一直在打假，而且打假的力度很大（如"假一罚十"的措施让仿冒品牌自动将流量导回给真品牌等），但是在何帆看来，打假也许并不是拼多多抵制假货的核心思路，拼多多的真正使命在于利用价值网的颠覆性力量，成为一个真正的假货终结者。何帆用一个生动的小场景说明了他的观点，虽然我国的很多小镇里假货泛滥，但是奇怪的地方在于，绝大多数小镇百姓并不知道自己买的是假货。原因很简单，因为他们根本没有用过真货——一个穿冒牌阿迪达斯运动鞋的大妈根本不知道这是个外国的品牌，这个鞋是不是叫阿迪达斯，对大妈来说无所谓，她买这双鞋的原因很简单，那就是质量好，价格便宜。所以，拼多多终结假货的核心思路就是通过建立低端供应链和低消费人群之间的充分连接，一方面，扶植更多的生产商和供货商，帮助它们建立自己的品牌和销售力量；另一方面，让更多的老百姓和低消费人群能用最低的价格买到最实惠和最满意的产品。正如何帆所说："阿迪达斯、耐克、苹果这些品牌并不重要，重要的是能够让小供应商以一种全新的方式塑造自己的品牌，获得一个正大光明的赚钱的机会；能让老百姓用上质量可靠、价格便宜，同时还能满足他们个性化需求的产品；能将生产商巨大的生产能力和民间散落的消费能力对接起来。"

📖 参考资料

[1] 梁宁. 拼多多为什么崛起？梁宁产品思维 30 讲（得到 App），2018.

[2] 李羿颖. 拼多多的社交电商之路. 搜狐网，2018-08-08.

[3] 梁宁. 淘宝核心是头部效应 而拼多多核心是精准和网络效应. 搜狐网，2020-10-23.

[4] 一路向北. 拼多多：平台网络效应的全景再现. 品途商业评论，2018-07-19.

[5] 王梓健. 被"玩坏"了的拼多多：一文看懂拼多多是怎样把游戏化运营做到极致的. 盒饭财经（微信公众号），2020-06-08.

第 7 章

量子文化：自我叠加与意义纠缠

⚛ 多世界理论与叠加的自我

量子力学诠释简单来说就是物理学家为了让量子理论"说得通"，所给出的不同角度的解释。量子力学存在多种诠释或解释角度，比如哥本哈根诠释、多世界解释、隐变量诠释、量子信息论诠释等。在这些不同的诠释方案中，由于哥本哈根诠释被接受的程度最高，所以它也被称为正统诠释。然而，随着量子理论的发展，多世界解释（many-worlds interpretation，也被称为多世界理论或平行宇宙解释）不仅被越来越多的物理学家所接受，还日益呈现出取代哥本哈根诠释成为正统解释的趋势。霍金曾经说："我认为多世界理论的正确性是不言而喻的。"很多著名的物理学家，比如第一个提出纳米概念、被认为是爱因斯坦之后最睿智的物理学家理查德·费曼（Richard Feynman），被誉为"物理学的超级英雄"、黑洞概念的首创者约翰·惠勒（John Wheeler），量子场论的大师斯蒂芬·温伯格（Steven Weinberg），夸克模型的建立者默里·盖尔曼（Murray Gell-Mann），退相干理论的发起者迪特·泽（Dieter Zeh）和沃伊切赫·祖雷克（Wojciech Zurek），量子力学科学哲学家戴维·华莱士（David Wallace）等都是多世界解释的支持者。在他们看来，多世界解释是量子理论最自然也最直接的结论，它所揭示的深刻思想完全不亚于哥白尼在天文学中发起的"日心说"革命。

关于多世界解释（或多世界理论），我们通常的理解是世界是持续分裂的。每当我们对事物进行观察时，它就会由原本的叠加态坍缩到叠加态中的一种状态；无数次观察就会造成无数次坍缩，因此也就形成了世界的无数次分裂，造就了无数个平行世界或者平行宇宙。又由于我们每时每刻都在观察世界，所以世界无时无刻不在分裂和坍缩的过程中——在某个世界里"薛定谔的猫"是活着的，但在另一个世界里它又是死了的；在某个世界里我们孤身一人，但在另一个世界里我们又与相爱的人结婚生子，相伴终身……无数个你生活在无数个分裂的世界之中，经历着所有可能的命运（见图 7-1）。在理论上，宇宙中存在无数个平行世界，也存在无数个平行的我；所有可能发生的事在不同的世界发生，只是我们感知不到，所以它们就像不存在一样。

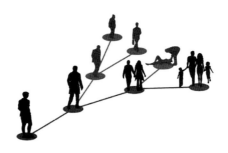

图 7-1　多世界理论

资料来源：Pinterest 官网.

然而，这种多世界解释只是一种比喻的说法，是我们对多世界理论最大的误解。多世界理论的实际观点是：宇宙不仅从未分裂，反而会随着观察活动的进行，让整个世界日益整合成一个整体。因为在量子理论的观点中，观察或测量即纠缠——正是通过观察或测量这一发生在观察者与观察对象之间的相互作用，我们与观察对象之间的边界消失，共同形成一个难以区分的纠缠性整体，一个共有的波函数。比如，正是我的观察行为，导致了猫与我之间的边界消失，形成了一个猫-我一体的纠缠系统，在这个整体性的复合系统中，猫和我的概念都不再存在，存在的只有猫-我的整体状态。又由于我们随时随刻都在进行观察，任何事物都随时与周边的世界发生各种各样直接或间接的相互作用，这一相互作用的结果，就是整个世界，包括世界中的所有要素，共同形成了一个紧密纠缠、不可分割的整体。在根本意义上，我们就是他人他物，他人他物就是我们，伴随着我们与世界的持续纠缠与交互，整个宇宙都会整合为一个整体，也就是那个维度巨大的整体性的普适波函数或者说宇宙波函数。

观察和认知视角的局限决定了我们只能从某个侧面理解宇宙波函数，不同的侧面就构成了我们眼中的不同世界，无数个这样的侧面也就构成了无数个世界，形成了世界的叠加态。对于这个维度巨大的宇宙波函数来说，它的所有侧面以及由这个侧面所规定的各个世界之间两两正交、相互垂直，而正交和垂直的结果就是各个世界既不可能相互重叠，也不可能彼此交流，所以对处于不同世界的我们来说，始终无法感知其他世界以及其他自我的存在。在确切意义上，多世界或者我们常说的平行世界只是表征了一个分裂的假象，在宇宙波函数的视角下，我们不仅没有分裂，反而因为与世界万物的持续互动和纠缠，呈现出越来越紧密的关联与整合态势。如果说紧密相连、和合一体这些概念从前只是被当作一种理论或者是理想（状态），那么量子理论将这个理想状态直接带到我们的面前，并让它真切地融入我们的心智和生活。世界是一个整体，每个人都是多维宇宙波函数的一个终端、一个侧面。

多世界解释为我们构建了一个多重叠加的世界，每个世界的呈现状态与我们的观察和认知方式紧密相关。在本质上，我们所观察到的世界正是我们自身的投射，多世界不仅是世界的叠加态，也是我们自身的叠加态。由于不同世界之间的正交性决定了不同世界中的"我"无法相互感知，所以只有我们所处的这个世界以及这个世界中的"我"才对我们此时感知的"我"有意义。

在根本意义上，宇宙从未分裂，伴随着与宇宙的纠缠，我们处于无数个自我的叠加态中。这种自我的叠加态在本质上起源于我们与他人的交互作用和纠缠，每个人都是其他人和事物，每个人也都处于多种事物和个人的叠加态中。然而当我们执着于自身的认知模式和观察思考方式时，就很难发现另一个世界的自我，无法发现我与其他自我和世界的相互关联。在纠缠和多世界的视域下，现在你所认定的"我"是一个分裂的我，本质上的"我"永远不会分裂，而是与其他的事物、其他的自我纠缠为一个整体。

虽然我们从物质实体的角度出发很难理解自我的叠加，但是在信息、关系和认知方式层面，自我叠加又是一个显而易见的事实。自然界的波本来就处于不同波长的叠加态中，叠加对于波而言是最正常的事情，所以对于具有波动属性的信息、关系和认知方式来说，它们在一般情况下会呈现为多种形式和状态的叠加。马克思的名言"人是社会关系的总和"就可以看作对关系和信息叠加态的最经典描述。也正是从关系和认知方式的叠加意义出发，美国当代著名学者、认知科学家和哲学家侯世达（Douglas Hofstadter）对"自我"进行了深入剖析。在他看来，如果将自我看作一套认知世界的方式，那么自我就不能单独存在，只能存在于他人之中，自我就是他人的叠加态。

自我不只是肉体存在着的人，还是一套独特地看待世界、思考问题的方式，一套符号表征的模式。自我与他人本来就难分难舍。自我并不排斥他人。我们在生活中会遭遇大量的他人，其中大多数不太会给我们留下什么印象，比如某个在地铁上挨着你站着玩手机游戏的人。你甚至想不起来他的样子，但在某种最低限度的意义上，他的自我与你的自我发生了关联。当然最重要的体验仍然来自对我们的生命极其重要的他人——我们的父母、孩子和爱人。他们并不只是他人，而是进入了"我"之中。如果没有他们，我就不再是现在的我。我能够吸纳这些引起我高度共鸣的他人，就是因为我可以在头脑中再现他们的自我，用"我"这个怪圈去重现属于他人自我的那个怪圈，在这个意义上可以真切地与我们所爱的人永远生活在一起。①

著名心理学家武志红曾经从关系的角度来解读自我，他所列举的"鲁米和夏姆斯"的故事，正是对自我是他人的叠加以及自我叠加态内涵的最极致的表达。

鲁米是成吉思汗时代的人，出生于阿富汗。为了躲避蒙古大军的入侵，先迁居到伊拉克，后迁居到土耳其，成为苏菲教派的宗教领袖，具有极高的声誉和地位。苏菲教派有一个传承：找到你的灵魂伴侣，和他同修。夏姆斯是一位默默无闻的苦行僧，一次走在沙漠中，有一个声音问他：我可以帮助你找到你的灵魂伴侣，为此，你愿意付出什么代价？夏姆斯毫不犹豫地说：我的头颅。之后，夏姆斯和鲁米相遇，他们深深相爱，总是相伴在一起。这招致了鲁米身边人的嫉恨，夏姆斯后来被杀，付出了自己头颅的代价。鲁米长时间陷入痛苦中，到处寻找夏

① 徐竹.《我是个怪圈》解读. 每天听本书（得到 App），2020.

姆斯的踪影，直到有一天彻悟："我为什么要寻找他呢？我不就是他吗？他的本质透过我而显现。我寻找的，只是我自己。"①

这个故事虽然比较残忍，但它深刻地揭示了爱和自我的意义：当"我"全然地爱上"你"，最终就会发现，你就是我，我就是你。在一个全然的爱的状态里，我和你变得不可区分，我们只能作为一个纠缠的整体，合二为一地存在。所以"鲁米和夏姆斯"的故事所表达的思想与侯世达的观点一样：越是对我们重要的人，我们对他们的爱就越深，他们融入我们（我们也在融入他们），或者说他们与我们的交叠程度就越大；越是与我们疏远的人，他们融入我们的程度或与我们的交叠程度也就越小（见图 7-2）。在量子纠缠的观点下，即使是从未谋面的陌生人，也会与我们发生直接或间接的相互作用，最终也会与我们纠缠在一起。按照六度分隔（Six Degrees of Separation）理论，我们最多只需要通过 6 个人就可以认识世界上任何一个陌生人，所以在现实中，人与人之间的联系比想象中更加紧密——

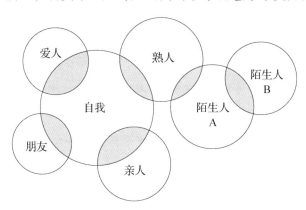

图 7-2　自我的叠加态

注：该图只是自我叠加态的示意图，圆的大小和阴影面积并不具有绝对意义，对于不同的人，图形各不相同。

---

① 武志红 . 世界的本质，是关系 . 武志红的心理学课（得到 App），2017.

他人并不只是他人，而是我的一部分，我们的自我是他人叠加态的存在和体现——在相互关联的极致意义上，他人就是我，我就是他人，他人和整个世界都是我的一部分。

多世界理论不仅从关系和信息叠加的角度，提供了一个关于自我的拓展性解释，还从另一个角度说明，自我绝对不是一个固定的、个体的结果状态，而是在与周边事物进行相互作用、建立关系的过程中，持续形成的一种动态的过程状态。只有在关系叠加和动态生成的角度上，才能对自我的本质进行充分把握。很多时候，当问出"我是谁"这个问题时，我们其实是想找出一个关于自我的固定和确定的答案。然而矛盾的是，我们越想知道"我是谁"，越会偏离真正的自我。恰当的思路是：将"我是谁"这个具有结果定位和导向的问题转化为对自我的流动的、变化的期待，也就是"我正在形成谁""我会成为谁"。在根本意义上，自我不仅不是某个固定的角色，反而是一个可以接纳和包容任何人、事、物持续发展的进程。我们越能超越自我的固定角色和认知，通过拓展认知将越来越多的人、事、物融入自我之中，才越可能在真正意义上接近并理解自我。

✿ 意义：与更大的自我连接

宇宙波函数是万事万物相互关联的整体性存在（状态）。在这个整体之中，每个点、每个事物都包含着宇宙的全部信息，每个点、每个事物的信息也都延伸扩展到整个宇宙。这就是佛家所说的"一花一世界，一叶一菩提"。虽然在量子自我或波函数自我的意义上，每个自我也都包含着他人，包含着整个世界，但作为现实中一个有局限和自我限定的人，我们很多时候会产生一种渺小感和自卑感。而超越这种局限，与代表真实自我的宇宙波函数相互连接，不仅是我们的天然倾向和本能，还会让我们获得一种力量感和荣耀感——正是在这个连接的过程中，生命的意义才真正产生。

"意义"的概念虽然抽象，但它是驱动我们的底层逻辑，更是人活着的根本追求。耶鲁大学的安东尼·克龙曼（Anthony Kronman）认为，"意义"是通过与我们本身之外的一些东西建立关系而产生的，这个东西就是超越个人的"something bigger than yourself"，直译过来就是"比自我更大的东西"。虽然在现实生活中，我们很难直接理解意义的内涵，但当自我被安放在一个团队、组织或社会的大系统中，安放在安东尼所说的"something bigger than yourself"中，意义的含义就立刻显而易见了。这个"更大的东西"其实并不外在于我们，而是容纳万事万物的宇宙波函数，同时也是叠加态的自我。正是因为我们的本质就是那个宇宙波函数，那个"更大的东西"，所以我们天然具有投身和回归于它的倾向，意义也就在投身和回归那个"真实的自我"的过程中产生。

特蕾莎修女有一句名言：You see，in the final analysis，it is between you and God；it is never between you and them anyway。翻译过来就是：说到底，做好事是你与上帝之间的事，而不是你与他人之间的事。特蕾莎修女这里所说的"上帝"，表面上是一个宗教概念，但本质上指的是包含万事万物的宇宙波函数，是真实的自我。寻找意义看起来是一个向外探索和连接的过程，实际上是对自我和本我的寻找和回归，是对生命实相的发现和领悟。正如台湾"清华大学"物理研究所所长王守益所说，波函数虽然无法直接观测，但它更加接近绝对真实的实相，这个实相也就是佛学所描述的"空"——色不异空，空不异色。

《三个石匠》① 的案例最早出现于管理大师德鲁克的著作中，这个案例虽然短小，但很能说明"意义"的内涵和作用。有人问三个石匠他们在做什么。第一个石匠回答："我在养家糊口。"第二个石匠边敲打边回答："我在做全国最好的石匠活。"第三个石匠仰望天空，目光炯炯有神，他说道："我在建造一座大教堂。"很容易看出，三个石匠中，只有第三个石匠将自己的工作与超越自我的那个"更大的东西"关联起来，同时找到了工作和人生的意义。意义的引领不仅能让他在更深和更高层次上理解自己的工作，还让他的态度更加积极、工作更富成效。

与波函数包容一切、涵盖一切的本质内涵相一致，意义也具有整体性、包容性的天然属性。虽然我们在工作、生活中的分工和角色各不相同，但是一旦进入意义的领域，就会发现大家的追求和理念具有根本的内在一致性。即使每个人的观点和理念存在差异，我们也会立足于共同的目标和理想，集思广益，团结协作，共同探索问题的解决方案。对意义的追求让我们摆脱了标签和等级的束缚，怀抱开放和平等的理念，自然地聚集在一起，所有的行动都围绕着如何解决问题、如何将事情做好而展开。当变革来临，人们不会因为强制性的命令而被迫行动，而是会基于深度的集体共鸣自然而然地组织起来，进行有利于意义实现的主动变革和尝试，为共同目标的实现做出最大的努力。

我们最终会发现，那个虚拟抽象的波函数，那个"更大的东西"不仅不空，反而是最根本、最实在的人类的本体，它看似无形无相，却具有贯通一切、包含万物的力量。如果说牛顿理论和牛顿思维让我们看到了一个事物之间彼此区分和孤立的世界，那么量子理论和

---

① ［美］彼得·德鲁克. 管理的实践. 齐若兰，译. 北京：机械工业出版社，2009：99.

量子思维让我们看到了隐藏在物质表象之下的万事万物的紧密关联和深度融合。意义让我们从彼此关联的角度重新理解世界，它本身就是整体性世界的直接体现。在意义的视角下，没有大小的区分，没有多少的差异，一切标签都无足轻重，一切角色都平等划一。意义是一切事物的本质，也是一切事物存在的根本目的，自始至终，我们从未停止对它的探寻和追求。

⚛ 使命、愿景、价值观

畅销书《有限与无限的游戏》的作者詹姆斯·卡斯（James Carse）认为，世界上存在两种游戏——有限的游戏和无限的游戏。有限的游戏有明确的开始和结束，它的目的在于赢，本质上是一个为胜利而设定的零和博弈。与有限的游戏形成鲜明对比，无限的游戏既没有确定的开始和结束，也没有赢家，它的目的不在于赢，而在于游戏本身，也就是将更多的人带入游戏，从而延续游戏。

牛顿组织在根本上玩的是一个有限的游戏：作为玩家，组织往往会以获得利益、提升效率为目标，想方设法地克服障碍，消灭对手，消除环境中的不确定性，让自己赢得竞争。而量子组织进行的则是一个无限的游戏：它虽然不排斥利益和效率，但更强调组织生存的意义和创造的价值，通过将一群有共同梦想和追求的人聚集在一起，让大家在共创价值的过程中实现互惠共赢。这个游戏中没有对手，只有游戏的共同参与者。量子组织不仅不排斥不确定性，反而会将不确定性看作探索各种可能性、游戏持续进行的前提，而且将各种可能性转化为现实的过程——量子组织实现自身价值和意义的过程。在本质上，一个组织的使命、愿景和价值观是对它存在意义的直接表达，它们又深深地根植于"我是谁""要去向哪里""有什么样的行事标准"这些问题的答案中。对这些问题的回答，也就是对组织意义，对那个超越组织和我们自身的"更大的东西"的深入探寻。

使命

"使命"来自拉丁语 vocare，意思是接受神的召唤。对个人来说，使命的作用就是通过追求超脱个人的目标，践行内心深处的理想；对组织来说，使命是指立足于组织自身的能力和禀赋，发掘自己可能为大众、为万物实践的内容，以此回答"我们是谁"这个问题，反映了一个组织存在的理由或价值。

使命是一个具有整体性和连接性的概念。使命不是为"己"，而是为"人"，也就是通过服务他人，让世界更美好。三个石匠的故事不仅说明了意义的价值，同时也揭示了使命的内涵：前两个石匠干活的动力都是来自眼前、自我的目标，都没有摆脱对利益和名声的追求，只有第三个石匠将自己所做的工作纳入一个更远大的目标体系中（教堂一般不会在短期内修建完成，世界上很多著名的大教堂都经历了几百年的修葺和完善，有的甚至今天还未完工），因此他具有强烈的目标感和使命感。Meta 的创始人马克·扎克伯格（Mark Zuckerberg）将他创办公司的理念归纳为"践行一种社会使命"，同时一直坚守和捍卫公司的"给予者"身份。在 2017 年 6 月的一次社群高峰会议上，他宣布了公司的使命："过去我一直认为只要赋予人们发声权并协助人们与世界连接就会让世界变得美好，然而我们的社会依然分裂。因此我们有责任做得更多，我们要让世界更加紧密连接。"

愿景

"愿景"的英文是 vision，简单来说就是描绘未来的图景。一个组织的愿景不是指下一个五年计划或者要获得多少利润，而是要表达组织存在的根本目的和意义。愿景会促使整个组织形成一种认同感，将员工自己的愿望和组织的愿望紧密联系起来。

愿景的第一个特征是向前看，它代表着对未来的前瞻性判断和预期。愿景把组织活动聚焦在一个未来的目标上，使组织成员在面对混沌状态时有所坚持，进而引导和影响成员的行为。20 世纪 70 年代，电子设备公司的创始人，被誉为"小型机之父"的肯·奥尔森（Ken Olsen）曾说："没人会买一台电脑放在家里"，但就是在这种"没人会买"的环境背景下，盖茨和乔布斯分别成立了微软公司和苹果公司——正是对未来的信心和愿景，让盖茨和乔布斯在没有市场的地方开拓了市场，在没有用户的地方创造了用户，他们突破了环境的局限，成就了微软和苹果。

愿景的第二个特征是它不属于组织自身，而是属于全体利益相关者和整个社会，是一个具有共同体属性的概念。在量子理论自我叠加的意义上，组织的员工、用户、利益相关者，甚至是它的竞争对手、它所在的社区和环境都是组织自我的一部分。组织与整个社会共生，没有界限，只有跳出组织自身，在为他人、为社会服务的共同体的意义上建立起来的共同目标才是愿景。也正是基于对组织共同体的强调，左哈尔认为，一家企业销售的产品不仅仅是产品本身，产品只充当联系企业与用户的媒介，收入和盈利只是这种交互作用的自然结果；一个领导者不是组织自身的指挥者和控制者，他是自己历史的创造者、个人特点的演绎者、组织愿景的实现者。流媒体巨头网飞虽然起家于一个光碟租赁的小公司，但网飞创始人里德·哈斯廷斯（Reed Hastings）在创业初期并没有将公司的目标定为做最好的光碟租赁商，而是定为给每个人提供最好的家庭视频观赏内容。这个目标虽然看起来比较宏观，但它深深根植于服务社会的愿望和精神，同时也潜在地指明了网飞未来的发展方向，即数字流媒体视频。与网飞一样，当今世界很多卓越的公司，比如亚马逊、谷歌、微软，以及国内的华为、腾讯、阿里等，它们的目标和愿景也都没有局限于自身，而是紧紧立足于为用户创造价值，为社会做出贡献。

价值观

价值观规定了一个组织做事的方法、准则和共识，它设定的行为准则不仅将人们凝聚为一个整体，还将人们的集体动机和目标转化到具体的行动上。只有通过行动，做具体的事，而不是空喊口号，才能真正回答"我是谁""要去向哪里"这些有关使命和愿景的问题，才能真正实现使命和愿景。由于价值观建立了适用于所有人的行事标准，可以说，在很大程度上，价值观本身就是道德。

阿里向来以重视价值观而著称，它的重视并没有仅仅停留在意识层面，而是通过打磨出一整套执行体系，让价值观渗透到企业的人才筛选、培训、考核等各个方面。以价值观考核为例，在阿里每个季度的 KPI 考核中，员工的业务表现和价值观考核各占一半，其中价值观考核的内容就是员工与组织价值观的契合、对团队的影响以及与其他团队的合作程度。

与功能、效率、利益这些传统的管理目标和方法工具相比，使命、愿景和价值观给人的感觉比较抽象，往往会引发因缺乏实在内容而没有实际效用的质疑。引发质疑的一个重要原因，就在于我们还是在用传统的牛顿思维，从物质和实体的角度去认识、理解世界，理解使命、愿景、价值观。然而，如果我们将视角转换到量子世界，用量子思维重新看待这些概念就会发现，正如信息相对于物质，关系相对于实体，波相对于粒子，前者虽然比较抽象，但它们是事物更为基础和本质的存在状态。所以，相比于组织中具体的物质资源，使命、愿景、价值观对建立组织秩序的意义更为重大，随着社会的发展、对人性理解程度的加深，它们所发挥的作用会日益显著。越是在不确定的环境中，它们发挥的作用以及具有的深远影响越会得到凸显。我们常常发现，越是成功的企业和企业家，越会将使命、愿景、价值观放在企业发展的核心位置。其中的原因正像吴伯凡所总结的：

> 如果一家公司没有一种超越时代、一以贯之的愿景和心气，没有一种超越金钱的大目标，那么它在面临重大决策时做不出果断的选择；如果没有明确的使命、愿景和价值观，公司肯定会做出对眼前更有利的选择，时间久了，公司也就渐渐丧失了目标。公司穷的时候，大家还有干劲；如果公司不穷了，管理人员也不穷了，还如何往前走？企业初创阶段，大家天天加班，但是当很多关键岗位上的人拥有花不完的钱的时候，怎样给他一个加班的理由？这时价值观就显得非常重要了。①

深层次的价值与灵性成长

对管理学稍有接触的人都知道人本心理学家亚伯拉罕·马斯洛提出的"需求五层次论"。这个理论将人的需求从低到高分成生理需求、安全需求、社交需求、尊重需求和自我实现需求五个层次。五层次需求的实现有先后次序，一般来说，人们只有在满足低层次的需求之后，才会考虑高层次的需求。虽然"需求五层次论"广为流传并被广泛接受，但是马斯洛在晚年时逐渐意识到，将自我实现作

---

① 吴伯凡. 如何分析企业价值——RPV分析法. 伯凡·日知录（得到App），2017.

为需求的最高层次不仅会形成以自我为中心的倾向，导向不健康的个人主义，而且与自我实现相比，人其实还有一个更深层次的需求，那就是自我超越，因为只有自我超越才能让人们与"更大的东西"连接，为人们提供一种强大的动力。用他自己的话说："缺乏个人超越的层面，我们会生病、变得残暴、空虚，或无望，或冷漠。我们需要比我们'更大的东西'，激发出敬畏之情，重新以一种自然主义、经验性、与教会无关的方式奉献自己。"在马斯洛逝世的前一年，他在《Z理论》一文中，正式提出了"需求六层次论"（见图7-3），同时将需求六层次论归纳为 X 理论、Y 理论、Z 理论三个次理论，进一步完善了需求层次的理论体系。

图7-3 马斯洛的需求六层次论
资料来源：成刚. 马斯洛的需求层次论还有第六层. 企业管理，2017（1）：52.

人性假设理论创始人道格拉斯·麦格雷戈（Douglas McGregor）在马斯洛需求层次理论的基础上进一步归纳出人们的行为表现。他认为，与生理需求和安全需求形成对应关系，X 理论假设人们的工作受到生理和安全需要的驱使，人天生厌恶并尽可能地逃避工作，追求安全、安逸；胸无大志，缺乏进取心，不愿承担责任；以自我为中心，大多数人缺乏解决组织问题的能力；缺乏理性，容易受环境影响。与 X 理论的观点相反，同时与社会需求、尊重需求和自我实现需求相对应，Y 理论认为，人天生喜爱工作；一般情况下，人们能主动承担责任，受内在兴趣驱动，热衷于发挥自己的才能和创造性；大多数人具有解决组织问题的能力。Z 理论是在 X 理论和 Y 理论的基础上提出的，它假设每个人都具有为一个比自我更大的目标而献身的需要和自我牺牲的精神。与 Z 理论的基本假设相对应，马斯洛曾用超个人、超越灵性、超人性、超越自我、神秘、有道、超人本（不再以人类为中心，而以宇宙为中心）、天人合一、高峰体验等概念来描述自我超越的内涵，同时认为基于这种需求的管理要考虑到超个人价值、存在价值或宇宙价值的激励作用。

左哈尔在马斯洛观点的基础上，进一步将灵商（SQ）概念与自我超越对应起来，认为它是一种发现事物本质的灵感、顿悟和直觉思维能力，一种寻找生命的最终目的和意义、拥有完美人生的基本愿望。在她看来，灵商融合并超越了我们的智商（IQ）与情商（EQ），它根植于对生命意义和存在价值的探索中，展现在个人和组织的使命、愿景和价值观中，是对使命、愿景、价值观的进一步探究和深化。在提出灵商概念的同时，左哈尔还倡导将马斯洛需求层次的金字塔倒过来，将心灵和意义的价值放在最基础、最核心的位置，同时构建了如图 7-4 所示的自我层次结构图。这个结构图的核心思想是：心灵和意义的价值相对于其他需求具有主导性影响，所有基础性的改变都是心灵的变革，这种心灵变革对个人、组织和社会普遍适用。无论是设计产品还是组织架构，抑或是制定长远的战略及目标，所用到的创造性思维在根本上都源自人的心灵。

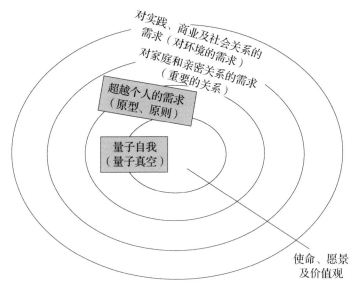

对实践、商业及社会关系的需求（对环境的需求）

对家庭和亲密关系的需求（重要的关系）

超越个人的需求（原型、原则）

量子自我（量子真空）

使命、愿景及价值观

图 7-4　自我层次结构图

资料来源：［英］丹娜·左哈尔. 量子领导者. 杨壮，施诺，译. 北京：机械工业出版社，2016：27.

其实，灵商并不是一个新概念，甚至在我们的传统文化中也能找到它的影子，传统文化对灵性或灵商的阐释在本质上与马斯洛和左哈尔的观点紧密契合。比如，《中庸》中讲的"天命之谓性，率性之谓道，修道之谓教。道也者，不可须臾离也"。杨绛将这段话解释为人的本性是天生的，顺着灵性良心为人行事，就是该走的道路，应该时时刻刻随顺自己的灵性良心。在杨绛看来，只有在灵性的指引下，每个人才能产生高于物质的精神和灵魂层次的需求，只有遵循灵性和良知来修炼身心，才能达到自身的完满以及与外物的和谐状态。

灵商所要揭示的正是波函数层面的万物一体关系。反过来说，万事万物的关联一体性不能依靠智商和情商来理解，而是需要一种更加深刻的、深入灵商层次的智慧和领悟力。灵商在本质上就是一种与万物连接和沟通、调动万物能量来实现目标的能力。只有深入灵商层次，才能发现万事万物之间那种超越光速的最根本层次上的一体性，发现宇宙波函数所代表的世界的整体性关系。

在牛顿思维的观点中，这个世界是物质的，事物之间相互独立、边界明确，现实世界中不同的事物、不同的人、不同的国家和地区、组织中不同的部门之间明确的职能分工就是这种独立性、边界性思维的具体体现。然而在量子思维看来，物质世界中各种事物之间的割裂和分离并非一个不可逾越的鸿沟，在价值、意义和心灵层面，不同的组织、组织中的不同部门，甚至行业、地区和国家之间的边界都不复存在，所有事物都会依据其所提供的意义、价值被重新定义，表现为意义创造链条上的一个角色和环节。虽然 21 世纪出现的很多新兴理论，特别是系统论和复杂理论都在强调事物之间的整体性，整体性的观念随着互联网的发展深入我们日常生活的方方面面，但是系统论和复杂理论所说的整体性其实是信息和关系层面的，也就是先区分不同事物，再通过建立不同事物之间的关联所实现的整体性。而心灵和意义层面的整体性则是一种无法区分你我的根本的、彻底的整体性。只有深入心灵和意义的层面，我们才能对世界的整体性进行理解；也只有在心灵和意义的层面，世界才能展现出它最真实的整体性和连通性本质。

牛顿思维下的传统管理模式将组织发展的重心放在心智层面，关注如何提升效率，如何实现盈利最大化，用什么样的竞争方式取得成功；而工作本身的意义和价值是什么，工作能否满足人的深层次需求，工作能为社会做出什么贡献等问题则被轻视和忽略。然而，在量子思维的观点中，产品、服务、效率、盈利等要素不能代表组织，它们在本质上是一个组织的精神、灵性、使命、愿景的外在表现——如果说产品和服务是"果"，那么精神和灵性就是"因"；如果说产品和服务是"相"，那么精神和灵性就是"心"——造因得果，相由心生，一个组织在心性和灵商层面的表现才是它最本质的状态，提升组织的心性和灵商水平才是它成长发展的核心。在量子思维看来，在灵商和心性的层面，组织和产品会被重新定义，此时，衡量组织能力和产品价值不再是效率、盈利这些显性的指标，而是一个组织、一个产品能带来多大的社会价值，能否为满足他人的需要做贡献，能让多少人的精神在关联组织和使用产品的过程中得到提升。

随着计算机以及人工智能的发展，越来越多的传统岗位被替代，但人所特有的精神、灵性、创造力，以及对价值和意义的追求不仅不会弱化，反而会在日益密集的机械丛林和算法逻辑中凸显出来，达到一个新的高度。与这个趋势相呼应，当下人与人、组织与组织之间围绕智商和情商的竞争正在转移到灵商层面，无论是对个人、组织还是对整个社会，只有在精神和灵性层面进行彻底的转变，才能触发真正意义上的发展创新和突破变革。正如财讯传媒集团首席战略官段永朝所说，互联网几乎是在"再造人类"——不仅是在技术上，还在人伦/人格、社会/政治以及艺术/哲学方面推翻一切，重新来过。在他看来，所谓传统套路，也是自柏拉图以来西方思想的主要脉络，就是相信有一个不以人的意志为转移的"规律"存在，人们不仅可以抓住它、认识它、驾驭它，而且认为这样做是唯一的道路，是"善"的表达。他同时强调，这样一种信仰虽然不是"错"的，但却是"不够用的"，我们还需要一种西方丢失的，也就是东方（典型如中国和印度）的传统脉络，那是一种神性、灵性的传统。也就是说，只有在灵性和灵商的塑造方面，才可能找到西方丢失的传统，才能在整合东西方传统文化的基础上，真正领会到事物之间紧密纠缠、和合一体的关系，也才能从整合性、一体性的角度出发，重新理解组织的意义和使命，实现个体、组织乃至整个社会的全面创新和突破。

⫸ 稻盛和夫：阿米巴经营与禅心智慧

作为日本经营界的传奇人物，稻盛和夫一生创办了两家世界五百强企业：京瓷集团和 KDDI 集团。2010 年，78 岁高龄的稻盛和夫再度出山，掌舵濒临破产的日航，他仅用 14 个月就让日航扭亏为盈，还让它做到三个世界第一——利润世界第一，准点率世界第一，服务水平世界第一。基于他在商业界的崇高地位和杰出贡献，他与松下创始人松下幸之助、索尼创始人盛田昭夫、本田创始人本田宗一郎一起被誉为日本的四大"经营之圣"。

稻盛和夫创立的一套管理模式和管理理念——阿米巴不仅是京瓷和 KDDI 保持高收益、实现强发展的核心，还是让日航起死回生的关键。简单来说，阿米巴就是指企业中拥有明确的目标、自主成长、独立运营的小团队或小组织。独立核算是阿米巴的核心，敬天爱人是阿米巴的根基，而敬天爱人的哲学观念又深深地根植于稻盛和夫对佛学，特别是对禅宗思想的深深领悟中。

进一步分析发现，阿米巴经营和稻盛和夫敬天爱人的哲学思想都与量子理论紧密契合。每个阿米巴都可以看作一个量子，而阿米巴所倡导的独立经营和全员参与就是强调要发挥每个量子的积极性，使其潜在的能量得到充分激发与释放。稻盛和夫哲学的无我利他、以心唤物、工作即修行等核心思想更是与量子理论的整体关联、主客一体、当下极致等观点和理念紧密关联，遥相呼应。阿米巴经营与稻盛和夫的哲学思想不仅揭示出量子理论在企业管理中可能发挥的积极作用，还让量子思维和禅宗的智慧在企业实践中得到充分的发展和应用。

阿米巴经营模式

阿米巴在拉丁语中的意思是单个原生体，也就是变形虫。它的最大特点就是能通过不断地自我调整来适应外界环境的变化。与变形虫的特点相对应，阿米巴经营模式的核心就是将一个企业划分为若干个小集体或者自主成长的小组织，每个小组织就是一个阿米巴。各个阿米巴自行制定计划，独立核算，自主经营，灵活应对环境变化。

量子理论认为，任何事物内部都蕴含着巨大的能量，并且物质越小往往越活跃，它的能量也越容易积聚。作为一个物理量最小，或者说是不可分割的基本单位——量子虽然微小，但它蕴含的能量无比巨大。与量子类似，越小的企业或者运营单位其工作周期往往越短，频率越快，效率越高，具备越强的适应、创新、创造能力。每个阿米巴都是一个量子，阿米巴经营的实质，就是通过每个阿米巴独立核算、自主经营，让大企业的经营单位变小，核算周期缩短；基于高效的运作和灵活的反应，回归小企业精神，让每个阿米巴、每个人的潜在能力都得到释放和发挥。

量子的另一个特点是，它的状态不在于它本身是什么，而在于我们如何对它进行观察，不同的观察和测量方式决定了量子的不同状态。阿米巴就是一个量子，员工的参与方式就决定了阿米巴最终的经营状态。每个员工都是阿米巴和企业的主人，对阿米巴和企业的发展起着主导作用。正是基于对员工主导地位的强调，稻盛和夫将阿米巴经营的目的定为培养具有经营者意识的人才以及实现全体员工共同参与经营。在他看来，只有每个阿米巴成员都树立起自己也是一名经营者的意识，进而萌生出经营者的责任感，才能充分激发员工的主人翁意识，发挥每个员工的主动性和创造力。

稻盛和夫创立的京瓷采用的就是典型的阿米巴模式。京瓷的制造部门按工序来划分阿米巴，销售部门则遵循地区、产品、顾客类别的划分方式。每个阿米巴平均由十二三人组成，它们集生产、会计和经营于一体，是一个独立的利润中心。虽然一些事务的处理需要上级参与，但经营计划、实绩管理、劳务管理等基本事务都由每个阿米巴自行负责。又因为各个阿米巴可以随意地分拆和组合，所以整个公司能根据市场的变化适时调整，灵活应变，具备强大的适应能力。

稻盛和夫在2010年对日航进行改革并让日航起死回生的办法，也是阿米巴经营。改革之前，日航员工的责任感、盈亏意识都非常薄弱，部门责任不明，员工与组织部门之间的关系松散，各行其是。稻盛和夫改革的首要步骤，就是让每条航线都成为一个独立核算的阿米巴，每个阿米巴的收入和支出都需要明确计算出来。每条航线在实现销售额最大化和经费最小化的原则下，自行决定价格和成本的结构安排，业绩不好的航线随时都会面临被停飞和被裁撤的危险。与此同时，给一线阿米巴提供支持的航空运输服务、机务服务等二线部门与一线之间属于"亲兄弟，明算账"的服务购买关系。这个服务购买关系不仅让利润意识、责任意识从一线部门自然而然地渗透到二三线的服务部门，同时也充分调动了二三线部门的积极性和创造力。阿米巴模式一经推行，就改变了日航以往官僚僵化、人浮于事的状况，每个人都充满了危机感，每个人都积极地参与企业的经营和实践。为自己负责、为企业负责的观念渗透到每个员工的心里，而且充分体现在他们日常的行为和活动中。

阿米巴的哲学根基：敬天爱人

阿米巴经营的优势是全员经营，权责分明，每个人的自主意识都被充分地调动起来。然而，阿米巴模式在为企业创造价值的同时也带来了一个重要挑战，那就是如何避免各个阿米巴之间的利益冲突，在各个小集体实现自身利益的同时，实现协作与共赢，最终形成共同发展的组织合力。稻盛和夫认为，解决这个问题的关键，是不能将阿米巴简单地理解为一套单纯的生产模式，而是要在精神根基和观念心法的层次上，让公司上下形成统一的价值观与精神准则，这套价值观和精神准则就是敬天爱人。这里的"敬天"是指尊重自然、尊重科学、尊重法律，按照社会伦理办企业；"爱人"则是指要造福人类，促进人类的进步和发展，要至善，要利他。简单来说，敬天爱人就是把工作的目标、人生的目的视为给整个社会创造价值，而不仅仅是实现个体利益。

在量子理论的观点中，量子不仅具有独立性，还具有贯通一切的一体性。在本质上，量子也代表一种共有的信息和意识形态，一种能贯穿和激发所有事物的共情力和现实统一力场。稻盛和夫强调，只有当经营理念以信息共有的方式存在，并营造出全体员工共同参与的氛围时，才能实现阿米巴。所以，敬天爱人就是一种打通人与人、人与物之间的边界的文化和价值基座——只有将追求全员幸福、为社会做贡献作为发展目标，企业才能建立起一种全员都能接受的普遍共有的价值理念，这种价值理念在打破沟通壁垒和协作障碍的同时，有利于企业的长远发展。

敬天爱人绝不是一个单纯的理念和口号，而是贯穿于阿米巴经营的各个方面。比如，即使一个部门、一个人创造了很大的价值，也不会转化为奖金与员工的收入挂钩，业绩好所能获得的就是同事的认可和领导的鼓励。润米咨询公司的创始人刘润曾问过京瓷人事部部长星野周："一个部门创造了更大的价值，你们会发奖金吗？"星野周立即给了一个明确的回答："不发。用钱激励，人的行为就会扭曲。"在他看来，京瓷的员工不是为了钱而工作，是为了内心的愿望和社会的价值而工作。其实稻盛和夫自己的言行就是对敬天爱人的最好说明：1984 年，在京瓷成立 25 周年时，稻盛和夫把自己所有的股票都送给了员工，后来他主掌日航，更是主动要求零薪水。

所以，阿米巴表面上是一套经营管理方式，本质上是一种敬天爱人的普世价值观与核心理念。阿米巴是一种管理方式和方法论，更是一套哲学理念和思想体系。如果说阿米巴经营的技术和方法更多停留在"术"的层面，那么敬天爱人就是阿米巴的精神元气和思想灵魂，它们构成了阿米巴的"道"。如果只掌握了阿米巴的"术"，而忽视了它的"道"，那么任何对阿米巴的尝试都会以失败告终。这也解释了为什么阿米巴在日本企业中表现良好，但在其他国家就很难推行：在很大程度上，日本的"和文化"、终生雇佣制和年功序列制等都为敬天爱人的培养提供了理念基础和制度土壤。

禅心智慧与商业思想的完美融合

稻盛和夫不仅是一位成功的企业家和管理专家，也是一位杰出的思想家和哲学家。稻盛和夫对佛学极力推崇，还把佛学，特别是禅宗的思想引入企业的经营管理中，并且取得了巨大的成功。在佛学思想的影响下，他在 65 岁去京都圆福寺剃发修行，度过了 7 个月的僧人生活。在他看来，出家修行就是为了再次学习人生的意义，这对摒弃人的利己之心和净化心灵至关重要。对佛学的思考构成了稻盛和夫哲学的思想根基，贯穿他工作和生活的方方面面。他基于禅宗思想所总结的"以心为本，提升心性""工作即修行""付出超过任何人的努力""万物一体，无我利他""心不唤物，物不至"等观点和理念都是在强调自我与外物、自我与他人的关联一体性——这种关联关系的极致体现，就是自我的消失，就是自我在与万事万物融合的过程中所实现的无我状态，而这个融合与统一的过程本身，就是稻盛和夫所说的磨砺灵魂、提升心性。

（1）以心为本，提升心性。禅宗以"直指人心，见性成佛"为支点，强调修行须"自识本心，自见本性"。"以心为本，提升心性"是稻盛和夫哲学的立足点。稻盛和夫认为，生而为人，我们应该经常问问自己：造物主究竟抱着怎样的期望让我们降生于世，授予我们不可重复的人生，并让我们自然地成长发展？我们应该如何生存，赋予人生怎样的意义，才能顺应这个巨大的期望？这些问题看似很难回答，但稻盛和夫说，这些问题的答案其实非常明显，那就是"提升心性，磨砺灵魂"。稻盛和夫一直强调，在"提升心性，磨砺灵魂"这个巨大的目的面前，我们个人在世时积累的财产、名誉、地位也就显得微不足道，宇宙赋予我们的这个人生，只不过是修炼我们灵魂的道场——从生至死我们都要尽力去思善行善，陶冶人格，让我们在人生终点时的灵魂品格比在起点时有所提升。在他看来，无论是企业经营还是个人成长，人心都是最根本的问题——从"佛道"到"人道"到"商道"，企业家只有将人格修炼放到最高的位置，不屈不挠地工作、勤勤恳恳地经营、孜孜不倦地修炼，他的人生价值才能得到体现。

（2）工作即修行。佛法中"开悟"一词的含义为提高心性，完善人性，美化心灵。而完善人性，美化心灵，实现开悟的要点，就在于日常生活中的精进和修行。稻盛和夫认为，所谓精进和修行，就是心无旁骛地投入眼前的工作。工作就是人生精进的道场，那些数十年如一日专注于自己工作的人，都是人格厚重、灵魂高贵的人。极度认真地工作会赋予我们巨大的力量，让我们随时能够扭转命运，掌握人生的主动权。

稻盛和夫在回忆他的出家经历时曾说："寺庙里，僧侣需要负责从煮饭到打扫所有的日常杂事，这些事与坐禅比较，地位是相等的。也就是说，认真从事日常生活中的劳务与坐禅以求精神上的平和，从禅宗的角度来看并无差异。日常劳动就等于修行，认真工作就等于开悟。所谓开悟就是指心性层面的提升，磨炼心性的最终境界也就是悟的境界。"所以他认为，修行根本不需要远离凡尘，工作场所就是修炼精神的最佳场所，全神贯注于一件事，对工作努力不懈，就是一种最好的修行。稻盛和夫还进一步强调，人们都把劳动看成获得生活所需的手段，认为劳动的时间越短越好，工资则多多益善。工作其实具有更深远、更崇高的价值与意义——劳动可以帮助我们战胜欲望，磨炼心性，培养人格，换取生活所需只不过是劳动附带的功能而已。在他看来，以全部的精神投入每天的工作是极为重要的事。唯有如此才能做到无上修行——工作不是辛苦的重复，是帮助我们提升心性与培养人格最重要、最有效的方法，是磨炼意志、让灵魂得到提升的过程。

（3）付出超过任何人的努力。稻盛和夫经常对员工说，对于一去不复返的人生，不能有丝毫浪费，要以诚恳认真到"异常"的方式去度过。这种"异常"的方式表现在行动上，就是付出超过任何人的努力，同时还要做到完美。虽然很多时候我们都认为自己已经非常努力了，但是稻盛和夫认为，努力的标准不仅在于自己，还在于别人——只有付出不比他人少的努力，或者说付出超过他人几倍的努力，才能算作努力。他进一步强调，即使已经付出了很多，也总有再努力、再提升的空间；努力是一个持续的过程，在看上去无计可施的时候，不能轻言放弃，而是要回到原点，重新出发，把不可能变为可能。

在努力的基础上，稻盛和夫强调要再进一步，将努力升级到完美。他用"完美的产品"来说明完美的标准——完美的产品不仅内在的性能要完美，外表也要完美无瑕，看上去就让人赏心悦目。举一个具体的例子，京瓷的技术人员曾经花很长时间研究开发出一款产品。这款产品性能很好，但稻盛和夫看后依然不满意，理由是产品颜色灰暗，看上去不够纯净。工程师得到反馈后的第一反应就是稻盛和夫不近人情、吹毛求疵，他们认为，这是耗费了大量的时间和努力才得来的产品，产品本身难有提升的空间。然而稻盛和夫却坚持他的观点：好的产品不仅性能过关，它的外观也一定是赏心悦目的，因为产品的外观就是它内在的具体显现。经过几个月的努力，当工程师最终拿出让他们自己都引以为傲的产品时，他们才真正领会了什么是稻盛和夫所说的努力和完美——这个产品品质优良，外观明亮，让人赏心悦目——从此，努力和完美成为京瓷员工一直坚持的信念和目标。

（4）万物一体，无我利他。量子理论"主客一体"的观点说明，"我"的存在以其他事物的存在为前提，只能在与外物、他人的关系中得到定义。自我就是他人，他人就是自我，自我与他人融合为一个整体。在这个融合的过程中，传统观念中的自我就消失了，也就形成了无我。稻盛和夫不仅深刻把握了无我的内涵，还将它进一步应用于自己的工作生活中。他同时强调，成就事业的关键是无我利他、动机至善，无我利他是敬天爱人的另一种表达。

稻盛和夫以 80 年为一个周期、20 年为一个节点将人生划分为三个阶段：人生的第一个 20 年是诞生至独立漫步人生的阶段；中间的两个 20 年（也就是 40 年）是奋发努力、为社会做贡献的阶段；最后的 20 年则是为死亡做准备的阶段。在他看来，这三个阶段在本质上就是一个从无我到有我再到无我的过程，第三个阶段的无我是对第一个阶段无我的超越，比第一个无我有提升。他进一步强调，无我就是性善和利他，而性善和利他代表宇宙包容万物、促进万物生长的大爱和慈悲之心。正因为大爱是包容一切、无我利他的，所以它是一种大善，是宇宙的意志——万物都要生长发展，都要朝着善的方向前进，是否与宇宙的意志同频共振，是人生和事业成败的标准。他认为，禅宗所倡导的"布施、持戒、精进、忍辱、禅定、智慧"六度法则，其实就是成就无我、实现大爱的阶梯——宇宙的本体是无我，法则也是无我，人生的真正目的也是无我。

（5）心不唤物，物不至。稻盛和夫在大学遇到了他的恩师内野正夫。内野正夫的很多思想对稻盛和夫的影响很大，其中影响最大的就是内野正夫关于"心"的说法——"唤起至诚之心而发清净之愿""无论做什么事情，只要有崇高的理想就没有不成功的理由"等。稻盛和夫认为，人的一生会经历不同的阶段，有时波澜壮阔，有时跌入谷底，但是无论我们身处哪个阶段，所发生的一切都是由自己的内心吸引而来的。他举例说，当你怀抱对一个目标的强烈渴望并彻底投入工作时，就会在脑海里形成一个意象，这个意象会给你一把照亮前路的火炬，让你发现通往未来的道路。需要强调的是，稻盛和夫这里所说的"渴望"和"意象"，并不是胡思乱想和做白日梦，而是一种执着于某事的强烈意识和愿望，一种痴迷状态。只有在这种痴迷状态中，目标和愿望才能渗透到我们的潜意识中，激发、释放我们的内在潜能，开启每个人的内心之源。

稻盛和夫年轻时曾听过松下幸之助的一场演讲，主题是"水库式经营理念"。松下幸之助说，企业要在经济景气时"高筑墙，广积粮"，就像水库蓄水一样，只有这样才能在经济萧条的时候打开水闸，用储备的水渡过难关。当时有人提问："这个道理浅显易懂，但修建水库的具体办法是什么？"松下幸之助思考了一会儿，回答道："我也不知道具体的办法，但是你一定要这样想，不想是不行的。"这个答案让当时在场的人都大失所望，唏嘘不已，但稻盛和夫却说，这句话不仅没有让他失望，反而给他带来了巨大的冲击。他立刻领会到，松下幸之助想要表达的意思是：解决一个问题的关键，不是采用某种具体的方法，而是充分认识到一个问题、一件事情本身的重要性，要有不达目的决不罢休的信念——如果一件事情对你来说足够重要，你总会想尽一切办法去实现它。稻盛和夫还说，松下幸之助的话是他领悟到的贯穿一生的真理。在他看来，之所以有人成就卓越，有人表现平平，并不是因为他们的做事方法有什么不同，根本的原因在于，他们所持有的愿望在高度、深度和热度上具有明显的差异，那些对成功抱有强烈渴望的人毫无疑问会更加成功。

📖 参考资料

[1] 稻盛和夫. 干法. 北京：机械工业出版社，2015.

[2] 稻盛和夫. 活法. 北京：东方出版社，2005.

[3] 稻盛和夫. 成功的真谛. 北京：中信出版社，2016.

[4] 金子. 稻盛和夫：一切成功都归结于利他之心. 腾讯网，2020 - 06 - 22.

[5] 单向前. 稻盛和夫：企业经营的 12 条准则. 搜狐网，2017 - 08 - 08.

第 8 章

量子沟通：基于信息并超越信息

🔬 量子的本源：信息和关联

事物之间的关联关系是理解量子理论的基础，一个事物只有在与其他事物的交互作用中才能显现出来，对一个事物的描述也是对这个事物与其他事物之间相互作用关系的描述。正如清华大学未来实验室首席研究员马兆远所说，量子不仅是一个用来研究原子或研究微观世界的东西，它本身就是一套研究事物之间关联的知识系统，描述了一个复杂系统和另外的复杂系统之间如何关联，怎样影响彼此。由于一个事物的信息就隐含在它与其他事物进行交互作用、建立关系的过程中，它蕴含的信息也可以形象地表示为该事物与外界发生关系的数量，所以事物之间进行相互作用的过程也就是信息产生的过程。在组织管理大师玛格丽特·惠特利看来，information（信息）这个词的拼写是由 in（在）和 formation（形成）共同构成的，这个单词的构成本身就说明了信息是事物形成过程中必不可少的一部分。她进一步强调："信息及其关系的特征是事物形成无形参与者，虽然我们无法看到、感知到它们，但相比于现实所呈现的物质特征，in（在）和 formation（形成）所指代的信息和关系，正在影响并管理着我们。"[①]

"信息蕴含于关系"的说法看似不好理解，但其实我们都有切身体验。比如，我们的社交关系既不在我们的手机或电脑里，也不在朋友的手机或电脑里，有关社交的信息蕴含在我们与朋友所建立的社交网络关系中。随着量子力学和信息论的发展，越来越多的研究表明，相比于物质，关系和信息更加基本，它们甚至可以看作物质实体的基础和来源。正是基于对信息基础性的强调，著名物理学家约翰·惠勒提出了"万物源于比特"的说法。他认为："所有的物质，任何粒子、任何力场，甚至时空连续体本身，它们的功能、意义及其全部存在本身都可以归因于'比特'。简言之，所有的物质性事物在最根本、最基础的意义上都具有非物质来源的解释，其根源都是信息论的（information-theoretic），这是一个参与的宇宙。"[②]

事物就是信息和关系的叠加，每个事物都处于信息和关系的叠加态中。在很大程度上，观察和认知事物的过程就是与它建立相互关系、产生关于事物信息的过程。从不同的视角对事物进行观察和认知，得到的结论也不尽相同。华东师范大学校长、中国工程院院士钱旭红在他所著的《改变思维》中列举了"女儿媳妇二象性"的思想实验（见图 8-1），这个案例就是对信息和关系叠加的最好说明。

　　让一个成年女性停留在一个密闭的观察室内，让处于她人际关系圈里的人推开观察室的门，对她进行评价（之前并不知道要评价的对象是谁）。可以想见，不同的人对该女性的评价肯

---

① ［美］玛格丽特·惠特利. 领导力与新科学. 杭州：浙江人民出版社，2016：122.

② 傅渥成. 宇宙从何而来. 长沙：湖南科学技术出版社，2018：243.

定不尽相同，评价结果不仅会呈现出一定的差异，而且可能相反。最典型的可能就是来自妈妈和婆婆的评价。如果是妈妈，她可能会说：我女儿很好、很贴心，尽管有些小毛病，但那是人之常情……当婆婆推开观察室，发现是自己的儿媳妇时，婆婆的评价可能是：我的儿媳妇不怎么好，缺点很多，比不上我女儿，配不上我儿子……①

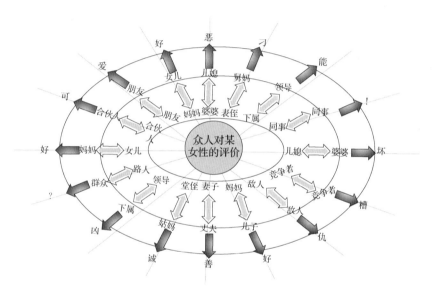

图 8-1　女儿媳妇二象性

资料来源：钱旭红．改变思维．上海：上海文艺出版社，2020：150.

在上述思想实验中，观察室中的女性就处于多种角色、信息和关系的叠加态中：她既是女儿、妈妈、儿媳、妻子，也是领导、同事、下属、朋友……她在本质上就是来自她的妈妈、婆婆、同事、下属等各方面评价的关系和信息的总和。用钱旭红的话说："在推门观察该女性之前，观察者与被观察者本身都是自由的，具有各种角

①　钱旭红．改变思维．上海：上海文艺出版社，2020：149-150.

色的可能性，一旦见面，多种角色的可能性就不再存在，只存在一种确定性的角色，进而给出评价。此时，就相当于本来具有多种可能性的量子波函数，因为观测微扰而崩塌成确定的经典现实。"所以，这个女性的具体角色是什么，并不取决于她自己，而是取决于谁对她进行观察和评价，取决于观察者与被观察者之间的相互作用关系——在不同的关系情境下，被观察女性所呈现的状态和角色也不尽相同——在妈妈的眼里她是一个贴心的女儿，在婆婆的眼里她是一个缺点很多的儿媳，在孩子的眼里她又是个完美的妈妈。正因如此，我们不能单纯地判断被观察女性到底是一个怎样的人，只能说在不同的关系条件下，她所呈现的角色和面貌是什么样的——她的真实状态是各种角色或状态的叠加态，或者说是坍缩前具有多种可能性的波函数状态，而她具体以什么面貌出现，则取决于谁与她发生相互作用（形成观察关系）——关系是决定她呈现什么角色、以什么面貌出现的前提条件。

✧ 量子纠缠与信息超越

　　量子理论一方面说明关系和信息是构成事物的基本要素，另一方面揭示出事物之间相互作用、建立关系的过程甚至可以不受时空的限制，可以超越光速。量子纠缠的事实说明，两个相互纠缠的粒子无论相距多远，当改变其中任何一个粒子的状态（如通过观察和测量的方式）时，另一个粒子会瞬间做出响应，它们之间会发生如同心灵感应的协同动作（见图 8 - 2）。纠缠的量子粒子之间之所以会发生这种超越光速的连接，并不是因为它们之间真的存在感应，而是因为它们在本质上就是一个整体，构成一个整体性的波函数。在纠缠和同一个波函数的层次上，两个粒子不仅不具备独立性，甚至连"两个""它们""距离"这样的概念都不再成立，波函数就是它们（准确地说，这里没有它们，只有它）唯一的存在状态。

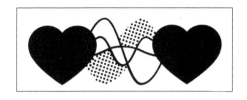

图 8 - 2　量子纠缠

在最根本的意义上，不存在事物的叠加态，事物的真实状态只是一种超越经典概念的抽象的波函数。由于关系、信息、叠加态等概念建立在经典思维基础上，对现实的反映还不彻底，它们只是对事物进行的折中、权宜的描述。还是以"女儿媳妇二象性"为例，无论是"女儿""媳妇"还是"女儿媳妇二象性"，它们都不是被观察女性的真实状态。按照量子理论的观点，当我们不对这位女性进行观察和评价时，她只呈现为一个广泛分布于空间中的量子态，即波函数状态；女儿、媳妇、同事、下属等角色定位都是受制于经典思维，对这位女性状态的一种近似描述。实际的量子态既包含这位女性的所有经典角色和身份，又是超越她的所有角色的一种完全不同的波函数状态。所以，任何事物既不是信息也不是关系，甚至不是信息和关系的叠加，它只是一种不能用经典的语言和思维进行描述的波函数。波函数就像老子所说的"道"和"无"，佛家所说的"空"，它一方面包含万事万物，代表万事万物相互纠缠的一个整体性状态；另一方面，它是一个超越时空的、最根本的、最彻底的存在方式，具有层次最高、最抽象，却又最实在、最确定的特征。

开创魏晋玄学先河的东汉思想家何晏认为，万事万物虽然具有不同的形状、颜色和声音，但是从概念分类来说，应该是越高级的事物表现得越抽象、越单一，越具有普遍意义；越低级的事物表现得越具体、越多样，越具有个别意义。比如，我们会明确地知道猫和狗是什么样子，但要说动物是什么，它的形象就会变得不再具体；如果再问生命是什么，我们就更不可能想出一个具体的形象。何晏认为万物的总起源，也就是宇宙的总规律，或者说主宰世界的"道"和"神"，必定是一个没有形状、颜色和声音的东西，必定是"空"和"无"的。所以他说："有之为有，恃'无'以生；事而为事，由无以成。"何晏的观点让我们很自然地想到老子关于"道"和"无"的观点。老子曾说"形而上者谓之道，形而下者谓之器"，这里的形而下者"器"，就是指一切物质实体，也就是我们日常接触到的、可以直接感受到的东西，它们是具体、实相和多样性的；而形而上者"道"，则是指世界的终极现实，它无所不包，无处不在，是一个抽象、概括和整体性的存在，不能用任何概念和逻辑来理解、把握，这也就是老子所说的"道可道，非常道"。

上海自主创新工程研究院理事、量子管理倡导者何伟认为，佛家和老子将世界的本质看作"空"和"无"的观点与量子力学非常契合。

> 关于世界本质的认识。佛家典籍和老子的《道德经》都认为世界的本源是"无"是"空"。巧的是，古希腊巴门尼德的"是论"、柏拉图的"相论"及传承到亚里士多德的"本体论"也有类似的见解。与传统经典牛顿认知完全不同的是，量子力学的著名科学家狄拉克认为"真空不空"，而是由零点能组成的负能量的粒子海，尽管这些粒子是不可观察的，但它们绝不是虚幻的，如果有足够的能量就可以随时形成微粒子。这种由"潜在非实在粒子"构成的空间，就被称为"狄拉克之海"，这也是宇宙大爆炸中，能量最终形成物质的原因。[1]

---

[1] 何伟. 大川说量子 HR：用历史观看中国智慧中的量子思维，如何影响新时代的管理（十二）. 量子思维与组织的数字化转型（微信公众号），2021-04-19.

波函数、"空"、"道"、"无"不仅代表一切事物的终极存在方式，还象征一种在宇宙和生命本体论层面的根本的、连续的创造。这种创造也就是中国古代典籍中所描述的"生"或者"生生"。《易经·系辞传》中的"天地之大德曰生"和"生生之为易"的意思是，生生不息，循环往复，革故鼎新是万事万物产生的本源。"生"的基本含义是生命，同时也包含从无到有的发生、出生、创生的意思。"生生"中的"生"不是指一次性的发生，是生而又生、生生不息，是持续的创生。在道家的观点中，"道"本身所表达的就是"生生"，就是生生不息。《道德经》中说："道生一，一生二，二生三，三生万物。""道"在这里就是指所有生命创化的根本——万物发生发展并生生不息的本源与动力皆源之于道，故谓"生生之谓道"，"道"是"生生"之意的精髓所在，是促进生生不息的根本动力。道家的经典著作《太上老君内观经》更直接提出了"生道合一"的观点："道不可见，因生以明之。生不可常，用道以守之。若生亡则道废，道废则生亡，生道合一，则长生不死，羽化神仙。"这句话明确指出，"生"与"道"本身就是一个整体，"道"是"生"之体，"生"是"道"之用。总而言之，如果我们接受了量子纠缠和波函数所代表的"空性"以及它们所具有的"道"的本体论内涵，那么量子纠缠以及波函数的另一个核心指向就是"生生"，就是生命所代表的一种耗散结构——宇宙和世界万物一直处于远离平衡的平衡态中，随时随地处于化生万物、生生不息的创新和创造过程中。

✿ 基于信息和关系的沟通

简单来说，组织沟通就是组织内信息的交流与传递，所有涉及与他人进行信息交换的事情都是沟通。虽然我们都知道沟通的内容是信息，信息与物质之间存在很大差别，但在实际应用中，我们还是会自觉或不自觉地将信息看作有形的物质实体或物品。人们用比特和字节对信息进行计量、传送、接收和存储；总希望信息稳定可靠、前后一致，一旦出现不确定和意外的情况，我们的本能反应就是否定和逃避；认为只有领导者和权威人士才有发布信息的权力，大多数组织成员只能被动接受既定信息，同时将维持信息的前后一致和不失真作为组织有序的前提。然而，如果我们对信息有所了解，就会发现信息虽然与物质密不可分，但它在本质上是完全不同于物质的另一种形式，因此需要用完全不同的方式去看待和处理。

信息论的创始人、被誉为"信息论之父"的克劳德·香农（Claude Shannon）曾给"信息"下过一个经典的定义，即消除了的不确定性。也就是说，把存在的不确定性消除，就产生了信息。进一步分析会发现，要想消除一个事物的不确定性并获得信息，只能与它进行互动，建立交互关系。比如，一个陌生人对我们而言是充满不确定性的，但是在与他打交道、建立连接的过程中，我们会越来越了解他，消除最初的不确定性，获得越来越多关于他的信息。所以消除事物的不确定性、获得信息的过程，就是与被认知事物形成连接和建立关系的过程，在信息论和控制论中，信息的本意就是一种普遍联系的形式。在本质上，信息就是关系，获取信息的过程就是建立关系和实现沟通的过程。

关系的特征：双向平等、整体开放、无时无处不在

信息的关系本质是我们理解沟通的核心视角，确切地说，沟通就是传递信息，就是建立关系。一旦从关系的视角看待沟通，就会很自然地发现沟通的内容固然重要，但沟通的一个更长远、更重要的目标是建立关系，给对方好的感受。很多时候我们甚至不用发表意见，只需要做一个好的倾听者，不时地给予对方适度的眼神交流和动作，也能达到很好的沟通效果。伴随着信息化和数字时代的到

来，信息和关系比以往任何时候都更加重要，处于这一环境背景下
的沟通越来越呈现出关系本身所具有的双向平等、整体开放以及无
时无处不在的特征。

双向平等的沟通

信息是在主客体相互作用的过程中产生的，具有明显的双向性
和互动性，脱离了信息发送者和接收者中的任何一方，信息的传递
和沟通都不能成立。虽然基于双向互动的沟通机制如此明显，但在
实践中，我们往往会将沟通的重心放在信息的发送者身上，信息的
接受者在很多时候被轻视和忽略。在组织中，自上而下的信息传递
方式是工作的重点，至于员工能否充分理解和领会，却少有人关心。
正如德鲁克所说，沟通的本质在于信息的接受者能否听到、接收到，
如果这一个条件不满足，那么信息的发送者只是在发送声波，甚至
噪声。所以，与自上而下的单向信息传递方式形成鲜明对比，真正
的沟通一定是自上而下和自下而上相结合的开放式沟通和双向沟通。
在这种沟通方式中，沟通的主体不是"你"也不是"我"，而是"我
们"——"我们"会以协商和讨论的姿态面对彼此，听取反馈，我
们同是信息的提供者和接受者，随着沟通的进行，彼此之间信息发
送者和接受者的身份也在随时变化，持续转换。

在组织沟通方面，流媒体巨头网飞是一个榜样。网飞不仅将沟
通作为自己的文化准则，还将公司的目标定为让每个员工都充分理
解业务，同时强调，管理层自上而下地沟通固然重要，但更为重要
的是员工向上级提出意见。在网飞著名的"新员工大学"，老师会在
上课前向学员说明：如果你不提问，就不会得到答案。鼓励员工提
问的目的不仅在于增强员工的主动性和参与感，更意味着在员工入
职的时候就给他们一种提出自己观点的要求和许可，让他们可以在
不受约束的环境下随时提问并获得答案。在日本沟通大师斋藤孝看

来，保持沟通双方关系平等、产生良好沟通效果的一个重要方法就是提问。他认为，提问的价值不仅在于表达立场、激发灵感、解决问题，更在于利用问题与对方产生共鸣，拉近彼此之间的距离。在网飞，反向辩论也是它促进双向沟通所采取的有效办法：当员工之间产生分歧，网飞就会请员工进行一次公开辩论，不参加的员工做观众和裁判。在辩论时，网飞会首先让辩论的人站在对方的立场上考虑问题，目的就是增进双方的相互理解，消解彼此的矛盾分歧，以此为基础促进他们相互学习，共同进步。

整体开放的沟通

信息的关系属性也决定了它不是某些人或者某些圈层的特有权利，而是广泛分布于组织的各个层面，对所有的组织成员开放。早期的脑科学理论认为，大脑中的信息是沿着特定的神经元逐步传递的，而且大脑的不同区域负责不同的人体功能。然而最新的研究表明，信息由外界进入人体后，不仅不会局限在特定的神经元内，反而会像"同时开火"一般，瞬间传遍周围的神经元，让不同的神经元实现信息共享。这也解释了为什么大脑特定区域的损伤往往不会导致信息的丢失。与大脑类似，信息广泛分布于组织的各个层面，将所有的成员连接为一个整体。整体性、开放性和全息性是信息传递的核心特征，围绕上述三个方面开展多层次和全方位的信息传递是组织沟通的首要目标。

开放、透明以及极端的诚实和信任是网飞文化建立的基础，网飞文化手册中很多标准和措施都是为了实现公司的全方位沟通而设立的。比如，"我们要求开放、清晰和持续地沟通工作任务以及面临的挑战，这个要求不是针对某个管理者的团队，而是针对整个公司"；"我们要求大家做到绝对坦诚，同事之间能够及时地据实以告，最理想的方式是当面沟通"；"我们要求大家都有充分、以事实为依据的观点，激烈辩论并严格检验这些观点"……网飞之所以强调要进行广泛详尽、毫无隐瞒的沟通，是因为在它看来，一个组织规模越大、层级越多，信息的沟通就越不顺畅，这无疑会带来一系列管理问题；而组织透明、信息通畅不仅有助于解决这些管理问题，很多时候，信息通畅后，很多管理上的问题就会自然消失。

无时不在、无处不在的沟通

信息和关系的流动充斥着所有的空间，不管我们有没有意识到，沟通都无时不在、无处不在。在组织中，除了汇报、面谈、会议等正式沟通方式外，还存在着大量非正式的沟通方式。沟通不仅要满足信息交换的需要，还要满足员工深层次的感情、思想、态度交流的需要；沟通不仅存在于语言中，更存在于我们的表情、肢体动作中。数字信息时代，各种沟通渠道和沟通方式持续涌现，组织和员工的沟通活动比任何时候都更加频繁，沟通范围日益广泛，形式内容也愈发灵活。顺应时代发展的要求，组织沟通不仅要打破自上而下的信息传递链条，促进沟通在组织的不同层面随时随地开展，更要让信息覆盖到程序化沟通达不到的地方，通过促进员工之间的思想碰撞和情感交流，拓展人与人之间的关系和情感连接。

传奇 CEO 杰克·韦尔奇（Jack Welch）在上任之初，GE 公司内部等级制度森严、结构臃肿，他对 GE 进行改革的核心理念之一，就是引入无时不在、无处不在的沟通。韦尔奇最著名的沟通方式就是"写便笺"。这些便笺有的写给公司的负责人，有的直接写给公司的小时工，无论这些便笺写给谁，他都发自内心、语言恳切。韦尔奇认为，沟通是个人的事，个人沟通的效果远远好于程序化沟通，比如，管理者与员工之间一段随意或短暂的对话，比在内部刊物上刊登大篇幅文章更有价值。所以，相比于发表演讲，韦尔奇更愿意与员工进行公开、广泛的交流。一次他在向员工发表演讲时说："我们通过学习明白了沟通的本质。它不像这场演讲或录音谈话。真正的沟通是一种态度、一种环境。它是所有流程的相互作用。它需要无数的直接沟通。它需要更多的倾听而不是侃侃而谈。它是一种持续的互动过程，目的在于创造共识。"

关系即场景：场景化的沟通

在信息的关系视角下，沟通的本质就是传递信息，建立人与人之间的关系或关系网络，这个关系网络构成了我们所处的信息或关系场域。"场景"是近年来使用频率非常高的一个词，虽然很多人从关系网络的角度去理解、看待场景，但一个自然的倾向是将这个关系网络看作外在于我们的背景和环境，我们只能被动地接受它的影响。然而，在量子理论的观点里，我们就是关系塑造的主体，没有任何一种关系可以独立于我们而存在；正是我们的参与、我们与事物之间的相互作用（关系）决定了事物的呈现状态。所以，场景所代表的这个关系网络并不外在于我们，我们就是关系，就是这个关系场景的塑造者和主导者。本质上，信息即关系，关系即场景，我们建立关系和实现沟通的过程也是塑造关系场景的过程，场景不只是沟通的一部分，场景就是沟通本身。

构建场景和转化场景的沟通

在被动意义上，我们会受到环境条件和关系场景的影响，我们在很大程度上就是环境塑造的结果。但是在根本意义上，我们所在的环境背景和关系场景又内在于我们，我们就是它的创建者和主导者。因此，环境和场景并不仅仅是我们被动接受的对象，我们还可以通过对它们的主动构建或积极转换来促进沟通，提升沟通效率。心理学研究证明，相同的环境场（即沟通场域）很可能会触发相同的感受，不同的环境场对人的暗示和启发各不相同。比如，在一个曾经争吵过的环境中沟通，这个环境本身就会让双方联想到不愉快，导致双方逃避谈话。所以，我们完全可以通过构建一个氛围良好的场景来促进有效沟通。当然，这里的环境场并不局限于一个特定的物理环境，它在广义上包含所有能对我们形成影响的关系背景和能量场域。

著名的心理咨询师陈海贤接待过一个有名的企业家，这位企业家多年来忙于工作，与妻子缺乏交流，夫妻关系非常疏远。为了修复这段感情，企业家想出一个办法，那就是每隔一周与妻子吃一顿烛光晚餐，地点会选择一个没有去过的、相对正式和有仪式感的餐厅。为了促进与妻子的沟通交流，这位企业家采用的方法就是主动变换和构建有利于沟通和增进感情的场景。这个方法最终让这位企业家与他的妻子和好如初。场景沟通的另一个典型例子就是私董会。作为一种新兴的促进企业家学习和交流的社交模式，私董会的核心作用就在于汇集企业家的群体智慧，解决他们在现实中遇到的各类难题。领教工坊联合创始人肖知兴认为，私董会是一种网状的"互动—反馈"模式，它成功的前提是在成员之间建立一种坦诚、关怀的良好关系，目的是为团队内的交流和共鸣提供条件。在肖知兴看来，私董会的核心价值在于提问而不是建议，因为很多问题的产生恰恰就在于问题本身——很多时候，不能界定出一个真问题、问错了问题才是导致问题的主要原因。之所以强调提出问题的重要性，是因为私董会成员提问的本质在于让企业家打破成见，换一个关系场景和思维框架，重新发现问题的本质以及更多的选择和可能性。一旦超越了思维局限和关系场景，企业家就会立即发现，不仅是问题的本质，连问题的答案都会跃然纸上、呼之欲出。

关注媒介价值的沟通

"媒介即信息"是广播学领域的著名学者马歇尔·麦克卢汉（Marshall McLuhan）提出的一个深刻洞见。它的含义是：媒介作为信息传播的一种手段，不仅决定了信息的样式，同时也决定了信息的内容。换句话说，一旦媒介变了，信息的内容也会改变。"媒介即信息"的观点也符合量子理论"所有事物的本源都是信息和关系"的核心观点：无论是媒介（信息传递途径）还是信息（信息内容本身），是形式还是内容，是手段还是目的，本质上，它们都是关系和信息，或者说它们的内涵都能在关系和信息的层面得到统一。我们之所以区别对待，还是受制于牛顿思维还原性、分析性的思维定式，自然而然地给它们贴上不同的身份标签。"媒介即信息"的主旨即将媒介和信息、传播信息的方式和信息本身的内容看作是相互平等的——媒介就是信息，方式就是内容，手段就是目的。良好沟通需要关注信息内容本身，根据沟通对象的不同特征以及它所在的环境场景灵活选择不同的沟通方式和媒介，也是实现有效沟通的关键环节。

清华大学的宁向东教授曾用一个案例来说明沟通方式对沟通结果的重要影响。[①] 宁教授的一名学生是一家企业的运营负责人，他刚上任时就发现业务部门的工作都是独立完成的，如果让大家相互协作，肯定会形成组织合力，创造更大的价值。但是当他在会议上提出这个建议时，马上就有部门经理提出异议。原因在于，跨部门协作不能立见成效，由于部门之间的收益有所不同，大家都不想主动。这位负责人经过一番思考，找到能在这次协作中获益最多的两个部门的经理进行个别交谈，目的就是鼓励他们率先变革，在当面交谈之前，他还分别给两位部门经理发了邮件，用数据分析的方式详细列举了此次协作可能给他们带来的收益。这位负责人之所以这么做，是因为跨部门协作非常复杂，邮件方式不仅有利于将相关流程、收

① 宁向东. 沟通设计：交流需要考虑的四要素. 宁向东的管理学课（得到 App），2017.

益情况描述清楚，还能让接下来的当面沟通更有针对性、内容更加明确。另外，在这次沟通中，这位负责人没有直接找上级主管推动这个协作计划。因为他与部门经理属于同一个级别，在他看来，实现同一级人员之间有效沟通的最好方式，就是设身处地考虑每个人的处境，以让别人受益为出发点，自己推动计划。最后的结果就是，这两个部门率先进行了流程改革，它们也最先成为直接的受益者。在它们的带动下，整个公司都开始推进协作计划，并取得了显著成效。

拓展关系网络的沟通

沟通的本质是传递信息和建立关系，这里的传递信息并不是将信息看作一个有边界、有范围的实物粒子，投送出去即可，而是要从信息的连接性和波动性出发，将沟通看作一个建立关系、创造关系的过程。在关系塑造的空间维度上，沟通就是让自己处于一种持续开放的状态，利用各种机会尽可能地拓展自己的关系网络，让更多的成员加入这个关系网络。虽然我们不可能与每个人都建立长久稳定的关系，立刻实现与他们的良好沟通，但任何一个加入关系网络的人都是一个显现的或潜在的沟通对象，即使我们与一个人的关系现在看起来还不够紧密，这种微弱和潜在的关系也有助于我们了解他人、熟悉情况，并在需要的时候实现对话，找到双方可以合作的途径。

得到 App "邵恒头条"专栏曾经介绍一个得到公司的员工在办公室摆水果摊的例子，这个例子就直观地说明了构建开放性关系网络对沟通的重要意义。[①] 这名员工被称为狗哥，他在自己的工位旁边放置了一筐精挑细选的水果，售价 5 元一个，并请大家购买品尝。虽然在大多数人看来，狗哥卖水果的目的是赚钱，但如果这样看待这件事未免就太简单了。按照狗哥自己的说法，他做这件事的初衷

①　邵恒 . 用新方式和同事沟通，人间值得 . 邵恒头条（得到 App），2020.

是分享自己喜欢吃的水果，但他后来发现，分享水果的过程其实也是与同事建立关系、实现沟通的过程。他之所以选择收费而不是免费赠送的方式，收回成本只是一方面的考虑，更为重要的是，只有收费才能建立更多的关系：如果免费请同事吃，那么最后能吃上水果的大概率是与他熟悉的同事，这个关系网络也就固化了；一旦选择收费，公平买卖，这个关系网络就能在轻松自由的氛围中持续扩展。而且只要有陌生人停在水果摊前，双方就有了交流的机会，不管买不买，都会有一个了解的机会，之后如果有工作上的合作，自然就会更加顺畅。所以狗哥的这个水果摊完全超越了分享水果、买卖赚钱的目的，狗哥是在用自己的方式创造与同事交流的机会，构建一个有利于沟通持续开展的关系网络。

塑造开放结局的沟通

建立一个持续扩展的关系网络是实现良好沟通的基础。持续扩展表现在空间维度上，就是要求沟通主体时刻保持开放，尽量拓展这个关系网络的边界和范围；表现在时间维度上，就意味着沟通的开展不是一个短期行为，不是一锤子买卖，而是一个持续的过程、一个无限的游戏。所以，一次没有达到预想结果的沟通并不意味着失去了沟通机会，它往往只是代表建立的关系不够、信任不足。一旦将沟通看作由一个个关系连接叠加而成的关系网络、一个无限展开的游戏，我们要做的就是不断在这个关系的"蜘蛛网"上添上一笔，再添上一笔。只要给沟通留下一个开放性的结局，它就可以一直展开；只要是在建立关系的过程中，这个沟通就达到了它的目的。

得到公司 CEO 脱不花曾多次介绍一个沟通能力很强的销售专家的例子，它就是对开放式沟通的很好说明。[①] 这位销售专家曾说，一

---

① 罗振宇. 怎样做一个"产品"？罗辑思维·启发俱乐部第 16 期（得到 App），2020.

名销售人员即使用尽浑身解数还是被客户拒绝了，也不意味着这个沟通就关闭了。这个时候，只要他再追加一句话，就能让这个沟通继续展开。这句话就是："能不能占用您一点儿时间，您跟我讲讲，为什么这次不选择我们的产品/服务？您的建议和指点很重要，我们会依据您的建议，回去好好改进工作。"这名销售专家充分领会了沟通是一个持续展开的建立关系的过程，是一个无限的游戏，只要对方接过问题，新的沟通也就随之展开了。他还用身边同事的例子进一步表达了上述观点。一个做大客户销售的同事突然拿下一个陌生市场的大单，大家都来讨教经验，这位同事却说其实很简单，就是在过去很多年里，他们在明知道毫无希望的情况下，一直认真做方案、参与投标，坚持了多年，终于在今年得到了机会。这个经验看上去平淡无奇，有人似乎觉得他在故意隐瞒"秘诀"，但这位同事说的恰恰就是沟通的本质。正如脱不花所说："表面上看起来是一年年做方案、投标，但他们实际上是在释放一个坚持的信号，是持续地构建与用户相互信任的关系：'我重视，我珍惜，无论能不能做成生意，我都珍惜您给我的参与的机会。'只要这个信号连续释放，这个关系网络持续搭建，最后的中标结果就在预料之中。"无论是这里的销售专家、这位拿下大单的同事还是卖水果的狗哥，他们都有一个共同点，那就是将沟通看作一个持续展开的网络，只要所搭建的关系网络持续形成、不断展开，那么预期的结果就会像这个关系网络上结出的果实——迟早都会成熟。

⚛ 超越信息的沟通：共情力与同理心

在狭义相对论的观点中，物质、能量和信息的传播速度都不能超越光速，但量子纠缠现象说明，不同的事物之间存在超越光速的响应和沟通，就像彼此之间存在心灵感应。如果从物质和信息的角度理解心灵感应，它就是一个近乎玄学的概念。在这种观念里，无论我们相距多远，我的想法也能瞬间影响到你，同时决定了你的想法和状态。由于这里所说的"想法的瞬间传递"违背了狭义相对论关于信息不能超越光速的规定，因而这种说法不具有任何科学性。然而，当我们结合量子纠缠理论，将纠缠中的两个粒子看作一个整体就会发现，超越光速的影响和沟通不仅可以实现，也不会违背狭义相对论的规定。因为在量子纠缠理论的观点中，纠缠中的两个粒子共享一个波函数，在波函数构成的关联体系中两个粒子本来就是一个整体，所以整体的一部分发生变化，另一部分肯定也会出现相应的变化。在共享波函数或者说整体波函数的意义上，两个粒子的概念都不再成立——我是潜在的你，你是潜在的我，在更深层次也就是心灵和意义维度，我们达到了彻底的统一。这种基于深度共鸣的、建立在量子纠缠、波函数和心灵意义层面的联通，就是共情力和同理心。只有共情力和同理心才能帮助我们发现人类深层次的联通一体性，实现超越信息的量子纠缠和波函数层面的沟通。

同理心在拉丁语中的意思是对某人某事的感受，也可以解释为设身处地的理解、共感共情以及对他人感受的理解能力。虽然在直观感受上，相较于陌生人，我们更容易对自己熟悉的人，比如亲人和爱人产生同理心，将他们和我们视为一个紧密连接的整体，但是在量子理论的观点里，在心灵和意义层面，我们不仅与近距离的人紧密纠缠，同时也与陌生人，与远在千万里之外的所有人、所有事物紧密关联。与此同时，量子叠加原理告诉我们，自我本身就是一个叠加态和纠缠态，随着每一次与他人进行交互，我们的自我边界也在持续拓展，并与他人的自我形成重叠与融合，这个重叠与融合的部分就是同理心建立的基础（见图8-3）。以色列哲学家肯·朗佩特（Ken Lampert）给同理心下的定义是："同理心发生在我们在他人内心找到自我的时候。我们透过对方的眼睛观察现实，我们感受对方的情感，分享对方的痛苦。"[①] 虽然视角和认知的局限性决定了我们只能在某方面和某种程度上认识、了解自我，但如果我们能做到设身处地、换位思考，那么他人无疑为我们开启了一个认识自我、发现自我的视角。这些视角不仅能让我们的自我在理解和融合他人的过程中日趋完善，也能让同理心和共情力在这个过程中释放发挥。

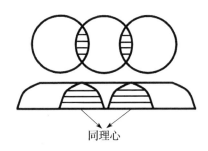

同理心

图 8 - 3　同理心

建立在同理心和共情力基础上的沟通不仅有利于双方相互理解，实现观点上的互补与契合，还能让双方在一个新层次上更新理念、达成共识。正如波函数是不同于波和粒子的一种全新状态，建立同理心的目的就是让沟通双方在深度理解、共情感知的基础上创造出一种超越他们原有主张的全新理念和观点。只有在这个理念和观点中，双方才能真正实现思想统一、步调一致，实现超越信息的沟通。同理心和共情力的塑造是建立深层次联系、实现超越性沟通的核心，围绕这一主旨，我们将量子沟通的具体方法归纳为同理心倾听、深入场景对话、纠缠性说服、创造信息增量、培养方案力五个具体方面。

（1）同理心倾听。同理心一方面强调他人与我们紧密相连，他

---

① ［美］史蒂芬·柯维. 第 3 选择：解决所有难题的关键思维. 李莉，石继志，译. 北京：中信出版社，2013：44.

人构成了我们的自我，是我们自我叠加态的一部分；另一方面提示我们，自我、他人、任何事物都是信息和关系的叠加——面对同一个事物，我们所得到的结论取决于我们的观察视角，而且结论没有高低优劣之分。所以，好的沟通一定建立在广泛倾听、深入洞察的基础上，通过集思广益、博采众长尽可能多地吸收、获取信息。一个好的沟通者一定是好的倾听者，他具备高度的同理心，懂得适时搁置自己的想法，有意识地让自己摆脱固有成见和一切干扰，让对方将自己的想法和情绪充分表达出来。基于同理心在倾听中的重要作用，管理学大师史蒂芬·柯维（Stephen Covey）提出了"同理心倾听"这个概念，意思是一个人要怀着试着理解他人需求、目标、压力和感受这种心态去倾听。判断一个人是否采用同理心倾听的重要标志，就是其能够准确地重复对方所讲述的内容以及他的意图，并且重复内容获得对方的赞同。

柯维还将同理心倾听比作"心理空气"，认为人类最大的心理需求便是被理解和被重视，人们对被理解的需求就像对空气的需求一样。他引用人本主义心理学之父卡尔·罗杰斯（Carl Rogers）的话，对那些感到自己被真正理解的人进行了描述："几乎毫无例外，当一个人意识到他已经被深刻理解的时候，他的眼睛会变得湿润。从某种意义上来说，他是喜极而泣。他仿佛在说，感谢上帝，终于有人听到我的心声了，终于有人懂我了。"在柯维看来，评论他人是每个人的天然倾向，针对一个问题大家最自然的反应都是从自己的角度去发表意见，而同理心倾听意味着当你听到不同的意见时，会怀抱开放的心态，期待知道他人看问题的视角和想法。所以他建议，当我们沟通时，应该先寻求理解，再寻求被理解。如果沟通的分歧不大，就可以从倾听中获得一些领悟；如果分歧比较大且争论点是我们真正关心的问题，那么当我们试着理解他人的观点，他人往往也会愿意倾听我们的观点。为了帮人们成为一个同理心倾听者，柯维还提出了一个有效的沟通方法：讨论时，不妨让每个人先简单重复一下上一个发言者的观点，然后再阐述自己的观点。如果这样一直坚持下去，不仅每个人都能站在他人的立场上考虑问题，获得他人看待问题的视角，而且做得越多气氛越和谐，人们也就能从中学到更多。

（2）深入场景对话。虽然我们都认同同理心和换位思考的重要性，但在现实中，沟通不畅的问题不仅存在，还呈现日益加剧的趋势。其中一个重要原因是我们忽略了沟通对象所在的环境背景和关系场域。在沟通中，我们以为自己面对的是一个人，但其实面对的是这个人所在的整个关系信息网络、他的具体处境以及正在面对的问题。只有先站在对方的立场上，深入体会并理解对方的处境、难题和感受，我们才能与他展开有效沟通。《非暴力沟通》的作者，也是"非暴力沟通"理论的创始人马歇尔·卢森堡（Marshall Rosenberg）认为，同理心和将心比心在沟通中发挥着核心作用。在他看来，虽然很多表达方式都致力于实现某种好的愿望，但常常因为忽略他人的感受和需要，导致彼此的疏远和伤害。一旦我们在沟通中不再以问题、目标和行动为中心，而是充分理解他人观点，照顾他人感受，并以此为基础提供一种和谐的气氛，相互信任、相互接受，对方就能主动改变想法，同时产生自我督促和自我指导的有效行为。

知乎上有一个有趣的冷知识：为什么欧洲城堡的旋转楼梯都是顺时针螺旋上升的？答案是：那时候的城堡主要是一种军事防御工事，敌人入侵时，守方在上，攻方在下，考虑到大部分人习惯使用右手，为了让处于守方的主人在攻击时更加顺手，让进攻的敌人受到更大限制，就采用了这种顺时针的楼梯构造。这个小知识在拓展我们认知的同时，进一步揭示出要想真正认识一个事物，就必须深入了解它所在的环境及关系背景，做不到这一点，对事物的了解就会大打折扣。字节跳动的创始人张一鸣就非常强调基于场景的决策和沟通。他认为，一家公司在发展早期往往采用控制管理模式，一旦公司成长壮大，实现业务多元化，就需要采用情境管理模式，即他所称的"Context，not Control"。这里的 Context 是指情境，就是要为每个人提供能让其自主决策、广泛沟通的情境信息，包括原则、市场环境、业务优先级等。张一鸣说："在我们公司，遇到问题的时候，往往习惯于先问 Context（情境）是不是不够充分，而不是增加 Control（控制）。作为管理者，要想想你做出比他人更好的决策，是因为你的能力更强还是你的 Context 更充分？是不是存在信息不对称？所以，在公司内首先要把建设 Context 这个基础工程做好，然而这并不容易，需要大量的沟通、管理和产品技术工作。"

（3）纠缠性说服。如果将场景的第一个层次看作基于我们与他人、与环境的相互作用所形成的关系网络或信息场域，那么这个构建关系的过程就遵循信息传递的规律，同时会受到时空和光速的限制。然而，除了关系信息网络，同理心、共情力不仅将我们紧紧地连接起来，还构建了一个超越信息的、更深层次的沟通场域。同理心和共情力超越了时空和光速的限制，是我们彼此之间最为深刻紧密的联系，同时也是一个典型的量子纠缠现象。如果将关系层面的沟通看作逻辑、道理、信息层次的连接，那么纠缠层面的沟通则是感受、心理、心灵层次的融合。相较于逻辑和道理，感受和心灵的力量不仅更能说服人、打动人，对人的影响也更加持久强大。杰出的黑人女作家玛雅·安吉罗（Maya Angelou）曾说："人们会忘记你说过什么，忘记你做过什么，但是永远都不会忘记你带给他们的感受。"

正是在这个意义上，罗振宇受《秒赞》这本书的启发，提出了一个关于沟通的新概念，即量子纠缠说服法。[①] 他认为，人与人虽然千差万别，但感受系统是相通的；虽然可以通过道理和逻辑来连接人、说服人，但这不是最高级的方法——最高级的方法是在把握共同感受的基础上，通过拨弄我内心的感受，让你的感受也被唤醒。在罗振宇看来，一个好的沟通就像一条好的文案，要实现的是"一句话直达人心"。它如同一个开关，能够直击内心，不仅让我们"看见"正在发生的事，还能够成为我们表达情绪的窗口，引发更多人的共鸣。

《秒赞》这本书中举了一个文案设计的例子，就是对纠缠性说服和"一句话直达人心"的最好说明。[②] 一家打车软件公司想要针对白领女性推广该软件，所以聘请的广告公司将推广文案定为"女白领安全回家"，但是《秒赞》的作者、著名广告人林桂枝对这条文案不满意。她认为，写文案就像推拉镜头，"女白领安全回家"是一个远景镜头，正因为取景太远，所以没办法看清楚人群的特征，无法产生对她们的深切体察和共同感受。为了引发深度共鸣，需要把镜头拉近，聚焦那些最需要安全护送的女白领。正是基于这个原则，这条文案最后定为"放心吧！加班小女生 100% 安全到家了"，与原来远镜头的文案相比，这个新文案通过聚焦一个在都市加班的小女生，呈现了一个有细节的场景，它不仅能让我们感同身受，更将我们的同理心和共情力充分地调动出来。所以，一个好的沟通的本质就是挖掘和唤醒大家的共同感受，让所有人在深层次连接的心灵场域中相互纠缠、同频共振。

90 后作家陈春成在他的小说集《夜晚的潜水艇》中讲述了一个

---

① 罗振宇 . 怎样影响他人？罗辑思维·启发俱乐部第 28 期（得到 App），2021.
② 林桂枝 . 秒赞：文案女王 20 年创作技巧与心法 . 北京：中信出版社，2021：24 - 26.

关于纠缠性沟通的故事。为了防止在战乱中被毁损，竹峰寺中一个著名的石碑"蛱蝶碑"被老和尚们藏在山中，很多人找了几十年都无法找到。小说中的主人公因自家老屋被拆，想把老屋的钥匙藏起来，即"藏在一个无人知道的，千秋万载不会动摇的地方，但如果想取，也能随时取到的地方"。主人公去了竹峰寺，一边想着藏钥匙，一边想着和尚们藏碑的事，他通过深刻体会老和尚们的感受和想法，甚至将自己看作石碑和钥匙，最终发现了蛱蝶碑，也找到了保存钥匙之地。"碑埋在土里，百年后那些文字难免漫漶得厉害。要是我，我不会直接埋起来。不埋，还能藏在哪里呢？当成石板，铺在廊下？不成，廊下铺的尽是错落的方块小石板，没有这么长条大块的石板……藏碑于桥，有字的一面向下，悬空着，不受土壤和雨水侵蚀；溪床里又满是茂草，将桥洞遮掩，隐蔽得很好。我们日日从桥上经过，谁也不会想到蛱蝶碑就在脚下。"①

（4）创造信息增量。如果我们接受了量子理论关于整体性和纠缠性的说法，理解领悟了量子所代表的"空性"和创造力的观点，那么一个直接的推论就是：沟通的目的其实并不在于沟通本身，而是通过建立一个由沟通双方组成的协作联合体，基于各方观点的互动与碰撞，产生创造性的问题解决方案。从建立连接和塑造关系的角度来看，沟通处于墨守和存量的层次。而以创新思路和解决问题为目标的沟通，则属于信息和关系的再构建，是创造和增量层次的沟通。相比于存量，增量的沟通更有价值，也是真正意义上的有效沟通。正如德鲁克所说，想要开展顺畅高效的沟通，双方的精力都应该集中在需要通过沟通解决的问题和达成的共识上，而不是沟通过程本身。总而言之，围绕目标和问题展开的沟通不仅能大大改善沟通效果，更能让沟通双方始终把握沟通方向，在具体问题的解决

① 陈春成. 夜晚的潜水艇. 上海：上海三联书店. 理想国，2020：47，49.

过程中形成协同效应，实现价值增量。

有效沟通所形成的共识和增量既不是强制性的，也不是妥协性的，而是沟通双方在辩论和对话过程中所发现的一个完全不同于原有观点的全新观点，一个超越于原先判断的全新发现。这个新的观点和发现就相当于辩证法中"正反合"中的"合"——"合"基于对"正"和"反"的整合而产生，却是完全不同于"正"和"反"的全新事物。正如"盲人摸象"中的大象，它虽然兼具扇子、柱子、墙壁等诸多事物的特点，但却是完全不同于它们的一个全新物种。共识和增量是基于对各方观点的整合而产生的，它既兼具各方观点的优势，又带来新的信息和创意，因此这个共识和增量不仅会让沟通双方都满意，还会促使大家放下成见，进一步理解他人的立场和感受。可以想象，如果"盲人摸象"故事中的一个盲人突然恢复视力，在他看到大象的一瞬间，他不仅能收获关于大象的全新认知，立刻放下之前的成见，还会在理解、包容其他盲人的同时，自然而然地生出对他们的关爱和帮扶之心。

（5）培养方案力。沟通不仅是一个对话和说服的问题，更是一个行动问题。一方面，在量子理论的观点中，当下即未来，当下的行动本身就蕴含着未来，代表未来的所有可能状态；另一方面，沟通的目的就是通过建立人与人之间的关系连接，理解并尊重彼此的需要，一起寻求解决问题、实现目标的方法。在很大程度上，只有立足于当下所做的沟通，才是一个顺畅高效的真正意义上的沟通。沟通能否转化为行动，是检验沟通是否有效的重要方法。德鲁克曾说，对于沟通来说，只有倾听是不够的。沟通必须把重点放在那些能被接受者和发出者都感知到的东西上，放在他们共同拥有的东西上，放在对接受者产生激励作用的东西上。通过实际行动来解决问题、实现目标，正是德鲁克所说的"沟通双方都需要的，最能对双方都产生激励的东西"。只有将沟通从感知、理解和语言的层面转化到行动和实践层面，从沟通双方共同面临的问题出发，通过具体的行动分析问题、解决问题，才能真正发挥沟通的作用和价值。

正是基于对沟通的实践性的强调，脱不花提出，沟通不仅是一种话术，更是一种行动力和方案力。这里的方案力，是指要带着行动和方案做沟通，将沟通融入行动和实践中。她通过一个例子来说明这个观点。[①] 当你约客户吃饭，约了很多次对方都说没有时间，应该怎么办？如果仅仅将沟通看作一种对话，那么这个约饭的沟通可能会因为没有时间而终止。一个具有方案力的沟通应该是这样的："这次来我特别想见到您。知道您行程排得满，不敢占用您的工作时间。您看能不能选一个早上，我陪您在公司附近吃顿早餐？……如果不方便，那您明天有什么安排，要用车吗？我开车送您一趟，咱们路上聊……"很容易推断，带着方案力做沟通，约见客户的要求大概率上可以实现。这个例子充分说明，有效的沟通绝不局限于沟通本身，它更是一个行动问题、一个实践问题、一个用行动和实践进行沟通的问题。也可以说，行动和实践才是最好的沟通。只有将沟通转化为具体的实践和行动，我们才能说自己具备同理心，在解决问题和实现目标的过程中拓展信息成果、创造价值增量。

⫶ 微软：基于同理心的刷新

创办于 1975 年的微软是 PC 时代当之无愧的王者，但在 2005 年之后，它在高科技行业的领先优势一点点丧失，不仅错失了一系列创新机会，在搜索、社交网络以及移动互联网领域也都逐渐落后于对手。然而，正当大家都认为微软无法扭转衰落的颓势，成为一家

---

① 罗振宇. 怎样说服一个人？罗辑思维·启发俱乐部第 17 期（得到 App），2020.

越来越无足轻重的公司时，2014 年新上任的印度裔 CEO 萨提亚·纳德拉（Satya Nadella）却让我们见证了微软的再次崛起——一只陷入泥淖中的大象再次跳起舞来。从 2014 年至今，在短短几年的时间里，微软除了一直具备办公软件领域的绝对优势，还全面发力云计算、移动应用、智能硬件等前沿科技领域，同时积极布局虚拟现实、人工智能、量子计算等尖端技术，并取得了巨大成功。2017 年，微软的市值已经超过 6 000 亿美元，在科技公司中仅次于苹果和谷歌，甚至高于亚马逊和 Meta。到 2018 年 12 月，微软总市值更是突破 8 500 亿美元，力压苹果成为全球市值最高的公司。从 2019 年 4 月开始，微软的市值更是突破万亿美元，成为继苹果和亚马逊之后，全球第三个突破万亿美元市值的科技巨头。

微软的崛起虽然是很多因素共同作用的结果，但很多研究表明，微软 CEO 纳德拉的个人经历以及他对组织和商业的理解与微软的崛起直接相关。被纳德拉看作无价之宝，也是他所说的复苏微软的核心思想，就是换位思考和同理心。纳德拉有两个孩子，一个孩子因为宫内窒息而终身瘫痪，另一个则患有严重的学习障碍，需要就读特殊学校。在抚养和教育两个孩子的过程中，他深切地感受到有一种能力极其重要，那就是站在他人角度考虑问题的同理心和共情力。他曾说："遇到任何问题，我都会想到扎恩（纳德拉的第一个孩子）经历了那么多挑战，这时候我就会用新的视角观察生活中发生的其他事情。"《刷新：重新发现商业与未来》是纳德拉所写的一本描述微软变革路径的书，这本书的核心主题被他定位为 "empathy"，意思就是换位思考、共情力和同理心。比尔·盖茨曾说，虽然在微软工作了 22 年是纳德拉的一大优势，但他的最大特点并不是了解微软，而是他具有一种微软文化中极其缺乏，但对微软的转型又极其重要的气质——一种在弱势甚至在苦难中培养起来的，能对周边事物保持敏锐感知，能将心比心、设身处地对他人进行感知与理解的能力。

在量子理论的观点中，世界是一个紧密连接的整体，这里的整体性不仅是量子在波动性层面所体现出来的事物之间的相互关联关系，更是一种波函数所代表的事物在感受和心灵层面的整体性，一种基于共情力和同理心所产生的根本意义上的连接与整合。波函数是一个比较抽象的概念，它不仅是一切事物的终极存在形式，还蕴含着统领一切、知晓一切的力量，在这一层意义上，波函数具有最确切的实在性。波函数、共情力、同理心这些概念看似虚无缥缈，但在微软，我们看到了这些无形因素所蕴含的巨大能量：依靠同理心和共情力，微软实现了对文化、制度、产品、竞争模式的全面刷新，由同理心延伸而来的开放、协作、共赢和创新成为微软实现变革的底色以及它一以贯之的信仰。微软的"刷新"让我们深刻地意识到，同理心、共情力、赋能他人、互惠共赢并不是一些高高在上、遥不可及的理想，它们完全可以落实到个人生活和企业实践中，为我们当下的行动提供最有价值的启发和引导。

从竞争内耗到协同创造的文化刷新

纳德拉上任之初，微软已有一个庞大的官僚体系：各部门之间和各条产品线之间勾心斗角、各自为政。员工把精力主要用于内部竞争，根本没有时间理会外部环境的变化。以绩效考核为例，变革之前，微软的考核目标非常简单，那就是让内部员工相互竞争，分出高下，一小部分员工升职加薪，那些在评比中落后的员工就会惨遭淘汰。在这种畸形的绩效制度下，员工都把心思放在相互竞争上，如何赢过对手变成他们的终极追求。长期担任微软高管的蒂姆·奥布莱恩（Tim O'Brien）曾对微软这一时期的竞争文化进行了形象的比喻——就像一群被狮子追赶的人，为了活命，你不必成为跑得最快的，只需要比最慢的人跑得快就够了。

纳德拉成为微软 CEO 之后做的第一件事，就是让公司的高层管理人员通读马歇尔·卢森堡所写的《非暴力沟通》。这本书的核心主题就是如何展开基于同情心与共情力的沟通和协作。以培养同理心为目标，纳德拉首先强调了"一个微软"的企业文化，他鼓励员工加强合作，以团队成功而不是个人成绩来评判员工表现。他在一封给高级员工的电子邮件中写道："对我来说，只有两件事是真正重要的。第一，坚持我们永恒的价值观，其中包括多样性和包容性。第二，对周围的伤害产生共鸣。在微软，我们努力寻找不同之处，为他们庆祝，并邀请他们加入……成长式思维文化要求我们真正理解并分享他人的感受。我们必须拥抱我们共同的人性，并创造一个充满尊重、同情的社会。"

与此同时，为了振作员工士气，重新激发员工的积极性和创造力，纳德拉没有采用大多数公司的激将法——号召员工团结一心，奋起反击强大的竞争对手，而是进一步强调使命、愿景、价值观的重要性，通过呼吁"重新发现微软的灵魂"来凝聚人心。在他看来，无论是竞争意识还是反抗精神都是由外部驱动的，它们在短期内可能会发挥一定作用，但不能带来长期的发展和可持续的进步。其实，纳德拉写《刷新：重新发现商业与未来》时才就任微软 CEO 三年多，此时的微软还处于转型变革的过程中。他之所以这么急切地写成这本书，目的就在于借用这本书向微软的员工、用户以及合作伙伴传达他要进行文化变革的信号。他一直强调，业务转型并不是他作为微软 CEO 的第一要务，比业务转型更重要、更急迫的事情，就是重塑微软的企业文化。他还强调，CEO 不仅是首席执行官，更是文化执行官，CEO 的主要职责是创造企业文化。他不希望微软的员工将企业文化看作 CEO 的"爱好"，而是希望每个人都把企业文化当成自己的事，需要全身心投入的事。

比尔·盖茨时期微软的使命是"让每个家庭的桌上都有一台电脑"。随着这个使命由理想变为现实，在纳德拉看来，重新定义微软的使命和愿景，重新发现微软的"灵魂"成为当务之急。他最终将微软的新使命定义为"赋能他人"，也就是让每个人和每个组织都获得强大的技术力量，帮助每个人实现自我成长和提升。纳德拉强调，赋能他人的核心是具备同理心，做到设身处地为他人着想。他不仅将"赋能他人"确立为微软的使命和灵魂，更花费了大量的时间让全体成员对"赋能他人"达成共识。最终，这种超越自我中心主义、着眼于与他人共同发展的崇高使命不仅获得员工的高度认同，还有力地唤起了员工的工作热情和自豪感，微软实现突飞猛进，焕然一新。

从严苛僵化到宽容灵活的制度刷新

微软从车库起家，成为一家大型企业之后，它迅速建立了一系列严格、标准的业务流程和规则体系。这些规则虽然在很大程度上保证了企业的高效运行，却让微软逐渐失去了灵活性，削弱了它创新的潜能和种种发展的可能性。以开会这件事为例，微软以前的所有会议不仅是正式的，而且开会的流程固定不变，不允许出现任何差错。参会人员有着严格的等级层次规定，跨级别的会议几乎不可能存在。开会的目的不是大家齐心协力共同解决问题，而是每个人都竭力追究他人的责任，努力表现自己，以证明"自己才是房间里最聪明的人"。

曾经的微软还有一个名为"market intelligence"（市场情报）的部门，它的主要职能就是在全球进行市场调查和数字分析，微软每个业务人员的工作项目和内容，都会被这个部门用数字化的方式呈现出来。依据市场情报部门提供的数字，微软设定目标，制定计划，为考核员工提供重要参照。与此同时，微软的经理会按照月度、季度、半年度、年度收到业绩考核报告。这些报告少则几页，多则十几页，甚至几十，上面密密麻麻地罗列着各项计划指标、已完成和未完成目标的数据情况——大指标被层层分解为小指标，没有完成或不合格的指标会被标注为红色，不合格达到一定程度，等待员工的就只有离开。

虽然开会和业绩考核只是管理制度的一部分，但通过这两方面，我们能对微软的严苛纪律和官僚作风窥见一斑。这也就解释了为什么很多人认为以前的微软执行的就是"严格的计划经济"。在这样的氛围下，一切工作都围绕指标、考核，所有人都在为销售、利润、绩效这些表面指标而忙碌，用户体验、技术进步、战略创新等这些能让企业真正实现发展的因素却被轻视和忽略了……所有人都被束缚住手脚，在看似忙碌的竞争游戏中让微软一步步走向颓势、滑落泥潭。

为了改善这种刻板的制度流程和僵化的工作氛围，纳德拉上任后的一项重要举措就是变革和刷新制度。以他对会议制度的改革为例，变革前的微软每年都会组织一次"战略务虚会"，这个会议只有约 150 名资深高管可以参加。纳德拉一上任就打破了参会资格的限制，让上一年被微软并购的公司的创始人都参与会议，并鼓励他们积极发言。纳德拉认为，这些公司的创始人不仅有着新颖的外部视角，更有难得的创新精神，而这些都是微软最缺乏且亟须学习的。此外，务虚会历来就是高管们聚在一起，自说自话，而且大部分时间都是在吐槽。纳德拉的改进策略是，在会议期间安排高管们组成十几个小组，分头去拜访用户。这样做的目的就是通过拜访用户促进高管们一起学习，让他们在听取用户意见、解决用户问题的过程中建立联系，共同合作，在实践中发现实现组织目标的新方法。

从抱残守缺到直面现实的产品刷新

任何一种产品的成功都与它特定的时代背景密切相关。电脑操作系统让微软在 PC 时代获得了巨大的成功，但是当智能手机时代到来时，微软最擅长的领域，也就是电脑操作系统，反而成为它发展的掣肘和劣势。为什么微软手握更多资源，具备技术开发的绝对优势，但却不能及时转换跑道，抢占手机操作系统的市场份额？其实答案非常明显：正是因为微软在 PC 端获得成功且长期处于垄断地位，让它忽视了时代发展的趋势以及现实需求的变化。微软第二任 CEO 史蒂夫·鲍尔默（Steve Ballmer）在 2012 年的国际消费电子展上说："在微软，没有什么比 Windows 更重要。"鲍尔默的这句话，其实就是对这一时期微软盲目自信、忽视用户需求的最直观描述。也正因如此，彼时的微软彻底丧失了对现实的敏锐感知，错过了开发手机端操作系统的机会。

纳德拉上任后的第一个重大变革，就是直面现实，重新认识 Windows 对于微软的意义。他强调，Windows 作为微软核心增长引擎的历史使命已经结束，Windows 新的定位就是作为一种服务工具，帮助微软触达更多的用户；微软改革的主要目标就是重新回到对用户的敏锐感知和快速响应，将对用户的全面感知、对用户的同理心全面注入产品。所以纳德拉上任后不久，就取消了智能手机的 Windows 授权费，让所有厂商都可以免费使用。当 Windows 10 版本发布时，微软允许用户在一定时限内免费升级。微软的很多明星产品，比如办公软件 Office 和通信软件 Skype 不仅完全脱离 Windows 成为独立的应用软件，还向曾经的竞争对手，如苹果的 iOS 以及谷歌的安卓系统开放，甚至为了与对方产品匹配，微软还特意对自己的产品做了多方面的优化和改进。这一系列的变革举措都是想给外界传达一个信号：微软已经开始直面现实，回到原点，并重新出发。

在微软 Build 2018 开发者大会召开之前，纳德拉接受美国全国广播公司财经频道（CNBC）记者采访时说，微软的目标是要让产品具有普遍可用性，这里的普遍可用性涉及更容易学习、容易使用、系统的有效性、用户满意等。据他所说，这些都是他从美国盲人联合协会写给微软的信中得到的启发，这封信里有这样一句话："你们必须要让软件很好用，尤其是要让视力受损的人也能很方便地使用才行。"虽然纳德拉一直在倡导无障碍工作，但这封信让他更加深刻地意识到，"通用设计"需要成为一种文化，扎根于微软所做的每一件事，让产品更具普遍性和同理心，这也是微软进行产品创新的核心目标。

从零和博弈到互惠共赢的竞争模式刷新

纳德拉在重塑微软时一直坚守的核心理念，就是让微软回归做工具的初心。他强调，公司在早期做软件工具，客户可以利用这些软件工具来搭建自己的技术。为他人制造工具，为他人的技术创新赋能，才是微软该走的路。虽然微软在很多前沿技术领域都取得了巨大的突破，但是纳德拉认为，衡量微软真正成功的标准，不是技术的突破，而是将这些前沿技术转化为一套平台和工具，并把这些平台和工具真正地商品化、产品化。他举例说，微软把语音识别方面的技术卖给小米，小米就能基于该项技术开发出一种机器翻译设备或者语音翻译设备，服务更多的人，这对于微软来说才是真正的突破。仅仅是在语音识别方面取得技术进步，对微软的商业模式来说是不够的。微软的目标就是让任何一家与它合作的公司都有可能成为它的开发者。

回归工具属性，为他人的技术创新和企业发展赋能，在本质上就是将同理心扩展到用户，扩展到利益相关者，甚至扩展到之前的竞争对手。这也是微软将零和博弈的竞争逻辑转变为互惠互利的合作逻辑的具体体现。正如前面所说，变革后的微软不仅免收智能手机的 Windows 授权费，将自己的很多明星产品，如 Office，免费向竞争对手（iOS 和安卓）开放，还以一种看似弱势的姿态展开与竞争对手的积极合作，目的就是要表达它对建立互惠共赢开放模式的决心。在一次演讲中，纳德拉从口袋中掏出了一部 iPhone，这一举动立即引发现场的一片哗然。然而当纳德拉打开这部手机，屏幕上却出现了很多大家熟悉的微软产品图标——Outlook，Word，Skype……纳德拉紧接着说："我手上的不是 iPhone，我更喜欢把它称为 iPhone Pro，里面安装了很多微软的应用，我们用微软的软件武装了 iPhone。"他的这番话刚说完，全场就响起了热烈的掌声。

　　微软的前 CEO 鲍尔默曾经把 Linux 操作系统以及基于 Linux 的开源软件称为"癌症"，因为加强和巩固 Windows 的主导地位是微软的核心目标。然而，在纳德拉的领导下，微软却变得越来越开放、越来越包容，它正在以前所未有的开放胸怀主动拥抱这个数字化、多元化的世界。比如，微软的云服务 Azure 就全面支持基于 Linux 平台的系统，它甚至把 Windows Azure 更名为 Microsoft Azure，目的就是表明微软的云服务支持所有的合作伙伴，而不是仅仅支持 Windows 平台。作为微软目前最核心的业务，微软的云服务 Azure 虽然发展得非常迅猛，但是基于"做出最好的云产品"这一愿景目标，同时也为了与亚马逊展开差异化竞争（亚马逊的主要客户是中小企业和创新企业），微软决定将自己的云服务定位为"做大企业客户最需要的产品"，把客户的各种需求整合起来，为它们提供一个完整的解决方案。正是基于需求整合的定位以及服务用户的初心，微软推出了混合云策略。这里的"混合"是指将能够提供各种基础服务的公有云（如 AWS、谷歌云、阿里云、腾讯云等）与能让用户自行管理和维护的私有云（相当于过去大型企业自己建立的数据中心）无缝结合起来，帮助企业灵活地串联使用。

转型后的微软明确将自身定位为一个服务供应商，即以一种仆人的心态，通过塑造开放包容的企业文化、宽容灵活的制度规则、直面现实的产品服务以及互利共赢的商业模式，回归自己的最初使命和原始定位。微软的成功转型让我们清楚地认识到，一家大企业的成功不是依靠垄断，而是依靠同理心，依靠互利共赢，依靠让自己的服务被更多的人接受和使用。同理心不仅是一种设身处地的换位思考能力，更是一种协作共生、共创共赢的思维逻辑与行动方式，一种赋能他人、服务社会的初心使命和价值理念。正是在赋能他人、服务社会的意义上，吴伯凡说："如果我们对同理心给出一个高清晰度的定义的话，那么这种同理心是以一种弱势的姿态，将合作、协同、建设性的态度作为底色的同理心。"

📖 参考资料

[1] ［美］萨提亚·纳德拉. 刷新：重新发现商业与未来. 陈召强，杨洋，译. 北京：中信出版社，2018.

[2] 宁向东. 创新者的计划｜微软去哪儿了. 宁向东的管理学课（得到 App），2018.

第9章

量子产品创新：关系聚合与意义涌现

◈ "涌现"以及粒子—波—波函数的涌现过程

涌现及其核心要素

涌现（emergence）是复杂理论中的一个核心概念，意思是大量的微观个体在简单运动规则的引领下，经过彼此之间的非线性相互作用，在系统的整体层面所形成的一种新的属性、规律或模式。涌现并不会破坏单个个体的运行规则，也无法用个体运行规则（或规则的累加）加以解释。正因如此，涌现常常被描述为整体大于部分之和或者"1＋1＞2"。在《失控》这本享誉世界的畅销书中，涌现这个概念出现了88次，而在这本书的作者，也就是著名的未来学家凯文·凯利看来，涌现并不是一种"1＋1＞2"的量变效应，而是一种彻底的质变。他还举了一个生动的例子："涌现的逻辑并不是2＋2不等于4，甚至也不是意外地等于5，而是2＋2＝苹果；从三个音符（三和弦）中所构造出的不是第四个音符，而是星辰。"① 在这里，相对于"数字2"，"苹果"就是完全不同的事物；相对于"三和弦"，

---

① ［美］凯文·凯利. 失控. 张行舟，等译. 北京：中信出版社，2015：20.

"星辰"就代表质的转变——相对于"数字 2"与"三和弦","苹果"和"星辰"就是一个典型的涌现。与此同时,由于个体间的非线性相互作用是涌现产生的核心机制,而它从亚原子到宇宙的各个尺度都会出现,所以复杂系统的涌现在自然界和人类社会中普遍存在:蚂蚁社群、神经网络、免疫系统、互联网乃至世界经济等都属于复杂系统,它们在整体层面所呈现出来的一种高级能力和智慧,就是典型的涌现现象。

涌现的一个典型例子就是蚂蚁所展现出的群体智慧:虽然单只蚂蚁的智商不高,只能做一些非常简单的动作,但当它们聚集在一起时,却能完成蚂蚁个体完成不了的高难度工作,比如修建复杂的蚁巢,迅速找到通往食物源的最短路线,高度协作共同抵御外敌等。相对于蚂蚁个体,蚂蚁群体的表现就像一个完全超越蚂蚁个体以及蚂蚁个体"简单加和"的高级智能生物,具有典型的整体大于部分之和的核心特征,因此蚂蚁所表现出的群体力量/群体智慧就是一个典型的涌现现象(见图 9-1)。以蚂蚁寻找觅食的最短路径为例,当一群蚂蚁刚开始觅食时,它们会在环境中随机爬行,分头觅食,就像在做没有规则、没有方向的布朗运动。然而,一旦一只蚂蚁发现了食物,它就会释放出一种类似于气味的信息素,以引导路过的蚂

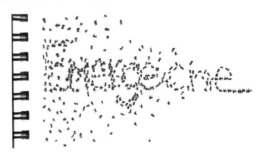

图 9-1　蚂蚁群体的涌现行为

资料来源:万维钢.一个诡异的涌现现象.万维钢·精英日课(得到 App),2018.

蚁发现食物方位，标记食物路线。虽然在一段时间内，洞口到目标食物之间会存在多条畅通路线，但路程更短或者说难度更低的路线在相同的时间内肯定会被更多的蚂蚁走过，因此这条路上的信息素浓度更高，这条路就越有可能吸引更多的蚂蚁，积累更多的信息素。正是在这个持续迭代的正反馈循环中，信息素浓度最高的那条最优路线就会很快涌现出来。

综合来看，一个复杂系统产生涌现的核心要素可以归纳为以下几个方面。

简单个体，简单规则

虽然群体层面的涌现行为具有较高的智能表现，但是组成群体的个体往往力量微小，它们所遵循的运动规则也往往非常简单。在觅食的例子中，蚂蚁群体在短时间内找到最佳路线的行为显然是一个复杂且高智能的活动，但对于蚂蚁个体来说，一方面，其智商水平很低，另一方面，其行为逻辑和交互规则非常简单，就是先随机选择一条路，发现食物时就在往返的路上释放信息素。

相互作用，正向反馈

复杂系统产生涌现的核心原理就是大量的简单个体在局部感知和互动的基础上，通过某种正反馈的放大机制形成系统整体层面的突变。这个正反馈的放大机制也是系统要素之间彼此关联、非线性相互作用的具体过程。在蚂蚁觅食的例子中，最短的路线正是在蚂蚁释放信息素—信息素吸引更多蚂蚁—更多蚂蚁释放更多信息素这个正反馈循环中涌现出来的，这个正反馈循环也是蚂蚁与环境之间以及蚂蚁个体之间（通过信息素的中介作用）建立协作关系、关联互动的行为过程。

层次超越，智能涌现

涌现建立在系统要素之间非线性相互作用的基础上，相比于系统要素，涌现是一个更高层次的现象。正如蚂蚁群体所表现出的高智能既无法还原为蚂蚁个体的行为逻辑，也不能归结为蚂蚁个体行为的简单累加，更像一个完全不同于蚂蚁个体的全新物种和智能生命，是对蚂蚁个体能力的全面整合与超越。蚂蚁个体与群体之间的关系正如凯文·凯利所描述的，既不是"2＋2＝4"，也不是"2＋2＝5"，而是"2＋2＝苹果""2＋2＝星辰"的质变结果。

反向影响，重新定义

涌现所代表的创新和超越一旦形成，就会反过来影响系统中的原有要素，对它们进行重新定义。涌现就相当于构建的一个全新的视角和坐标，这个新视角在赋予原有要素全新内涵的同时，充分解释了它们的行为活动逻辑。在蚂蚁觅食的例子中，从蚂蚁个体的视角出发很难理解为什么会有这么高的效率和智能（毕竟单只蚂蚁的智商非常低），然而，一旦我们将蚂蚁群体看作一个独立的智能生物，再从这个智能生物的角度看待蚂蚁个体时，蚂蚁个体就会变成蚁后、雄蚁、工蚁、兵蚁这些从属于智能生物的功能器官，此时蚂蚁个体的行为逻辑能在这个功能器官的定位下得到更好的解释。

粒子—波—波函数的涌现过程

涌现描述了事物的发展创新过程，同时也为我们理解量子理论中的波、粒子概念，理解事物的波粒二象性及其波函数状态提供了一个全新视角。整体来看，物质由粒子到波再到波函数的状态发展就是一个典型的涌现过程——波是超越粒子的涌现，而波函数是基于对波粒矛盾整合所形成的一个更高层次的涌现现象（见图9-2）。

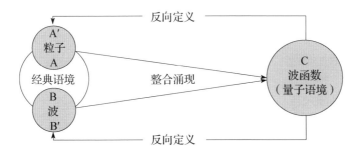

图 9 - 2 波函数的涌现过程

在量子力学的观点中，事物因为彼此之间的相互作用（关系）而存在，通过关系的作用显现出来。波层次的关系和信息虽然建立在物质粒子相互作用的基础上，是对粒子之间相互作用的描述，但它不仅更为基本，还是完全超越物质粒子的另一个层次的存在形式和状态，是基于物质粒子之间的相互作用而产生的涌现。控制论的创始人诺伯特·维纳（Norbert Wiener）认为："信息是先于物质的存在，而且信息就是信息，它既不是物质也不是能量。"如果说维纳的观点从一个侧面揭示了信息对物质的超越性和涌现性，那么美国文学理论家凯瑟琳·海勒（Katherine Hayles）的"信息就是物质的涌现"是更加明确的表示。

在经典物理的概念中，粒子就是一种实物的颗粒，具有确定的运动轨迹，它的位置和速度可以同时准确测定；波则是指振动在介质中的传播，它既没有确定的位置，也没有确定的形状，其运动的形态和能量会持续向外扩散。波和粒子截然相反，相互对立，物质是波就不可能是粒子，是粒子就不可能是波，很难想象一种物质同时兼具波和粒子的特征。与经典物理的观念相反，在量子理论看来，物质的真实状态既不是波也不是粒子，而是一团云雾状的波函数（在图 9 - 1 中标识为 C）；波和粒子只是我们的测量和干预导致波函数坍缩所呈现的结果，是我们透过"有色眼镜"所看到的，用经典的思维、概念以及语言所描述的事物的不完全、不确切状态。

在本质上，波函数就是整合了波粒矛盾的一个更深层次的涌现，充分满足涌现所应具备的层次超越和反向定义的特征：一方面，波函数的提出建立在整合波粒（经典意义下）矛盾的基础上，而它又是一个完全不同并独立于二者的第三极存在；另一方面，波函数一旦产生就会对经典的波、粒子概念进行反向定义，使其内涵、意义发生全面变化——波函数或量子语境中的粒子性（在图中标识为 A'）是指作用的定域性、整体性和不连续性，经典理论中的运动轨道不复存在；波函数视角下的波动性（在图中标识为 B'）则是指传播空间的弥散性和状态的可叠加性，经典理论中能量、动量、质量在空间的分布不再连续。[1]

对于涌现的标准，历来有很多说法，比如根本的新颖性（出现以前系统中没有出现过的特征）、出现全局或宏观的新层次、从旧质中产生新质、事件发展过程中方向上的质变等。然而，在诸多现象和例子中，涌现还有一个突出的特征，那就是通过建立全新的视角和逻辑，实现对原有系统中特有矛盾的整合与化解——整合与化解矛盾成为判断一个系统是否生成涌现的一个更加直观的标准——波函数（涌现）形成的基础就是对经典波粒矛盾的整合与化解。

经济学奠基人丹尼尔·卡尼曼在他的经典著作《思考，快与慢》中列举了一个关于"奖惩与员工技能表现之间关系"的例子，这个例子也可以用整合矛盾的涌现规律进行解释。

---

① 刘克杰. 如何正确理解光的波粒二象性. 包头职业技术学院学报，2006（4）：46－47.

对于技能训练而言，虽然已有很多研究证明了"奖励比惩罚更有效"，但在实践中，经验丰富的教官却提出了完全相反的观点，认为"惩罚反而更有效"。经过更深一步的研究考察，最后的发现是：员工的表现与奖励和惩罚的关系不大，更加本质的因素在于"向平均数回归"——被奖励的学员可能是超水平发挥，被惩罚的学员可能是严重失误，无论有没有奖惩措施，他们下一次的表现都会向自己的平均水平靠拢。[①]

在上述这个例子中，"奖励更有效"和"惩罚更有效"是一对典型的矛盾，二者之间的矛盾和争论是得出"向平均数回归"这个正确结论的前提。或者说，"向平均数回归"这一结论正是建立在对两种矛盾观点（惩罚更有效和奖励更有效）整合与化解的基础上，同时又完全超越原有观点（即奖惩的概念和逻辑）。相较于奖励和惩罚，"向平均数回归"不仅是一个新颖的结论，会引发这样的感慨——"原来与奖惩无关，而是另外一个层面的问题"，而且这个结论对技能水平的解释力度更强，促使我们去思考奖励和惩罚与技能水平之间的真实关系，比如奖励和惩罚也许不是直接作用，而是隐藏在其他因素背后发挥作用。容易看出，"向平均数回归"具备涌现的典型特征，它是整合了"奖励更有效"和"惩罚更有效"这一对矛盾的一个全新逻辑和涌现现象。

❀ 理解产品的三个层次：粒子、波、波函数

对于传统的制造业公司来说，"产品是什么"这个问题似乎还好回答，因为制造业公司生产的产品往往边界清晰、功能明确，所以

---

① ［美］丹尼尔·卡尼曼. 思考，快与慢. 胡晓姣，等译. 北京：中信出版社，2012：156-157.

这里的产品通常是指具备一定功能，能满足人们某种需求的有形物品。然而，对于服务业来说，由于服务的本质是满足用户需求，提升用户体验，而需求和体验又是变化、模糊的，需要整合各种要素，由用户自己来定义，因此，如果用传统的制造业思维来定义服务业，肯定会偏离服务的核心与本质。比如，同样都是咖啡，星巴克、肯德基、雀巢所提供的就是迥然不同的产品，它们之间的差异性是传统的制造业思维无法把握和衡量的。与此同时，随着服务经济的迅速发展，不仅传统制造业呈现出向服务业转化的趋势，产品本身也越来越脱离它的物质属性，持续朝服务属性、关系属性以及意义属性这些软性方向发展。产品由物质转向关系、由硬性转向软性的发展趋势也遵循粒子—波—波函数的演进路线。

从粒子/物质层面理解产品

从粒子层面理解产品，只能看到产品实体和物质的属性，重点关注的是产品的形式化内容及其外部特征，比如产品的质量、功能、品牌和包装等，而用户购买产品的真正动机、用户需要用产品来解决的问题等这些产品的核心要素往往被轻视和忽略。现代营销学奠基人西奥多·莱维特（Theodore Levitt）曾说过一句著名的话："顾客不是想买一个 1/4 英寸的钻孔机，而是想要一个 1/4 英寸的钻孔。"从粒子层面理解产品，只能看到钻孔机，看不到用户对钻孔的需求，从钻孔机层面开发的产品就是表面化的产品，它们所能满足的只是用户的浅层和表面需求。

从波/关系层面理解产品

关于产品有一个经典的定义，那就是"一个用户难题的解决方案"。这个定义看起来简单朴素，但它不仅内涵深刻，还充分反映了产品的波动性特征。即使我们将产品看作一个有边界、有形态的物质粒子，这个产品背后一定也隐含着它的关系和信息基础。在本质上，塑造产品的过程就是调动企业的各种资源、能力和条件去解决用户难题、满足用户需要的过程。产品就是企业各种资源、能力和约束条件交互作用的结果，是这些交互作用所构成的波动性关系网络上的一个节点。衡量一个产品是否合格和优秀的标准，就在于它能在多大程度上解决用户难题，能在多大范围内对其背后的关系信息网络进行整合。

从波、信息和关系的角度看待产品，就是深入产品背后去发现用户深层次和更本质的需求。一旦深入就会发现，用户真正需要的不是一台钻孔机，而是墙上的一个孔；钻孔机本身并不是需求，它只是满足钻孔需求的一个手段——相比于产品，发现用户的真实需求更为基本；相比于钻孔机，钻孔本身更为基本；相比于物质的粒子性，物质的波动性更为基本。莱维特曾说过一句话："世界上根本没有商品这种东西，用户表面上要的是一个物品（goods），但实际上他们要的是使用这个物品所得到的好处（good）。"所以，相对于物品、钻孔机和粒子，好处、钻孔、波动更为基本，更为重要。当我们发现用户的真实需求是一个孔时，做产品的逻辑就不是"我们要做一个钻孔机"，而是"我们需要提供什么服务让用户的墙上有一个孔"。围绕着钻一个孔，提供一项服务，我们就会扩展思路，基于对"钻孔"所需要的各种资源、能力和约束条件的评估发现一种最适合提供开孔服务的方法。比如，直接做钻孔机是一种方法，开发另外的打孔工具也是一种方法，在用户需要打孔的时候提供上门服务也是一种方法。跳出产品的形式化内容本身，以满足用户需求、解决用户难题为中心提供服务，就是产品与服务、实体与关系、粒子与波的本质区别。

从波函数/意义层面理解产品

波函数不仅是事物底层的存在状态，还揭示了意义的本质内涵。

与波函数类似，意义代表着万事万物相互关联的统一整体性，我们不能在个体层面讨论意义，真正的意义只存在于我们与他人的交互作用过程中，只有在我们与他人建立联系时才出现。随着服务业的迅速崛起以及体验经济的到来，产品日益成为一个意义塑造的载体，肩负着让用户体验美好、收获启示、在日常生活中感悟生命价值的重要使命。意义不仅是一种狭义上的体验感与参与感，更是一个服务他人、为他人谋利益、以价值创造为核心整合更多资源、建立生命共同体的概念。

还是以"钻孔"为例，即使我们发现用户需要的是一个孔而不是一台钻孔机，也可以继续追问下去：用户真的想要一个孔吗？答案可能还不是。用户需要的可能是把照片挂在墙上。一旦确定了"挂照片"这个需求，我们就可以摆脱对"孔"的依赖，想办法提供一种挂照片的服务，比如提供一种不破坏墙面的胶带，设计一种不需要打孔的吸力钉，发明一种有吸附能力的墙纸等。然而，如果继续追问：用户为什么要把照片挂在墙上？挂照片背后是否还隐含着一些更深层次的需求？我们就可能发现，原来挂照片也不是目的，挂照片是为了唤起对过往经历的美好回忆，所以"唤起美好回忆"就是一个比"挂照片"更深层次的需求。"唤起美好回忆"这一需求虽然比较抽象，但它蕴含着更多的商机和创新的可能性：投影式的动态照片、声控式的全息影像，甚至完全脱离照片和影像，用其他更富创造力的方式让用户感受美好回忆，都能成为产品创新的思路。

沿着"钻孔机"到小小的"钻孔"，到"挂照片"，再到"唤起美好回忆"一路追问下来，我们不仅会越来越了解用户的真实需求，更能基于对需求的逐层剖析，发现产品由粒子向波再向波函数的发展演化路线。"粒子—波—波函数"的产品创新路线一方面与产品"物质—关系—意义"的发展脉络相互对应（见图 9 - 3）；另一方面，沿着以上路径每前进一步，后一阶段的产品创新就会比前一阶段高一个层次，同时呈现出与前一阶段完全不同的逻辑范式，这是产品创新思路的全面升级和涌现：相较于粒子/物质的产品层次，发现产品背后更真实的用户需求以及由各种资源和约束构成的波动性的关系网络，是看待产品的一个更为深入的层次；比波动性的关系网络深一个层次，波函数和意义不仅反映了人类最本质的需求，更有助于触发最根本的产品创新和价值创造思路。

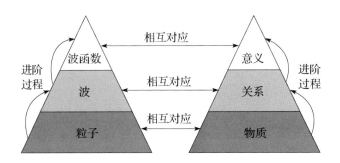

图 9 - 3　产品发展的三个层次

所以，如果一个产品已经处于波/关系或波函数/意义的层面，我们还从粒子/物质的视角去看待它，就很容易陷入产品认知的误区。这也解释了为什么同样都是咖啡，星巴克、肯德基、雀巢所提供的却是完全不同的产品——相较于咖啡的口感、香味、色泽等这些物质属性，咖啡给用户带来的体验感、参与感、情感归属等这些关系和意义属性才是它们之间更本质的差别。

产品的"粒子/物质—波/关系—波函数/意义"发展演化过程，也是企业对用户需求理解程度不断加深、产品涵盖要素日趋广泛、要素之间相互作用逐渐加强、产品创新思路持续开拓的过程。如果从"钻孔机"的角度理解产品，我们只是看到了钻孔机这个产品本身，用户深层次的需求被忽略，钻孔机背后所涵盖的资源、能力和约束网络相对凝固和僵化。只有从"钻孔"和"挂照片"的角度理解产品，用户深层次的需求才能被揭示出来，随着对需求的理解由"钻孔机"转向"钻孔"和"挂照片"，原来硬性的产品逻辑逐渐向软性的服务逻辑和需求逻辑转化，产品背后的关系信息网络日益呈现出广泛化和动态化的特征。相比于"钻孔机"，"钻孔"或"挂照片"可选择的产品创新方式更多，这种创新方式包含的产品要素也更加广泛——可以是直接用于钻孔的工具，也可以与钻孔工具没有任何关系（如开发吸力钉、双面胶，提供上门钻孔服务）。这些与钻孔机相关或不相关的产品要素都会在"钻孔"和"挂照片"的需求下被重新评估和整合，然后用产品形态呈现出来。钻孔和挂照片的服务过程本身代表对用户需求理解程度的加深，与用户互动作用的增强以及产品创新思路的开阔。

进一步地，当我们从"唤起美好回忆"的角度理解产品，产品就进入了满足意义需求的层面。在这一层面，产品的创新思路更加开阔，帮助呈现"美好回忆"的产品要素更加广泛，产品和服务越来越体现出企业与用户共同参与、协同创造的特征。正如雕刻时光咖啡的创始人赵珂僮所说："传统的企业营销思路来源于工业的逻辑，即价值产生于'交换'：企业生产产品（价值），然后将其成果传递给顾客。而'服务战略'却将顾客纳入价值体系，认为价值并不是产品本身，而是顾客在使用产品或服务的过程中与商户一起创造出来的。"由于"唤起美好回忆"几乎是所有人的共同需求，而且这种需求的表现形式多种多样、变化无穷，所以满足这种需求所涉及的产品创新思路，以及产品背后的资源条件网络会无限深入、持续拓展。

"粒子/物质—波/关系—波函数/意义"三层次的产品塑造思路对应着禅宗"看山是山—看山不是山—看山还是山"的三重境界：

从粒子/物质层面理解产品就是"看山是山"；当我们看到了用户更为本质的需求，看到了产品背后的资源条件网络，以及产品的价值创造和意义载体的属性，就意味着我们已经超越了产品的物质形态，进入了"看山不是山"的第二重境界；无论是关系网络还是意义价值，它们在本质上都是一种虚拟、抽象的概念目标，如何让它们由虚拟转为现实，由抽象转为具体，如何将关系和意义用具体、显性、有边界的产品形态表达出来，就是"看山还是山"的内涵。虽然产品最终还是会以一个粒子/物质的具象方式呈现出来，但"看山还是山"层次的这个粒子已经完全不同于"看山是山"层次的那个粒子——这个粒子是经过"粒子/物质—波/关系—波函数/意义"的循环转化，再回归粒子/物质形态的产物，是对原粒子的整合与超越。

从关系聚合体到意义凝聚体

关系聚合体

在量子理论的观点中，事物是在与其他事物相互作用的过程中才成为现实的，任何事物都是它所在关系网络上的一个节点。正如管理大师玛格丽特·惠特利所说，不要把粒子和事物理解为具体的物体，而应理解为一个出现过程，或者一个不断相互作用的网络中的一种临时的凝聚状态。如果将图 9-4 中相互交错的线条看作事物之间复杂的相互作用（关系），那么线条与线条的交汇点就代表不同的事物，由所有线条构成的一个整体性的系统就是事物所在的关系网络。

就像任何事物一样，产品也是用户需求、企业的资源与能力以及各种约束条件相互作用的涌现结果。用户需求、企业的资源与能

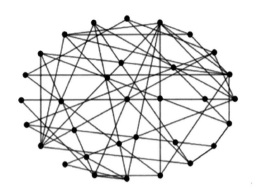

图 9 - 4　关系网络视角下的事物（形成）

注：该图只是一个事物形成的示意图，并没有将所有的关系交汇点都标出。

力、各种约束条件之间的相互作用构成了产品背后的关系网络，产品就是该网络上的一个凝聚点和交汇点。量子理论中"关系主导"的理念进一步说明，产品背后的关系网络比具体的产品更加基本——只有明确知道用户需要什么，企业拥有什么样的资源和能力，会受到哪些条件的约束，才可能知道要生产什么样的产品，产品也才可能在各种资源条件的共同作用下产生和完善。又因为产品背后的用户需求以及各种资源条件是多样、随时变化的，它们就像波一样，时刻呈现为各种状态的叠加并具有多种发展的可能性，所以由动态变化的关系网络凝聚形成的粒子性产品具有不同的形态和特征，并且处于随时变化和发展的过程中。

产品背后各种需求、资源、能力、约束条件相互作用的过程也是产品由波动态转化为粒子态、由关系态转化为物质态的基本过程。在得到大学第 5 期开学典礼上，曾就职于博世公司的产品经理赖升分享了他主导开发一款热销电动螺丝刀的经历，这个例子让我们清晰地看到，需求、资源、能力以及各种约束条件如何成为产品背后的隐形关系网络，它们又是如何相互作用并最终促成一个产品诞生的。

就职于德国博世公司的产品经理赖升接到设计一款热销螺丝刀的任务。刚接手时，他和他的团队除了有一个"打造爆款"的想法，找不到任何头绪，更不知如何下手。在这个时候，大多数人都是盘点一下自己手中的资源，看看自己能做什么，他却恰恰相反——不是想着有什么，能做什么，而是想没有什么，不能做什么，用他的话说就是，"不是先找资源，而是先找限制。限制可以告诉你，行动的边界在哪儿，让想法更清晰、更具体"。所以接下来他和团队的工作就是找限制：首先，他将第一个限制定位为"年销量超过100万台"，因为在电动工具行业，一般的产品一年只能卖到二三十万台，能销售100万台就是一个"爆款"。其次，他认为需要做一款电动而不是手动螺丝刀，手动不仅没有技术含量，还很难做到差异化，对于像博世这样的大公司来说，做手动螺丝刀没有竞争优势。最后，由于市场上手动螺丝刀的价格一般为19～169元，电动螺丝刀的价格为299～799元，这中间就有了170～298元的价格空白，所以他们决定将螺丝刀的价格定在199元。基于这三个限制——每年100万台的销量，兼具手动和电动优点的螺丝刀，以及199元的价格，他们原来认为非常遥远的想法就变得近在咫尺了。[①]

在上述例子中，赖升"找限制"的思路，就是在寻找隐藏在产品背后的看不到的用户需求、各种资源、能力和约束条件，以及由这些要素的相互作用所形成的关系网络。正是这些要素的共同作用，最终促成了螺丝刀的涌现。各种约束和限制在很大程度上反而成了产品塑造的资源和条件——正是"找限制"的思路，才让产品经理勾勒出了螺丝刀的雏形，让原本模糊的想法变得清晰、具体。吴伯

---

① 赖升在得到大学第5期开学典礼上的演讲. 一款年销量破百万的电动螺丝刀是如何开发出来的？. 2019-10-27.

凡认为，一个产品在本质上就是特定生态位里的一个物种，是它的生态位的反转表达。这里的"生态位"，就是指在特定的时空背景下，一家企业所有资源和约束的总和。

除了由需求、资源、能力、各种约束条件共同构成的这个横向、空间维度的关系网络，基于对用户需求的深入洞察，企业与用户之间持续的相互作用形成了一个纵向、时间维度的需求网络，而且这个网络是动态持续展开的。需求网络之所以是动态的，因为对用户需求任何层面的把握都不可能一蹴而就，它是一个层层深入、持续进行的过程，而且用户需求本身也处于持续变化和快速发展的过程中。正是从这个视角，吴伯凡认为产品就是需求的反转表达；而在互联网产品大腕俞军看来，用户不是人，而是需求的集合。在量子理论的观点中，任何一种关系都不能脱离我们而单独存在，所以在关系生成和展开的意义上，无论是关系网络还是需求网络，它们都是"当下之网"和"过程之网"——正是我们当下的参与和行动，决定了这个网络的呈现状态，我们始终是这个网络的建构主体。

无论是从关系网络还是从需求网络的视角，都将产品看作一个凝聚关系和需求的信息体和关系体。此时的产品虽然具有物质和粒子的形式特征，但在本质上已经脱胎换骨，变成特定生态位里的一个物种以及需求的反转表达。产品不再是一个具有固定属性和表面功能的实体，而是一个具有更多变化性和可能性的用户难题的解决方案——用户需要的不是产品本身，而是解决问题。产品只是解决问题的一个手段和载体，创造产品的目的就是要回归用户的需求本身，不是去问："我们要生产什么样的产品？"而是回答："用户有什么难题，有什么需求？""为了解决难题、满足需求，我们有什么资源和条件？"

小米就是一个典型的利用关系网络和需求网络实现崛起的例子。

小米在 2010 年成立，2011 年发布了第一代手机，只用了两年半时间，小米手机就做到了中国第一、世界第三；在小米创办五周年时，它做到了年收入超过 100 亿美元……小米起步于搭建小米社区，通过聚集手机发烧友，以互动方式做出 MIUI 操作系统。在这个过程中，小米每周都会迭代出一个新的版本系统，这个系统的改进基础就是用户提出的意见。正是依靠这种与用户持续互动、让用户深度参与的产品开发方式，小米不仅成功收获了一大批铁粉，并且很快推出了小米手机、小米电商。在著名产品人梁宁看来，小米的快速崛起一方面可以归结为它与用户的深度互动，但从宏观的角度看，是因为小米赶上了智能手机大换代、消费升级、网红电商流量红利的"三浪并发"。也就是说，产品的新需求、用户的变化、流量的变化这三大浪潮共同构建起了小米手机背后的关系网络和需求网络，小米的成功是这个网络支持、赋能的结果。

虽然小米在 2015—2016 年陷入了严重的危机，近年来也遇到了很多发展上的难题，但是毫无疑问，小米是一家成功的互联网公司。《2020 胡润中国 10 强消费电子企业》显示，小米凭借 4 340 亿元的市值位居第二，同时也是前五名中唯一一家上市公司。如今的小米既是一家专注于智能硬件和电子产品研发的移动互联网公司，也是一家专注于高端智能手机、互联网电视以及智能家居生态链的创新型科技公司。小米打造的生态链已经成为全球最大消费类 AIoT（人工智能（AI）＋物联网（IoT）），同时覆盖智能硬件、生活消费用品、教育、游戏、社交网络、文化娱乐、汽车交通、金融等各个领域。截至 2021 年 9 月，小米 AIoT 平台已连接的 IoT 设备（不包括智能手机、平板及笔记本计算机）超 4 亿台；截至 2022 年 3 月，小米全球 MIUI 月活跃用户达到 5.29 亿。对于今后的发展，小米的定位就是进一步连接和深化供应者与需求者之间的关系，也就是依靠营销职能以及 IT 手段去维护和深化供求一体化关系体系。

总而言之，如果仅仅从产品的物质形态和功能属性来看待产品，那么我们的思维还停留在牛顿时代，只有跳出产品的表面形式，将它看作由各种需求、资源、能力与约束条件凝聚而成的信息体或关系体，才能发现产品的本质属性与核心内涵。随着商业世界逐渐被服务逻辑所主导，产品日益呈现出服务化和体验化趋势。产品不再是工业时代基于牛顿思维构建的一个个静态固定、边界明确、具备特定功能的物质实体，而是灵活变化和持续成长的生命体。如果说工业经济时代的产品塑造思路遵循的是物质逻辑、实体逻辑、产品逻辑和粒子逻辑，那么服务经济时代的产品塑造思路遵循的则是关系逻辑、需求逻辑、服务逻辑和波动逻辑。

意义凝聚体

现代西方一位极具影响力的思想家，也是社会学三大奠基人之一的马克思·韦伯（Max Weber）有一句名言："人是悬挂在自己编织的意义之网上的动物。"对意义的追求不仅是人类生存的本质需求，更是生命发展的原动力。用量子语言表达就是，意义是波函数，它代表由万事万物共同构成的一个整体性和绝对性的存在，我们都具有投身这个整体、投身这个"比自我更大的东西"的天然倾向。左哈尔也曾说，这个世界最底层的运行逻辑就是意义，当我们对周边的人和工作尽心尽责，对他们付出爱和勇气，意义就会产生，同时它还会一层一层锁定更多的人。

对于产品而言，波函数和意义所发挥的连接、整合作用具有典型的"黑洞效应"（见图 9 - 5）。如果一个产品具有某种独特的价值主张，就会产生一种极强的吸附力——意义在中心，由意义锁定的用户与用户之间的关系网络就会一层一层向外扩散；随着网络范围的扩大，越来越多的用户就会被吸进这一系统，难以挣脱。对于一般的事物，比如力量、勇气、惊喜、责任，乃至激情，随着传播的进行，它们的能量会逐渐减弱，直至消亡。但是意义具有连接一切、整合一切的强大力量，它的连接力和整合力不仅不会随着系统规模的扩大而持续减弱，反而会呈现出越来越强的趋势。与波函数一样，意义无所不在，无所不包，至大无外，至小无内，可以说，世界上的一切事物都被它覆盖。《海底捞你学不会》这本书里有这样一句话："管理者最难的事，是让别人相信明天的大蛋糕会有自己的一份。人的欲望都是无限的，没有公司能够给足员工今天想要的一切，因此员工在拿今天的工资时，眼睛一定看着未来。如果他们对未来有信心，今天干的活儿就会多过今天的工资；反之，今天做的工作就会等于或少于今天的工资。"这段话想要表达的观点是，温度、激情、惊喜、责任、关系都可能逐渐变弱，慢慢褪去，但只要意义存在，它就会成为关系的黏结剂，为人的进步和组织发展提供终极的目标和指引。正因如此，最能激发积极性和创造力的，不是传统观念中无比真实的金钱和荣誉，反而是看似最抽象、最虚无的意义。

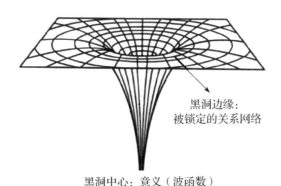

黑洞边缘：
被锁定的关系网络

黑洞中心：意义（波函数）

图 9 - 5　产品的意义黑洞

随着时代的发展，产品日益呈现为意义的载体和凝聚体，意义构建是产品塑造的最高境界，只有从意义的角度出发，才能发现产品的本质价值与核心内涵。星巴克就是一个例子，星巴克咖啡首先是一种饮料、一个产品，但它更是一种服务、一种意义的体现。星巴克创始人霍华德·舒尔茨（Howard Schultz）曾说，一个产品如果失去了意义，那么它最多是一个商品；一个产品只有具备了意义，它才能称得上是一个品牌。在他看来，星巴克做的并不是咖啡的生意，而是人的生意。所以我们购买的不是咖啡本身，而是咖啡所承载的意义——用情感来连接顾客，激发和倡导人文精神是星巴克的核心价值主张。

波函数和意义对事物的连接、整合作用还具备极致性和动态性的特征。这里的"极致性"是指，在波函数层面，事物之间形成一个极致、绝对的整体，因而可以实现超越光速的瞬间感应。之所以是"动态性"，是因为如果连接和整合是静态的，那么最终会退化为一种僵化和锁死的状态，只有通过创新和创造才能不断开辟新的赛道，将更多的资源和要素进一步整合起来；只有通过更加广泛的连接，才能进一步促进创新和创造。创新是连接的动因，连接是创新的前提，只有在二者相互促进的正反馈循环中，才能实现对事物的极致性和动态性整合。在量子理论的观点中，世界的本质状态就是持续地变化生灭，每时每刻都处于创新和创造的过程中。即使在真空的状态下，空间中也充满着各种场，只是因为每种场都处于基态，所以整个空间都没有实粒子（实粒子指可观测到的粒子）。但是实际上，能量和动量每时每刻都在疯狂涨落。在一段无法测量的超短时间内，就有无数对正反虚粒子（虚粒子是不能被观测到的粒子）从真空中自发产生，然后迅速湮灭。整个真空非但不空，反而极度活跃，随时处于一种即生即灭、生机勃勃的状态中。

如果说关系网络和需求网络构成了产品塑造的第一个层次，那么意义构建、价值创造则是产品塑造的更高的层次。这里的价值创造不仅体现为产品更新和企业成长，还意味着基于对各种资源和要素的整合，产品和企业自身发展为一条通路、一个赛道。百度贴吧、百度知道的总设计师，中国顶级的产品经理俞军曾说，产品经理的职责就是以创造用户价值为工具，打破旧的利益平衡，建立新的利益链和新平衡。在这里，俞军并没有将产品经理的核心价值定位为做产品，而是说要创造用户价值，创造用户价值在他看来只是一个工具，最终目的是借助这个工具来持续打破旧平衡，建立新平衡。创造价值才是做产品的本质。所以，意义的本质就是通过塑造产品实现价值的创新和创造，就是在改变现有逻辑、整合更多要素的基础上，创建新赛道，实现新价值。

虽然小米自 2011 年成立以来就一直保持高速增长，仅用了 4 年时间就造就了手机行业的神话，但 2015—2016 年却是小米的负向周期：销量不达预期，遭遇产品瓶颈，面临专利争议。与小米形成鲜明对比，从 2015 年开始，OPPO 和 vivo 却凭借着在三四线城市的线下渠道优势，实现了销量的迅速增长。然而，就在很多人不看好小米，甚至认为小米会就此走向没落的情况下，2017 年小米不仅迅速逆转了颓势，还实现了业绩的大幅增长——小米手机销量增加 100%，排名全球第五，2017 年第三季度就完成全年 1 000 亿元的营收目标。除此之外，小米在 2017 年还发布了首款自主研发的芯片，在国内 30 个省份的 158 个城市开设了 242 个小米之家，海外的手机出货量大幅增加，生态链建设也遍地开花。关于小米奇迹逆转的原因有多种解释，但在我们看来，除了从关系网络的视角去理解产品，构建产品背后的系统能力，小米成功的核心在于它发现了产品的意义属性，并将意义这一抽象的概念转化为具体的产品策略，充分释放出意义的价值。

互联网产品的"三级火箭"① 模式近年来被广泛提及，这一模式

———————————

① 梁宁 . 三级火箭：深度讲解互联网降维打击 . 梁宁产品思维 30 讲（得到 App），2018.

的核心思想就是用一个免费的高频产品带动其他次高频产品，通过为次高频产品导流，让它们变现赚钱，完成商业闭环。对于小米来说，它的产品模式也是典型的"三级火箭"：第一级火箭是小米手机，这也是它的高频头部流量；第二级火箭是小米可以沉淀用户的各种零售场景，比如小米商城、米家、小米之家、小米小店等这些依靠小米手机拉动的立体化零售渠道；第三级火箭就是 MIUI、小米云等互联网业务，这些业务是小米的主要利润来源，代表它未来的智能化方向。

小米在 2015—2016 年失利的一个重要原因是，OPPO 和 vivo 在中国的六七级市场做渠道下沉时，小米还在走线上路线，因而错过了县、乡市场的线下换机潮。为了与 OPPO 和 vivo 对决，小米从 2016 年开始迅速拓展线下渠道，用不到一年的时间就开设了 20 万家小米小店；从 2020 年下半年开始，小米用了 4 个月的时间开设了 4 000 家小米之家，2021 年 10 月 30 日，第 10 000 家小米之家在深圳欢乐海岸店正式营业。也就是说，从 2020 年 11 月开始，在不到 1 年的时间里，小米开设了接近 8 000 家店，覆盖全国 80% 的县。从 2017 年开始，小米的线下零售做到了 27 万元的坪效（零售卖场每坪面积所产生的营业额），位列全球第二。

小米之所以有如此高的效率，一方面是因为它充分利用自己的数据智能来帮助线下零售进行高效决策（这在本质上就是利用自己构建的关系网络和系统能力，以三级火箭构建的"面"和"体"来打 OPPO 和 vivo 的一个"点"）；另一方面，手机只是小米三级火箭中的"第一级"，它的作用不在于多赚钱多盈利，而是连接、整合更多的资源，为其他两级火箭提供动力能源。从创造利润的角度看，小米手机并不重要，它表现得无形无相，只能依靠支持和融入其他产品来发挥自己的价值；但在本质上，小米手机扮演的是一个赋能、连接、整合的角色，其他产品只有在它形成第一级火箭上，才能加速升空，创新成长。这就是小米手机存在的意义，也是小米手机自身的意义属性。所以说，当 OPPO 和 vivo 与小米拼手机的时候，小米却在拼意义，拼依靠三级火箭打造的关系网络和系统能力。小米与 OPPO、vivo 的战争看上去是产品的战争，实际上却是关于意义的战争、关于关系网络的战争。

2020 年，在"旧三级火箭"的基础上，小米又提出了它的"新三级火箭"模型：第一级是智能手机，2021 年小米全球智能手机出货量同比增长 30.0%，达到 1.9 亿台，市场占有率为 14.1%，排名全球第三；第二级是 MIUI，财报显示，2022 年第一季度全球 MIUI 月活跃用户数达到 5.29 亿，我国 MIUI 月活跃用户数连续 6 个季度环比递增；第三级是通过互联网服务和 AIoT（本质上是定制电商）变现，2022 年第一季度，小米互联网服务收入达到人民币 71 亿元，同比增长 8.2%。对比新旧两艘三级火箭，最大的区别就是："旧三级火箭"的第一级不以赚钱为目的，甚至将赔钱看作正常状态；而"新三级火箭"的第一级却要让自己赚钱，至少保证不赔钱。比如，2021 年小米手机业务毛利润就达到了 248.6 亿元，全球净新增 MIUI 月活跃用户达到 1.13 亿。如果在"旧三级火箭"模式下，小米手机这个第一级火箭的意义体现为一个外向型的赋能者和支持者——通过连接、承载和赋能让其他两级火箭去开创价值，实现增长，那么在"新三级火箭"模式下，第一级火箭自身的价值创造性和盈利性逐渐凸显出来——它在连接、赋能其他产品，让其他产品实现创新成长的同时，与其他产品形成联动效应，不断地实现自身的价值。小米手机自身具备的创新性和成长性揭示出，意义并不是一个单纯的外向性、付出性概念，在波函数的整体性视角下，意义作用的发挥、意义价值的体现是在整合更多要素，促进更多要素关联互动的基础上彼此成就、共生共赢的价值创造过程。

在强调产品意义属性的同时，还有一点不能忽略，那就是意义是建立在物质和关系基础上的涌现，它不能脱离产品的物质属性以及产品背后的关系网络凭空产生。以星巴克为例，与传统的品牌打造方式不同，星巴克并没有通过拼命打广告或利用大范围重复传播的方式来吸引消费者，而是反其道而行之，通过在咖啡（产品）上下功夫，积极构建社群关系网络（产品背后的关系网络），在为用户提供精良咖啡和优质体验的过程中让意义自下而上地涌现出来。星巴克遵循的就是典型的"产品—社群（关系）—意义""粒子—波—波函数"这一自下而上的创新涌现路径。星巴克创始人舒尔茨曾说："我们不想去做的，就是毁了货真价实的牌子。货真价实的就是咖啡，深度烘焙的、新鲜的、风味纯正的咖啡。这是我们生意成败的试金石，是我们的命根子、我们的精神财富。不管怎么折腾，我们压根儿不会买进廉价咖啡豆，顾客在星巴克享受的肯定是优质咖啡。我们不会放弃深度烘焙，也不会用化学品和人工添加剂来污染我们的咖啡。"除了对咖啡本身的强调，星巴克还很重视它的社交属性，着力构建咖啡背后的关系信息网络。舒尔茨一直强调，星巴克不是卖咖啡的，而是建立人与人之间的联系。2008 年金融危机爆发，星巴克虽然也面临困难，但舒尔茨带领 1 万个门店经理到遭遇飓风袭击的新奥尔良进行了为期一周的社区服务活动。舒尔茨用实际行动说明，星巴克最关心的就是如何凝聚人心、如何获得员工和消费者的价值认同，以及如何建立人与人之间的联系。

⚛ 基于涌现的产品塑造策略

粒子/物质、波/关系和波函数/意义是看待产品的三个层面，而产品从粒子/物质到波/关系，再到波函数/意义的发展演化过程也是思维层次逐渐提升、产品层次逐级涌现的过程。简单规则、正向反馈、层次超越、重新定义不仅是涌现实现的核心要素，也为产品的塑造和创新提供了具体策略与启示。

基本需求，核心功能

涌现的产生来自简单个体基于简单规则的相互作用，成功的产品往往有一个简单的内核——基于用户最基本的需求提供具有核心功能的产品或服务。这个最初的产品看起来可能比较简单和粗糙，但只要方向正确，它就可以基于与用户的持续互动，在"形成—反馈—修改"的循环过程中快速迭代，持续改进，最终成为一个成功的产品。

微信在 2011 年 1 月推出时就是一个可以在熟人之间免费发送文本信息和图片的简单工具。基于"满足用户的即时通信需求"的定位，历经几百次改进和迭代后，微信才从一个很小的产品发展成为今天几乎涵盖所有移动生活场景的工具。梁宁曾说，做产品没必要憋大招，不用把所有功能都做好再放出来；产品的核心功能有效比什么都重要，附加的其他功能可以一步步来。在她看来，版本规划能力是产品经理最重要的能力，判断一个产品经理是否厉害，很重要的一条就是看他设计的产品的第一个版本有多简单、直接、切中要点，能不能直指人心。微信的缔造者张小龙也一直强调，微信的发展在本质上就是两个关键词：连接和简单。在他看来，微信之所以成功，就是守住了做一个好产品的底线。

持续迭代，自我优化

涌现产生的核心动力可以概括为：系统要素之间基于非线性的相互作用所形成的正反馈放大机制。在产品塑造过程中，这个正反馈机制就体现为围绕产品的初始版本和内核所进行的反馈迭代和持续优化。微信的 1.0 版本只支持一对一消息发送、照片分享；2.0 版本才增加了语音、"查找陌生人"功能；3.0 版本推出了"扫一扫""服务号"功能；4.0 版本有了"朋友圈"功能；4.5 版本才推出了公众号；5.0 版本加上了"绑定银行卡"功能，实现了资金在微信上的流通；6.0 版本增加了微信小视频、微信卡包以及新版游戏中心……微信的发展历程告诉我们，即使一个产品最初很简陋，只要能持续迭代和改进，它就会成为一个成功的，甚至是划时代的产品。

在本质上，一个产品的迭代就是基于与用户的持续交流和互动，发现用户需求，建立并拓展与用户之间的关系网络的过程。而把握用户需求，建立关系网络发端于我们当下的产品和行动——未来产品的形态必然以当下的产品版本为核心，蕴含在我们每一步的行动中，是我们迭代行为的自然呈现。正因如此，没有必要将一个产品做到完美再一次性地呈现出来，在持续迭代和关系扩展的意义上，一个产品永远不可能做到完美，它始终处于发展演化的过程中。随着服务经济和体验经济的崛起，产品会越来越脱离它的实体属性，呈现为一个逐渐成长的生命体——它在我们与用户共同构建的关系网络上自然生成，随着这个网络的扩展和深入持续生长，发展壮大。

问题指引，矛盾整合

判断系统是否出现涌现的一个标准，就是看这个系统是否建立了一个不同于以往的全新逻辑，在这一新的逻辑中，系统中原有的难题和矛盾都被整合与化解。虽然持续迭代是产品塑造的一个必要手段，但随之而来的一个问题是：迭代的标准是什么？如果迭代就是改进，那么如何判断一个改进是画蛇添足还是画龙点睛？在涌现整合矛盾的标准下，以上问题的答案很明显，那就是一个改进是否立足于用户的真实需求、是否解决了用户的痛点和麻烦。正如在前面技能训练的例子中，相对于"奖励更有效"还是"惩罚更有效"，"向平均数回归"虽然是完全不同的思路，但是这个答案一提出让所有人都恍然大悟，茅塞顿开。只有解决用户的难题，化解用户的痛点和麻烦，才能在真正意义上实现产品的迭代，才能看作真正意义上的产品创新。

Lululemon 是一家成立于 1998 年的加拿大运动品牌，它的主打产品是瑜伽服装。[①] 自 2007 年上市以来，Lululemon 的股价在十几年间涨幅超过 10 倍，成为仅次于耐克和阿迪达斯的世界第三大运动品牌。Lululemon 的成功虽然可以归结为很多因素，但善于借助矛盾、通过持续解决用户难题以实现产品的迭代和创新，才是它取得成功的核心原因。创业初期，在服装市场以美观为主导的形势下，Lululemon 另辟蹊径地看中了产品的功能性，将瑜伽裤的目标定位为穿着舒适，同时凸显女性的身体线条。从表面看，穿着舒适和凸显身材是一个很简单的目标，但这让公司面临一系列问题和挑战：首先，舒适意味着瑜伽裤要轻薄又有弹性，一旦做到了轻薄，紧随而来的问题就是用户在做拉伸动作时会暴露隐私；即使隐私的问题可以解决，有弹性的面料的吸汗性也会大打折扣，容易产生异味；如果通过面料改进将上述问题一并解决，那么这样的面料会比较脆弱，维护和保养的成本又会提高，所以还需要考虑它的强韧性和性价比。容易看出，以上的每个问题都对应着用户的一个痛点和麻烦，而每个问题的解决往往又会带来新的问题。面对这一系列难题和挑战，Lululemon 没有退缩，通过面料研发、版型裁剪、美学设计等方法生产出能给用户带来极致体验的瑜伽服装。矛盾和问题不仅没有成为 Lululemon 的障碍，反而为其产品塑造和创新提供了思路和

---

① 吴伯凡. Lululemon 如何靠一条瑜伽裤做到全球第二？. 吴伯凡·每周商业评论（得到 App），2020.

方向，让它赢得"顶级的瑜伽服""瑜伽界劳斯莱斯"的美誉。

意义开创，维度升级

涌现代表一种全新的逻辑和范式，这种逻辑和范式一旦产生，就会反过来影响原来的系统和系统要素，对它们进行重新定义。创建一个新的逻辑和范式不是涌现的终点，在新逻辑和新范式的影响下，系统和系统要素就有了全新的内涵，这个新内涵所具有的创新意义才是涌现作用的最大体现。对于产品塑造而言，小步快跑、持续迭代是渐进式改善产品的过程，而基于涌现的产品塑造的方法，就是充分发挥产品的意义属性，不仅强调产品自身的意义，更要让产品本身成为一个新的路径，让其他的产品和服务在它开创的新路径上聚集融合、发展壮大。

虽然微信的初始定位是一个即时聊天工具，但它今天已发展成为一款跨越多平台的社交软件，一个几乎涵盖所有移动生活场景的工具，一个承载了通信、支付、政务、小程序等功能和服务的生态系统。微信不仅是一个产品，还是一个平台、一条赛道、一个开创了新业态和新模式的全新世界。与微信类似，支付宝最初只是为了解决淘宝网的交易安全问题所设计的一个支付软件。然而今天的支付宝已经成为全球交易量最大的第三方支付服务公司，一个在全球拥有超过 12 亿实名用户并融合了支付、生活服务、社交、理财、保险、公益等多个场景与行业的开放性平台。支付宝在 2020 年确立的目标就是，做全球最大的数字生活开放平台；未来 3 年，联合 5 万服务商，帮助 4 000 万商家完成数字化升级，让更多人能享受到便捷的数字生活服务。

⚛ 产品塑造心法：痴迷用户

产品沿着"粒子/物质—波/关系—波函数/意义"的发展进阶过

程也是深入理解用户需求、与用户持续互动的过程。虽然我们都期待产品（产品创新）能沿着上述路径实现由物质向关系再向意义的持续涌现，但是涌现的产生不存在捷径，只有深入洞察用户需求才能找到关系和意义的涌现之路。

痴迷用户的概念最早由亚马逊提出，含义是在深入洞察用户需求的基础上，通过不断为用户提供高质量、有意义的体验来增加用户的终身价值。亚马逊的创始人贝佐斯几乎在每次演讲和接受采访时，都会强调痴迷用户。痴迷用户也是亚马逊六条价值观中的其中一条，在亚马逊著名的十四条领导力准则中，痴迷用户毫无悬念地位列第一。公司开重要会议时，总是会空出一把椅子，寓意就是虽然用户不能亲临现场，但大家要始终心怀用户，把用户的利益放在第一位。贝佐斯经常提醒员工：用户是亚马逊最宝贵的资产和衣食父母，要对用户负责，对用户保持敬畏；亚马逊不仅要满足用户不断提升的要求，还要为用户发明创造，给用户带来惊喜；衡量亚马逊成功与否的根本标准就是能否为用户创造长期价值……

《冬吴相对论》节目中有一个例子令人印象深刻，妈妈和幼儿园的老师对孩子的了解存在巨大的差异，这种差异的根源在于只有妈妈才能做到对孩子的痴迷。在这种状态下，妈妈不仅能发现老师们察觉不到的孩子的深层次的感受和需求，而且在遇到困难时（如孩子半夜生病，要走很远的山路才能找到医生），总会从"怎样才能做到"这样积极的角度，而不是"有哪些阻碍因素"这样消极的方面考虑问题，总会抱着不达目的决不罢休的决心，想尽一切办法把事情做成。所以，痴迷不是一种意愿和口号，更不是一种脱离现实的直觉和想象，它是一种认知，更是一种能力，是将理想付诸现实的全力行动。痴迷用户就像妈妈对待孩子一样，不仅要对用户的需求持续关注，还需要有解决用户难题的决心、意愿和行动；在解决过程中进一步培养洞察用户内心、把握用户需求的能力。如果没有行动和实践，而是笼统地空谈用户需求，高喊一切以用户为中心、用户是上帝，根本谈不上是痴迷用户。

真正的痴迷用户并不等同于"用户永远是对的"。虽然产品的经典定义是一个用户难题的解决方案，但是定义用户难题本身就是一个巨大的难题。原因在于：用户并不是一个单纯的角色，处于多重身份和多重角色的叠加态之中——用户既可能成为产品塑造的引领者和推进者，也可能是一个误导者和阻碍者。当我们说满足用户需求、一切以用户为中心的时候，其实就是默认了用户的引领者身份。然而长期的实践告诉我们，用户需求不仅是模糊的，还可能有误导性，有时甚至充满欺骗性。绝大多数时候，连用户自己都不知道他需要的是什么，即使他告诉你他的需求，也极有可能是一个错误的信息。有一个典型的例子，索尼准备推出 Boomboxes 音箱时，工作人员曾召集一些潜在的消费者组成焦点小组，来讨论这个音箱在黄色和黑色中选哪一种。经过小组成员热烈的讨论，最后得出一致结论——消费者应该更喜欢黄色。会议结束后，索尼的组织者告诉这些小组成员，为了表达感谢，他们可以在黄色和黑色音箱中任选一个带走，最终的结果是，每个人选择的都是黑色音箱。创新管理大师克莱顿·克里斯坦森（Clayton Christensen）曾说，"很多大公司恰恰就是因为以用户为中心而死掉的"；老福特的一句脍炙人口的名言也表达了类似的观点："千万不要相信用户的说法，在没有汽车的时候，你问每个人需要什么样的交通工具，他们的答案只可能是，我需要一辆更快的马车。"

既然用户的需求是模糊的、隐秘的，甚至还可能是误导性的、欺骗性的，那么我们该如何正确理解用户，把握用户的真实需求？或者说，怎样判断用户的说辞是真实想法还是误导信息？如果是误导信息，应该如何排除这些干扰？正确的方法是：借助痴迷用户，以及对用户更深层次的理解和洞察，发现他们最真实和最本质的需求。在量子理论的视角下，痴迷用户就是打破我们与用户之间的边界，基于对用户的深度关注和体察，与他们形成一个相互纠缠的整体；通过我们与用户相互贯通的内心感受来关怀、理解用户，识别他们最本质的需求。只有做到与用户纠缠合一，我们才能将心比心，实现与用户在心灵层面的协同与共振，才能既专注于用户，又不受制于用户，同时判断出什么是真需求什么是伪需求。

痴迷用户所要达到的状态正如妈妈对孩子的真爱——感知孩子的需求，在给予孩子物质和情感关怀的同时，健全孩子的心智和人格。与真爱相对，溺爱是一味地满足和纵容孩子，让他们在固有的舒适圈中沉迷下去，最终丧失自我成长和发展的能力。痴迷用户的真爱境界，就是基于对用户的洞察，引领他们走向一个越来越开阔、越来越有意义的理想境界。这种开放成长、持续进步的状态，才是隐藏在用户心底最真实的渴望。

乔布斯曾说："消费者没有义务去了解自己的需求。他们只知道自己想要的是更舒适、更安全、更健康、更美、更快乐、更成功、更富有、更有品位、更有魅力……这就够了。理解用户、把握用户需求在更大程度上是商家的事，是产品设计者和塑造者的事。"乔布斯这段话的意思是：一个真正意义上的好产品，要做到比用户更了解其需求。好的产品是分享，是创造，是真爱的表达，就是用我的语言、我的行为善待你，让你发现一个更真实、更好的你；在这个过程中，我也成为一个更好的我。

《世间再无乔布斯》是网络作家和菜头在乔布斯逝世10周年时写的一篇纪念文章。文章中有一段话是对乔布斯和苹果产品的描述，可以看作对一个好产品的最佳概括。

现在回过头来看乔布斯的早年访谈，整理他的产品时间线，可以发现他的一双眼睛可以看到未来。人们总喜欢说乔布斯进行的是颠覆性创新，然而不是所有的创新都可以被人们接受。在我看来，这不是颠覆性创新，而是命题作文。他总能看到未来的趋势，然后用自己的风格创造出一款产品，去满足人们未来的需求。他的许多产品，无论是 iPod 还是 iPhone，一出现就彻底融入这个世界，仿佛世界期待它们已久，忙不迭地在通往未来的道路上铺上这一块拼图碎片，因为世界本来就应该如此——用旋转键钮选歌才是对的，用手指对手机屏幕直接进行操作才是对的。同时，不存在第二个方法能够做到更简单，更直观，更符合人类的直觉。

⋯⋯⋯⋯⋯

创造一款全世界都接受并且喜爱的产品已经很好了，实用性是第一位的，易用性是第二位的。但是在实用性之上，还存在着追求美的可能。我认为乔布斯的产品超越了实用性，经常达到美的境界，所以能够比他自己的生命更为久远。在这世间，实用只能消除人们头脑中的烦恼，唯有美才能激发人们对生活持续不断的热忱。乔布斯做到了这一点，他的产品就是他永恒的纪念碑。①

⟫ 字节跳动：关系网络中的产品创新

字节跳动（简称字节）成立于 2012 年，截至 2020 年底，它旗下的产品全球月活跃用户数已达 19 亿，覆盖全球逾 150 个国家和地

---

① 和菜头. 世间再无乔布斯. 槽边往事（微信公众号）. 2021 - 10 - 06.

区。今日头条、抖音、抖音火山版、西瓜视频、GOGOKID 英语、飞书等都是字节推出的知名产品，正因为它具有强大的产品创新能力，字节被称为 App 超级工厂。2020 年，字节全年营收是 343 亿美元，同比增长 111%，即使是在 2021 年互联网遭遇寒冬的背景下，它依然保持着 70% 的高速增长。毫无疑问，字节已经成为中国互联网界最受瞩目的公司之一，它同时也是全球化运营最成功的中国互联网公司，中国经济影响力最强的企业之一。

著名商业思想家吴伯凡将字节成功的关键要素总结为 Tag（标签）思维、"大中台 + 小前台"、OKR 管理方法和失控式管理等方面。将以上几个关键点展开，就会发现它们背后其实隐藏着"两张大网"：一张是由用户的标签拼连而成的数据信息之网；另一张则是字节员工的互动协作之网。字节的产品创新机制，就是基于员工之间的充分协作和互动，让用户数据在平台资源和能力的支持下，从发散流动的波动态转化为稳定成型的粒子态的具体过程。具体来看，字节充分利用 Tag 思维来收集用户数据，为用户画像；运用大中台模式对用户数据进行汇集、分析和提炼，形成波粒二象性的半成品，为产品的进一步粒子化做准备；OKR 管理方法、失控式管理、开放透明的企业文化则保证了字节平台上的每个人都能齐心协力地配合与协作，以事/工作为目标，达成关键结果。而张一鸣对浪漫和务实的理解，让我们进一步解锁了梦想与务实、浪漫与专注之间的紧密关系——梦想和浪漫并不空洞遥远，它们就蕴含在我们当下每一步的行动中，是务实和专注的自然结果。务实和专注不是一味地埋头苦干，而是要在目标的引领下，在梦想和浪漫中找到价值坐标和思想灵魂。

Tag 思维

在吴伯凡看来，Lable 和 Tag 两个单词虽然都被翻译为标签，但它们的意义完全不同。简单来说，Lable 是一种粗略、相对固定的标签，比如对好人和坏人、穷人和富人、平民和精英的分类；Tag 则是一种精细度、颗粒度更高，具有变化性和流动性的标签。与 Lable 思维将用户分为高端与低端、活跃与不活跃、会员与非会员、初级用户与高级用户的传统分类方法形成明显对比，字节的用户分类方法是典型的 Tag 思维——字节不是用简单的层级给用户分类，而是通过不断收集整理用户数据，基于对用户数据的深入分析，从各个角度给用户贴上无数细密的小标签。比如，我们购买的任何一件产品、浏览的任何一条新闻，都会被字节转化为一个个关于我们需求和偏好的小标签，密密麻麻地贴在我们身上。这些细碎的标签就像构成我们的一个个像素，随着我们在网络上活动的增多，这些标签也会越贴越多、越贴越密，呈现出一个流动变化的、像素越来越高的画像。

字节在给用户贴标签的过程中发现一个"秘密"，那就是每个人其实都不单纯，都有多重身份，两个看上去毫无关系的人，身上的很多标签可能是重叠的。在 Tag 思维下，每个人都变成一个量子，都以叠加态存在——每个人都是各种性格、特质、认知方式的叠加，都是很多人的叠加；不同的性格、特质和认知方式，不同人的叠加也就形成了千差万别的我们。在量子叠加的视角下，再也不能说一个人是穷人还是富人，是平民还是精英，因为在不同的场景中，他会时而表现得像穷人，时而表现得像富人；时而表现得像平民，时而表现得像精英。他的完整状态就是富人和穷人、精英和平民的叠加态，具体呈现哪种状态取决于他所在的环境条件，取决于他与周边事物建立了怎样的关系连接。每个人都不再独立，都是很多人的叠加。

Tag 思维突破了 Lable 思维的简单和粗暴，看到了每个用户背后更为本质的关系属性和叠加态，以及这种叠加态在不同环境中的变化和表现。从 Label 思维到 Tag 思维不仅反映出用户分类方式的差异，更体现出字节对用户需求的把握已经从物质和粒子的表象层转到了关系和波动的内在层，从僵化单一的静态层转到了流动叠加的动态层。在字节的标签描述中，用户的需求信息和精细画像被全方位地展现出来，日益精确的用户画像不仅充分描述了更为真实的用户需求和动态，更为字节下一步的产品塑造和创新提供了基础准备和条件支撑。

"大中台＋小前台"

字节的中台就是一个数据中心，通过不断给用户贴标签，收集挖掘用户信息，为用户画像。在很大程度上，字节的中台也在生产产品，只不过法产品是外界看不到的，是一种由用户数据、用户画像所形成的一种虚拟化、信息化的半成品。当一个新的用户场景或者一个明确的用户需求被发现时，字节中台的资源和能力就会在这一明确需求的牵引下快速聚集，并将这个由信息和数据构成的波动性的半成品进一步转化为具有明确功能和属性的粒子性产品。信息和数据虽然看不见摸不着，但它们在塑造产品的过程中发挥着核心作用。就像今日头条 CEO 陈林所说的：做一个好产品需要输入大量的数据信息，产品的本质就是根据大量的信息做决策。

字节中台所生产的半成品具有典型的波粒二象性：基于给用户贴标签所获得的用户数据和用户画像虽然是虚拟的信息态，但这些波动性的数据信息并不是毫无规律、随机发散的，随着字节对用户理解程度的加深，用户需求的明确，这些数据信息呈现出一种逐渐凝聚和汇集的趋势——如果将分散的信息状态看作波，将聚拢的物质状态看作粒子，那么字节绘制的用户画像就具有既不完全发散又不完全聚拢（或者既发散又聚拢）的特征，这种特征就是典型的波粒二象性。在明确的市场指示和用户需求的牵引下，字节中台所生产的用户画像会进一步由波粒二象性状态转化为确切的粒子状态，这个转化过程同时也是字节产品由半成品转化为成品的过程。

由于字节中台的核心功能是收集分析波动性的用户数据，对用户数据分析得越全面、越深入，就意味着对用户需求把握得越精细、越准确，也就越有利于产品的成型。所以字节的前台虽然看起来很小，产品开发团队的人数也很少，但在一个产品成型之前，字节的中台其实已经投入了大量的时间和资源进行需求数据的收集、分析和挖掘。也就是说，在字节前台推出最终产品之前，中台已经通过强大的技术支持和数据分析做好了大量的半成品，为最终产品的推出做了充分的准备。这也解释了为什么字节的组织结构模式是典型的"大中台＋小前台"。

OKR 管理方法

管理大师德鲁克很早就提出，真正的管理是用目标来管理（MBO），每个人不仅应满足企业总体目标的要求，还要进行充分的互动和协作。但是在现实中，大多数企业都将目标看作一个外在的、自上而下制定的宗旨和方向。目标管理就是企业上层规定了大目标，中层和下层再将大目标层层分解为中目标和小目标，最终建立一个以结果为导向的考核评价体系。这种对目标管理的误解带来的直接结果就是：每个员工都看不到组织的大目标和总方向，更不知道自己为了什么而努力；每个人看似都在为完成一个个小指标而忙碌，却没有人真正关心结果；组织表面上井然有序，呈现出来的各种数据也很好，但组织的真实业绩却难有提升。

字节在创办伊始就采用了最大限度解放员工创造力的 OKR 管理方法，德鲁克的目标管理思想也充分体现在字节的 OKR 实践中。在字节看来，目标不是一个外在于员工的指标和数字，它需要通过员工之间的紧密协作内化于每个人的行为实践中——你的目标取决于我的目标，我的目标因你的目标而存在。在这里，目标不再是一个确定的、具有独立性和边界的粒子，而是基于员工之间的互动和协作，在合作关系网络中呈现出来的一个暂时的凝聚点，一个建立协作关系的标的物。字节所说的目标就是协作本身。今日头条副总裁谢欣曾说，"管理的最终目的是达成公司的高绩效目标，只有人可以做到这一点，而不是规章制度"；字节的一名企业文化负责人曾说，"与其说 OKR 是管理手段，不如说 OKR 是达成目标前的工作方式。这些工作方式旨在减少沟通成本，强化协同能力，调动个人积极性，从而向集体目标快速突进"。

为了进一步落实 OKR，字节还开发了一款名为飞书的软件。在这个软件中，字节的每个人都能看到他人在干什么，每个人的目标和任务都进展到了什么程度。每个团队的负责人在制定自己的 OKR 时，通常会考虑三个方面：部门重要业务的 OKR、公司 CEO 的 OKR、其他相关部门的 OKR。作为一名普通员工，在制定自己的 OKR 时遵循同样的逻辑，会考虑自己所在岗位的 OKR、团队领导者的 OKR 以及与自己协作的同事 OKR。所以无数个 O（目标）和 KR（关键成果）连接起来，就是一个整体的 OKR 系统，也就是一个充分关联的协作关系网络：公司 CEO 在该网络的中心发出组织的总体目标，其他人则向他看齐，进行协同和跟进；每个人都知道自己在协作关系网络中的位置，也都知道自己为什么而努力。

罗振宇将字节的 OKR 管理进一步概括为"以事为中心"，也就是说，所有人的工作都紧密围绕需要解决的问题、需要完成的事情、由完成事情所定义的结果而展开。与"以事为中心"相对的概念是"以人为中心"，简单来说就是所有人的工作都围绕组织权力或组织层级而展开。在"以人为中心"的组织中，每个人的目标、任务都是上级分配和布置的结果；信息会依据组织层级层层传达；大部分员工不仅不会了解到目标和任务的全貌，也不需要对工作结果负责。但是在字节，利用飞书"以事为中心"的工作是这样展开的：任何人都可以发起一件"事"，在字节也被称为一个"文档"；为了完成这件"事"，负责人可以随时@任何人，把与这件"事"相关的人都拉入一个协作体系，每个人都会围绕这件"事"立刻展开行动，形成协作。一个"以事为中心"的协作体系就像一个蚂蚁群体：当前方出现食物时，在没有任何首领的情况下，蚂蚁们也会通力合作，克服困难，在群体智慧的作用下以最有效率的方式把食物运回巢穴。这里的"食物"就是OKR，就是"以事为中心"中的"事"，这件"事"就是对组织目标最好的定义。罗振宇说，飞书在表面上虽然只是一个小小的办公软件，但它揭示了一个组织的真相，那就是组织是一连串事件。而衡量一个组织运行是否有效的标准，就是看它能否准确定义需要完成的"事"，能否让这些"事"在一个协作体系中高效顺利地完成。

失控式管理

字节的OKR或者说"以事为中心"的管理方式在本质上是一种失控式管理、无为式管理或者自组织管理。当字节把一个目标、一项工作、一件"事"展开成一个多层级、多部门以及多个体之间相互协作的关系网络时，每个人自然而然地成为该网络上的一个节点、一个环节，同时受到整个网络的监督和推动——在飞书软件中，你需要完成什么任务，与谁合作，都会清楚地显示出来，不仅你自己可以看到，公司中其他人也都能看到；不仅所有人都能看到，当你选择与哪个人、哪个团队进行合作时，这个人、这个团队的OKR状态也会作为评判你工作绩效的重要指标。因此，在巨大的协作网络中，你不可能懈怠拖拉，因为你的工作完成情况决定了其他人的工作进度以及目标的推进状态。你不用被督促，因为整个协作体系是一个无形的、完美的监督者。这也解释了为什么字节即使没有考勤，员工也不会懈怠，不会磨洋工——字节看似没有命令，甚至没有考勤，但命令和考勤又无所不在，如影随形。

总而言之，字节的 OKR 和飞书在本质上就是一种群体协作的管理方式，一种看似没有管理的管理——不是依靠看得见的命令、制度、规则，而是依靠无形的关系和协作网络来管理，是一种失控中的控制、无为中的有为，是一种自组织。字节的这种自组织方式也就是张一鸣经常说的"Context，not Control"。Control 的意思是控制，Context 则是指语境、上下文、场景，其本质就是员工周边的协作关系网络。这个网络没有强制性的规定，但规定无所不在；没有控制，但控制无所不在；没有作为，但作为无所不在。这个网络不再要求员工做一颗服从指令的"螺丝钉"，而是要求每个员工在明确目标的前提下，找到与他人配合的最好方式，适时调整，灵活转换，从"要我做"的"螺丝钉"转变为"我要做"的开创者。

失控和无为不仅是字节的管理方式，也是它的技术方案和产品策略。一个天天看今日头条、抖音和西瓜视频的人，每天的浏览活动、消费行为就是在向字节主动汇报你是谁，你从哪里来，你的需要是什么。这个"主动汇报"的行为本身就是给字节打工，免费向它提供信息和数据。字节所做的就是借助用户的免费汇报，用失控和无为的方式描绘用户画像，合成用户需求。在很大程度上，正是用户的有为成就了字节的无为，也正是字节的无为支撑和维护用户的有为——有为和无为相互支撑、彼此转化，字节在短期内推出一系列成功产品，从无为转化成有为，最终转化成无所不为。在无为和失控的意义上，做产品与做企业的思路是完全相通的，这就是张一鸣所说的："Develop a company as a product（像做产品一样做一家公司）。"

透明、透明、再透明的文化

无论是"以事为中心"的 OKR 工作方法，还是无为和失控的管理方式，都建立在字节开放透明的文化环境中。张一鸣曾说，他希望赋予这个组织最核心的文化和价值观是透明。在他看来，如果所处的环境有严重的信息缺失甚至信息扭曲，那么能够做出正确决定就是小概率事件。字节内部不讲头衔层级，员工的工号也被刻意打乱；在交流时，"总""老师""老大"，甚至"您"这样的敬语都不能使用，只能直呼其名，甚至对张一鸣都是称呼"一鸣"。这样做的原因很简单，一旦使用了头衔和敬语，大家的地位就会在不知不觉中变得不平等，这不仅会妨碍信息的沟通，建立透明文化的目标也会成为空谈。举一个具体的例子，字节内部有个类似内部论坛的头条圈，员工可以在上面匿名发言。2017 年，随着字节员工数量的快速增长，头条圈里出现了很多匿名的吐槽和宣泄帖。公司管理层为此专门组织了一场会议，目的就是讨论是否应该采用实名制。这场会议持续了 1 个小时，在场的 100 多名管理人员最后达成的共识是：实名制肯定会阻碍员工正常情绪的表达，造成大量信息的衰减，所以继续采用匿名制，因为没有障碍地让信息传递是一种坦诚。

字节重要的管理工具 OKR 和飞书是透明文化的具体承载。比如，员工使用飞书进行对话时，所有人的聊天记录都会显示在聊天界面的左侧；沟通结束时，聊天记录还可以一键导出，成为会议纪要。飞书还有一个功能，就是任何加入群聊的人都能在第一时间自动同步此前群聊的所有内容，获得群里与话题相关的前后内容。除此之外，字节还倡导群聊，鼓励不同部门的同事定期进行知识分享，产品数据也对所有员工全面开放。张一鸣关于开放和沟通的一个核心理念是"交流即创作"，意思是最重要的事情就是促进信息流动、协作开展，交流就是最好的产品生成手段。2020 年初，抖音、今日头条、西瓜视频宣布请全国人民免费看电影《囧妈》，为了完成这个任务，字节临时组织了一个团队，从提出创意，确认项目，谈判，签约，到产品的专题页研发，在线压力测试，一直到最后电影上线，他们一共只用了 36 个小时。这是对字节开放沟通、协同效率高的最好说明。

字节内部信息充分流通、将内部数据全面公开的做法，带来了一个附加效果，那就是每个人都可以了解他人的视角，倾听多元的声音。不同的观点和声音在增强每个员工的信息输入的同时，进一步培养了他们的思考、判断能力，让每个人都能在信息的浸润下提升自我，创造价值。与此同时，字节的透明文化和毫无保留的信息环境在无形中起到塑造人、激励人的作用——一个人在群聊和知识分享中的表现，在很大程度上反映了他的能力和水平，所以在充分互动的信息场域中，优秀的人更容易崭露头角、脱颖而出。字节从创立以来就十分在意组织内部的知识沉淀，比如在创业早期，今日头条就建立了知识库，知识库里所有内容对员工全面开放；员工在群聊中的发言，定期的知识分享，所有文件都通过飞书存储在云端，并进行分类管理；团队每次的群聊内容都可以立刻导出为会议纪要，针对某一内容的讨论也可以随时串联和追溯。

字节利用信息浸润和网络协作来培养员工的做法，体现了它的另一个底层思维，那就是不给任何人设限，将每个员工都看作拥有多种潜能和发展可能性的量子。以入职筛选为例，"要有拥抱变化的心态"是字节筛选员工的首要标准，在字节看来，如果一个人追求稳定，那么他的创新精神就会受到压制，他的能力就很难发挥出来。因此，如果一个应聘者表现出希望公司流程清晰，工作岗位稳定，那么他很可能会被淘汰。字节只会告诉新入职的员工，你进来的第一个"停靠点"是什么，然后让员工自己学习、磨炼、成长。

务实的浪漫

如果对字节的风格进行描述，最有可能得到的答案是"过于理性""AB 测试公司""App 工厂"等，但张一鸣对此非常不认同。他认为，字节不是过于理性，反而是一个非常浪漫的公司。在 2019 年字节成立七周年的庆典上，张一鸣以一段重访锦秋家园的视频开场，讲述了字节在国际化、业务决策、技术研发和招聘用人等方面的具体目标和做法，他整场演讲最核心的观点就是"务实的浪漫"。他说，理想主义还不够，浪漫比理想主义更浪漫，只不过我们是务实的浪漫。信息创造价值是务实，记录美好生活是浪漫，关注产品细节、服务最广大的用户是务实的浪漫。做用户访谈和 AB 测试是务实，把"不可能发生的事情"变成"理论上可能发生、但事实上还未发生的事情"就是浪漫。

张一鸣在很多场合提到一句话：同理心是地基，想象力是天空。他认为，同理心有两个过程：对内，要对自我感受敏感；对外，要通过自我体验来理解他人。想象力不是天马行空，而是基于同理心的推演。逻辑和工具处于同理心和想象力之间，它们存在的目的就是保证归纳和演绎不跑偏。在字节成立七周年庆典的演讲中，张一鸣再次谈到了同理心和想象力，同时强调，有同理心是务实，有想象力是浪漫，把想象力变成现实就是务实的浪漫。整体来看，张一鸣这次的演讲内容可以用两组相互矛盾的关键词进行概括。其中，以浪漫、梦想为主题的关键词有：想象力、有热情、浪漫理想主义、灵魂、希望、价值、创造、奇迹、超越、想象、最美的风景……以务实、努力为主题的关键词是：专注、现实、工具、技术、问题、办法、尝试、解决、曲折、改变、全力以赴、AB 测试、大力出奇迹……在张一鸣看来，以上这些概念虽然表面矛盾，但它们在本质上紧密关联、共成一体——没有务实就没有浪漫；同理心只能做出有用的产品，想要做出彩的产品，想象力非常重要。张一鸣对浪漫和务实的理解，揭示出一个很容易被我们忽略的真理：梦想和浪漫并不能凭空产生，它们建立的基础是务实和努力。梦想和浪漫一旦形成，会反作用于我们当下的努力和行动，为产品塑造提供一个切实的价值坐标，进一步引领组织发展。梦想和浪漫就是基于务实和努力而生成的涌现，没有务实和努力，就不会有梦想和浪漫，浪漫和务实本来就是一个整体。

下面的内容节选自张一鸣在字节跳动七周年庆典上的演讲，让我们直观感受一下"务实的浪漫"。

> 我们是一家非常浪漫的公司。同事跟我说是不是叫理想主义，浪漫有点贬义，听起来不靠谱。我说不是，理想主义还不够，浪漫比理想主义更浪漫，只不过我们是务实的浪漫。什么是务实的浪漫？就是把想象变成现实，face reality and change it。

> 精致的文艺不是浪漫，粗糙的宏大是浪漫，新事物都是粗糙的。晒情怀故意感动别人不是浪漫，独立思考穿越喧嚣是浪漫。有生命力是浪漫，面向未来是浪漫，拥抱不确定性是浪漫，保持可能性是浪漫。

> 什么是务实？大家往往会把做容易的事当作务实，其实不是，做正确的事才是务实，短期投机不是务实。大力出奇迹是务实，刨根问底是务实，抓住本质是务实，尊重用户是务实，认识世界的多样性是务实。

> 我们的团队，无论是在锦秋家园有形空间里想象很大的事情，还是普通话都说不好的同学拿着 APEC 卡去印度调研，都

是很浪漫的事情。甚至我们的字节范儿就是最浪漫务实的体现。"追求极致"是浪漫，"开放谦逊"是务实，"始终创业"是浪漫，"坦诚清晰"是务实，"务实敢为"既务实又浪漫。

还有什么是务实的浪漫：有同理心是务实，有想象力是浪漫。

有人说你们公司是不是只会 AB 测试。我发过一个微头条：同理心是地基，想象力是天空，中间是逻辑和工具。AB 测试只是一个工具而已，是测不出用户需求的，同理心才是重要的基础。如果没有同理心，做出的产品肯定没有灵魂，不能满足用户需求。但是光有同理心还不够，这样只能做出有用的产品。想要做出彩的产品，想象力非常重要。

············

我们跟踪一个个 Bug，做用户访谈，做 AB 测试是务实，但我们也有想象力，也浪漫。信息创造价值是我们的务实，记录美好生活是我们的浪漫。

············

把"不可能发生的事情"变成"理论上可能发生，但事实上还未发生的事情"，浪漫就是如此。

电影《爱丽丝梦游仙境》里，爱丽丝说在早餐之前先想六件不可能发生的事情。就像爱丽丝说的，我们每天每年也都应该想一想，有什么是可以发生，但不想不做就不会发生的事情。无论是小事情还是大事情，无论是在工作中还是在生活中，作为一家公司也应该想一想，我们能不能做出超越现在业界水平、超越目前产品、更创新、更有价值的事情。希望我们永远是一家有想象力的公司。

关于务实和浪漫，还有一对相关的概念：ego 和格局。ego 的反义词是格局，务实和浪漫本质上就是要做到 ego 小，并且格局大，这样才能有同理心，有想象力。

∙∙∙∙∙∙∙∙∙∙∙∙

"公司"这个词的英文是 company，作为动词，还有"陪伴"的意思。在公司早期，我做过一个比喻，创业就像一段旅程，我们一起去看最美好的风景，不要在半途逗留徘徊，不走巧径以免误入歧途。我今天想再加半句话，希望能跟大家这一群既务实又浪漫的人，一起去看最好的风景。

📖 **参考资料**

[1] 吴伯凡. 字节跳动为什么能持续出爆品?（上，下). 吴伯凡·每周商业评论（得到 App），2020.

[2] 梁宁. 创新机制：字节跳动的创新飞轮. 梁宁创新思维 30 讲（得到 App），2019.

[3] 罗振宇. 我会对"继任者"说什么? 罗辑思维·启发俱乐部第 35 期（得到 App），2020.

[4] 张一鸣. 战腾讯，动脸书! 字节跳动 7 周年，张一鸣讲了 5 个思维：同理心是地基，想象力是天空. 字节范儿（微信公众号），2019 - 03 - 16.

第 10 章

量子变革：平衡中的跃迁

🔬 量子跃迁与变化的不连续性

经典的牛顿思维将世界看作一个简单的线性结构，物质的变化过程也遵循线性、连续性和可叠加的规律：正如气温从 30 摄氏度上升到 40 摄氏度，必然要经过中间每一个刻度；我们从 1 楼走到 9 楼，也一定会经过中间每个楼层。在牛顿思维的观念中，现实中的任何事物，包括时间和空间，都可以连续分割下去，微观世界就是宏观世界的分解版和微缩版。庄子所说的"一尺之棰，日取其半，万世不竭"就是对牛顿思维所倡导的线性、连续性和可叠加观点的充分反映。

然而在量子思维看来，宏观世界不仅不是微观世界的线性叠加，反而是完全不同于微观世界的全新事物——天空是蓝色的，但我们找不到蓝色的空气分子；除非大量的水分子聚集在一起，否则单个水分子不会形成漩涡；即使搞清楚所有小鸟的行为方式，鸟群的行为也不能用单只小鸟行为的叠加来解释。在量子理论的观点中，世界的发展不是平缓的，而是跳跃、不连续、有概率的。一方面，量子本身（量子的含义是不可分割的基本单位）就是这种不连续性的"代言人"；另一方面，量子跃迁现象从微观粒子的运动角度加深了我们对世界不连续性的认知。量子跃迁现象是指粒子的运行轨迹只能从一个能级（能量轨道）跳跃到另一个能级，而不可能出现在两个能级之间，不同的能级之间还存在间隔（在图 10 - 1 中，电子只能在 E1、E2、E3 所在的能量不连续的轨道上跳跃和活动）。在具体的跃迁过程中，微观粒子从一个能级跳跃到另一个能级遵守最小能量原理，也称能量最低原理。也就是说，能量最低的状态是最稳定的，粒子要从低能量轨道跃迁到高能量轨道，首先需要具备达到那个轨道的能量。

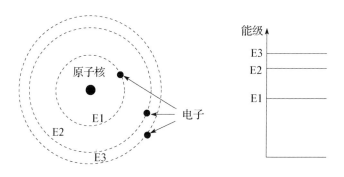

图 10 - 1　量子跃迁

与牛顿思维将世界看作一个线性、连续、可叠加的结构相对应，牛顿组织将变化和不确定性视为组织生存的威胁，管理工作的重心就是维持组织连续、稳定和有序；将计划、控制看作主要的管理手段，一旦出现与计划不一致的结果，就采用各种手段来纠正不正常和不协调的状况；对组织变革持否定和怀疑的态度，认为它是稳定和有序的破坏者，是能回避就应该回避的"怪兽"。然而，随着全球进入 VUCA 时代，特别是 2020 年以来，突如其来的疫情在全球蔓延，逆全球化的思想加剧了全球产业链的动荡，国际格局日趋复杂。这一切都在提醒我们，稳定和平静只是这个时代的奢侈品，不确定性才是世界的常态。面对频繁出现的"黑天鹅"和"灰犀牛"，无论是组织还是个人，只有随时做好抛弃一切的准备，以不确定性来应对不确定性，才能响应时代发展的要求，应对变化带来的挑战。

组织在本质上就是一个活的生命体，组织的平衡和稳定不仅在客观上难以实现，而且它们本身就意味着持续的熵增和一种不健康的组织状态，远离平衡恰恰是复杂系统和生命成长的必要条件。一个有活力的组织系统不仅不会一味地追求稳定和平衡，反而会通过有意识地打破平衡和创新变革来减少熵增，实现成长。正如清华大学的宁向东教授所说，在这个变化剧烈的时代，只有变革才是组织中唯一不变的内容。

🔗 内卷与路径依赖

"内卷"是近年来非常流行的一个热词，它的英文是 involution，意思就是向内演化。内卷的概念最早由美国人类学家亚历山大·戈登威泽（Alexander Goldenweiser）从艺术角度提出，他以毛利人的装饰艺术为例，将内卷的艺术风格概括为一种单调的复杂——这种艺术的特点是复杂精细，但这个复杂是一种单调的复杂，往往体现为几种模式的不断重复，没有创造力和多样性（见图 10 - 2）。哥特式建筑是一个关于单调的复杂的典型例子：这种建筑虽然看起来非常华丽，但它的结构是死板和僵化的，建筑师将大部分精力花在工艺上，每个小地方都要精雕细刻。所以戈登威泽最后将"内卷"定义为：一种渐进的复杂性，即统一性内部的多样性和单调下的鉴赏性。"剧场效应"是对内卷的一个通俗解释，在一个电影院里，本来大家都坐得好好的，但前排的观众突然站了起来；在劝说无果的情况下，后排的观众也依次站了起来。最后就出现这样一副滑稽的场景：明明大家都可以坐着看电影，但大家都站着；本来站起来的目的是看清屏幕，但最后的结果是大家都看不到，站起来和坐着没有任何差别。

图 10 - 2　毛利人的装饰艺术

美国人类学家克利福德·格尔茨（Clifford Geertz）首次把"内卷"概念引入社会学领域，他在对印度尼西亚的实地考察中发现爪哇岛适宜种植水稻，土地条件优越，但是人口众多、资本缺乏等因素使得这里的劳动力不断有限的水稻生产，最后造成了无休止的内卷。也就是说，一个成年劳动者可能终其一生种植水稻，但这种劳作既没有突变式的发展，也难有渐进式的增长，最后导致土地使用、劳动力安排、租佃关系等变得越来越复杂。格尔茨借鉴了戈登威泽的概念，将内卷总结为某文化达到最终形态后，无法自我稳定，也无法转变为新的形态，只能使自身内部更加复杂。他还对爪哇人的农业内卷化做了详细描述。

爪哇人自己不可能转变成为资本经济的一部分，也不可能把已经普遍存在的集约化农业转变为外延性的农业。因为他们缺乏资本，没有能力剥离多余的劳动力，外加行政性的障碍，使他们不能跨越他们的边界（因为其余的土地上种满了咖啡树）。就这样，无数的劳动力集中在有限的水稻生产中，特别是在因甘蔗种植业而改善了灌溉条件、单位面积产量有所提高的地区。1900 年以后，即使旱作农业有所发展，人们的生活水平也只有非常小的提高。水稻种植，由于能够稳定地维持边际劳动生产率，即更多劳动力的投入并不导致明显的人均收入的下降，至少是间接地吸收了西方人进入以后所产生的几乎所有多余人口。对于这样一个自我战胜的过程，我称之为"农业的内卷化"。[①]

内卷是一种存量思维。被内卷裹挟的人，往往急于追求显而易见的收益和稳定的增长，执着于已经取得的成绩、积累的资产以及熟悉的人际关系，而不会主动地寻求改变、开拓创新，因此难免会陷入封闭自满和平庸懈怠的状态。由于内卷的个体往往遵循与他人一样的思想和行为逻辑，习惯人云亦云和模仿比较，这种建立在盲从而不是发自内心（基础上）的选择会让他们对正在做的事情产生强烈的排斥和抗拒，最终导致难以专注，效率低下。正是因为大家都遵循某个固定的思想和行为逻辑，所以在社会与组织的内部，内卷会让所有人都陷入低水平的重复劳动中，这不仅会带来低层次的自我复制和内耗，还会让所有人都处于无休无止的激烈竞争中。就像在"剧场效应"中，每个人都在玩一个"站起来，越站越高"的游戏，最终的结果是，虽然所有人都累得精疲力竭，但除了出现大家都站着看电影的奇怪场面，一切都没有改变。

内卷也是一种路径依赖，这种依赖悄无声息、很难察觉。每个人都觉得自己在努力，还可能乐在其中，形成自己没有功劳还有苦劳的错觉，但是其实大家都在假装努力，没有真正地创造价值。陷入内卷也就意味着形成思维定式和行为惯性，导致人们不断自我强化，再难跳出原有的思维路径。一个最典型的案例就是柯达。柯达虽然

①　刘世定，邱泽奇．"内卷化"概念辨析．社会学研究，2004（5）：96-110.

早在 1975 年就发明了世界上首款数码相机，但由于它很难舍弃胶片市场的巨额利润和自己的垄断地位，所以即使它看到了数码技术的广阔未来，也始终留在原有的赛道上。路径依赖是导致它失败的直接原因。

与内卷相反，近年来被广泛讨论的第一性原理，是指要剥开一层层事物表象，从一个更高的维度和视角重新审视原有问题，在发现事物本质的基础上，找到根本的问题解决思路和创新办法。互联网世界的传奇人物埃隆·马斯克（Elon Musk）就将自己的思维模式归结为第一性原理。用他的话说，就是要找到事物最基本的事实（本质），据此进行推理并解决问题，而不能照搬他人的想法或者稍加改动。把握第一性原理虽然困难，但只有通过认识事物本质，破除已经形成的路径依赖和思维定式，才可能产生价值增量，实现真正的突破和创新。第一性原理也是一种根基式命题，它不仅可以用来分析复杂问题并产生原创性的问题解决方案，还可以进一步引申发展出一系列新的创意和想法，具有强大的通用性和可迁移性。这解释了马斯克虽然一直跨界，但在电动车、在线支付、太空探索、超级高铁等多个领域都取得了令人瞩目的成就的原因。

❀ 间断平衡与第二曲线

变革的本质在于打破内卷和已经形成的路径依赖，找到一个全新的组织发展逻辑。变革的过程用量子理论的语言来说，就是一个从低能级跃迁到高能级的间断平衡过程。在跃迁之前，组织与量子一样，需要持续地积累能量，只有能量达到一定水平，这一间断性、非连续性跳跃才可能发生。

"间断平衡"是古生物学家奈尔斯·艾尔德利基（Niles

Eldredge）和斯蒂芬·古尔德（Stephen Gould）在 1972 年提出的一
个概念。他们认为："对于物种来说，根本不存在一个固定的演化
率，物种会在一个较长的时间内保持稳定，但它如果发生演化，演
化会在很短的时间内进行。"[①] 化石资料为物种的突变性演化提供了
最好的证明：在每一层的大陆土壤中，物种都均匀分布，但它们在
土壤的层与层之间会发生突然的转变。与间断平衡对应的概念是
"渐进演化"，它是指物种形成后，在环境选择的作用下发生缓慢的
变异，同时呈现出性状的平缓变化。渐进演化和间断平衡的比较见
图 10 - 3。

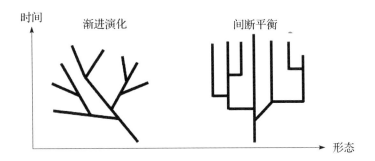

图 10 - 3　渐进演化与间断平衡

　　量子跃迁和间断平衡的观点都强调了事物变化的不连续性，这
一规律对于组织的发展和变革同样适用。也就是说，组织发展并不
是一个平滑、连续的过程，而是一种具有突发性的不连续变化；组
织变革也可以看作组织在平衡发展的过程中，在管理理念、工作方
式、组织结构、人员配备、组织文化、技术流程等方面的突变和跃
迁，或者说间断平衡。管理大师明茨伯格曾说，组织生命周期理论
隐含着一个关键假设，那就是组织在大多数时间里处于稳定状态，

---

① ［英］彼得·柯文尼，罗杰·海菲尔德. 时间之箭. 江涛，向守平，译. 长沙：湖
南科学技术出版社，2018：295.

随着组织进入"短"的变动期，这种状态会周期性地改变。他不仅将组织的变化视为不连续、间断平衡的，还将这一规律称为组织改变的量子论。

> 组织的改变，并不是像时髦说法里的那种连续式渐变，而是从一种完整的结构跃变为另一种完整的结构（这类似于当前生物学提出的"间断平衡"概念，只不过在我们所说的例子里，能够适应的只有个别组织，而不是一整代组织）。实际上，对组织来说，坚持固定的形态，一直等到它落后于时代，再进行一次大的转换，调整出更合适的新形态，这样做或许更为有效。通过这样的方式，组织得以维持内在的结构（有时，为了维持内在的稳定，它甚至愿意放弃对外界的适应），而把组织性变革带来的巨大代价和破坏性，浓缩到短暂的"战略改革"期。①

组织变革是一个间断平衡的量子跃迁过程，也可以用管理学家查尔斯·汉迪（Charles Handy）提出的第二曲线模型进行直观描述（见图 10-4）。汉迪认为，组织的发展都遵守从起步到成长，从成熟到逐渐衰落的过程，这个过程就是一条类似于抛物线的 S 曲线；从拐点开始出现的另一条增长曲线就是第二曲线。在他看来，由于任何一条增长曲线都会经过抛物线的顶点（图 10-4 中的极限点）然后走向衰落，所以一个组织要想持续保持增长，就必须在第一曲线达到极限点之前开始一条新的 S 曲线，尽早找到它的"破局点"。因为只有尽早破局，才能有足够的时间和资源去承担第二曲线在发展期所需要的投入，度过艰难的最初阶段。如果在第一曲线到达顶峰并已经向下后才开始第二曲线，很可能来不及，因为此时的第二曲线如果不能增长得足够高、足够快，就不能维持组织的成长和发展。

---

① ［加］亨利·明茨伯格. 明茨伯格论管理. 闾佳，译. 北京：机械工业出版社，2020：79.

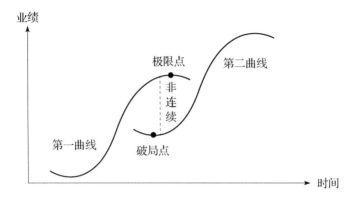

图 10 - 4　第二曲线模型

如果将第一曲线和第二曲线看作组织所处的不同的能级，那么第二曲线显然处于一个更高的能级。第二曲线发端于第一曲线，是基于对用户需求的深入洞察，通过具体问题的分析解决，在资源环境和限制性条件下不断汲取能量实现跃迁的结果。从第一曲线到第二曲线也是组织发展的一个间断平衡过程：相对于第一曲线连续、平衡的增长，第二曲线正是通过非连续的"一跃"，实现了对原发展路径的突破和超越；能否从第一曲线转换到第二曲线，消除两条曲线之间的非连续性，成为一个企业实现可持续发展的关键因素。

"第二曲线"模型包含两种类型的平衡：如果一个企业没有第二曲线，只有第一曲线，它也能实现某种程度的平衡和连续增长，只不过这种平衡和连续只能算作一种小平衡和小连续。真正的平衡和连续或者说大平衡和大连续需要企业通过持续地发现并跳跃到自己的第二曲线这个表面上看起来既不平衡也不连续的过程来实现。也就是说，只有通过持续地寻找并发现自己的第二曲线和高能级，不断地从第一曲线跳跃到第二曲线，从低能级跃迁到高能级，企业才能在真正意义上实现平衡发展和持续成长。

德鲁克曾说："如果社会机构希望在动荡不安的大环境下仍能够

保持稳定，那么必须通过发扬企业家精神来推动变革。缺乏创新就会使组织陷于停滞甚至倒退，要维持稳定，除了发扬企业家精神别无良策。"[①] 表面来看，德鲁克所说的"保持稳定需要用变革来实现"是一个很矛盾的观点，但结合第二曲线理论很容易看出，这里的"保持稳定"其实是指在持续地跳出第一曲线、创造第二曲线的过程中所实现的大平衡与大稳定。这种大平衡是将变革与稳定、连续与不连续、小平衡与大跃迁完美地结合在一起所实现的间断式平衡，是在平衡中进行的跃迁。正是在这一层意义上，德鲁克强调，变革不仅是一个持续、恒长的活动，而且变革与传承是一个不可分割的整体，它们的关系就像地球的南极和北极。

不仅如此，第二曲线所蕴含的大平衡还具有确定性的内涵。这种确定性就是隐含在不同曲线和能级中的一种坚定性和方向感，通常表现为一个企业家的初心，企业用户至上的愿景、使命及其长期主义的价值追求。从第一曲线到第二曲线看似是一个没有联系的跃迁过程，但企业家的初心、企业存在的意义以及企业坚守的核心价值却是稳定不变的，这就是企业最深层次的平衡和稳定（大平衡和大稳定）。所以保持平衡不仅意味着要在跨越不同曲线的过程中保持平稳，更意味着要在不连续的跃迁过程中意识到什么是连续的、关联的、不会改变的，并将这些不变的东西坚持下去。这个更深层次的平衡和稳定的发现，不仅有助于回答企业为什么要从第一曲线转换为第二曲线，更能告诉企业如何实现转换。梁宁将一个企业看作由市场需求、自身基因和各种限制性条件三者相互作用的产物。这里的企业基因就是企业一直坚守的初心和使命。在她看来，是否具备企业基因，是判断一个企业能否创造第二曲线的关键。

---

① ［美］约瑟夫 A. 马洽列洛，凯伦 E. 林克莱特 . 失落的管理艺术：德鲁克思想的人文之光 . 顾洁，等译 . 北京：机械工业出版社，2018：39.

很多人都将第二曲线理解为市场上出现的另一个机会、另一个窗口，只要能充分把握住，那么再开一个分公司、一个事业部就能让自己突破已有发展的束缚，获得一次次跃迁。但是事实上，这并不是第二曲线——构建第二曲线的核心是在新的环境条件和资源约束下，采用不同的策略、业务，去坚守企业基因。完成新的跨越后，你还是你，只是在新的限制性条件、新的空间下，继续去回答如何满足用户需求的永恒命题。[1]

⚛ 颠覆式创新与量子变革

"颠覆式创新"是创新管理大师克莱顿·克里斯坦森在《创新者的窘境》中提出的一个理论。在这本书中，克里斯坦森延续了熊彼特关于创新的分类，将技术创新分为延续性创新和破坏性创新两种类型，后者也就是熊彼特所说的非连续性创新。简单来说，延续性创新是指在原有的技术轨迹或在第一曲线上进行创新，而破坏性创新则是让新的技术或发展超越原有的路线，也就是通过构建第二曲线另辟蹊径。创新的技术是否处于同一条曲线或同一个能级中，成为区分延续性创新和破坏性创新的核心标准。

企业的每条技术创新轨迹、每条发展曲线不仅仅是一维的"线"的概念，在这条"线"的背后隐含着一张"关系网"或"价值网"，这个二维的"网"的概念是理解颠覆式创新和第二曲线的关键。关系网和价值网，简单来说就是企业与员工、用户、各方利益相关者形成的协作关系网络。这个关系网或价值网的构成要素既可以归纳为员工、用户、各方利益相关者，也可以从资源、流程和价值的角

---

① 梁宁. 跨越周期：你的基因，你的机会. 梁宁增长思维30讲（得到 App），2019.

度去理解，比如，混沌大学的李善友就认为，客户、竞争对手和投资者就是价值网的三个核心角色。无论从哪个角度去理解关系网和价值网及其构成要素，它们始终是企业背后的一股隐形力量，既可能为企业的创新发展提供能量，也可能成为阻碍企业发展的桎梏。

克里斯坦森认为，越是成功的企业，越容易忽略破坏性创新，它们往往被锁定在自己固有的价值网中，容易被一些刚开始看起来不起眼的小公司所颠覆。在他看来，这些成功的企业之所以会被颠覆，不是因为它们管理不善，恰恰是因为它们管理得太完美。在《创新者的窘境》这本书的封面上写着这样一句话："面对新技术和新市场，往往导致失败的恰好是完美无瑕的管理。"究其本质，越是管理良好的公司，就越要响应用户的需求，满足投资者的期望，紧紧牵制住竞争对手，在资源配置、流程衔接、价值评估等各个方面紧密配合。然而，正是因为"以用户为中心"，这样的企业往往会集中考虑主流用户的核心需求，并以此为基础对产品和服务进行渐进式提升，一些边缘市场就常常被忽略。正是因为要迎合投资者的需求，企业往往会追求稳定收益，一些有潜力但短期看收益小的项目就容易被放弃；也正是因为要应对竞争者的挑战，企业的思维就会被紧紧锁定，最终变成竞争对手的镜像。以上这些有形或无形的考量和约束会自然而然地形成一张庞大而紧密的关系网和价值网，将企业牢牢绑定，使它难以挣脱和成长。越是管理良好的公司，越是成功的公司，被绑定的可能性也越大。20 世纪 70 年代，虽然 PC 已经开始崛起，但 IBM 迟迟没有推出小型计算机。其中一个重要原因就是 IBM 的用户都是大型机构，生产大型计算机是 IBM 的擅长领域，而设计、销售小型计算机，形成与小型计算机相匹配的文化、流程、渠道、考核与激励，与 IBM 长久以来形成的价值网格格不入。正是因为被以往的价值网牢牢绑定，IBM 最终错过了小型计算机繁荣带来的增长机会。

与成功企业形成鲜明对比，非主流企业能充分意识到自己的力量薄弱，所以它们在一开始就会选择被主流企业忽略的边缘需求和边缘市场，并将其作为自己的切入点。它们面对的往往是非主流的客户，所以只要提供的产品和服务足够好，能基本满足这些客户的需求，它们很快就能在市场上立足。一旦这些企业在非主流市场扎下根来，它们就会对商品和商业模式进行持续优化，启动指数级的增长，最终以弱胜强、以小搏大，颠覆市场领先者的统治地位。这些企业虽然刚开始时力量弱小，只能满足边缘需求，但正是通过立足于非主流市场，它们察觉到了新的赛道、新的增长曲线，重塑了价值网络。这就解释了为什么颠覆主流企业的往往是非主流的小企业，是具有破坏性力量的小技术和小创新。克里斯坦森说："对成熟企业的成功起到了关键作用的决策和资源分配程序——认真倾听客户的意见，全面追踪竞争对手的动态，投资资源以设计和生产能带来更大利润的高性能和高质量产品——正是导致它们摒弃了破坏性技术的过程。这些都是在破坏性技术变革发生时导致大企业遭遇重挫或失败的原因。"①

美团最初进入电商领域时，选择的切入点就是当时还被看作边缘市场的生活服务类电商。美团之所以做出这样的选择，本质上是基于其开辟新曲线和打造新价值网的颠覆式创新思路。正如美团自己总结的：正是因为打不过现有的巨头，所以不做实物团购，以避免与阿里的正面竞争；又由于生活服务类电商提供的是非标准化商品，利润率低，还要关注细节运营，这样的业务往往是巨头不愿意做的，所以我们来做。根据王兴的判断，从 2013 年开始，第三产业

---

① ［美］克莱顿·克里斯坦森. 创新者的窘境. 胡建桥，译. 北京：中信出版社，2014：110.

的产值肯定会大于第二产业，所以在美团看来，发展生活服务类电商的潜力非常大。美团在开发酒店旅游业务时，该行业的巨头是携程。与携程将目标聚焦于一线大城市的商务出行不同，美团将边缘市场作为自己的切入点，关注三四线城市的本地住宿需求，以构建自己的新价值网。这一举措让美团的市场占有率一路飙升，到 2019 年，美团酒店旅游占中国在线酒店预订量的 50.9%，已经超过行业其他企业预订量的总和。同样的故事还发生在美团对外卖业务的开发上，只不过这一次美团既是颠覆他人者，又是一个自我颠覆者。虽然美团在 2014 年的"千团大战"中胜出，但它的团购业务在第二年就开始下滑，经过一系列的思考和探索，美团发现了外卖这个巨大的商机，即便当时饿了么已经在外卖市场积累了 5 年的经验，占据了外卖市场 50% 的份额。遵循同样的打法，美团首先选择了被饿了么忽略的二三线城市，通过"农村包围城市""底线粮仓补给核心城市"的策略占据了大量市场。当饿了么反应过来也想做下沉市场时，却发现它的获客成本已经比美团高出了很多倍。最后的结果是，美团外卖 2013 年 11 月上线，到 2014 年 10 月，美团和饿了么的日订单量同时达到 100 万单——虽然看上去都是 100 万单，但饿了么走到这一步用了 5 年的时间，而美团只用了不到 1 年。

与美团类似，拼多多进入电商行业的时候，选择的也是一个被主流电商忽略甚至遗忘的边缘市场，即低消费人群和低端供应链。与王兴选择生活服务类电商这个切入点非常类似，黄峥所选择的低消费市场看上去虽然不主流，但它足够大，只是它的"大"没有被其他企业看到。虽然拼多多做的是电商，但它并没有将自身定位为一个撮合用户和商家进行交易的中间商，而是通过构建新型社交电商模式，开辟了一个新的赛道：一方面，收集、挖掘、提炼用户数据，将其转化为智能赋能商家，为商家提供研发、营销、运营等多方面的支持与帮助；另一方面，通过汇聚用户需求产生的群体性力量，打造一条由消费者到厂商的 C2M 路线——与厂商生产什么，用户就消费什么的传统的 M2C 模式相反，拼多多通过构建用户直连工厂的 C2M 模式，不仅让用户更具议价权，还促使厂商直接面对用户，以满足用户的个性化需求。

总体来看，企业背后的价值网，既可能是它的优势也可能是它的劣势，既可能为它的崛起提供机会也可能为它的败亡埋下种子。一个企业依靠价值网获得成功，但这个成功也会让它陷入路径依赖，形成思维定式。主流企业进行颠覆式创新的本质，就是要进行自我颠覆——主动跳出舒适圈，开启一条新的增长曲线、一张新的价值网。对于一个初创企业来说，它的机会在于避开与主流企业的正面竞争，找到一个新的增量市场、一条新的增长曲线、一张新的价值网，即使这个市场刚开始时还非常边缘，可能被主流企业忽视。随着社会的进步以及整体消费能力的升级，新的需求和新的价值网会源源不断地出现，这是这个时代给所有的创新者、创业者、企业带来的最大机会。

颠覆式创新在很大程度上等同于一场组织变革。从价值网和关系网的角度看待变革，有助于发现变革的底层逻辑，为变革成功提供基础。组织管理大师玛格丽特·惠特利曾说："如果一个系统运转不良，恢复良好状态的方法就是在其内部建立更多联系。如果我们希望进行有效的变革，关键的一点是，要记住我们所面对的是关系网，而不是机器。一旦我们把组织看成网络，比如将组织看成蜘蛛网，那么在组织变革方面我们就会受益匪浅。"[①] 虽然变革的重要性得到越来越多的认可，但我们也经常听到一种说法：变革即怪兽。它想表达的观点是，当一个公司处于停滞阶段，这个怪兽也正处于冬眠期，人们感觉不到任何变化，甚至还觉得安全和舒适，但公司

---

① ［美］玛格丽特·惠特利. 领导力与新科学. 简学，译. 杭州：浙江人民出版社，2016：175.

实际上正在走向衰亡。一旦启动变革，这个怪兽就会马上苏醒，横冲直撞，这时人们就不得不带着烦恼、愤怒、悲观、不信任等情绪与怪兽做斗争。将变革比作怪兽的说法其实还隐含了一个假设，即变革是独立于我们存在的，是需要我们接受或者打败的对象。然而，如果结合量子理论的观点，从价值网和关系网的角度重新理解变革，那么很容易发现，颠覆式创新和组织变革其实并不外在于我们，它是我们参与和塑造的结果——任何创新和变革都不能独立于我们而存在，它们产生于我们参与构建的关系网和价值网，是这些关系网和价值网的自然呈现和转化。颠覆式创新和组织变革是企业基因、组织心智的外化。每个人都对变革负有责任，都是变革的能量和来源。在本质上，我们就是关系，就是价值网，就是变革本身。

北魏孝文帝是中国历史上一个伟大的政治家和变革者，"迁都洛阳"是他实施汉化改革的一个关键步骤，对北魏国运产生了重大的影响。这场变革所遵循的正是颠覆式创新的逻辑，对我们理解并开展企业创新和变革具有很大的启发。

孝文帝亲政伊始，就打算将都城从平城（今山西大同）迁往洛阳，然而面对来自守旧贵族、鲜卑民众的反对，按照常规的方式直接迁都是不可能的。思虑再三，孝文帝打算采用一个声东击西的方法，即假借"南征"之名，达到迁都的目的。孝文帝很早就派人在洛阳修建宫殿、官舍和营房。迁都之前，孝文帝传召了反对派的首脑拓跋澄，向他和盘托出了南征的真相，强调了迁都的必要性，并采用"精神按摩"的方法，声称"非任城王（拓跋澄）无以识变化之体。朕方创改朝制，当与任城共万世之功耳"。在得到拓跋澄的支持后，孝文帝备感鼓舞，对迁都也更有信心。

南征时，孝文帝特意选了一个秋雨连绵、风雨交加的时间出发。30 万大军在泥泞的路上艰难行军，历经近一个月，将士们才抵达洛阳。经过短暂停留，孝文帝又命令将士继续开拔，此时的官兵还未从心力交瘁的行军中缓过神来，当他们接到继续出发的命令时，纷纷恳请皇上体恤下情，停止南征。孝文帝故意声色俱厉地呵斥属下，摆出一副不为所动、勇往直前的姿态。当上前劝谏、苦苦哀求的将士日渐增多时，孝文帝知道时机已到，并将迁都作为停止南征的筹码，声明如果不想南征，就将国都迁到洛阳。在场的官员虽然大多数都不愿意迁都，但与迁都相比，他们更不愿意南征，所以他们最终还是选择了迁都。孝文帝"勉为其难"地答应了群臣的要求，而不再南征的决定让群臣感激涕零。迁都最终在孝文帝自编自导自演的话剧中实现了。[1]

具体来看，孝文帝迁都的故事体现了以下几个量子变革的思想。

首先，树立坚定的变革理念，在跃迁中保持平衡。为了迁都成功，孝文帝虽然借助了各种外在的、充满变化的"天时""地利"条件以及不同的"技术手段"，但在这些要素中，有一个核心始终不变，那就是他迁都洛阳的强烈决心和坚定信念。北魏原来的首都在平城（今山西大同），虽然有汉人居住，但主要是胡人的聚居地，匈奴、鲜卑、羯、氐、羌等民族才是主流，所以孝文帝迁都洛阳不仅会招致很多既得利益者的不满，而且这个行为本身就是一种"文化上的投降"。然而，即使面临如此大的压力和艰险，孝文帝也从未动摇。后世之所以将这次迁都看作一个伟大的变革事件，不仅在于它是北魏实行汉化改革的重要措施，更在于它体现出孝文帝高瞻远瞩的战略眼光。迁都洛阳在本质上是孝文帝寻找国家发展的第二曲线，

---

① 吴伯凡. 如何面对变革的怪兽. 伯凡·日知录（得到 App），2017.

进行间断平衡的颠覆式创新过程，而在不连续的两条曲线之间始终存在着一种平衡，那就是孝文帝最终想要实现的汉化改革的目标以及各民族融合发展的初心。

其次，构建价值网和关系网，用隐含和助推的方式发动变革。与量子理论所强调的整体性、关系性思维相一致，孝文帝迁都之所以取得成功，很大程度上在于他意识到任何变革背后都隐含着一个由人、事、物等因素共同构成的关系网和价值网。他没有采用独裁、专制的手段来强行迁都，而是通过塑造一个有利于推行变革的场景，让迁都自发进行。孝文帝"南征"的筹谋，"不灭南齐誓不回归"的决心，营房、官舍的提前修建，对首脑将领的精神按摩，风雨交加的时机选择，将士苦谏时的姿态伪装等，都是孝文帝为了实现迁都所构建的关系场景。孝文帝的高明之处还在于，他看似构建了两条可以让官兵们自由选择的行动路径，但它们最终的指向都是迁都这个目标。

再次，强调参与，将"要我变革"转化成"我要变革"。在量子理论的观念中，不存在独立于我们的变革的"怪兽"，或者说，即使"怪兽"存在，它也是我们的一部分，是我们思维认知和情感心态的外化。孝文帝一开始就意识到，变革不是他一个人的事，更不能凭他的一己之力自上而下地推动实现，变革的主导力量始终来自每个士兵和将领，是所有人共同参与、自下而上的涌现结果。因此，虽然孝文帝迁都洛阳的目标明确、信念坚定，但他没有直接宣布决策，让下属遵照执行，而是通过各种各样的设计和布局，让将士们主动参与这个变革的决策，让迁都成为他们自动自发的选择。自主决策让将士们从"要我变革"转变为"我要变革"。可以想见，在后续的迁都过程中，所有人都会全力配合、积极行动，共同将变革进行到底。

　　最后，积聚变革能量，寻找恰当时机促进跃迁产生。量子跃迁的变革过程遵循能量最低原理——一个粒子想要从低能级跃迁到高能级，一个企业想要从第一曲线跨越到第二曲线，就必须做足准备、积蓄能量。与量子跃迁的原理相一致，孝文帝的智慧体现在他没有用极端和暴力的方式去消灭与自己观点相反的意见，而是让迁都的决定成为一粒种子，在精心设计的场景中持续发酵，并在恰当的时刻生根发芽。一旦时机成熟，迁都就会成为一个自然和必然的结果。所以，场景的意义并不在于场景本身，场景的塑造就是变革的一部分。在构建关系网、积聚能量的视角下，好事与坏事、优势与劣势的标准也在随时发生变化——风雨交加、道路泥泞虽然让将士们心力交瘁、疲惫不堪，但在孝文帝看来，这些恰恰是他期待已久的天时、地利与人和；将士们眼中的约束和限制，恰恰成为积聚能量、实现变革的途径和动力。

⊯ 网飞：第二曲线中的企业基因

　　成立于 1997 年的网飞以租赁光碟起家，如今已经成为一个世界级的流媒体巨头。我们所熟知的很多经典的网剧，如《纸牌屋》《黑镜》《怪奇物语》，以及大火的《鱿鱼游戏》都是网飞推出的。2018年 5 月 25 日，网飞的市值达到 1 526 亿美元，超过迪士尼的 1 518 亿美元，成为全世界最大的流媒体公司，它在这一时期的市场占有率超过所有其他视频网站的总和，用户量超过美国有线电视的用户总数。2020 年上半年，很多公司遭受疫情的冲击，网飞的用户数却迎来爆发式的增长，总用户数接近 2 亿，它的股价也上涨了 50%，市值超过 2 000 亿美元。

　　从最早邮寄租赁 DVD，到转型为数字流媒体，再到今天在原创内容上发力，网飞经历了两次大的转型或者说三个阶段的发展。总体来看，网飞的两次转型都是典型的从第一曲线跃迁到第二曲线的过程，而且每次转型都非常成功。网飞在 20 多年的发展过程中，不断突破自我，构建创新转型的第二曲线不仅是它持续发展的核心策略，还是它实现高增长、创造高收益的终极秘诀。网飞的成功完美诠释了量子变革的核心理念，同时也为企业进行颠覆式创新和组织变革提供了重要借鉴。

网飞的两次跨越和三个阶段

1997 年刚成立的时候，网飞的主营业务是在网上销售和出租 DVD。1 年后，网飞就砍掉了 DVD 销售业务，专营租赁业务。之所以做这样的选择，是因为在网飞的创始人里德·哈斯廷斯（Reed Hastings）看来，销售拼的是价格，租赁拼的则是运营能力，而运营能力才是网飞的关注点。3 年后，网飞又果断砍掉了 DVD 的单件租赁模式，采用按月度或年度付费的会员制。哈斯廷斯对此的解释是，交滞纳金这件事虽然是按规则办事，但会让用户很不舒服，这显然是用户的一个痛点。基于此，网飞将 DVD 的租赁模式改为会员制。会员制不仅解决了用户最头疼的交滞纳金问题，还让网飞节省了大量的仓储成本。就是这一个小改动，让网飞的销售额在 3 个月内翻了近 3 倍，还带来了用户数量的持续增长。

网飞的第一次跨越是从 DVD 租赁业务转向在线视频业务。虽然当时 DVD 租赁业务还是企业的"现金牛"，但哈斯廷斯很早就察觉到，流媒体才是未来发展的趋势，所以从 2007 年开始，他就果断开启了网飞的第二曲线，也就是在线视频业务。由于 DVD 租赁与在线视频业务之间存在明显的冲突，所以 2011 年哈斯廷斯决定将网飞分拆，并在上市公司的主体中保留在线视频这个当时看来不仅不赚钱甚至会赔钱的业务。该决策的直接后果就是网飞的股价在半年内暴跌了 70%，哈斯廷斯被《福布斯》杂志评为 2011 年度最糟糕 CEO。然而，事实证明哈斯廷斯的判断非常正确——使用 DVD 租赁服务的用户数量一直在下降，在线视频成为用户的主流选择。2012 年，虽然网飞的利润同比下滑了 92%，但是资本市场已经看到了在线视频的潜力，所以网飞的股价也飞涨起来。

网飞的第二次跨越是从流媒体业务转向自制内容，促使该转变发生的原因在很大程度上归结为网飞遇到的一个"麻烦"。2008 年，网飞与 Starz 有线台达成协议，每年支付 3 000 万美元的版权费用，以购买 2 000 多部影片供用户观看。2012 年协议到期时，Starz 要把续签费上涨到之前的 10 倍，也就是 3 亿美元。很显然，如果按照此协议续签，那么网飞无论如何也不可能盈利。经过一段时间的思考，网飞最终决定终止与 Starz 的合作，同时开始自制内容。2013 年 3 月，经典美剧《纸牌屋》上线，标志着网飞将自制内容作为拓展市场的主要手段。自制内容让网飞从一家提供服务的硅谷科技公司变成一个涵盖创意、制作、发行全产业链的影视巨头。随着自制内容的增多，越来越多的用户被吸引过来，这些用户在为网飞带来资金支持的同时，他们的行为和偏好数据也成为制作内容的核心资源。

不变的企业基因

出租 DVD、提供数字流媒体服务、自制内容构成网飞发展的三条增长曲线。由出租 DVD 到提供数字流媒体服务，再到自制内容的两次重要转型，是它实现自我颠覆的间断平衡和量子跃迁过程。

虽然网飞的两次转型都是对原有业务平衡状态的颠覆，但是从长远的角度看，正是基于对原有业务所形成的小平衡、小稳定的颠覆，网飞才实现了大平衡、大稳定，并且获得了爆发式的增长。网飞的大平衡来源于它对一种确定性的坚守，这种确定性就是它以用户为中心，提供好内容的初心。网飞认为，用户真正需要的既不是

DVD，也不是流媒体，甚至不是网飞公司，而是好内容。用户对好内容的需求从未改变，也永远不会改变。哈斯廷斯曾说，网飞的竞争者虽然很多，但他不认为有哪个竞争对手能够对网飞产生很大的影响，因为能影响网飞的只有内容——能否创造出世界上最好的内容？能否让人们对这些内容感兴趣？网飞的两次转型让它建立了一个持续旋转的增长飞轮，这个飞轮的运行逻辑是：为用户提供好的内容、好的体验—拥有更多的会员和收入—把收入投资到内容上，进一步提供好内容，提升用户的体验。

网飞所坚守的初心，就是企业基因。如果说持续变化的市场环境、多种多样的内容渠道以及各种资源和技术条件构成了网飞内容生产的关系网络和背景条件，那么将这个关系网络凝聚在一起的就是企业基因——在网飞发展的 20 多年间，虽然内容创作团队、制作班底、内容媒体介质（如 DVD、在线视频）等都在发生变化，但网飞服务用户、为用户提供好内容的企业基因却从未改变。正如梁宁所说，网飞从第一曲线跨越到第二曲线的核心逻辑，是将它从未改变的企业基因放在新的限制性条件和环境下，继续去回答"如何满足用户需求""如何让用户获得良好体验"这些企业经营的永恒命题。

困难中的能量积累

网飞的两次转型听起来像是一个完美的商业故事——小企业通过精准的判断、先进的商业理念、对用户价值的坚守实现了对自己的重新定义和颠覆式创新。然而，真实的情况是，网飞的转型和变革不仅不是一帆风顺，反而遭遇了难以想象的困难，甚至一度走到了破产的边缘。网飞在 2007 年将 DVD 租赁业务拆分出去所导致的股价大跌、利润锐减，无疑就是对它的致命打击。网飞自成立以来，在很长一段时间内面临资金短缺、利润稀薄的难题。早期的用户匮乏以及 2000 年的互联网泡沫破裂，更让网飞举步维艰，进退两难。

数据显示，网飞 2000 年的亏损额就已经达到了 5 740 万美元。面对巨额亏损，哈斯廷斯甚至去敲了老对手百视通（Blockbuster）的门，从最初想要成为百视通的一个分支部门，到后来想以 5 000 万美元的价格被对方收购。当然，这些提议都毫无悬念地被当时如日中天的百视通拒绝了。

还有一个例子，当网飞打算做 DVD 邮寄业务时，外部面临着百事通的威胁，内部也有很多高管持反对意见。原因在于，当时的 DVD 还不普及，影片数量也少，邮寄成本居高不下，而且 DVD 在邮寄过程中容易丢失和损坏……所以在很长一段时间里，网飞的创始团队都在犹豫这个业务到底值不值得做。最后，还是联合创始人马克·伦道夫（Marc Randolph）说的一句话彻底打消了大家的顾虑。他说："你看，这些东西确实很难，但一旦我们把这些问题解决掉，就会制造出一个他人无法企及的高门槛，让潜在的对手根本无法与我们竞争。正是因为我们要做的事很难，所以才要坚持做下去。"

在很大程度上，网飞正是依靠解决一个个困难和问题才走到了今天，正是这些困难和问题让它在自我突破的同时取得了令人惊叹的成就。伦道夫所说的通过解决问题而树立起的高门槛，就是量子的高能级，解决的问题越多、越难，就越能到达高能级；克服困难和解决问题的过程，也就是不断聚集能量、到达更高能级的过程。1962 年约翰·肯尼迪（John Kennedy）总统在鼓励美国人民支持登月计划时说："我们选择在这个年代登月，不是因为它简单，而是因为它难。"

对比：百视通的路径依赖

与网飞形成鲜明对比的另一家公司就是百视通。2000 年前后，百视通的主营业务是出租录像带，它正是依靠该项业务成为统治美国家庭娱乐市场的霸主。当时的百视通拥有 8 000 多家实体门店，用户总数超过 5 000 万，70％的美国人能在 10 分钟车程内找到一家百视通线下连锁店。与以上数据形成鲜明对比，成立于 1997 年的网飞在 2002 年初用户数量还不到 80 万，门店数量更是无法与百视通相提并论。这样的数据对比让我们产生一个疑惑：拥有丰富资源，甚至在行业中占据垄断地位的大公司，为什么会被网飞这个小企业打败直至破产（百视通在 2010 年申请了破产保护)？这个问题的答案在揭示百视通失败原因的同时，也为我们了解网飞提供了一个重要视角。

虽然百视通的失败是多种因素共同作用的结果，但其中最重要的一点，是以往的成功让它形成了存量思维和路径依赖。一个典型的例子是，网飞在 1999 年将 DVD 租赁模式改为会员制虽然对百视通的影响很大，但百视通直到 2005 年才采用付费会员制。之所以这么晚才跟进，是因为百视通的主要盈利手段就是收取租金和滞纳金，一旦百视通也采用类似网飞的会员制，只取消滞纳金这一项就会让它每年的总收入减少 10％～15％，这显然是百视通不能接受的。然而，就在百视通还在固有的路径中纠结挣扎时，网飞靠着它的轻资产模式以及对未来发展的准确判断，实现了对百视通的超越。百视通 2003 年的财务报表显示，它当年的营收接近 60 亿美元，毛利超过 50％，达到 35 亿美元，但它的净利润却为－10 亿美元。反观网飞，它在 2003 年的营收虽然不到百视通的 1/20，但已经做到了盈亏平衡。2006 年，网飞的市值超越了百视通。2010 年 9 月 23 日，曾经拥有60 000名员工、9 000 家门店的百视通正式申请破产。

百视通 60 000 名员工、遍布全美的 9 000 家门店看似是它的优势，实际上也是阻碍它发展的劣势。当新的市场环境、商业模式和技术条件迎面而来时，正是因为对已有优势的固守和依赖，百视通最终走上了一条不归路。2002 年网飞上市之际，百视通的 CEO 在接受媒体采访时说："百视通不认为网飞是什么威胁。因为出租 DVD 这个新模式未必有很大的前途，录像带在很长时间内还是主流。大多数顾客租电影的决定是在走进门店前半小时才做出的，所以百视通遍布全国的几千家连锁店具有不可替代的价值。"这番话不仅反映出当时百视通管理层的傲慢自大，也是对百视通走向失败的最好说明。正如著名商业研究者张潇雨所总结的：正因为百视通的主要产品是录像带，并且拥有众多连锁店，它才会把这些当成核心竞争力，而不去思考真正的行业趋势以及用户的行为变化。这让它在竞争中一败涂地。

📖 **参考资料**

[1] 梁宁. 跨越周期：你的基因，你的机会. 梁宁增长思维30讲（得到 App），2019.

[2] 张潇雨. Netflix，颠覆式创新的完美案例. 张潇雨·商业经典案例课（得到 App），2017.

▦ 贝壳：商业模式创新引领产业数字化

成立于 2018 年 4 月的贝壳找房（简称贝壳）由链家网升级而来，它突破了链家传统的垂直自营模式，构建了一个由数字技术驱动的新型开放式居住服务平台。除了链家，现在的贝壳平台上还有 21 世纪不动产、德佑、富房等 200 多个房地产经纪品牌，有 5 万多家门店的 50 多万房地产经纪人。这些品牌和经纪人相互协作、彼此配合，共同为用户提供高品质的居住生活服务。数据显示，2019 年贝壳成交总额突破 2.1 万亿元，成为中国居住服务第一平台；2020 年 8 月 13 日，贝壳在纽交所上市，开盘当日股价上涨 87.2%，公司市值超过 422 亿美元；2020 年底，在 BrandZ 发布的全球 TOP 100 品牌价值榜上，贝壳首次上榜即位列第 48 名，成为当之无愧的行业"黑马"。

在房地产中介这样一个传统行业，很多人都认为贝壳的出现是传统企业数字化转型的结果。贝壳的数字化既包含数字技术的创新，也包含对传统管理机制、商业模式的变革和改造，是数字技术与管理机制、商业模式之间协同互动、交互作用的涌现结果。贝壳数字化转型的核心是它对传统房地产中介行业一系列落后观念和弊端乱象的改革和创新，其背后隐含的是思维认知模式的全面升级和跃迁，即由直营思维转化为平台思维，由竞争思维转化为协同思维，由封闭思维转化为开放思维，由还原思维转化为整体思维，由线性思维转化为非线性思维……它们在本质上都是牛顿思维转化为量子思维的具体体现。

贝壳将"有尊严的服务者"作为自己的使命，将"尊重的获得"看作人与人之间建立连接、相互协作的结果；通过构建经纪人合作网络（agent cooperation network，ACN）来打破传统房地产中介的孤岛模式，建立经纪人之间高效协作的关系信息网络。贝壳的产业数字化绝不是数字化对传统商业模式的武装和改造，而是数字化与传统商业模式在相互促进的协作过程中所实现的对整个行业的平台化重构和商业模式创新。总体来看，无论是"尊重的获得"、ACN协作网络构建，还是产业数字化，贯穿其中的核心思想始终是互动、协同、网络、创新。这些理念的实施过程，就是量子思维和量子管理的实践过程。

自我颠覆之旅：由链家到贝壳

链家初创时代，房地产中介行业"吃差价""假房源"屡见不鲜，"黑中介"现象层出不穷。秉承"品质为先"的理念和"做难而正确的事"这一核心价值观，链家决定打破行业惯例，2004年率先推出了"签三方约、透明交易、不吃差价"的作业模式。为了打破"假房源"这一房地产行业的潜规则，链家从2008年开始就投入大量的人力、物力搭建楼盘字典，对系统内每套房屋都从门牌号码、户型、朝向等多个方面标注解释。2011年，链家又率先提出行业的"链家标准"，即真实存在、真实在售、真实价格、真实图片，启动真房源"假一赔百"的行动；2012年承诺全渠道100%真房源，在行业内掀起了彻底打破行业潜规则的革命；2017年在内部上线验真产品，并于次年在全国多地同步上线验真系统。

经历了漫长的"无产出期"后，2015年，链家的交易额突破6 500亿元，税后纯利润达到8.09亿元，同比增长近8倍。同年，链家在全国发起11起并购，将成都伊诚、上海德佑、深圳中联、广州满堂红、大连好望角等纳入旗下。2018年底，链家在全国拥有8 000多家直营门店，覆盖全国29个城市，成为不折不扣的行业领头羊。正当链家处于发展的辉煌期，创始人左晖又做出一个惊人的决定，那就是一切从零开始，在打破链家垂直自营模式的基础上，通过对传统模式的数字化改造，打造一个不同品牌、经纪公司和从业者共同入驻的开放型服务平台，即贝壳。

　　贝壳在 2018 年 4 月诞生时，很多人都有这样一个疑问：为什么链家做得好好的，左晖还要做贝壳？左晖在链家 19 周年年会上说的一段话就是对这个问题的最好回答。他说："我们不做贝壳，一样能很好地成长，一样能赚很多钱，甚至能赚更多的钱。我们做的这些事情其实要花很大的成本，今天根本见不到效果，我们为什么还要做呢？希望我们的存在让这个国家、这个行业变得有些不一样。"其实 2014 年前后，左晖和他的团队就开始思考一个问题：谁会干掉链家？他们得出的结论就是，房地产中介行业也会出现一个类似于阿里、美团、滴滴这样的角色，即整合房地产中介行业的服务平台。从垂直纵深的传统模式到平台化运营不仅是房地产中介企业进化的需要，更是这个行业发展的方向。不同于链家的垂直自营模式，贝壳的目标就是做产业互联网，将在链家积累的网络化、数字化经验带到"住"这个行业；通过打造房地产中介行业的开放式平台，用赋能的方式将业内众多的服务者吸引到自己的平台上，为消费者提供包括新房、二手房、租房和家装在内的全方位服务。

　　贝壳最为可贵的一点，就是它没有躲在自己的舒适圈中，而是对房地产中介行业进行深刻反思，对用户痛点感知，摆脱已有的路径依赖，实现真正意义上的自我颠覆。如果说链家的出现是对房地产中介行业惯例的突破，那么贝壳的出现就是对链家模式的进一步突破。虽然左晖一直强调"贝壳是 18 年的链家和 2 年的贝壳的组织结合体"，但是实际上，贝壳并非链家的改造版和升级版：从链家到贝壳，是商业模式由垂直自营转向开放平台的根本性创新；是运营逻辑由产品逻辑转向服务逻辑的全面升级；是战略框架由零和博弈转向协同共生的整体性突破；在更深的层次上，是思维方式由牛顿思维转向量子思维的彻底性变革。

有尊严的服务者：从原子到量子的蜕变

在房地产中介行业工作多年，左晖最痛恨的就是两件事，一是经纪人忽悠消费者，二是消费者不尊重经纪人。链家的一个店长在一次管理者晋升活动中提到，有人到店里闹事，他为了平息风波，最后给这个人下跪。左晖说他听到这个故事后的第一反应不是生气，而是惊讶，因为他没有想到，从事房地产中介行业这么没有尊严。房地产经纪人的从业时间在很大程度上能反映出他们的真实处境：据统计，全国目前有 200 多万房地产经纪人，他们的平均从业时间只有短短的 8 个月，越来越多的"90 后"和"95 后"宁可做更辛苦的外卖骑手也不愿做房地产经纪人。在业界，房地产中介甚至被形容为"毛巾"和"干电池"——毛巾拧干一条再换一条，电池的电力耗干之后就被丢到一边。左晖深刻地意识到，如果没有办法让房地产经纪人赢得尊严，他所做的事业就没有意义。因此贝壳将其发展目标定为"把房产经纪人的平均从业时间从五六个月提升到 30 个月"；将其使命定义为"有尊严的服务者，更美好的居住"。在贝壳现任董事长兼 CEO 彭永东看来，每个经纪人都是一个服务者，是新居住的重要组成部分；经纪人是一种可以长期执业，且具备稀缺属性的职业，每个服务者的职业目标都应该是一个大写的人。

然而，意识到尊严和尊重的重要性显然不够，如何实现客户与经纪人之间的相互信任，才是更为本质的问题。在左晖看来，争取尊严的最佳方式，就是让自己值得尊重；而值得尊重的基本标准，就是不欺骗消费者，为消费者提供更好的服务，从以前的"成交为王"思路转化为"消费者至上"。左晖曾说，虽然买卖房子是低频行为，但从长远看，房地产中介行业依然可以培养用户的终身价值。

每个经纪人都是所属团体、社区的一分子，他们的一个很小的善意举动，如提供打印服务、下雨天提供雨伞等，都能开启用户信任的正反馈循环。

致力于为用户创造价值的核心目标，贝壳平台上的所有经纪人都在紧密配合、高效协作的过程中，努力成为社区中最积极、最热心、最友好的成员。如果说传统的房地产中介公司将每个经纪人都看作一个独立的原子，贝壳则是通过将每个经纪人放在他们与消费者、其他经纪人共同构建的协作关系网络中，恢复他们的波动性特征，让他们呈现出量子的波粒二象性，从以前相互搏杀、互不信任的"干电池"和"工具人"转变为有生命力、有尊严的服务者。反过来说，经纪人获得尊严的方式，是从"成交为王"转变为"消费者至上"，将目标放在建立用户连接，促进人与人之间的协作和互动上。

经纪人合作网络：自由人的自由联合

ACN 模式是贝壳平台化建设的核心，也是贝壳平台的底层操作系统，具体是指在遵守房源信息充分共享等规则的前提下，同品牌或跨品牌经纪人可以不同的角色共同参与一笔交易，成交后按照各个角色的分佣比例进行分成。左晖曾说，如果将链家理解为一个 iOS 的生意，那么贝壳就是将 iOS 做得更开放一点，也就是做一个房地产中介行业的操作系统。这个操作系统不仅向链家的 10 万人开放，更向全行业的 200 万人开放。在他看来，如果全行业的所有人都用起来，就可以告别这个行业的蛮荒状态。

在传统的房地产中介模式中，只有最终促成交易的经纪人才能获得佣金，这种模式导致的直接结果是经纪人之间相互倾轧、相互提防。即使某个经纪人已经提供了很多服务，他的订单也可能随时被要价更低的经纪人撬走。所以在大多数房地产中介公司，经纪人之间的业务关系就是纯粹的竞争，经纪人不可能分享资源，更不可能通过分工和协作来实现效率的提升。左晖曾提出这样一个问题：为什么房地产中介公司很难做大？他想到的答案是：一旦房地产中介公司发展到一定程度，内部竞争就会大于外部竞争，整个公司就会形成"内卷"，因而不可能做大。而 ACN 模式就是要打破传统房地产中介行业的"孤岛"模式和经纪人之间的竞争关系，通过构建协作关系网络，让每个人都在全心全意为用户服务的过程中，共创价值，共享价值。

在 ACN 模式下，整个房地产业务交易流程被细分为 10 个环节以及房源方和客源方两大模块，具体包括房源录入人、房源维护人、房源推荐人、房源成交人等。在一次交易中，每个参与的经纪人都会根据自己能力和资源的不同，在 10 个环节中扮演一个或几个角色，并获得属于自己角色的那份报酬。这个过程就像一条流水线，由于每个人只专注于某个或某几个自己擅长的环节，所以整条流水线的效率就会很高。只不过在贝壳平台上，这种协作关系不是"一条线"，而是"一个网络"——每个人都以交易的达成为目标，通过与同品牌或者跨品牌的其他经纪人建立连接，充分协作，实现按单聚散和自由人的自由联合。贝壳现任董事长彭永东曾提到一个让他印象深刻的例子：一个其他品牌的经纪人在系统里录入了一套房源，这套房子虽然最后是由其他经纪人卖出的，但他也分到了 10% 的收益。这位经纪人感到非常惊喜、非常意外。还有一种情况也很典型：一家公司拥有一处真实的房源，但这个房子很多年都卖不出去，当它被挂在贝壳平台上，很快就售出了。

贝壳的平台模式按照项目管理的方式运行。左晖曾说，房地产中介公司之间相互封锁、相互拆台、相互侵害，并不是因为房源、客源和用户需求有限，而是因为大量的公司和经纪人没有找到与自已适配的位置和适配的用户，因此只能在被遮蔽的市场空间中进行低效甚至是无效的竞争。贝壳的平台就是要让大量禁锢在各个公司内部的那些本来有用的分散在各处的能力和资源，在这个更广阔的平台上，找到与自己相匹配的场景、位置和用户，在服务用户的过程中展现自身的用途，实现自身的价值。

截至 2020 年 6 月，贝壳平台上已经有 265 家品牌连锁经纪公司，4.2 万家门店，在平台上交易的经纪人达到 45.6 万。在这些加入贝壳的品牌中，很多曾是贝壳的同行甚至是"冤家"。大量并非贝壳雇佣的经纪人在贝壳平台上相互协作、彼此配合，在为用户创造价值的同时，促使自身价值与平台整体价值同步提升。2019 年之前加入贝壳平台且运营时间超过 1 年的全部品牌门店，同店成交总额在 1 年之后平均实现了一倍以上的增长。在贝壳平台上，每 10 单交易中有 7 单是跨店成交；1 单交易最多由 13 个经纪人协作完成；最远的一笔跨城交易相距 3 000 公里；每个经纪人平均每年服务 16 个家庭。

产业数字化：数字技术与管理机制的和合创新

链家从 2008 年就开始搭建楼盘字典，2011 年为跑盘员配置专业化的定位、拍照设备，采用先进设备与大数据结合的方案来进一步构建真房源数据库。除此之外，贝壳在 2018 年率先落地虚拟现实（VR）看房服务，并在 VR 看房基础上加入了 AI 讲房。自 2019 年开始，贝壳找房陆续上线 VR 售楼部、租房及二手房在线签约、线上贷签和资金存管等功能，同时实现了房地产交易数字化的闭环服务。

贝壳在数字化方面的一系列投入和建设让很多人认为贝壳的出现就是一次成功的传统企业数字化转型。然而，回顾房地产中介服务近 20 年的发展，我们发现，虽然很多房地产中介企业都进行过技术创新和变革，但它们没有将思路放在如何消除行业弊端、纠正行业乱象上。反观贝壳，它在改革传统交易模式、创新管理机制和商业模式的基础上，突破了房地产中介行业的发展瓶颈，实现了真正意义上的创新和变革。作为贝壳平台化建设的核心，ACN 是以解决行业痛点为目标，在切分房地产中介业务服务环节、标准化经纪人行为的基础上，建立起的内外部高效协作的产业竞合网络。在很大程度上，ACN 是贝壳进行数字化建设的底层架构和支撑。正如华兴新经济基金董事总经理袁凌韵所说："贝壳所谓的数字化、互联网化，除了楼盘字典等，最重要的是从链家时代开始就在构筑 ACN。今天只不过把原来的内部协作系统向外部开放。如果没有 ACN，链家是不可能开放的。贝壳最核心的是 ACN，这个是其他中介公司都没有搭建的。"

所以，贝壳的产生绝不是传统行业数字化转型的结果，而是对管理机制和商业模式创新的深入探索。如果将贝壳理解为产业数字化转型的结果，那么贝壳的产业数字化就不是单纯地用数字技术来改造传统的房地产中介模式，更不是简单地将传统业务数字化和线上化。贝壳成功的关键在于它以解决行业顽疾、提升用户体验为目标，将数字化和以 ACN 构建为核心的管理机制、商业模式改革结合起来，通过促进它们之间的协同与互动，产生"1 + 1＞2"的创新涌现效果。数字化和管理创新没有边界、不可分割，缺乏其中的任何一方以及二者的互动和融合，贝壳平台都不会出现——没有数字化技术，ACN 以及贝壳的管理机制、商业模式创新都不可能实现；没有 ACN，没有管理机制和商业模式的创新，贝壳的数字化只是一个空壳。贝壳董事长彭永东将"新居住"定义为"数字化与服务者相互定义"。在他看来，数字化不仅连接并重塑了数字空间与物理空间，还提供了新居住服务者的新供给——中国第一代职业经纪人已经在路上。贝壳的目标就是构建物理空间、数字空间诸要素有序有品质的流动，推动行业正循环发展。

📖 参考资料

[1] 尹西明，王新悦，陈劲，等．贝壳找房：自我颠覆的整合式创新引领产业数字化．清华管理评论，2021（1）：118 - 128.

[2] 左晖．房地产如何走出行业搏杀丛林？．搜狐网，2018 - 11 - 19.

[3] 数字化、服务者相互定义，贝壳找房打出进化组合拳．蓝鲸财经，2020 - 04 - 25.

量子时代，共建量子组织

❀ 一个"极致"的理论

量子理论是一个"极致"的理论。这个极致性体现在量子力学本身就处于物理科学的最前沿——在物质世界，从任何一个自然现象出发，层层追问下去，就一定会问到量子力学的领域。更重要的是，量子理论彻底颠覆了我们的常识性认知，逼迫我们重新思考这个世界最底层的规则和逻辑。管理学大师汤姆·彼得斯曾说："量子力学相当怪异，似乎一点儿道理都没有，但是，或许这就是重点所在。"彼得斯这句话要表达的观点是：长久以来我们一直遵循的传统观点和认知理念本身就是值得怀疑的，需要重新思考和定义。而基于量子力学产生的量子理论和量子思维，为我们重塑世界观、重塑认知思维体系提供了新的可能与契机。量子思维不仅为我们提供了一种既宏观又微观的全新的认识未来的视角，颠覆了我们对客观世界的认识，还向我们许诺了一个理解自身的参照范式、一种全新的工作生活方式，是最有力量替代旧有思维体系的一个新的思维体系。只有彻底重塑我们的世界观以及认知思维体系，即从传统的牛顿世界观转向量子世界观，由传统的牛顿思维转向量子思维，才能从根本上适应时代的变化以及不确定性环境提出的要求。

量子理论极致性的另一个重要表现在于它对"整体性"的理解：量子理论第一次将作为观察和认知主体的我们，纳入与观察对象相互统一的一个系统整体中，倡导从主客一体的角度分析、看待问题。这看似是一个小动作，却是向整体性和系统性迈出的一大步。在本质上，我们的观察和认知活动，就是与被观察事物进行交互作用、与它们形成一个纠缠性整体的过程，如果将我们的作用排除在外，那么不可能实现真正意义上的系统性和整体性——正因为我们"身在此山"，只有将我们自己也考虑在内，才可能做到"识山""识人"，在"识山""识人"的基础上，从"山"和"人"的局限中超脱出来，发现"庐山真面目"。虽然很多学科理论都在倡导整体论和系统观，但绝大多数理论会自然而然地将我们排除在被观察和被认知的事物之外，这其中隐含的假设就是：我们的观察和测量不对观察对象产生任何影响，可以隔空得到关于观察对象的最客观的数据；我们拥有完全意义上的理性，可以不带任何偏见地对事物进行观察和认知。然而，现实经验一再告诉我们，以上假设不仅不可能成立，而且会让我们对这个世界产生扭曲的认识和错误的判断。量子理论之所以代表一种极致的整体性，就是因为它能不带任何偏见、平等地看待我们与事物之间的关系，将这种关系纳入我们的观察结果中，并且明确地展现出来——物质是波还是粒子，不是物质自身的问题，而是我们与事物之间的相互关系问题；没有独立的事物和现象，事物和现象是它们与我们相互作用关系的具体呈现，是它们与我们交互作用的自然结果。只有将我们和事物看作一个相互连通的统一整体，再想办法跳脱出来（实现涌现层次上的超越），才能在真正意义上把握我们和事物共同构成的这个整体或者说整体系统。

　　然而，一旦将"我"纳入与认知对象共同构成的整体中，一个绕不开的问题就会立即出现：到底什么是"我"？衡量"我"的标准是什么？"我"在与事物相互作用的过程中、在事物呈现的结果状态中到底扮演什么角色？在这里，我们似乎遇到了哲学上的终极三问——我是谁？从哪里来？到哪里去？对这终极三问的回答，是我们理解量子理论、量子思维的核心和关键。左哈尔曾说："量子力学虽然已经有100多年的历史，但它依然是一个'年轻'的理论，而且到现在，量子物理学家仍然无法解释这个世界为什么会存在。"如果说量子理论越来越呈现出一种绕不开"我"的特性，也许可以这样认为，只有到了真正能够认识"我"的那一天，我们才能真正理解量子力学，解释"世界为什么存在"这个根本问题。或者可以反过来说，只有当我们真正理解了量子力学，才可能真正理解"我"和这个世界。量子理论就像一面镜子，它所映照的对象不是外物，不是外部世界，而是与外物构成一个整体的我们。量子理论所揭示的，正是我们透过外物、透过世界，最终发现和认识的自己。

❀ 几个共同指向

　　汤姆·彼得斯认为，在这个关联性高、步调快、知识密集、人际关系驱动的世界，企业的组织方式与量子现实非常类似。在他看来，人际关系网络、各种网状的组织形式等，都是量子力学关键原则的一部分。与彼得斯的观点类似，我们认为，现代企业的组织管理模式与量子理论紧密关联、相互贯通；在关联整合、意义灵商、矛盾整合、创新涌现、人性化、生态化等方面，量子理论与现代组织管理的理念具有一致的发展趋势和脉络指向。

　　(1) 关联整合指向。在量子世界中，不存在真正的物质，我们透过物质的表象看到的并不是一个个独立的实体，而是事物之间的关联——事物基于彼此之间的相互作用所形成的信息连接和关系网络，成为比事物本身更基础、更本质的存在。在《人类网络》这本书的作者、社会网络研究的领军人物马修·杰克逊（Matthew Jackson）看来，人类社会和整个文明的演进是一个不断实现连接、不断网络化的过程——最初是一个个孤立的点，然后点与点之间连成线，之后线与线之间连接交互，形成网。与量子现实和人类社会的发展趋势相一致，今天的商业组织正在从管控式、自上而下、线性的金字塔式结构，转变为信息自由流通、自组织自适应、非线性的协作关系网络，转变为一个个灵活有机的创新创业平台和生态系统。组织中的每个人、每个团队都不再是孤立的，而是存在于与他人的交互作用中，是在关系连接中彼此定义、彼此成就的一个网络节点，一个信息和意义的凝聚体。

（2）意义灵商指向。在量子理论的观点中，波函数看似虚拟抽象，却是万事万物最本质的存在状态。如果要寻找波函数的现实对应物，那么只有意义、价值、信仰、心性、灵商可以与之匹配。与波函数的内涵和特征相一致，意义、价值、信仰等概念虽然比较抽象，但它们正是统一每个个体和万事万物的终极力量，我们终其一生所追求的目标就是超越自我，与那个"比自我更大的东西"进行连接。对于任何个体、组织以及人类社会而言，意义和价值的作用怎样强调都不过分：对意义的追求不仅是组织发展的目标，更是时代发展的要求；"意义产业"正在兴起，产品和服务正演变为塑造价值、传达意义的工具；价值主张及意义共识越来越成为企业管理的核心以及商业世界可持续发展的动力源泉。

（3）矛盾整合指向。理解波粒二象性有两个基本视角——波和粒子的经典视角以及波函数的量子视角。将波粒二象性的经典视角转换为量子视角的过程，也就是对波粒矛盾进行整合统一，对波粒二象性进行深入理解的过程。在商业领域，企业随时都要面对利润与愿景、合作与竞争、稳定与变化、探索与开发等各种矛盾，处理各种矛盾成为组织的新常态。在这样的环境背景下，要实现组织矛盾的化解，并在此过程中收获成长，就要借助波粒矛盾的整合化解思路，促进组织兼容并包，开启融合、跨越式的发展创新之路。正如北京大学的胡泳教授所说的：“一家企业，既是地方的又是全球的，既要大众市场也要细分市场；企业的领导，既是企业家也是团队的领导者，既要分权也要集权，既要整合也要差异化……在当下的时代环境中，组织必须学会极端化生存，既要有偏向这个极端的能力，又要有偏向另一个极端的能力。”

（4）创新涌现指向。作为复杂理论中的一个核心概念，涌现在事物的个体以及由个体构成的总体之间划出了一条鸿沟，揭示出无论采用什么方法对个体进行简单的叠加，都不可能产生“1＋1＞2”以及“1＋1＝苹果”的质变效果。正如波函数虽然产生于对波和粒子的整合与统一，但它又是一个完全不同于波和粒子（经典概念下）的全新的物质形态，是一个颠覆式创新和涌现现象。凡是对一个系统的底层要素进行整合，在高层次产生全新事物，都属于涌现。一个组织的战略、领导力、文化、产品、变革等都可看作基于各种组织要素的交互作用所产生的创新和涌现。例如，产品就是在用户需求、企业的资源和能力及各种约束条件的共同作用下所产生的全新事物，是它背后关系信息网络上的一个交互点和凝聚点。在畅销书《爆裂》中，伊藤穰一（Joi Ito）和杰夫·豪（Jeff Howe）提炼出了未来社会的九大生存原则，第一条就是“涌现大于权威”。在他们看来，过去几千年，人类已经把自上而下的权威方式用尽，在网络化、智能化时代，自下而上的涌现方式登上了历史舞台，而且会发挥越来越重要的作用。

（5）人性化指向。量子理论带来了一系列颠覆性的观点，其中最令人震撼的就是人与事物之间并没有明确的界限，我们的观察和认知方式决定了世界的存在状态——在量子所构建的主客一体的世界里，每个人都是现实的（这里的"现实"是指我们所能观察、认知到的，具有相对意义的现实）塑造者，每个人都对现实的发展负有责任。与量子理论所强调的主客一体观点相对应，在组织领域，"以人为本""人性化管理""充分发挥人的主动性和创造力"成为现代管理的核心命题。就像著名企业家宁高宁所说："在真正的管理学中，人就是全部；企业的'企'字，就是'人在上'，人是企业中最核心的要素，尊重人性和个体，就是最基本的。"华为管理顾问田涛认为："商业组织的基础常识，就是'存天理，顺人性'。这里的'天理'就是价值创造的源泉，也就是客户；而'顺人性'就是将员工看作创造价值的基础，包括企业家和各级管理者在内的员工，才是企业持续创造价值的根本动力。"

（6）生态化指向。量子理论将我们的世界解释为一个由万事万物共同构建的关系网和价值网，这个网络无所不包、无处不在，一切事物都只是这个网络上一个暂时的凝聚点，只有在与其他事物进行交互作用时才能显现。与量子理论万物互联、协同发展的理念相一致，组织生态在本质上是一个无限互联的关系网络，利他共生、互利共赢是生态的同义词。随着组织生态网络的持续拓展，越来越多的组织和个体被纳入这个生命共同体，成为生态网络中的一个节点。在万物互联的时代环境下，构建生态型、平台型组织已成为企业的主流选择，"要么生态，要么融入生态"成为组织发展的目标和趋势。

⚛ 没有偶然

也许会有人质疑，虽然量子理论与现代企业管理的核心理念在诸多方面表现出一致性，但这种一致性会不会是一种表面现象？或者说是一种偶然和巧合？对这个问题最好的回答，其实就是德国启蒙运动时期最重要的作家戈特霍尔德·莱辛（Gotthold Lessing）说过的一句名言："就像世间万物一样，阳光之下没有任何东西是偶然而至的。"在我们看来，量子理论与现代管理理念之间存在一种必然、确凿的联系。量子理论告诉我们，事物的表象、形式就是其背后关系网络的现实呈现——表象和形式只是冰山露出水面的部分，在水面以下，事物之间则存在更为深刻和本质的关联关系。也就是说，如果量子理论与现代管理理念之间表现出的是一种潜层次的相互关联，那么在更深层次上，二者会呈现一种必然和确凿的联系。随着理论和实践的深入，我们会发现量子理论与现代管理理念在更多方面的关联契合点，这些关联契合点会伴随时代的发展以及我们对商业规律认识程度的加深，呈现越来越明显的趋势。总而言之，量子理论不仅与当下的管理现象和商业实践紧密相关，还为我们分析、解决问题指明了方向。

毫无疑问，我们已经迈入量子时代。在这个时代，科学技术高度发达，人与人之间的关系日益紧密，我们必须进一步反思自身，并在重塑自身的基础上重新看待和理解世界。只有将工业时代的牛顿思维转变为量子思维，才能适应时代的变化，发现创新和创造的源泉。虽然有关量子组织和量子管理的研究才刚刚开始，但量子理论与现代管理在诸多方面表现出的关联一致性，以及众多企业应用量子思维取得成功的实践，让我们深刻地意识到，量子组织是组织发展的理想模式，会带领我们走出当下的管理困局，让我们在组织、社会和人类构建的生命共同体中，找到自己最终的归宿。

致谢

如果将量子理论的核心观点归纳为一句话，那就是：世界是一个整体，所有事物之间都存在紧密联系。我们并不是本书的唯一作者，本书的写作建立在无数专家、学者、企业家、优秀实践者辛勤劳作和付出的基础上，我们只是将他们的思想观点汇集起来，通过促进这些信息、知识间的非线性相互作用，收获这个知识协作网络的涌现成果。因此，在本书付梓之际，首先向给予我们思想和信息支持的所有参考书籍和文章的作者，以及给予我们指导和帮助的各位专家、老师表示深深的敬意和感谢！

在此，我们要特别感谢科普作家贾明子，他的知乎科普专栏"魔鬼眼中的自然界""何为现实？拉普拉斯之妖与薛定谔猫之决战"给了我们关于量子理论的最大启发。在写作过程中，我们虽然参阅了国内外有关量子理论的大量读物，但毫无疑问，这两个专栏对我们的影响最大。有理有据、深入浅出，科学性和趣味性并存，只是这两个专栏吸引我们的原因之一，在更深的层次上，作者对量子力学、数学、哲学、复杂理论等多学科领域知识的融会贯通为我们克服跨学科学习的困难，做量子理论与管理学的融合性研究铺平了道路。

本书中引用的很多案例和素材都来自"得到"App，特别是"吴伯凡·每周商业评论""罗辑思维·启发俱乐部""梁宁产品思维30讲""李翔知识内参""宁向东的管理学课""万维钢·精英日课""刘澜·北大领导力30讲""每天听本书"等课程。"得到"知识服务内容在聚焦前沿问题的同时，将学理与实践进一步融合，让我们获得很大的收获和感悟。"得到"不仅是一个知识服务应用，更是我们的一位良师，一个激发我们终身学习和持续努力的伙伴。在此，向所有精心制作课程、专栏以及提供各类知识服务的老师表示深深的敬意和感谢！

非常感谢中国人民大学出版社的编辑，感谢她们为本书提出的有益建议和辛劳付出，她们的鼓励、督促和指点给予我们极大的帮助。

除此之外，感谢中国人民大学的施炜、孙健敏、徐世勇、骆南峰等老师，以及霍甜甜、田妮芝、李斐、冯丽萍、甘罗娜、彭雄良等博士及好友，在写作过程中他们给予我们热情的帮助和支持，与他们交流和探讨让我们得到很大的启发。

最后，向所有支持我们的家人、亲友表示感谢，没有你们作为"后台"给予支持和赋能，我们这个"小前端"不可能拥有集中的力量，专注思考、用心写作！